国家科技支撑计划项目《面向科技型中小企业的科技金融综合服
河北省科技金融协同创新中心资助
河北省科技金融重点实验室资助

我国科技金融服务体系研究(上)

Research of Financial Services System for Science
& Technology in China ◆

建设科技型中小企业
金融服务体系的政策优化

Optimizing the policy of the
financial services system for Hi-tech SMEs

贾 康/等著

经济科学出版社
Economic Science Press

图书在版编目（CIP）数据

我国科技金融服务体系研究．上，建设科技型中小
企业科技金融服务体系的政策优化／贾康等著．—北京：
经济科学出版社，2015.4
ISBN 978 - 7 - 5141 - 5635 - 5

Ⅰ. ①我…　Ⅱ. ①贾…　Ⅲ. ①中小企业 - 金融 -
商业服务 - 研究 - 中国　Ⅳ. ①F279.243

中国版本图书馆 CIP 数据核字（2015）第 068456 号

责任编辑：高进水　刘　颖
责任校对：曹　力
责任印制：潘泽新

我国科技金融服务体系研究（上）

——建设科技型中小企业科技金融服务体系的政策优化

贾　康　等著

经济科学出版社出版、发行　新华书店经销

社址：北京市海淀区阜成路甲 28 号　邮编：100142

总编部电话：010 - 88191217　发行部电话：010 - 88191522

网址：www. esp. com. cn

电子邮件：esp@ esp. com. cn

天猫网店：经济科学出版社旗舰店

网址：http://jjkxcbs. tmall. com

北京季蜂印刷有限公司印装

787 × 1092　16 开　21.5 印张　470000 字

2015 年 4 月第 1 版　2015 年 4 月第 1 次印刷

ISBN 978 - 7 - 5141 - 5635 - 5　定价：48.00 元

（图书出现印装问题，本社负责调换。电话：010 - 88191502）

（版权所有　侵权必究　举报电话：010 - 88191586）

（电子邮箱：dbts@ esp. com. cn）

序

改革开放以来，我国经济发展取得了辉煌成就，在 30 多年持续快速增长的支持下，已成为世界第二大经济体，人均 GDP 步入中等偏上收入国家的行列。但从国家战略角度考虑，如何在"新的历史起点上"抢抓发展机遇，跟上"第三次产业革命"的大潮，而且有效化解资源约束和环境压力，继续提高国家实力和竞争力呢？

从国际视角观察，新一轮科技革命已经风生水起，发达国家经过世界金融危机与第二次世界大战后最严重经济危机的洗礼，重新调整了经济战略布局，倡导制造业回归，更加注重科技创新对实体经济发展的作用，纷纷出台和实施科技创新发展规划，以保持它们在全球的领先地位，4.0 版工业革命的步伐时不我待，国际竞争形势日益激烈。

与此同时，改革开放的中国已可以更清楚地展望美好的未来：据预测，如果我国人均 GDP 能在未来保持 6%，就可以在未来 20 年左右步入高收入现代化国家的行列。关键在于增长的可持续性。[①] 创新是未来支撑我国经济增长的主要动力之一，可以预计，未来十年，科技创新能力，而非劳动力成本、自然资源丰裕度等资源禀赋条件，将是决定各国竞争力之最根本的因素。我国别无选择，必须坚定不移地走创新驱动发展之路，改变要素驱动型增长模式，在新的形势下，以建立有利于创新和生产力发展的资源配置机制的制度创新，即改革统领全局，全力打开管理创新、技术创新的空间。

千年之交后，走创新型国家道路已成为国家大战略，在资源约束、环境压力、人口老龄化、国际竞争等因素的共同作用下，我国正加快转变经济发展方式的进程，主动调低经济增长速度，为经济结构调整提供配套条件，积极探索创新驱动的发展模式，倡导以大众创业培育经济新动力，用万众创新撑起发展新阶段。

创新离不开科技的创新进步，而科技创新又是一项高风险的投资，它需要一个有效的金融体系来分担这些风险，并促进科技成果转化为现实生产力，因此，创新战略必然对科技资源和金融资源的配置效率提出更高的要求。纵观人类社会自工业革命前夜以来的发展历史，每一次大的产业革命都发端于科技创新，并成就于金融创新。现代科技和现代金融是推动现代经济增长和可持续发展的两个巨轮，缺一不可。当前，新一轮科技革命和产业变革正在孕育兴起，科技和金融这两个生产力中最活跃的要素，正以前所未有的程度进入相互结合、相互促进的新阶段。

---

① 楼继伟：《展望中国经济未来 15 年》，财新网—新世纪，2011 年 2 月 14 日。

　　相对于国内创新发展战略的需求和国际科技与金融深度结合的趋势，我国在科技与金融相结合领域还比较滞后，例如，科技型中小企业是创新的重要主体，而我国科技型中小企业融资难已是一个长期存在却没有得到有效解决的问题，这个问题的根源其实不在于资金短缺，也不在于我国科技成果短缺，因为我国是世界上储蓄率最高的国家，2013 年对外直接投资位居全球第三，2014～2015 年可能将成为对外投资净输出国，同时我国也拥有大量的专利等形式的科技成果，那么，根源在哪里？在于我国科技与金融相结合的机制和路径没有很好打通，缺乏一个高效的科技金融服务体系来化解科技与金融结合过程中存在的信息不对称、风险与收益不对称、金融结构不合理、缺乏中介和载体等梗阻因素。

　　2011 年 2 月，我国正式启动了科技和金融结合试点工作，为科技成果转化、科技型中小企业发展和培育新兴产业提供支撑。自此，科技金融工作进入组织化推进阶段，各项支持政策全面跟进，促进科技与金融之间的有机结合，已成为我国深化科技体制改革、推动实施创新驱动发展战略的重要举措。

　　我们认为，科技金融服务体系是一项非常重要的国家经济基础设施，打个直观的比喻来说，科技金融服务体系在经济运行中的作用类似于交通基础设施中的"高铁"，高铁可以快速便捷地运送乘客，科技金融服务体系可以提高我国科技资源、财政资源、金融资源和信息资源的配置效率，显著提升我国科技创新能力和国家竞争力。为实现我国经济发展由要素驱动转变为创新驱动、建设创新型国家，必须尽快建立和完善科技金融体系这项关键的经济基础设施，为经济发展注入新动能。

　　建设一个高效的科技金融服务体系意味着多种资源配置机制的优化，需要进行多方面的改革、实现制度创新和政策创新，至少包括下述内容。在金融领域：通过改变金融机构过度依赖于担保和抵押的贷款评估方式，改变资本市场落后的局面来建立一个面向未来的、向前看的金融体系，这个金融体系能够发现、甄别科技创新成果和科技型中小企业的潜在价值，并基于市场为之定价，激发社会资金流向科技创新的内生动力。在财政领域：需要从长远的动态的视野去提供公共品，支持科技金融服务体系建设，通过科学设计财政科技投入的方式，改造传统的财政直接支持方式，更多采取财政间接支持方式，灵活规范地运用现代金融工具，发挥财政资金的引导和放大作用；改变财政资金"撒胡椒面式"的分散支持方式，运用现代财政管理工具提高财政资金使用效率，发挥规模效应，并在关键节点与非政府主体共担风险，催化科技资源和金融资源的高效结合。在科技领域，需要对从知识转化为商业应用（财富）的全过程进行细分，针对基础研究、应用研究和商业应用研究等采取不同的支持方式，疏通我国创新活动的瓶颈环节，推进产学研相结合和产业集群发展，建设覆盖科技创新全链条的科技服务体系。在征信领域，建立广覆盖、开放和便捷的征信服务体系，培育诚信文化和敬业精神，等等。总之，建设科技金融服务体系这样一个国家创新战略的关键基础设施，是一项综合性的系统工程，需要多层次、多方面的政策优化和改革措施进行立体化的支持。

　　从研究的视角来看，需要加强对科技金融相关的理论和政策实践的系统梳理，提出推进建设科技金融服务体系系统工程的思路与政策建议。2012 年以来，我主持了科技部组织的国家科技支撑计划课题《面向科技型中小企业的科技金融综合服务平台及应用示范》项目下的子课题《科技金融综合服务体系设计及政策理论研究》(2012BAH31F07)，重点从优化政策供给和探索体系设计的角度，研究面向科技型中小企业的科技金融服务体系。本书是上述子课题的研究成果之一。

考虑到科技金融活动突出的实践特征和政策供给的跨界合作要求，我和研究团队的同事们在研究过程中，非常注重实地调研和专业人士访谈这两种研究方法，通过采用这两种研究方法从丰富多彩的科技金融实践活动中总结成功经验，发现创新的解决思路和设计方案，同时，考虑到科技金融活动既跨界又专业的特点，我们与政府部门、科技园区、金融机构、科技服务中介和科技型中小企业等相关主体广泛座谈，汲取在科技金融领域工作的专家和专业人员的真知灼见，结合我们的基础理论研究和财政研究专长，来设计面向科技型中小企业科技金融政策供给的主要内容和实施路径。侧重于实践调研和专业访谈的研究成果将主要反映在本书的姊妹篇《我国科技金融服务体系研究（下）——建设科技型中小企业科技金融服务体系的实践开拓》一书中。

本书内容主要反映课题研究中形成的基于理论与实践结合的政策主张和建议。

科技金融服务体系的建设在我国是一项新兴的事业，各地尤其是科技金融试点地区涌现出诸多支持科技型中小企业金融服务的新型实践，我们在调研和研究过程中，也充分感受到科技创新与金融资源相结合的强大需求，了解到设计精巧的科技金融服务模式对改善科技型中小企业金融服务供给的显著作用，看到提升我国科技资源、金融资源和财政资源综合配置效率对实施创新战略的重大意义，以及科技型中小企业创新活力支撑未来经济增长的美好前景。在此，简要探讨关于科技金融服务体系和政策设计的几点基本认识：

首先，科技金融是科技与金融的"联姻"，作为科技与金融的聚合体，属于跨领域的活动，通过科技活动与金融活动之间的互动机制，产生科技资源与金融资源相互叠加的效益，以推动经济增长。科技金融活动不仅要使科技型中小企业解决融资难和融资贵的问题，引导金融资源向科技企业积聚，还要借助金融的筛选功能和财富效应，促进科研成果的资本化和产业化，推动最大限度解放和激发科技作为第一生产力所蕴藏的巨大潜能。

建立现代化的科技金融服务体系关键在于：一是完善征信服务体系，解决信息不对称问题；二是提高资源投入的效率，有效满足创新企业的资金需求；三是为科技型中小企业打开资本市场通道，发展适应创新战略的金融体系。从地方建设科技金融服务的经验来看，较为成功的科技金融服务模式在解决风险与收益不对称和信息不对称方面都有创新做法，浙江中新力合公司运用现代金融的结构化处理方法分割风险，成都盈创动力公司采取的是信息集成服务的解决之道，在这两种服务模式中，政府财政资源都采取了间接的市场化的支持方式。目前，在中央层面，尚缺乏综合化的资源配置方法，亟须打开这扇天窗，出台中央层面系统化的支持政策与举措，联通各地的科技金融服务体系，形成全国范围的科技金融服务体系，在更大的范围内化解科技与金融相结合的主要障碍，实现科技资源、金融资源与财政科技投入资源的优化配置。

其次，科技金融服务体系的建设离不开政府与市场的合作，需要借助于"有为政府"与"有效市场"的合力。政府的政策支持或资金投入一方面可以发挥示范效应，带动更多的社会资金支持科技型中小企业；另一方面政府支持通过声誉机制发挥作用，可为受支持企业带来广泛的社会关注度和良好的信用评价，有利于科技型中小企业获得更多方面的支持。但是，政府支持需要基于可持续政策性金融的基本原理，以风险共担、利益共享的合作方式激发市场的自身供给水平和供给效率。

在"有为政府"与"有效市场"的理念下指导科技金融服务体系的政策支持体系设计，以优化和创新财税支持政策为抓手，促进金融政策、科技政策以其他相关政策的协调配合，应形成科技金融服务体系政策支持的整体框架。在这方面，可以结合国情借鉴一些发达经济体的相关经验。例如，风险资本是比较适合初创期科技型中小企业的资金来源，它可以帮助初创企业跨越"死亡谷"，被誉为科技金融服务的助推原点。美国作为世界上风险投资最发达的国家，其风险资本其实发端于政府牵头的推动立法行为，1958 年通过的《小企业投资法案》被认为是受到专业管理的风险投资行业的开端。1978 年的《国内税收法》将资本收益税从原先的 49.5% 降至 28%，极大地促进了风险投资行业的发展。美国政府可称是硅谷最具影响力的战略设计者之一。风险资本投资高科技行业的第一次浪潮是由政府项目带动的。英美两国政府资助了计算机的开发，美国航空航天局是第一批集成电路的主要用户。互联网也是政府机构的发明，然后也是政府将之转为商用。总体来说，美国政府投资于高风险、长周期的项目，而风险投资家倾向于跟进短期项目。这些都给我们以重要的启发，以及不少可借鉴之处。

最后，建设科技金融服务体系需要培育和发展专业化的科技金融服务机构，使之成为我国构建蛛网型科技金融服务体系的重要枢纽和促成各类资源有效配置的关键中介，也是各种支持政策的传导通道和实施载体。借鉴美国的经验，可知应着力使科技金融服务机构形成可持续的新业态，重点支持硅谷式的创新增长极。正如《硅谷百年史》[①] 的译者所言，硅谷是知识经济的代名词，它以占全美 1% 的人口，创造了占全美 13% 的专利，作为创业、创新的中心，它每年获取的风险投资约占全美的 30%。硅谷被视为发明工厂，但是，实际上大部分重大的发明创造并非源自硅谷。硅谷的贡献在于其能借助金融机构决策而慧眼识别那些可能对社会产生颠覆性影响的发明，从而对它们进行金融服务支持的商业性开发，然后用它迅速地创造财富，比之科技发明，硅谷更善于使科技企业化。我国科技金融服务体系的运作格局应是一头连着科技，另一头连着金融，能够敏锐地发现科技成果的应用价值和商业价值，并为之匹配适合科技发展规律和企业成长规律的金融资源，尽可能顺畅地应对风险挑战而促成科技成果的资本化和产业化。

我们在研究过程中得到了全国财政系统、科技系统、金融系统、工业与信息化

---

① 阿伦·拉奥、皮埃罗·斯加鲁菲著，闫景立、侯爱华译：《硅谷百年史 1900～2013：伟大的科技创新与创业历程》，人民邮电出版社 2014 年版。

部、中国社会科学院等诸多政府部门、科研院所和企事业单位的大力支持，得到了张晓原、邓天佐、沈文京、房汉廷、郭戎、张明喜、徐义国、狄娜、程智军、缪晓波、张兴胜、陈尊厚等领导和专家的宝贵支持与专业指导，参考了赵昌文、房汉廷等科技金融研究领域先行者的研究成果，得到了经济科学出版社高进水副总编的大力支持，刘颖编辑为本书的顺利出版付出了辛勤劳动，在此表示一并衷心感谢！

本书是课题组成员集体劳动与团队合作的成果，全书由贾康和孟艳负责设计和统稿，各章的主要执笔人员如下，前言：贾康、孟艳、苏京春；第一章：刘军民；第二章：孙洁；第三章：孟艳、王宪明；第四章：苏京春、黄曼远；第五章：苏京春；第六章：刘飞；第七章：许文；第八章：李全、赵雅敬；第九章：苏京春；第十章：刘飞；第十一章：程瑜、龙小燕、孙维；第十二章：刘仲川、张立承。另外，王建新、金荣学、崔志明、魏英欣、崔志鹏、封北麟、洪方圆、李惠、吕殿耀、杨雯淇、吴曷兵等同志参与了本书的部分写作、讨论、修改和校对工作。

书中不足之处请读者多予批评和指正。欢迎更多的有志有识之士关注和支持我国的科技金融事业和国家创新战略！

贾　康

2014 年 12 月于新知大厦

前　言

　　实施创新驱动发展战略，最根本的是要增强自主创新能力，最紧迫的是要破除体制机制障碍，最大限度解放和激发科技作为第一生产力所蕴藏的巨大潜能。促进科技与金融紧密结合是体制机制改革和完善的重要内容之一，是保障科技对我国经济社会发展发挥支撑引领作用的关键。实施创新驱动发展战略，就必须要深刻把握科技创新和金融创新的客观规律，创新体制机制，突破瓶颈障碍，建立和完善与科技创新相适应的金融支持体系。

　　科技金融本质上是金融制度创新与科技创新的高度耦合，是为科技创新及其商业化和产业化提供整体金融服务的金融新业态。

　　从实践的角度而言，科技金融是促进科技开发、成果转化和高新技术产业发展的一系列金融工具、金融制度、金融政策与金融服务的系统性安排，是由向科学与技术创新活动提供金融资源的政府、企业、市场、社会中介机构等各种主体及其在科技创新融资过程中的行为活动共同组成的一个体系，是国家科技创新体系和金融体系的重要组成部分。

　　从政策支持的角度而言，科技金融是指通过创新财政科技投入方式，引导和促进银行业、证券业、保险业金融机构及创业投资等各类资本，创新金融产品，改进服务模式，搭建服务平台，实现科技创新链条与金融资本链条的有机结合，为初创期到成熟期各发展阶段的科技企业提供融资支持和金融服务的一系列政策和制度的系统安排。科技金融政策支持体系是包括财政政策、税收政策、金融政策、信息政策等多类政策的综合化体系。其中，创新财政科技投入方式是科技金融工作的核心政策，借助于财政资金的催化效应和杠杆作用，引导和支持各类资金流向具有迫切资金需求的科技企业，激发经济活力。

　　根据我们在各地的调研情况，近年来，科技金融活动作为服务国家创新战略的新生事物，在全国范围内，尤其是科技资源集中的区域已充分呈现出蓬勃发展的活力，科技金融服务业本身正逐步成为一种新兴的商业模式，但是，我国科技金融体系的全面建设毕竟刚刚起步，在实践方面没有一个全国统一的范式，而是各地各具特色，因地制宜，相关的理论研究稍滞后于实践活动，研究视角多样化和研究层面区域化的特征比较显著，科技金融的理论研究和实践活动都处于快速更新、日益丰富的过程之中，这种局面反映了我国科技创新活动对科技金融服务巨大而多样化的需求，科技金融服务的供给来源广泛而复杂，科技金融活动涉及的主体和范围具有多层面、多维度的特征。

由于科技金融体系包含科技、金融、财政、企业、中介组织、教育、信息、人才等经济社会运行的诸多构成元件，涉及多方面的改革与创新，科技金融体系的健全和完善应抓住关键节点、循序渐进、系统化推进。为明确本书的主要研究对象与核心研究视角，特做以下三点说明。

第一，科技金融服务体系的对象主要包括科技型中小企业、科技成果转化和产业化、战略性新兴产业三大方面。我们的研究聚焦于科技型中小企业，重点研究面向科技型中小企业的科技金融服务体系如何构建和完善，抓住构建和完善该体系的引导因素、推动因素和基础条件，纲举目张地布局研究框架。

之所以聚焦于科技型中小企业的视角展开科技金融服务体系研究，主要原因在于，从科技金融服务三大类服务对象之间的逻辑关系来看，科技型中小企业不仅是科技成果转化和产业化的重要载体，也是战略性新兴产业链条和集群化发展的重要组成部分，从创新战略的整体角度而言，科技型中小企业的基础作用应予以高度重视。

从我国经济运行的现实需求来看，在经济增速下行期和经济结构升级换代的关键时期，就业和科技进步是必须抓住的两大关键指标，中小微企业是发展的生力军、就业的主渠道、创新的重要源泉，因此，支持科技型中小企业兼具扩大就业、鼓励创新和提高科技水平的双重作用，科技型中小企业又是科技创新中的"蚂蚁雄兵"和国民经济发展中最具活力的细胞，符合我国开启"大众创业、万众创新"新时代的政策导向，但是，在我国各种科技企业中，科技型中小企业面临的融资约束最为突出。在这种供需不对称的环境中，建设和完善面向科技型中小企业的科技金融服务体系非常有利于缓解制约科技型中小企业成长和发展的瓶颈因素"融资难、融资贵"，有利于弥补我国科技成果资本化和产业化过程中动力机制和催化机制的欠缺，还可以为我国金融体系的健康发展注入创新活力。

鉴于以上方面的考虑，我们把对科技金融服务体系的研究对象凝缩于科技型中小企业，当然，科技金融服务体系包含但不限于科技型中小企业，希望通过科技型中小企业这样一个研究角度为切入点，提升我国科技金融服务体系基础构件的完备程度，以及该体系的广覆盖和有效运转。

第二，本书主要从政府公共政策的角度，以财税政策为核心研究科技金融服务体系。

科技型中小企业具有规模小、技术新、资产轻、信用低、风险高等显著特点，通过传统的商业金融模式直接获得融资存在障碍，尤其是处于种子期和初创期的科技型中小企业，不仅无法通过传统的金融模式获得融资，通过天使投资、风险投资等专门面向科技型中小企业的金融模式获得融资也存在一定的障碍。科技型中小企业金融需求和供给状况的这些内在特征决定了发达的科技金融服务体系不是纯粹商业金融的供给模式，既需要商业金融服务，也需要政策性金融服务，并且在商业金融服务领域还需要政府的引导和支持，简而言之，科技金融服务是一个需要政府与市场密切合作的领域，因此，在构建和完善科技金融服务体系的过程中，政策因素尤为关键。我国需要设计和实施科学合理的政策支持体系，以推进制度建设、提供激励机制，改善服务条件，从而引导商业金融主动增加科技金融服务供给，并借助政策性金融服务弥补或桥接商业金融服务的供给不足，形成围绕产业链部署资金链的科技金融服务完整，满足处于生命周期不同发展阶段的科技型中小企业多样化的金融服务需求。

现实中，随着国家科技进步和科技型中小企业发展需求的变化，我国对科技型中小企业的政策支持体系也表现出滞后的供给局面，政策支持的不到位或越位，本身对公共资源也是一种浪费，会导致科技金融服务体系的短板，这就需要对既有的政策安排进行改革和优化，以政策供给促进市场供给、开展大量体制机制创新，解除供给侧的约束，激发新供给，改变既有资源配置格局中的结构性矛盾，使社会资金流向有利于科技进步的领域，解放生产力，拓宽科技型中小企业的发展空间，提高我国经济的创新活力和运行效率。

基于促进政府与市场的合作、提升政府资源本身配置效率这两方面的研究目标，我们的研究定位为政策研究，在我国，面向科技型中小企业的政策有多种类型，包括财税政策、金融政策、科技政策、信息政策、知识产权政策、教育政策等等，这些政策源自于不同层级的多个政府部门，在这种分类和分层的政策框架下，研究面向科技型中小企业的科技金融服务体系，必然需要梳理一个庞大纷繁的政策体系，我们的研究方法是紧扣与科技金融服务最密切的政策类别，侧重从中央政策的角度，从全局的层面观察和思考既有政策的不足，面向未来优化、改革和完善既有政策体系。

关于科技金融有多种视角的阐释，从政策支持的视角来看，创新财政科技投入方式在整个科技金融服务体系中处于先导地位，如何发挥财政政策的引领作用，提高财政资金的配置效率是提升政府资源本身配置效率、促进政府与市场的合作的"牛鼻子"！

根据在全国多个地方的调研情况，我们发现，科技金融工作卓有成效的区域都具有一个共性：财政科技投入的方式更多采取间接投入方式，针对信息不对称和风险收益不对称等市场失灵的环节有效支持，发挥了以政策供给桥接市场供给、引导和放大市场供给的作用。在总结地方先进经验的基础上，我国需要改革和创新中央层面的财税政策，打通布局全国的科技金融服务体系，通过政策和制度创新，建设科技金融服务基础设施，发挥财政资源的引领作用，促进科技资源和金融资源在更广泛的范围内紧密结合，支持科技型中小企业发展，服务国家创新战略。

除了财税政策，科技金融工作作为科技与金融的结合体，自然离不开金融政策与科技政策，信息政策、知识产权政策、教育政策、作为关键支撑因素，关于这些政策的优化设计也是我们的研究范畴。

第三，本书关注科技金融服务模式的新模式、新业态，科技金融政策落地，发挥催化或支持科技金融活动的作用，需要金融中介等各类中介机构作为传导载体，其中，定位为专门服务于科技与金融结合的创新型中介机构尤为值得关注，支持它们的可持续发展是促进科技金融服务体系架构完整和顺畅运转的必要环节。

科技金融服务具有科技服务与金融服务的双重需求，专业化特征显著，同时，科技型中小企业数量众多、分布广泛，需要多种类型的金融服务，因此，科技金融服务体系的运转离不开专业化的中介或平台作为载体，必须借助于这些中介或平台实现科技资源与金融资源的结合，这些中介或平台大致可以归纳为三种类型：第一类是常规的、商业化的金融中介与金融市场，例如商业银行以及租赁公司、担保公司、投资银行等非银行金融中介，多层次资本市场等；第二类是带有政策性金融属性的金融中介，例如政策性银行、担保公司、具有政府支持背景的综合化金融服务集团（例如中关村发展集团、成都盈创动力公司等）；第三类是新兴的商业化综合服务集团（例如，浙江中新力合公司），互联网金融等新型的金融服务中介（例如，天使汇等众筹公司，P2P，蚂蚁金融服务集团等电商背景的互联网金融中介）。

对于第一种类型的金融中介和金融市场需要鼓励、引导它们为科技型中小企业提供更多的专业化服务，尤其是需要加快多层次资本市场和风险投资行业的发展，构建更有利于创新和创业的金融体系，科技型中小企业，特别是种子期和初创期的科技型中小企业可以获得更多资金投入，促进科技成果产业化。

第二类和第三类金融中介，则是我们研究的重点所在，原因有三：首先，我国需要有专门面向科技型中小企业的全国性政策性金融机构，打通资源配置区域分割、部门分散的局限性，在更大范围内促进科技资源与金融资源、信息资源、财政资源的结合，为全国各地，尤其是科技资源密集区域的科技型中小企业提供更有效率的支持，并发挥中央层面对各地科技金融工作的引领作用。其次，目前，在科技金融工作试点地区，以集成业务，分散风险或集成信息，补偿风险等方式的科技金融服务模式已经崭露头角，这些新型科技金融服务中介具有专门化的优势，有些已探索出可持续的商业模式，总结这些专门化中介的经验，并推广这类中介在更多地方的布局和发展，使之成为科技金融服务的新业态，有利于政府与市场发挥各自的优势，弥补我国科技型中小企业专业金融服务中介的短缺，属于我国科技金融服务体系的基础设施建设。最后，对于互联网金融等创新型金融服务平台，它们具有门槛低，方式灵活，快捷广泛，网络化服务的优势，与科技型中小企业创业创新的资金需求有着在内的契合，有利于改善我国科技型中小企业的金融生态，应予以积极发展和运用。

综上所述，本书主要研究面向科技型中小企业的科技金融政策支持体系及实践应用，侧重于从财税政策的角度展开分析，并通过财税政策与金融政策、信息政策、科技政策、教育政策等方面的协调配合，促进国家层面科技金融综合服务体系的健全和完善，有效发挥政府的引导作用和市场的决定性作用，支持科技创新与金融创新的良性互动，实现我国科技型中小企业蓬勃发展，培育经济增长新动力，服务于新时期创新驱动发展战略。

在研究思路上，本书紧紧围绕科技金融工作的核心任务，按照不同阶段科技创新金融需求的基本规律，运用经济学供求分析的基本工具和新供给经济学的理念，以优化财政资源、科技资源和金融资源的综合配置，改善科技型中小企业金融服务水平，促进科技成果产业化和资本化为目标，从理论和实践、历史和现实、全局与分项、制度与组织、国际与国内、数据分析与实地调研等多个角度展开政策研究，具体包括财政政策、税收政策、金融政策、科技政策、信息政策等政策现状分析与优化建议，同时，研究当前科技金融服务领域中两项亟须加强的支撑工作：一是科技金融中介的新业态——各种新型科技金融服务载体和模式的发展现状与趋势；二是科技金融人才队伍建设——科技金融培训服务模式。

首先，从历史和理论的视角阐释科技金融的重大意义，理论基础，内涵与特征，资本配置、风险管理、信息管理和监督治理四大功能，提出科技金融应针对创新链的阶段特征、需求匹配服务中介和政策支持工具。在此基础上，针对经济、科技、财政和财政科技投入方面的新形势以及政府与私营部门合作（PPP）的新理念，分析科技金融对于宏观经济发展和微观经济提升的现实意义。

然后，对我国科技金融政策支持体系的实践展开详细梳理和总体评价。20 世纪80 年代后期，为配合科技拨款制度改革，我国开拓了科技贷款业务，扶持了一批科技创业企业，这可视为我国科技金融的早期雏形。经过 30 多年的实践积累，科技金融从促进合作走向相互融合，尤其是 2011 年以来组织化、系统化地推进科技与金融深入结合，我国科技金融政策环境日益优化，科技金融试点工作持续推广，创新服务方式不断涌现，形成了全国科技金融事业蓬勃发展的良好局面。我国科技金融的政策支持体系在经历了前期"摆棋子"分散布局的发展阶段以后，已进入重视通盘布局的发展时期。但是，面临激烈的国际竞争和我国创新驱动发展战略的迫切要求，还需要向更高的层次发展，其优化的方向应是符合经济转型和深化改革的现实需求，政府集中财力资源，更多采用市场化的方式提高财政资金的支持效率，改善科技金融服务供给，动员和支持金融体系为科技型中小企业提供全光谱式的金融服务，对科技型中小企业技术创新基金、创业投资引导基金等已有的政策实施通道应充分利用，并对其优化升级，使其适应科技金融工作对资源配置的新要求。同时，以金融业对风险收益的识别和筛选功能提升科技成果转化效率，推动我国现实生产力水平的提高和经济社会发展进步，下一步应通过精细化、网络化、规模化、完整化的优化思路，形成蛛网式的支持体系。

本书力图以扩展研究视野的方式从在科技创新领域领先的国家或地区汲取科技金融方面的有益经验，服务于我国科技金融政策支持体系的具体优化设计，既关注这些国家或地区支持科技型中小企业股权融资或债权融资的政策细节，又着眼于它们促进科技与金融结合的系统化制度安排和支撑体系。按照内容框架，依次从美国、日本、欧洲（包括英国、法国、德国、荷兰、意大利、葡萄牙以及欧洲投资基金等）、新兴市场（包括以色列、韩国、新加坡、俄罗斯、印度、中国台湾地区等）的角度，对典型国家或地区的经验进行了论述，并在此实践层面的基础上，继续论述了国外正在探索的创新模式。

接下来，本书按照"一个总体设计、五大领域政策优化建议和两项重要支撑任务"的思路深入详细地展开研究。

一个总体设计。基础理论方面，我们认为应当主推新供给经济学，其以关注、强调、深入认识供给和供给端的作用这样一种更具对称的理论框架，支持实践方面的优化资源操作调控、改革与发展的攻坚克难，强调正视现实强化优化结构、升级换代、可持续发展的针对性、可行性、有效性，我国科技金融政策的优化与操作，需要针对科技金融服务领域的瓶颈与缺口，抓住科技型中小企业亟须同时又是市场供给薄弱或不足的环节进行机制创新引领的合理有效的重点支持。应用理论方面，我们认为应当主推企业生命周期理论。企业生命周期理论最早是由美国管理学家伊查克·爱迪思提出的，这一理论包括了理论核心、周期特征、周期运行分类、企业定位、战略选择等内容，恰给予科技金融发展政策建议总体设计以应用理论的支撑，初创期与转化期应成为支持科技金融发展政策的两个发力点。

此外，还需特别注重实践中的分类与战略选择。我们认为，目前存在"一个悖论"和"两个缺陷"，其中，"一个悖论"是指，虽然目前"中小企业融资难"确确实实是一个全球范围内普遍存在的问题，但是"科技融资难"却只是一个局部存在的问题；"两个缺陷"是指，在科技成果从研发到转化的过程中，存在着很难甚至无法转化为生产力而最终石沉大海的"科技缺陷"和以"转化难、转让难、投产难"为主要特征的"市场缺陷"。政策体系方面，应当推广以浙江省中新力合为代表的金融服务企业，围绕科技型中小企业不同的融资需求和特征，结合我国金融发展水平，专注于解决科技型中小企业融资问题的创新思路，持续推出若干创新型金融产品，丰富科技型中小企业金融服务供给方式，正是所谓"珍珠项链"新供给模式。

以"寻求新的模式和新的业态"为总目标，以市场决定资源配置、制度供给动态优化、多元政策通盘规划、服务模式创新联动、固本培元生态发展五大原则为背景，应建立五大领域政策优化建议：包括财政政策、税收政策、金融政策、科技政策、其他政策等方面存在的问题、难点、改革重点和具体建议。

财政政策方面。近年来，我国对科技型中小企业的财政支持力度加大，逐步构建起涵盖多个方面、包含多种支持方式的财政政策框架政策体系，在科技金融领域发挥了组织、引导、放大、增信和风险分担等多方面的作用。在分析现状的基础上，探讨财政支持科技型中小企业发展的金融服务政策存在的不足，并基于主要思路和基本原则提出了具体的政策建议。

建议从财政政策支持金融机构、金融市场、金融服务和金融创新四个方面来发力，具体政策建议如下：

第一，构建完善提供科技型中小企业金融服务的组织机构，包括支持成立国家级的科技银行，支持在国家层面设立再保险机构，完善顶层设计，建立国家级的投资基金，转型引导基金方式，运用市场化母基金方式支持创投机构，建立国家级再保险机构，以政策性金融推动科技担保和保险体系建设。

第二，培育金融服务主体，促进多样性科技金融服务市场发展，包括加大财政奖励、风险补偿等财政扶持政策的力度，提升风险投资机构的市场生存力，鼓励机构创新，丰富投资者结构，应用财政奖补，培育和发展股权交易市场，特别是加快建立和完善全国性场外交易市场制度和市场体系，支持建立区域性金融服务机构。

第三，加快建设各类别、各层次的科技金融服务平台，包括支持建立全国性科技型企业投融资信息交流平台，以政府采购等方式培育和发展科技金融中介服务市场，设立政府专项资金推动全国性科技企业征信体系建设。

第四，激励引导开展针对科技型中小企业的金融服务创新。包括改进科技财政支出资金管理，提高支持科技企业资金使用效益；规范政府引导基金的政策定位和运作模式，积极培育天使投资；建立科技型企业融资联合担保平台，并应用财政补贴和奖励等方式推动银保联动和投贷联保；通过利息补贴、创新奖励等方式支持科技型中小企业集合票据和债券等金融产品创新；通过政府采购的方式将科技企业高新技术的推广应用与商业金融机构的金融支持实施联动；创新财政支出方式，服务科技企业科研发展；通过政府引导基金支持互联网金融发展。

税收政策方面。在点明总体思路、分析重点与难点的基础上，分别阐述了支持科技型中小企业以及科技型中小企业金融服务的税收政策现状，接着，论述了现行科技型中小企业以及科技型中小企业金融服务的税收政策存在的问题，并据此提出了税收政策的建议。

针对科技型中小企业税收优惠政策的具体建议包括：第一，完善高新技术企业认定办法。第二，完善和落实研发费用加计扣除政策。第三，对科技型中小企业应纳税所得额抵扣给予更多优惠。第四，完善对科技奖励和科技成果转化的个税优惠政策，包括扩大科技奖励个税免税的范围，将现行对示范区和实验区内科技创新创业企业转化科技成果，以股份或出资比例等股权形式给予本企业相关技术人员的奖励的个税分期纳税政策，尽快在全国范围内实施等。第五，扩大增值税对高科技行业的优惠范围。

目前，我国在企业创新和中小企业方面已经制定大量的税收政策，但在科技金融服务的税收政策方面却相对缺乏，因此，完善支持科技金融服务发展的税收政策的重点主要在金融服务上。在完善科技型中小企业金融服务的税收政策方面，可考虑：第一，针对科技型中小企业不同金融服务，合理完善税收政策。包括完善信贷融资服务的税收政策，完善信用担保服务的税收政策，完善创业投资的税收政策，融资租赁的税收政策，科技保险服务的税收政策，其他金融服务的税收政策等。第二，统一相关政策范围界定，保障政策的贯彻实施。包括合理界定科技型中小企业和金融服务机构等范围，完善资格认定等相关配套措施。第三，合理设置优惠期限，保证税收政策的长期性和稳定性。

在"营改增"大背景下，对于科技型中小企业金融服务税收优惠政策的完善，第一，应明确增值税简易征收方式下金融服务适用的征收率。第二，增值税简易征收方式下，无论"营改增"后金融保险业的增值税制度或名义税率水平如何设置，都应该继续保留和延续有关科技中小企业金融服务的相关税收优惠政策。原有和新制定的有关科技型中小企业金融服务的营业税优惠政策，可直接转变为增值税的优惠政策。第三，增值税一般征收方式下，在已实施的"营改增"改革中，已经对（有形动产）融资租赁改为征收增值税，可以根据"营改增"前后的制度变化情况，重新设定相关优惠政策。对于其他可能涉及采用增值税一般征收方式的金融服务，可以比照融资租赁的处理办法，继续保留给予金融服务相应的优惠政策。

金融政策方面，具体建议包括：第一，应培育和发展促进科技型中小企业金融服务发展组织机构。具体包括：推动服务科技型中小企业的科技支行建设，推动服务科技型中小企业的科技小额贷款公司建设，推动服务科技型中小企业的科技担保机构建设等。第二，应拓宽科技型中小企业多元化融资渠道。具体包括：推动多层次资本市场建设，鼓励科技型中小企业上市融资，推动创业投资发展壮大，加快科技成果转化，推动债券市场金融创新，发挥政府基金间接引导作用，借力互联网金融，提高科技型中小企业融资效率，创新适合科技型中小企业的科技保险产品和服务，推动科技型中小企业融资租赁发展等。第三，加快区域性科技金融服务平台建设，设计区域性科技金融服务平台模型。在金融服务平台建设中，中关村发展集团科技金融服务平台和浙江中新力合股份有限公司科技金融服务平台是最为典型的、可供参考、可供复制的案例，在此基础上，还应考虑切实推动科技金融服务中心建设，并探索区域性科技金融服务平台建设，区域式科技金融服务平台的建立能够将政策制定、服务供给、资金供给和市场需求连成一个整体，形成一体化运作模式，最终形成政府、金融机构、中介机构和科技型中小企业四方受益的多赢局面。

科技政策方面。按照战略支持、制度支持、配套体系、必要保障和具体政策的研究逻辑，探讨我国科技政策促进科技型中小企业金融服务的整体布局和主要路径，第一，科学合理的顶层设计为我国科技型中小企业金融服务的发展提供了战略导向和战略支持；第二，深化科技体制改革和创新型国家建设为促进我国科技型中小企业金融服务发展提供制度支持；第三，针对当前主要矛盾和突出问题制定相关政策措施，包括加速高新技术产业化和先进适用技术的推广，提高全民族科学文化素质，营造有利于科技创新的社会环境等；第四，通过建立多元化、多渠道的科技投入体系、加强科技基础条件平台建设、建立科技基础条件平台的共享机制为促进科技型中小企业金融服务提供必要保障；第五，科技政策从投融资、研发资助、孵化体系和创新集群建设、市场环境建设等方面着力，通过不同维度改善科技型中小企业的金融服务水平。

其他政策方面。这部分以信息不对称为主线，分析科技型中小企业获取金融服务中产生信息不对称的原因和对政策效应的制约作用，只有改善信息不对称状况才能有效地为科技型中小企业提供合意的金融服务，并且保证社会整体的金融资源应用效率。

主要政策建议有：第一，完善科技型中小企业的信息收集和披露制度，具体措施包括进一步完善科技型中小企业的划分标准，统一科技型中小企业金融服务监测的统计口径，建立科技型中小企业相关信息披露机制。第二，构建和完善社会化信息传递渠道与甄别机制，具体措施包括建立社会征信机制、企业发展评价机制、无形资产价值评估机制。第三，打破信息不对称障碍，探索发掘科技企业资产价值，具体措施包括探索以PPP模式推动科技项目证券化、鼓励进行技术资产信用化、大力推进知识产权质押贷款。

两项支撑任务分别是探索科技金融服务模式和开展科技金融培训服务。

科技金融政策传导至科技型中小企业需要有效的载体，全国各地科技金融活动中出现了数量可观、种类丰富的科技金融服务机构，这些专业化的科技金融服务机构通过识别科技资源的潜在价值和风险，并通过财税、金融、信用工具等的组合运用和模式创新，达成科技资源与金融资源的有效对接，为那些难以达到传统金融机构服务门槛的科技资源提供融资机会和发展机遇，支持科技型中小企业发展。目前，按照发起主体的不同，我国科技金融服务机构的类型可分为政府投资的科技金融服务模式、与政府合作的科技金融服务模式、新型民营科技金融服务模式，通过对这三类模式的理论和实践分析，探讨其发展的可持续，探索未来可供选择的发展路径。从长远发展来看，基于"互联网"的新型民营模式应是科技金融服务平台未来的发展趋势，同时，由于现存大量处于种子期和初创期的科技型中小微企业，政府投资型模式将长期存在，与政府合作的金融机构主导型模式基于其专业化的融资方式也将在一定时期内存在并逐步规范。

科技金融培训服务是全面贯彻实施国家科技金融战略的关键环节，对于普及科技金融知识，指导各级政府部门、科技企业及金融机构准确把握国家的科技金融政策，有效提升科技企业运用资本市场的能力，促进金融资源向科技领域配置，具有重要的作用。对于科技金融培训服务，本书详细论述了基于院校的培训、基于产业园区的培训、基于网络的培训、基于企业的培训、境外培训五种模式，并在此基础上提出了科技金融培训服务的政策建议。

目 录

图表目录

第一章

关于科技金融的理论分析

国家主席习近平 2014 年 6 月 9 日在中国科学院第十七次院士大会、中国工程院第十二次院士大会上的讲话中指出，"科技是国家强盛之基，创新是民族进步之魂。实施创新驱动发展战略，最根本的是要增强自主创新能力，最紧迫的是要破除体制机制障碍，最大限度解放和激发科技作为第一生产力所蕴藏的巨大潜能。"促进科技与金融紧密结合是体制机制改革和完善的重要内容之一，是保障科技对经济社会发展发挥支撑引领作用的关键。实施创新驱动发展战略，就必须深刻把握科技创新和金融创新的客观规律，创新体制机制，突破瓶颈障碍，建立和完善与科技创新相适应的金融支持体系。

一、金融支持科技创新的重大意义

（一）历史意义

科学技术是第一生产力，金融则是现代经济的血液。纵观人类社会发展历史，每一次大的产业革命都发端于科技创新，并成就于金融创新。科技与金融是经济体系的两大重要引擎，二者的高效配合、协调运转乃至深度融合是创新型经济体发展的动力源泉。可以说，科技金融结合是科技与经济结合的重要切入点和突破口，是经济增长的重要来源和增长质量效益改进的重要方面。

技术创新和新兴产业发展重要条件之一是得到足够的资金支持和政策激励。新技术早期的崛起是一个爆炸性增长过程，会导致经济出现极大的动荡和不确定性，风险资本家为获取高额利润而投资于高新技术领域，继而产生金融资本与技术创新的耦合，从而出现技术创新的繁荣和金融资产的几何级数的增长。① 迄今，世界已发生的五次技术革命（第一次产业革命，英国；第二次，蒸汽和铁路时代，英国、欧洲大陆；第三次，钢铁电力、重工业，德国；第四次石油、汽车和大规模生产，美国及欧洲；第五次，信息和远程通讯，美国扩散到欧洲和亚洲），都无不印证了这种

---

① 卡洛塔·佩雷兹（Carlota Perez）著、田方萌等译：《技术革命与金融资本》，人民大学出版社 2007 年版。

技术经济范式的存在，可以看到每次技术革命的成功财富化，都必然有金融创新的相伴随行。在每次技术革命及其扩散的过程中，金融和信用制度起到了关键作用。

科学技术是生产力发展和财富创造的第一推动因素，科技革命往往伴随着生产工具的革新、劳动对象的扩围和劳动者素质的提高。比如，在农耕时代，生产力＝劳动者＋劳动工具＋劳动对象；工业革命以后，生产力＝劳动者＋劳动工具＋劳动对象＋生产管理；新科技革命以来，生产力＝（劳动者＋劳动工具＋劳动对象＋生产管理）×科学技术。当前，新一轮科技革命和产业变革正在孕育兴起，信息技术、生物技术、新材料技术、新能源技术等蓬勃发展，带动几乎所有领域正发生以绿色、智能、泛在为特征的群体性技术革命。科技和金融这两个生产力中最活跃的要素，正以前所未有的程度进入了相互结合、相互促进的新阶段，这一趋势奠定了科技金融产生和发展的现实基础。政府、学术界、产业界越来越清楚地认识到金融与科技紧密结合的必要性、重要性和紧迫性。

从国际创新型国家的成功经验看，技术革命与金融创新可以称之为社会财富创造的两翼。从过去40年的统计数据看，世界发达国家和发展中国家经济增长的巨大差距，主要原因是技术进步对经济财富增长贡献的差距，这也就是所谓的"李约瑟之谜。"据统计，发达国家技术进步对国民生产总值的贡献增长率，20世纪初为5%~20%，50年代上升到50%左右，80年代上升到60%~80%。而发展中国家的技术进步对经济增长的贡献率普遍低于发达国家，在1960~1987年间，68个发展中国家的技术进步贡献率仅为14%左右。

（二）现实意义

20世纪80年代后期，为配合科技拨款制度改革，我国相关部门开拓了科技贷款业务，用于支持中央开发类科研院所转制，推动科技成果推广、星火计划、火炬计划实施，扶持了一批科技创业企业。这可视为我国科技金融的早期雏形。随着科技体制改革不断深入和科技创新创业日趋活跃，科技金融从促进合作走向相互融合，其内涵、外延与表现形式发生了深刻变化。科技金融作为发挥科技支撑引领作用不可或缺的工具，正日渐被社会所重视，焕发出强大的生命力，在服务建设自主创新国家战略中发挥着积极而重要的作用。

1. 科技金融是切实发挥科技支撑引领重要作用的需要

转变经济发展方式，实现结构调整，核心是切实发挥科技创新对经济社会发展的支撑引领作用，走创新驱动内生增长道路，这是经济社会转型升级、结构调整对科技提出的要求。坚持"自主创新、重点跨越、支撑发展、引领未来"方针，应是新时期谋划布局实施一切科技战略的出发点与落脚点。发挥科技支撑引领作用，切入点是扎实推进科技创新与创业，提升企业和产业的竞争能力，拓展成长空间。其关键是深化科技体制与管理改革创新，引导鼓励金融创新，将科技资源转化为创新创业动力与能量。科技金融作为实现科技资源与金融资源有效对接的抓手与资源集聚整合平台，是发挥科技支撑引领作用不可或缺的工具。

2. 科技金融是顺应科技创新规律的需要

我国科技体制改革三十多年来，积累了大量宝贵的科技资源，虽然培育了一些高新技术企业，但大多数科技成果无法转化为现实生产力。究其根源，一方面，由于符合科技创新规律的政策环境与架构尚未建立，创新不活跃，致使产出可财富化效应的科技资源有限；另一方面，科技创新活动形式与规律相悖，科技投入的资金配置与机制远不能适应创新规律。我国科技创新要素众多，彼此之间缺少协同互动，加之资金链条缺乏相应的政策环境条件与机制，致使科技创新活动很难从实验室延伸到市场，形成企业的核心竞争力，支撑产业竞争能力提升。而构建符合科技创新活动规律要求的科技创新体系，接通断裂链条，把互不相连的系统有机地联结贯通，形成系统化网络化服务，将科技创新活力转化为支撑科技创业能量，都离不开运用科技金融结合机制。

3. 科技金融是促进科技成果转化的需要

多年来，我国一直存在着科技成果向现实生产力转化不力、不顺、不畅的痼疾，其中一个重要症结就在于科技创新链条上存在着诸多体制机制关卡，创新和转化各个环节衔接不够紧密。2012年"中央6号文件"明确强调，要促进科技和金融结合，创新金融服务科技的方式和途径，引导银行等金融机构加大对科技型中小企业的信贷支持，加大多层次资本市场对科技型企业的支持力度，引导民间资本参与科技创新。

4. 科技金融是促进产业转型和结构调整的需要

科技和金融是转变发展方式和推动产业升级的两大重要引擎。现代社会产业形态越高端，生产组织管理形式越复杂，对科技进步与金融服务的依赖程度越高。随着产业转型升级加快，产业替代周期缩短，企业间的竞争将更加激烈，对科技创新的依赖会愈发强烈，对金融的需求亦将更加迫切（见图1-1）。[①] 产业转型升级和结构调整能否成功，归根结底取决于科技创新创业是否活跃，金融支持是否给力，战略性新兴产业、"现代科技服务产业"、先导性产业的培育成长能否健康迅疾。科技与金融作为推进经济与社会发展的两大推动力，如何适应形势要求，突破体制、制度、机制和管

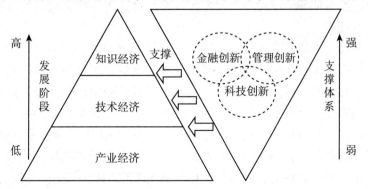

图1-1 产业升级和科技金融创新关系

---

① 邓天佐、占俊芳：《关于我国科技金融发展的几点思考》，载于《证券市场导报》2012年第12期。

理障碍，紧密结合，共同发力，为科技支撑引领提供服务与保障，考验着我们的智慧和勇气。亟须深入探索认识科技金融自身发展规律，因势利导，顺势而为。

5. 科技金融是推动科技创新和新兴产业发展的新机制

从机制创新的角度来看，科技金融是不断推动着科技创新甚至新兴产业发展的新机制，这可以体现在科技金融的"输血"功能、科技创新的"财富效应"，以及其培育催生了"新兴产业"等方面的作用。

第一，科技金融给科技创新有效"输血"，也给金融市场提供项目。一方面，由于创新型企业在发展过程中，始终处于资金紧缺的状态，而传统金融往往难以满足这些融资需求；另一方面，传统金融的运行方式及特点决定了长期以来其关注重点多处于业绩较好的成熟产业，但这也易于在传统行业的融资市场上形成激烈竞争，科技金融通过遴选机制给金融市场提供了良好的项目供给，有利于科技金融的持续发展。

例如，在科技型企业发起创立之际就需要资金支持其研发和市场营销的投入，但这些企业因为轻资产、销售收入较低而难以得到投资者的青睐，更无法获得银行及其他金融机构的债务性融资，如果能够通过天使投资等方式来对这些企业进行起步阶段的资金扶持，则或许可以为其后续快速发展奠定基础。同时，在金融市场上的各类资金，其中也包括风险偏好较强的资金，但传统的投融资模式很难让这些资金选到合适的项目，科技金融则可以通过对创新型企业的遴选机制，通过各种路径给这些风险投资推荐处于起步期的创新型中小企业，为该类资金提供了项目市场。

第二，科技金融为科技创富提供了平台，也为金融创新提供了机会。一方面，科技金融在一步步推动创新型企业发展的同时，帮助这些企业进行了更贴近市场的估值，不论通过资本市场转让、增发股票，还是通过定向的方式获得私募股权等资金的超倍投入，都让创新型企业在融得资金的同时，创业者也获得了显著的资本增值。另一方面，在推动创新型企业融资的过程中，这些在不同阶段投入的资本也能够随着创业股东一起获得资本增值，获取股息红利，并且可以通过发行股票上市、并购、重组、企业回购、出售等多种方式退出，这又为科技金融的资本投入者得到了显著的资本回报。

第三，科技金融培育催生了"新兴产业"。从促进新兴产业发展的角度来看，科技金融不仅仅是提供了批量的创新型企业融资资源，更重要是在为新兴产业的发展创造条件。在新兴产业发展进程中，一方面，科技金融创造了新兴产业的融资市场，这个市场需要海量的资金投入；另一方面，这个市场给众多的风险投资找到了一个好的入口，给这些资本创造了良好的投资途径。比如，创业投资在快速发展中，已经不满足于对传统科技型中小企业的投入，于是在美国的纳斯达克市场上逐渐出现了一批以高风险、高收益、高成长、创新强的互联网应用企业，这些企业在快速发展过程中又迫切需要得到更多的资金投入。随着资金的成倍投入和项目的快速发源和发展，互联网应用已经逐渐形成了一个产业，这个产业的形成及其在全球资本市场的快速发展，应该说与纳斯达克市场的融资功能是有重要联系的。

因此，科技金融不仅仅满足了创新型企业的融资需求，也提供了金融市场的创新型项目供给，并通过项目投融资、项目发展和资本市场发展等一系列良性运行的投融资机制，又催生着"新兴产业"的出现和快速发展，这正是科技金融创新机制的逻辑演绎。

从上述意义而言，科技与金融作为推进经济与社会发展的两大推动力，促进两者之间的有机结合和制度耦合，是深化科技体制改革、推动实施创新驱动发展战略的重要举措。要适应形势总体要求，突破体制、制度、机制和管理障碍，紧密结合，共同发力，为科技支撑引领提供服务与保障，要深入探索认识科技金融自身发展规律，充分发挥金融政策、金融工具、金融机构在科技成果产生、转化过程中的保障和促进作用。

需要注意的是，科技金融相结合并不是简单的"科技＋金融"，而是要实现科技产业与金融产业的深度融合，实现科技与金融互为需求、相互促进、双向融合、一体化发展，通过一系列金融制度的创新安排，产生技术创新与金融创新的叠加效应。因此，科技金融不是简单的金融工具问题，而是要把科技创新的资源和金融工具对接起来，创建和搭建一种平台。

二、科技金融弥补市场失灵的理论阐释

科技型企业在创新创业的阶段通常市场规模较小，融资难是普遍现象，其原因可归结为内生与外部两种障碍。一是内生障碍，即企业内部影响融资的各因素及其相互作用必然产生的结果，如信息不对称、财务及会计制度不健全、企业经营的不确定性、高风险性、担保品不足以致财产抵押难、产权模糊、投资决策机制不完备等以及由此产生的诸多不规范的、违背市场运作规则的行为导致的信用缺失，都会使得中小企业融资成本偏高，融资可获得性低；二是外部障碍，即金融资源配置不尽合理，资本市场发展严重滞后和机制结构欠缺，中小企业融资存在金融体系不完善、制度供给不足的障碍。

（一）麦克米伦缺口

科技型中小企业融资难实际上是一个国际性普遍难题，"麦克米伦缺口"（Macmillan Gap）提供了最早的解释。在20世纪30年代，世界经济危机大爆发时，英国政府为制定摆脱危机的措施，指派以麦克米伦爵士为首的"金融产业委员会"调查英国金融业和工商业。1931年，该委员会在提交的报告中提出了著名的"麦克米伦缺口"（Macmillan Gap）。报告认为，在英国中小企业发展过程中存在着资金缺口，对资金的需求高于金融体系愿意提供的数额。这种融资缺口又称为"信用配给不足"，其定义为"资金的供给方不愿意以中小企业所要求的条件提供资金"。此后金融学中的"信息非对称"理论对"麦克米伦缺口"有过系统的论证。"麦克米伦缺口"实质上是一种市场失灵，表现为"权益资本融资"和"债务资本融资"双缺口。

虽早在20世纪二三十年代，西方国家对中小企业融资壁垒问题就有所认识，也

着力组建相当数量的中小金融机构，完善相应的金融体系，用来弥补"麦克米伦缺口"，但时至今日，世界范围内的"麦克米伦缺口"依然大量存在，中小科技型企业长期资金供给不足的现象并未得到根本性的改变，"麦克米伦缺口"依然是一个全球性的问题。

（二）信息不对称

20 世纪 70 年代，信息不对称逐步形成理论体系，该理论方法被应用于企业融资理论中。1972 年，斯蒂格利茨第一次尝试用不对称信息理论来模拟企业的金融结构，其基本假设是企业管理者和投资者对企业破产概率有不同预测。然而，把不对称信息理论系统地引进现代企业融资理论中的是罗斯以及随后的塔尔蒙、迈尔斯、麦吉勒夫等。

信息不对称理论论述了信息在交易双方的不对称分布，或者一方信息的不完全性对于市场交易行为和市场运行效率的影响。经济学家把信息不对称理论应用于金融市场的研究，特别是在信贷市场的分析和应用，较好地揭示了信贷市场中的问题，由于资金使用者和提供者之间的信息不对称，拥有信息优势的企业在融资前存在着逆向选择。

银行和中小企业之间存在严重的信息不对称。因企业规模与其信息可获得性正相关，与相对成熟的大企业相比，中小企业的各项信息不是很透明。企业越小，关于企业的信息就越不易获得，企业融资难的问题就越严重。对于金融机构而言，中小企业还本付息能力主要由将来的盈利状况和现金流决定，而这些情况必须依靠企业的透明才能获取，在中小企业信息不透明的情况下，金融机构实际上处于信息不对称的弱势方，与其冒险，不如避开，其结果就是中小企业融资困难。

因此，金融机构与科技型中小企业之间的信息不对称是中小企业融资难的一个重要原因。科技型企业在创始阶段存在巨大的技术风险、市场风险、收益风险、经营风险等，而目前国内创业投资机构的发展很不充分，大量的创业投资机构倾向于投资成熟期企业，不愿投向创新型中小企业，而这些初创期企业在这一阶段也是最迫切需要资金的时候。因此，就出现资金找不到好项目，而好项目又找不到资金的情况，出现了市场失灵，产生了技术与资本对接的"投资空白"，大量的创新型中小企业在"死亡谷"挣扎，由于缺乏创业投资的支持而过早地退出历史舞台。

金融的核心是连接资金的需求与供给，其中关键是信息。信息不完整（需求供给不匹配）和信息不对称（事实与公开信息不一致）都将影响金融的发展。

由于科技创新型企业具有高投入、高风险和高收益的天生特性，其融资渠道不畅已成为世界性难题。科技型企业缺乏有形资产、未来不确定性大、更多依靠技术和智力等无形资产创造利润，在没有取得商业成功之前，银行难以评估科技成果的货币价值和企业经营风险。一言以蔽之，科技型企业从初创到取得商业成功前，与银行间产生了明显的信息不对称。

从银行看，它不知道市场上有哪些新发明、新产品，不明白新发明、新产品的技术特性，不确定新发明、新产品推出后是否有市场及发展前景。银行的这些困惑，主要是海量的数据、信息使得银行不容易发现，技术的高精尖使得银行不容易明白，内部模型的不完善使得银行不容易确定未来的市场前景。现有的市场环境下，银行要想客观、科学地评估科技成果的货币价值和企业经营风险，还需花费大量的"信息交易费用"，而这些费用，往往成为银行裹足不前的重要因素。中小科技企业在向银行申请贷款时，银行往往处于信息劣势，而中小企业则处于信息优势。由于这种信息的不对称，使企业与银行的委托代理关系客观存在。企业是代理人，对其自身的真实状况有着准确的了解，而银行作为委托人，对其代理人的真实状况只掌握有不完全的信息。同时，银行信贷要解决资源的时间配置问题，所做出的决策要面向未来，因而其涉及的未来信息更不可能完备、充分。因此银行与借款人之间的不对称信息便客观存在，自然便会引发逆向选择情况的出现。由于银行处于信息劣势，它无法甄别出信用状况良好和信用状况较差的中小企业，因此银行就不可能根据信用度不同、风险不同的企业确定不同的利率，而只能用企业平均的信用状况确定利率。这样做的结果，显然是不利于具有较高信用度的企业的。这些高信用度企业便会退出市场，不向银行申请贷款。最后，这个市场上就只剩下了信用度较低的企业。当银行认识到市场上只有劣质客户且会增加银行的风险损失时，便会决定不再对此发放贷款。最终的结果将会导致中小企业贷款市场的萎缩甚至消失。这说明在信息不对称的情况下，中小科技型企业融资存在着显著的市场失灵。

从科技企业看，主要表现在不知向什么金融机构申请什么产品来满足自身融资需求，也不知要多长时间、是否能够获得融资支持。企业的困境，主要源于科技型企业大多是初创型企业，内部管理水平较低，财务报表不太规范，企业精力主要集中在市场开拓上。此外，科技型企业还担心向外提供数据、报表、材料后，会导致自身情况公开。

从现实来看，我国长期以来以间接融资为主，对实体经济融资起决定性作用的仍是银行信贷，这导致我国银行体系与科技型企业间的融资渠道存在明显梗阻。

因此，只有通过金融创新缓解甚至较大程度解决信息不对称问题，科技型企业的融资"瓶颈"才可能被突破。比如，商业银行可采取多种方式畅通信息渠道，降低信贷风险；借助专业"外脑"，商业银行可借力风险投资基金、科技职能部门参与企业筛选，通过"外脑"和"内脑"的双重把关，降低银企信息不对称程度；构建合作平台，通过加强与各类金融服务机构的合作，整合优质资源；创新无形资产抵押方式，通过金融产品创新以及与政府、担保公司的合作，开展企业知识产权质押、股权质押、专利权质押、版权质押、商标专用权质押等无形资产质押贷款；借用多方联合担保体系，有效降低信贷风险；设立科技金融服务专营机构，网罗专门人才，构建独立机制，积极争取政策支持，给予专营机构先行先试的权利及银行内各项资源倾斜；采取事业部制改革，先以产品创新为主，探索科技金融的可持续发展业务模式，再据内部定价模型，计算科技金融事业的投入产出，最终全面实施内部定价机制。

三、科技金融的内涵、特征与目标任务

（一）科技金融的相关理论综述

从金融发展理论来看，奥地利经济学家熊彼特在他的名著《经济发展理论》中论述了创新活动与金融的相关性。熊彼特（1912）认为经济发展的实质在于创新，而创新是各种生产要素的重新组合，银行信用的重要作用是为生产要素新组合提供购买力，进而推动经济的发展。[①] 希克斯（1969）指出工业革命并不单纯是技术创新的结果，或者至少不是其直接作用的结果，而是技术革命和金融制度革命共同作用的结果。工业革命早期所使用的创新技术，因为缺乏大规模的金融资本，使其无法进入产业化阶段，因此无法导致工业革命。[②] 卡洛塔·佩雷斯（2002）指出风险投资家为获取高额利润，迅速投资于新技术领域，继而出现了金融资本与技术创新的高度耦合，从而导致技术创新的繁荣和金融资产的几何级增长。[③]

自熊彼特开创性地强调了银行作为金融机构对企业创新的作用以来，经济学家越来越认识到金融发展对科技进步和经济增长的重要作用。雷蒙德·W·戈德史密斯奠定了金融发展理论的基础，他在《金融结构与金融发展》一书中创造性地提出金融发展就是金融结构的变化，而金融理论的职责在于找出有效金融结构支持经济发展。[④] 罗纳德·麦金农（1973）在《经济发展中的货币与资本》一书中提出了"金融抑制"（Financial Repression）和"金融深化"（Financial Deepening）理论，标志着以发展中国家或地区为研究对象的金融发展理论的真正产生。[⑤]

在金融机构支持科技进步方面，金和列文（King and Levine，1993）指出由于金融机构拥有关于科技企业和创新活动的信息，因此它们可以有效地配置投资，以支持科技进步。[⑥] 斯塔尔兹（Stulz，2000）认为，银行通过对科技创业企业的监控，可以较为准确地把握项目的进展与科技企业的状况。[⑦] 林毅夫和李永军（2001）论证了中小银行对于科技创业企业发展与科技创新的积极影响。[⑧] 萨缪尔·苛塔姆和乔希·勒那（Samuel Kortum and Josh Lerner，1998）实证表明创业资本的增加会带来专利发明数量的增加。[⑨]

---

① 约瑟夫·熊彼特：《经济发展理论》，商务印书馆1990年版。

② Hicks J. A Theory of Economic History [M]. Oxford：Clarendon Press，1969.

③ Carlota Perez：《技术革命与金融资本（中译本）》，中国人民大学出版社2007年版。

④ 雷蒙德·W·戈德史密斯：《金融结构与金融发展》，上海三联书店1990年版。

⑤ 罗纳德·麦金农：《经济发展中的货币与资本》，上海人民出版社1997年版。

⑥ King R，Levine R. Finance，Entrepreneurship and Growth：Theory and Evidence [J]. Journal of Monetary Economics，1993（3）：513 - 542.

⑦ Stulz R M. Finance，Financial Structure，Corporate Finance and Economic Growth [J]. International Review of Finance，2000，1（1）：11 - 38.

⑧ 林毅夫、李永军：《中小金融机构发展与中小企业融资》，载于《经济研究》2001年第1期，第10 ~ 18页。

⑨ Samuel Kortum，Josh Lerner. Does Venture Capital Spur Innovation？[J]. NBER Working Paper，1998.

（二）科技金融的定义

国内学者赵昌文、陈春发、唐英凯（2009）给出了"科技金融"的定义，他们认为"科技金融是促进科技开发、成果转化和高新技术产业发展的一系列金融工具、金融制度、金融政策与金融服务的系统性、创新型安排，是由向科学和技术创新活动提供金融资源的政府、企业、市场、社会中介机构等各种主体及其在科技创新融资过程中的行为活动共同组成的一个体系，是国家科技创新体系和金融体系的重要组成部分"。[①]

基于熊彼特与佩雷斯的研究成果，房汉廷（2010）将科技金融的本质概括为四点，"一种创新活动，即科学知识和技术发明被企业家转化为商业活动的融资行为总和；一种技术——经济范畴，即技术革命是新经济模式的引擎，金融是新经济模式的燃料，二者合起来就是新经济模式的动力所在；一种科学技术资本化过程，即科学技术被金融资本孵化为一种财富创造工具的过程；一种金融资本有机构成提高的过程，即同质化的金融资本通过科学技术异质化的配置，获取高附加回报的过程"。[②]

《国家"十二五"科学和技术发展规划》从实践工作的角度将科技金融定义为：科技金融是指通过创新财政科技投入方式，引导和促进银行业、证券业、保险业金融机构及创业投资等各类资本，创新金融产品，改进服务模式，搭建服务平台，实现科技创新链条与金融资本链条的有机结合，为初创期到成熟期各发展阶段的科技企业提供融资支持和金融服务的一系列政策及制度的系统安排。加强科技与金融的结合，不仅有利于发挥科技对经济社会发展的支撑作用，也有利于金融创新和金融的持续发展。

综合上述分析，可以认为，科技金融是基于科技创新的现实需求，重点着眼于促进科技开发与科技成果产业化，贯穿科技创新和企业发展的各个阶段，根据风险和收益特点，为其提供相匹配各项投融资服务的金融机构、金融工具与金融政策的组合。其本质是金融制度创新与科技创新的高度耦合。从实践的角度而言，科技金融是促进科技开发、成果转化和高新技术产业发展的一系列金融工具、金融制度、金融政策与金融服务的系统性安排，是由向科学与技术创新活动提供金融资源的政府、企业、市场、社会中介机构等各种主体及其在科技创新融资过程中的行为活动共同组成的一个体系，是国家科技创新体系和金融体系的重要组成部分。

根据科技金融的定义和内涵，科技金融包括四个方面的内容：（1）科技金融是一种创新活动，即科学知识和技术发明被企业家转化为商业活动的融资行为总和；（2）科技金融是一种技术——经济范式，即技术革命是新经济模式的引擎，金融是新经济模式的燃料，二者合起来就是新经济模式的动力所在；（3）科技金融是一种

---

① 赵昌文、陈春发、唐英凯：《科技金融》，科学出版社 2009 年版。
② 房汉廷：《关于科技金融理论、实践与政策的思考》，载于《中国科技论坛》2011 年第 11 期，第 5 ~ 10 页、第 23 页。

将科学技术资本化过程，即科学技术被金融资本孵化为一种财富创造工具的过程；
（4）科技金融是一种金融资本有机构成提高的过程，即同质化的金融资本通过科学
技术异质化的配置，获取高附加回报的过程。

（三）科技金融的内涵和特征

从科技金融的定义衍生，其内涵渗透于"以企业为主体、市场为导向、政产学
研用相结合"现代科技创新体系的诸多方面。在现代科技创新体系中，科技金融与
科技创新创业行动，相依相伴，同进退、共荣衰。在现代经济体系下，企业与产业
融资服务需求的增长，科技金融内涵日益丰富，并将推动科技体制、制度、机制与
管理改革创新；引导激励金融与监管更新理念，丰富并创新产品、工具、手段与服
务模式，拓展服务领域；促进市场环境条件日臻成熟完善。科技金融的内涵，表现
为科技创新属性，反映金融运行特点，更具有自身特征，是由政府推动引导，及市
场机制运作双重作用的结果。表现科技金融禀性特征的诸要素，相互渗透与影响，
因此，应注重协调调动各方面积极因素，促进其健康成长。

科技金融是为科技创新及其商业化和产业化提供整体金融服务的金融新业态，[①]
其核心是引导金融资源向科技企业积聚，在促进科技创新的过程中，推动金融创新
和金融发展。科技金融的服务对象是科技企业，科技金融的服务主体是商业金融，
科技金融的本质要求是金融创新，科技金融的目标是要实现第一生产力和第一推动
力的有效结合，提升科技创新能力和国家竞争力。换个角度看，科技金融就是要应
用金融创新的思维来整合财政和金融资源，综合运用组合产品，为科技企业融资提
供整体解决方案，在此过程中形成相应的制度安排。

一是科技金融是"第一生产力"与"第一推动力"的有机结合，其目标是实现
第一竞争力。科技金融是社会经济发展到一定阶段后金融发展与科技发展的必然，
是现代科技与现代金融相结合的产物。在传统的经济形态在整个经济体系中占主导
地位时，社会虽然也有对科技和金融的需求，但科技在经济增长和发展中的地位、
作用和贡献非常有限甚至微不足道，而科技、金融的重要性在现代社会则更加凸显。
因此，科技金融是一个国家经济发展达到一定阶段以后产生的内在社会需求。所以，
虽然不同历史时期对科技和金融的认识不同，当发展到一定阶段时，经济的进一步
发展以及可持续发展必须依靠科技上的突破和创新时，科技金融就应运而生，因为
科技的创新和突破必须有金融的创新作为支持。因此，科技金融是"第一生产力"
与"第一推动力"的结合，其目标是推进科技创新和创新型国家的建设，提高国际
竞争力，并最终实现"第一竞争力"。

二是科技金融实际上是一个整体的概念，它还可以进一步细分为：科学金融
（Science Finance）与技术金融（Technology Finance）。科学与技术的原理、产生机
制以及目标是不完全一样的，因此，针对解决科学问题和技术问题的金融制度设计
和安排、政策需求也不完全一样。简单地说，如果解决科学问题的金融安排主要依

---

① 所谓金融业态指的是金融业为谁提供、提供什么和如何提供金融服务的具体形态。

靠发挥政府的作用的话，那么，解决技术问题的金融安排主要应该依靠市场机制的作用。科技金融的绝大部分问题还是要依靠政府行为与市场机制的有效结合。

三是科技金融是包括理论、政策、工具和服务的系统性安排。科技金融首先必须建立比较系统完整的理论体系，理论的价值需要通过实践才能体现出来，如果没有理论的指导和支撑，科技金融工作就会缺乏长期可持续发展的基础。政策是科技金融的灵魂，无论是政府科技资源的投入，还是市场化资源的引入，都需要政策的设计、引导、激励。工具是科技金融市场的标志，只有源源不断地出现解决科技开发、成果转化、高科技企业发展中具体问题的创新金融工具，科技金融才能实现"理论"与"实践"、"政府"与"市场"的有效结合。

（四）科技金融的目标任务

金融促进科技创新的主要目标是：激活集聚整合科技创新创业要素，促进科技成果转移转化，孵化、抚育科技创业企业，培育发展战略性新兴产业，孕育催生"现代科技服务产业"和先导性产业，提升创新活力与产业竞争力，服务于科技支撑引领经济社会转型升级，贯彻落实自主创新国家战略。其主要任务，归纳起来，应包括以下三个方面：

一是将科技第一生产力转化为现实生产力。将科技第一生产力，转化为现实生产力，是发挥科技支撑引领作用的出发点与落脚点，也是深化科技体制改革，提高政府资源配置能力与效益、推动科技创新创业的核心任务。此过程中，关键在于把科技创新要素激活，并促其集聚整合，使内生的科技创新活力，外化为科技创业行动的动力与能量。为此，为深化科技体制改革，提高政府科技投入效益，提供平台、工具、手段与机制，将科技资源转化成科技创新创业的动力与能量，把科技支撑引领落在实处，是促进科技金融结合的首要任务。

二是为金融创新成长、资本增值提供空间。科技创新创业离不开金融的滋养，金融的成长与市场空间的拓展，同样离不开科技创新创业支撑。科技与金融，二者互为依存，互惠互利，协同创新发展，是其获得持续成长的根本保障。推动科技创新创业，鼓励引导金融与管理改革创新，专注服务于具有成长潜力的科技创业企业，不仅可缓解科技创业企业融资困境，为其成长输入血液，更能为资本增值提供成长空间，为金融持续成长提供根本保障，此是促进科技金融结合的重要任务。

三是提升服务企业和培育产业能力。促进科技和金融结合，实现科技资源与金融资源对接，要将落脚点始终放在推进科技创新创业和科技产业发展上，推动产业转型升级。创新是民族进步、产业转型升级的不竭动力。创业是富民固本的根基。科技创业是提升企业品质与产业竞争能力和强国的最根本动力。金融是滋养创新的血液，是疏通创新源泉的导流渠，是激活释放创新能量的活水。只有实现科技资源与金融资源有效对接，才能把科技创新创业的潜能与金融的能量最大限度地激发并释放出来，使企业经济社会得到涵养与福荫，实现科学发展。为此，把促进科技金融结合之根，深植于科技创新创业的沃土中，着力于提升区域创新能力与产业竞争力，提升孕育培育新兴产业和服务企业与产业的能力，是促进科技金融结合的根本任务。

（五）科技金融的使命：努力实现科技需求结构和金融供给结构的对接

"科技金融"这个专门术语是中国的经济体制、金融运行机制和技术创新体制共同作用的产物。科技金融理论缘于科技创新实践衍生出的三个基本理论问题：供给与需求矛盾；风险与收益匹配；市场和政府运行机制协调。

从科技金融的参与主体来看，科技金融体系是在科技金融环境下，由科技金融需求方、科技金融供给方、科技金融中介机构、政府和科技金融生态环境等科技金融要素构成的综合体。在科技创新过程中，金融资源的合理配置与资金的有效供给至关重要。科技企业在不同发展阶段上所需资金（金融需求）的性质与规模各有不同。不同金融供给方式的成本与收益也有显著差异。在一个阶段有效的资金供给方式可能不适应另一阶段的高科技企业发展需求，决定资金供给的因素取决于该阶段企业发展具有的风险与收益特征。

1. 科技金融需求及特点

科技金融需求是指科技创新活动对资金和各种物质条件的需求。科技金融的需求方包括科技企业、科研机构等事业性单位、科研团体等，其中主要是科技创新型企业。科技创新型企业不仅具有高收益和高风险的特征，而且发展周期比一般企业长，这就增加了对资本的需求。同时，由于投资的流动性较低，新生企业的信息非对称与激励机制问题又比一般企业严重，因此高科技企业的金融需求特征明显区别于其他企业。在风险方面，高科技企业的成功率要比其他企业低得多。风险资本市场的高风险性，主要来源于高新技术企业的不确定性与信息的不透明性。由于风险资本市场中的多数企业是处于发育早期阶段的新生企业，信息透明度较低，给投资决策和管理带来较大的盲目性，因此增加了市场的风险性。此外，企业的规模较小，经营稳定性差，由此导致高新技术企业的不成熟性和不稳定性，带来很大的风险。在收益方面，科技企业一般具有较强的技术垄断力，创新型产品在得到市场的认可之后，将产生很强的盈利能力和扩张能力。

2. 科技金融供给及特点

科技金融供给方包括科技金融机构、政府和个人等，其中，金融机构是科技金融的主要供给方。科技金融机构包括银行等金融机构、创业风险投资机构、科技保险机构和科技资本市场，科技资本市场主要是指资本市场上的投资机构。金融资源的有效配置与资金的合理供给对于企业的生存及发展非常重要。为高科技企业提供资金的供给主体包括：风险资本与商业银行、企业、共同基金等机构以及政府和股票市场等。从纯金融供给角度考察，金融供给主要包括两种：一种是股权性质的资本。股权性质的资本主要是指广义的风险资本，包括非正式的私人风险资本、风险资本、创始人投资、保险基金、退休基金、共同基金和外国投资等。另一种是债权性质的资本。债权性质的资本包括银行和非金融机构的资本供给，其中主要是信贷资本的供给。另外，政府在高科技企业发展阶段也给予支持，其主要供给方式是金融手段的供给，包括税收优惠、信贷担保和贴息等，这些支持措施大多表现为引导债权形式的金融供给。

3. 科技金融：促进科技需求结构和金融供给结构相对接

科技融资存在两种不同的风险与收益不匹配，科技与金融融合的障碍主要是金融机构面临着两种风险和收益匹配关系：一是对科技企业而言风险与收益的不匹配，体现在创新风险与创新收益不匹配，这一问题在知识产权保护不健全的情况下表现得更为突出；二是对金融机构而言的风险与收益不匹配，问题集中在我国的金融结构和市场还不够完善，金融创新程度也与科技创新业态不匹配。在风险与收益不匹配的情况下，科技企业融资难的问题进一步凸显。风险与收益的不匹配，一方面使得科技企业资金需求强烈，融资难、融资贵，缺乏"雪中送炭"机制支撑；另一方面，金融和准金融机构更乐于投资于风险与收益匹配的中后期，只愿意做"锦上添花"的事情，而不愿意投资于科技企业的初创期。

在现有的金融体制下，科技企业融资难，并非金融资源短缺，而是金融机构的供给意愿不足。因此，从本质来说，科技与金融结合的难点是结构性问题，而非总量性问题。结构问题的根源在于科技金融产品的风险与收益不匹配。我国发展科技金融就是要通过政府积极干预和政策支持，以解决高科技创新中风险与低收益匹配的问题，形成科技金融支持体系，实现科技需求结构和金融供给结构的对接，从而推动技术创新、产业升级和结构转型。为此，亟须深化金融体制改革，一是要打破金融体系的各种经营垄断，使金融结构趋于合理化，构建相对完善的金融服务体系；二是大力支持和鼓励金融产品和金融服务创新，加强科技金融政策服务的前瞻性、针对性、主动性和适应性，建立和完善的科技金融政策服务体系，促使科技需求结构和金融供给结构相对接。

四、基于金融功能视角的科技金融分析

（一）金融支持科技创新的主要功能

科技创新，即通过研究开发创造出技术成果，不仅需要一定的技术基础，也需要相应的资金投入。可以说，充足的资金投入是科技创新得以顺利进行的重要保障。作为现代经济的核心，金融体系在资本形成过程中具有重要的地位，是企业这一市场主体进行科技创新获取所需资金的重要渠道，并且现代金融体系功能的不断健全与强化也对科技创新产生激励和分散风险的作用。健全的金融体系对于科技的创新与发展至关重要。

金融体系是由金融机构、金融市场、金融基础设施以及金融监管和金融调控等构成的完整的系统，是现代经济的核心。科技创新会遇到资金筹措、资源整合、项目遴选、信息甄别等诸多方面的难题。为解决这些难题，需要构建一个良好的外部创新环境，尤其是金融环境。美国经济学家兹瓦·博迪和罗伯特·默顿（Zvi Bodie and Robert C. Merton）从"金融系统的功能观点"提出，金融系统具有筹资融资、

资源配置、价格发现、择优筛选、信息处理、代理监控等诸多方面的比较优势。科技金融是为推动科技创新和科技型企业发展而开展的金融活动的总称。科技金融系统作为金融体系的一个重要组成部分，其功能是以金融体系的功能为基础的，具有金融系统的一般功能。但由于科技活动本身的特点，使得科技创新的金融支持体系也会表现出一些特性，如科技领域存在的不确定性和高风险特征使资源配置、风险管理和激励等功能表现得更为突出。

1. 资源配置功能

在现代经济中，经济金融化程度的提高和金融系统资源配置机制的完善，使得金融在社会资源配置中居于核心地位。实现跨期、跨越空间以及产业的资源配置是金融系统的最基本职能。在经济各产业中，科技行业是一个资金需求量大的行业，同时也是能够创造出巨大经济效益的行业。而科技产业中最前沿的高新技术，更具有明显的高风险和高收益特征。就此而言，如何将资源有效地配置到科技领域，就成为发展科技和发展社会生产力、提高综合国力需要解决的首要问题。因此，如何将资源有效配置到科技行业，不仅是优化整个社会资源配置，且是金融系统支持科技发展的首要功能。在发达的金融市场体系中，金融系统在科技领域发挥出了巨大的资源配置功能，如美国多层次资本市场体系、发达的创业投资等在科技领域投入了大量的资金，对于科学技术的发展起到相当重要的作用。

2. 激励功能

由于科技活动具有很大程度的不确定性，所以金融系统在支持时，不仅要对项目的发展前景进行科学预测，而且要考虑金融市场中本已存在的信息不对称问题。科技项目的高风险性与不确定性，进一步加大了信息不对称程度，更容易导致逆向选择和道德风险的出现。因此，金融系统支持科技发展更需要强化激励功能。对于一个健全的金融体系而言，科技投入金融支持系统的激励功能将体现得更为明显。就直接金融来看，金融系统以股权形式投入科技行业的权益资本和债券将通过资本市场以及控制权市场的约束对科技企业发挥重要的激励作用。在间接金融领域，各种形式的贷款和投资等同样可以通过债权约束来起到激励的作用。而不论直接金融的支持系统，还是在间接金融的支持领域，各种形式的金融合约与金融工具直接作用，明显能够缓解信息不对称，克服和减少逆向选择与道德风险，使科技投入金融支持系统的激励功能得到应有的体现。

3. 风险管理功能

尽管科学技术是第一生产力，对于经济发展具有巨大的推动作用，但科技创新过程中面临着很多不确定因素，这种不确定性或风险很可能导致科研项目乃至整个投资项目失败。在这种条件下，金融系统对科技创新的支持就会面临着很大程度的不确定性。因此，在科技领域，金融系统的风险管理功能将体现得愈加明显。从实践来看，金融体系对于科技融资的风险管理非常独特，比如创业投资对于投入资金的管理，不仅重视投资前的风险评估和定价分析，而且非常重视投资以后的风险管理。再如，非全额担保的运用也是科技金融领域运用担保手段规避风险的积极创新。

总体来看，金融作为现代经济的核心，对于科技创新与科技产业的发展具有至关重要的意义。完善的金融体系和金融功能，不仅有助于解决高科技企业的融资问题，规避和化解其中风险，而且能够对科技企业发展产生有效激励的作用。

（二）金融支持科技创新在不同阶段的具体功能体现

金融功能理论为科技金融提供了有力的分析工具和很好的分析视角。

1. 从资本配置功能的角度看，科技金融就是要引导金融资源向科技企业积聚，引导社会资本流向科技企业

金融系统资源配置功能的实现，首先要取决于能否满足各种经济主体不同类型的资金需求，在科技领域亦是如此。对于科技投入的金融支持系统来说，满足科技领域各种经济主体多层次、多样化的资金需求、实现经济资源在科技行业的时间和空间配置，是科技投入金融支持系统所要达到的首要目标。大体来看，这些目标的实现取决于支持科技创新的金融机构的多样性、金融组织的完善程度以及金融工具的丰富程度。健全金融组织体系、促进金融创新就成为实现支持科技发展、发挥金融系统资源配置功能的重要内容。

在商业银行占主导地位和全社会资本主要通过商业银行来配置的情况下，我国科技金融需要解决的一个重要问题就是如何引导商业银行进行科技贷款模式创新、产品创新和机制创新。部分商业银行进行了有益的尝试，例如杭州银行设立了科技支行，对科技支行实行"单独的客户准入机制、单独的信贷审批机制、单独的风险容忍政策、单独的拨备政策、单独的业务协同政策"，开展了知识产权质押贷款、银保联动贷款、投贷联动贷款、基金宝、合同能源贷款、订单贷款、应收账款质押贷款等，杭州市政府出台了贴息政策、财政补偿政策、组建专家库、存款支持政策等较为完善的政策支持体系。但是，国家金融监管部门对金融创新的失败容忍度、对各银行信贷规模的控制以及银行内部的信贷问责制度等依然是影响科技支行信贷投放力度的主要因素。只有发挥外部政策支持和外部环境改善的引导作用，激发银行的内在动力，才能形成商业银行主动服务于科技企业的可持续发展局面。

尽管科技金融的服务主体是商业金融，但是科技企业轻资产、高风险和信息不透明的特征，决定了科技金融必须实行公共财政与商业金融的高度融合，有形之手要发挥其应有的作用。商业金融追求的是与其承担的风险相匹配的收益，科技企业的典型特点是轻资产和高风险，在商业银行主导的金融体系中，金融资源很难流向科技企业，容易出现市场失灵现象。在市场失灵的情形下，作为有形之手的公共财政的介入就是必要的，公共财政应该起到激励性、引导性和杠杆性撬动的作用，激励社会资本和引导社会资本进入科技企业。

2. 从风险管理功能的角度看，科技金融就是要通过金融创新来优化风险收益结构，使科技企业的融资需求与金融体系的资金供给相匹配

风险管理是现代金融体系的一项重要功能，在科技领域，风险管理对科技金融支持系统来说更为重要。由于科技创新过程中面临着很大程度的不确定性，金融体系在配置资金的过程中也面临着很大的不确定。

科技企业通常有几个显著的特点：一是有形资产轻，二是风险高，三是信息不

对称程度更甚，四是大多数为中小微企业，五是高成长性。从企业生命周期来看，在不同发展阶段，科技企业的这些特点也会有所变化，风险的大小和表现方式也不一样，融资需求也存在差异。例如，在科技企业的种子期，也称为创意期，创业者可能只有一个崭新的想法，或者一个很有创意的主意，只有几个人，没什么资产，技术还处于概念化或实验阶段，谈不上现金流。这个阶段的融资需求比较小，风险非常大，尤其是技术风险，融资方式主要是3F：家庭（Family）、朋友（Friend）和创始人（Founder）。另外还有天使投资（Angel Investment）、政府的扶持基金（如火炬项目、"863"项目、"973"项目等）、科技孵化器、风险投资等。

在科技企业的创始期，企业实体已经存在，创业团队已经组建，产品开始销售，但是销售收入很少，现金流为负，这个阶段的融资需求比较大，融资方式依然是3F以及天使投资、政府的扶持基金、科技孵化器、风险投资等。在科技企业的成长期，技术已经成熟，产品为消费者接受，销售规模迅速扩大，商业模式开始形成，销售收入明显上升，企业扩张导致资金需求量急剧增加，这个阶段企业的融资方式主要有：风险投资、私募股权投资等。成长期被称为风险投资窗口，此时往往是风险投资机构主动向科技企业提供投资。在科技企业的成熟期和稳定期，现金流稳定，可选择的融资方式多样，主动权掌握在科技企业手里，此时往往是银行主动向企业放贷。从科技企业的生命周期与融资来源的匹配程度看，对科技企业来说，随着企业进入成长期和成熟期，愿意介入的金融机构越来越多，融资约束越来越小。融资困难主要出现在种子阶段、创始阶段和成长阶段，恰恰在这些阶段，企业的技术风险、市场风险和财务风险最大，俗称为死亡之谷。科技金融要解决的一个重要问题就是如何综合运用股权投资、银行信贷、信贷担保、科技保险等金融工具形成产品组合，改变风险收益结构，使金融机构愿意为科技企业提供融资。

为实现科技金融有限的风险管理功能，应致力于发展多层次的风险分摊体系和丰富的风险控制手段，促进金融体系中多层次保险及担保体系的形成、进一步完善抵质押制度、推动金融工具创新，形成多层次的风险控制体系和多样化的风险控制手段，有效地控制和分散科技金融支持系统中的各种风险。同时，政府也可以对科技金融支持系统市场化运作进行风险补偿，或者进行政策和资金支持，前者如对创业投资取得的资本收益实行各种形式的税收优惠，后者如政府建立信用担保体系、设立专业化的科技银行等。

3. 从信息管理功能的角度，科技金融要致力于解决科技企业与金融机构之间的信息不对称问题

通常科技型企业缺乏有形资产、未来不确定性大、更多依靠技术和智力等无形资产创造利润，在没有取得商业成功之前，银行难以评估科技成果的货币价值和企业经营风险。也就是说，科技型企业从初创到取得商业成功前，与银行间产生了明显的信息不对称。因此，需要在商业银行、股权投资机构、担保机构、政府和科技企业之间建立合作机制，形成信息共享，降低交易成本。很多地方政府做了有益的尝试，例如，2011年8月10日，南京市成立了科技创新创业金融服务中心，该中心通过集成政府、风投、银行、保险、担保等各类金融服务资源，以"政府主导、

企业创业需求导向、金融服务合作联运"为原则，建立和完善科技创新、科技研发、科技产业化等不同阶段的科技创新创业投融资综合服务平台，力争实现信息共享、业务协同、工具创新、方案优化。

形成股权、债权约束和完善的金融契约。由于科技活动具有很大的不确定性，因此金融体系在支持科技创新时，不仅要考虑金融市场中本已存在的信息不对称问题，而且要对项目的发展前景进行科学预测。不仅要对科技发展过程中许多风险进行管理，还要采取相应的方式解决更为严重的信息不对称产生的逆向选择、道德风险问题。因此，要实现投入资金的有效管理，金融体系应在具有完善多层次风险控制体系的同时，还要实现强有力的股权、债权约束以及形成完善的金融合约。一方面可以通过强有力股权、债权约束以及控制权市场的竞争，特别是兼并和收购机制，来形成完善的公司治理结构，以此发挥对于科技企业和经营者的激励作用；另一方面，通过设计完善的、多样化金融合约，来有效地缓解金融体系支持科技创新过程中的信息不对称问题，比如科技企业广泛采用经营者期权使股东与经营者的利益更为一致，以尽可能地降低委托—代理成本，再如在贷款协议中引入限制股东和债权人利益冲突的"准权益条款条件"，在贷款完全归还之前，让债权人以一定的比例分享利润或者是债权人将贷款转为一定数量的股票——债权转为股权，或者是发行可转换债券等。通过以上两种方式，使金融系统在支持科技投入的过程中，有效克服逆向选择和道德风险，进一步缓解信息不对称，并从科学企业的快速发展中获取理想的回报。

4. 从监督治理功能的角度看，科技金融不仅要提供资本，还要为企业带来价值增值服务

科技企业融资难主要出现在种子阶段、创始阶段和成长阶段，在这些阶段，企业同时也需要团队建设、管理架构设计、市场开拓、营销网络建设等方面的服务。在金融机构中，相对来说，股权投资机构更匹配这些业务。因此，科技金融工作的主要内容之一，就是要大力发展风险投资、私募股权投资、券商直投、保险公司直投、产业投资基金等股权投资机构。

五、科技金融支持应针对创新链的阶段特征和需求来匹配

任何一项新技术的出现、应用及步入产业化都离不开一定的货币资本投入，在货币资本投入达到一定强度时，新技术才能在发展和应用的各个阶段上实现质的飞跃。

（一）科技创新链条的结构与特点

创新是由"基础研究、应用开发、中试、商品化、产业化（规模化）"等活动组成的一个过程，最终将知识和技术投入转化为产业竞争力。从创新活动看，创新链条包括以下几个基本环节：一是基础研究，探索新技术的原理；二是应用研究，在实验室制作样品或样机；三是中间试验（简称中试环节），验证和改进实验室技

术，按照规模生产要求解决工装、工艺、原料和标准等问题；四是商品化，企业整合技术、资本、人力资源等要素，面对市场开展小规模经营，完善产品，寻找市场；五是产业化，企业开展大规模生产，获取创新活动的回报（见图 1 - 2 所示）。

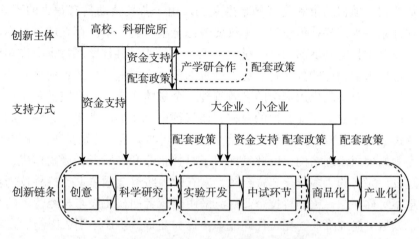

图 1 - 2　科技创新的链条及支持需求

　　国家创新活动是更为一个复杂的过程，重大关键技术的原始创新基本都要经历从基础研究到产业化的完整链条，需要研究机构和企业的共同参与才能完成。在创新链条的不同环节，创新活动的任务、性质、关键要素、参与者都有所不同，大体上是从科研机构向企业传递的过程，其中应用研究、中试、商品化（产业化）三个环节需要科研机构和企业共同参与，是技术转化的关键环节。在应用研究环节，科研机构起主导作用，但企业的参与可以为技术转化打下铺垫；中试转化环节是三个环节中的"惊险一跳"，是承上启下的关键环节，在中试环节，科研机构也是主要力量，但企业的参与可以加快技术应用步伐；在商品化（产业化）环节，创新活动发生质的变化，从科研机构内部的研究活动演变为企业整合技术、人才、资金等创新要素开发市场的经营活动，是创新链条中成果化、价值化、财富化的最终环节。

　　科技创新有一个较为完整的链条。适应不同环节的政策需求，需要匹配不同的政策手段和资金扶持机制。一般来说，企业技术经济发展有种子期、创业期、成长期、扩张期、成熟期、衰退期等阶段，不同的阶段需要不同的融资方式和支持政策（见表 1 - 1 所示）。

表 1 - 1　　　　　　　技术创新的不同阶段与政策支持

企业技术 发展阶段	技术成熟度和 主要任务	所需融资和金融 支持方式	所需财税政策支持
研发期 （种子期）	产品发明与创新、对新产品的可行性研究，商业规划等	私募、合股、创业投资	风险投资、研发费用补贴、创业服务支持、研发服务采购政策

续表

企业技术 发展阶段	技术成熟度和 主要任务	所需融资和金融 支持方式	所需财税政策支持
初创期	开始试生产，试销售，进行市场研究，改进产品等	风险资本、创业投资	信用担保、科技保险、财务政策、创业服务、首购和订购政策
早期发展	正式生产，销售，打开市场，建立与供应商和客户的联系	银行融资、政府优惠信贷	信贷担保、科技保险、贷款贴息、政府采购（首购和优先采购）、税收优惠政策
成长期	扩大生产和市场，产品逐步成为市场主流，赢利能力逐渐提升	银行信贷融资、资本市场融资	政府采购政策、税收优惠政策
成熟期	产品稳定，企业进入稳步增长，利润率扩大	银行融资、资本市场融资、贸易融资等	税收优惠政策

考察技术创新和生产的不同阶段，存在着不同的技术风险和资金需求匹配。在一个企业或项目的初创期，研发投入需求往往并不大，但失败的风险比较大，此时若政府给予研发投入补贴（政府资金通常有限）或以创业风险投资支持就正契合其急需；在企业的成长期，技术的风险性下降，但资金需求规模随之扩大，企业最需要的是打开和拓展市场，商业金融机构通过信贷等方式可扶持其做大做强；在企业成熟期，技术风险已经不大，利润率不断降低，同时资金需求量比较大，政府通过税收优惠政策支持契合企业的需要（见图1-3所示）。

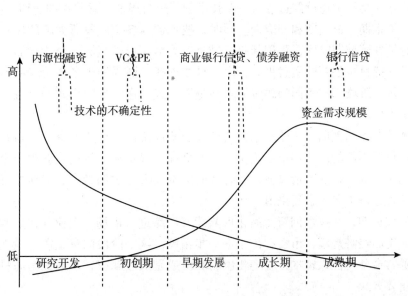

图1-3　企业技术发展不同阶段的技术不确定性和资金需求规模

（二）科技金融需要适应科技活动的特点

科技进步和技术创新是一种特殊的经济技术活动，因此科技金融也具有不同于常规金融业务的要求。科技活动具有三个特点：一是高风险、高收益，科技进步和技术创新是一个小概率事件，即"百里挑一"，但同时创新成功所产生的收益巨大，因此创新是一种"高风险，高回报"的行为，投资创新就是博小概率事件发生的可能性。二是速度快，创新要求速度，因为机会稍纵即逝，因此创新不能有太多限制，要靠市场化的选择来决定，很多时候判断创新是否可行只能依赖职业投资人的经验和直觉，觉得有机会马上就投入，分秒必争。三是主体小，从发达国家经验来看，创新的源头往往是个体，创新出现后，再由金融资本和产业资本来实现规模化和商品化。

科技创新所具有的特点，相应地也就要求金融支持也必须是创新型的金融手段，而不能局限于传统意义上的银行信贷或者投资活动。一是市场化，要找到创新的方向，必须靠市场来选择。政府、专家、企业家都无法预知未来创新的方向，而必须靠市场化的选择机制来决定。二是政府支持，科技创新所需要的金融是一个"矛盾体"，本身需要市场化运转，但又离不开政府的支持。因为科技创新是"小概率"事件，成功的概率很低，可能就算成功了也无法覆盖此前投入的成本，因此需要政府支持来把成功的概率和回报提高，使创新性的市场行为有利可图。三是创新科技金融机构，传统的间接融资方式是一种"重资产"的金融活动，贷款审核严格，且靠规模实现盈利，不适应科技创新活动的要求。科技创新的自身特点决定了科技金融应采取直接融资的"轻资产"融资方式。

（三）科技创新不同阶段的资金需求与金融体系的作用

科技创新是一个连续的过程，一个技术创新生命周期通常包括种子期、创业期、成长期、扩张期、成熟期和衰退期。同时，技术创新各个阶段所面临的风险程度也不同，越是处于前期阶段，距创新目标越远，失败可能性越大，风险愈高。从各国金融体系支持科技创新的实践来看，由于科技创新生命周期中各个阶段有不同的特点，所以每一阶段都有不同的融资需求和融资方式，通常不同形式的金融工具发挥的作用也不相同。

在种子期和初创期，企业技术创新还处于萌芽阶段，企业的资金需求并不是很大，同时技术创新的前景还很不确定，风险极高，很难从银行体系获得资金，也不易获得创业投资，在这种情况下，所有者的资本投入等内部融资、天使投资及获取政府扶持资金是主要的融资渠道。

进入成长期，在技术创新商品化后陆续有产品进入市场，企业开始赢利，但尚未达到一定的经济规模，市场有待于进一步拓展，这一阶段的资金需求量上升，创业投资通常会分期注入资本，获得相应的股份或是认股期权，从而成为高科技企业融资的重要方式。

进入扩张期，创新技术已经逐步形成经济规模，逐步达到市场占有率目标，企业资产达到了一定的规模，企业自有资金需求加大，单凭内部融资和风险投资已不能支持，技术创新成功在望，同时企业的治理机制和管理制度也不断规范，从而为债权融资提供了条件，使贷款占全部资金来源的比重会不断上升。

　　在成熟期，即技术创新产业化完成阶段，企业规模大幅度扩大，利润不断增加，可以通过上市的方式进行融资，创业投资开始退出。同时，由于企业已积累大量有形资产尤其是固定资产，且现金流相对稳定，更是具备通过银行贷款等方式获得金融支持创造良好的条件。

表 1 – 2　　　　　　　**科技创新阶段性资金需求与金融体系的作用**

生命周期阶段	成功率（%）	风险	最低收益率（%）	适合的金融机构	金融支持形式	数额（元）
种子期	不足10	极高	50～70	创业投资、政府或准政府机构	创业投资等股本金、专项拨款	几十万
创业期	20	很高	40～60	创业投资机构、投资银行	创业投资、优先股等	百万
成长期	不足50	高	35～50	创业投资机构、投资银行	创业投资、可转换优先股等	千万
扩张期	接近70	中	30～40	创业投资机构、商业银行、二板市场、证券公司、投资银行等	二板市场融资、担保贷款、无担保可转债以及优先股等	千万
成熟期	90	低	20～30	主板市场、二板市场、商业银行等	主板市场融资、商业银行贷款等	百万
衰退期	60	低/高	10～40	商业银行、投资银行等	商业银行贷款、投资银行并购资金等	几十万

　　资料来源：李建伟：《技术创新的金融支持》，上海财经大学出版社2005年版，第154页。

第二章

科技金融面临的新形势与现实意义

一、科技金融面临的新形势

科技金融的提出，已经受到社会各界广泛关注，它不仅仅是科技与金融相互促进、融合发展的机遇，更是科技与金融所面临的挑战。

(一)经济形势

我国经济经过 30 多年的高速发展，目前已经进入一个转型阶段，在这样一个转型过程中，遇到诸多矛盾与困境。从过去经济高速发展时期看，我国经济实质上是在一个较低科技水平下的发展，其主要表现正如最近财政部王保安副部长一篇文章所指出的：我国经济运行效率较低。究其原因：首先是资源利用效率较低。我国单位国内生产总值（GDP）能耗是世界平均水平的 2.6 倍；土地利用率不断下降，我国城镇人均建设用地从 2000 年的 130 平方米上升到 2012 年的 142 平方米；城市用地单位产出率上海只相当于纽约的 1/29、中国香港的 1/14；农业生产集约化、规模化水平不高，不仅化肥、水资源浪费严重，还造成土壤污染。其次是经济效益较低。我国每个就业者创造的 GDP 仅为美国的 21%、日本的 32%；由于多数行业处于国际分工低端，产品附加值整体偏低。多年来我国工业增加值率基本在 26%~30%，而发达国家一般为 35% 左右，美国、德国等超过 40%；我国投资效率低下，据测算，我国 GDP 每增长 1 美元，大约需要 5 美元的投资，资金投入成本比日本和韩国经济起飞时期要高 40% 之多；我国的投资率已接近 50%，有的省份甚至达到 80%；这种靠投资支撑的增长已难以为继。再次是资源配置效率较低，大量资源无效或错配导致产能过剩严重。在钢铁、平板玻璃、造船等行业产能严重过剩的同时，新兴产业也出现了生产能力的闲置；我国太阳能光伏电池组件产能达到 35 吉瓦，占全球产能的 60%；风电设备产能 30~35 吉瓦，其闲置率都在 40% 以上；在产能过剩的情况下，经济依然在增长，主要靠的是庞大的储蓄和高投资率在勉强支撑。

随着我国经济发展规模不断扩大，如果仅仅在一个低水平发展不可能再保持持续增长，只有提高经济运行效率，才能保持经济持续高速增长。如何提高经济运行效率？提高科技水平是一个必不可少的手段，邓小平早就说过"科学技术是第一生产力"。我国经济未来要想保持高速发展，如果再依赖高投入是不可能的了，只能通过提高效率来保持经济高速增长。

（二）科技形势

科教体制改革滞后。科技、教育与我国经济社会发展的需要"两张皮"。现行科教体制行政化特征明显。科技机构为何研究、研究什么、怎么研究，很难根据市场需求作出自主的调整与决策。教育机构也是如此，招多少学生、设置什么样的专业、开设什么课程等，均由教育主管部门审批。一方面是科技市场发育不全，科技成果的转化缺乏有效载体、桥梁和纽带；另一方面是教育绩效低下，花费大量资源培育出来的人才偏离需求，而企业却招不到符合专业技能要求的人才。实践证明，体制改革的滞后不仅造成了教育科技资源的错配与浪费，而且使得创新驱动发展战略缺乏人才的支撑。

科技资源配置应体现企业为主体的市场导向。通过顶层设计，解决"各自为政、九龙治水"问题。借鉴国际经验，除基础性公益性科研机构外，其他的应更多地面向市场，创新驱动的机制安排，应更多地发挥市场机制的作用；强化产业创新发展的战略规划。为企业技术创新打造公共平台，由政府投资的大型科研设施应向全社会开放，尽可能降低企业技术创新中的成本与风险。

一些科技资源分散封闭重复。资源布局条块分割，部分仪器设备利用率低，共享机制不健全。科技计划、专项数量较多，部分边界不够清晰，综合评估和终止机制也不健全。一些科技计划、专项建立了查重机制，但总体覆盖面不够。

对企业技术创新的资金引导支持机制不够完善。由于企业科技活动界定比较复杂，有的部门在项目具体组织过程中，存在对政府科技投入边界把握不当、代替市场配置资源的现象。对企业技术创新支持方式的系统性不强，按研发阶段部署和支持创新的方式，导致创新链条各环节不能有效衔接，与产业结合不充分；部分地方的科技担保、科技保险等做法，亟须国家层面的指导规范。

（三）财政形势

当前，我国已进入全面建成小康社会的决定性阶段，既面临前所未有的发展机遇，也面临前所未有的风险挑战，尤其是发展不平衡、不协调、不可持续问题依然突出。这些问题从机制上看，都与现行财税体制改革不到位有一定关系。就财政自身而言，随着国内外形势和我国发展阶段的变化，现行财税体制的制度优势正在削弱。主要表现：一是预算管理制度的完整性、科学性、有效性和透明度不够，预算管理偏重收支平衡状态，支出预算约束偏软，不利于依法治税和人大监督；二是税收制度不适应经济社会发展、改革、转型的新形势，特别是在解决产能过剩、调节收入分配、促进资源节约和生态环境保护方面的功能较弱，税收优惠政策过多过滥，不利于公平竞争和统一市场环境建设；三是中央和地方事权与支出责任划分存在不清晰、不合理、不规范等问题，转移支付制度不完善，项目过多，规模过大，资金分散，常有配套，不利于建设财力与事权相匹配的财政体制和推进基本公共服务均等化；四是财政收入中低速增长与支出刚性增长矛盾加剧，加之支出结构固化僵化，财政赤字和债务风险加速积聚，财政中长期可持续面临严峻挑战。

深化财税体制改革、建立现代财政制度，是完善社会主义市场经济体制、加快转变政府职能的迫切需要，是转变经济发展方式、促进经济社会持续稳定健康发展的必然要求，是建立健全现代国家治理结构、实现国家长治久安的重要保障。当前和今后一个时期，全面贯彻落实党的十八届三中全会精神，要求我们围绕建立现代财政制度这一重大任务，坚持以邓小平理论、"三个代表"重要思想、科学发展观为指导，遵循社会主义市场经济原则，立足基本国情，借鉴国际经验，以现行体制为基础，坚持继承与创新相结合，深化财税体制改革，加快形成有利于转变经济发展方式、有利于建设公平统一市场、有利于基本公共服务均等化的现代财税体制机制。

（四）财政科技投入形势

科技创新是提高社会生产力和综合国力的战略支撑，在国家发展全局中居于核心位置。党中央、国务院历来高度重视科技工作，在各个时期都提出了紧密结合时代特征与世界发展潮流的科技纲领、目标和政策，指引我国科技改革与发展。科技投入是科技创新的物质基础，财政科技资金投入在支持公共科技活动、引导企业等社会投入方面发挥着重要作用。

长期以来，国家财政将科技作为重点支持领域，特别是《国家中长期科学和技术发展规划纲要（2006—2020年）》（以下简称《科技规划纲要》）颁布以来，财政科技资金投入稳定增长机制逐步建立，全国财政科技支出从2006年的1 688.5亿元提高到2012年的约5 600.1亿元，年均增长22.73%，7年累计2.42万亿元，占同期全国财政支出的4.37%。其中，中央财政科技支出累计1.21万亿元，占中央财政支出的11.99%，年均增长18.26%。全国财政和中央财政科技支出增幅均高于同期财政收入增幅。在财政投入的带动下，2012年全社会研究与试验发展（以下简称R&D）支出超过1万亿元，约为2006年的3.4倍，占GDP的比重约为1.98%。

财政科技资金分为中央和地方两大块，约各占一半。中央财政科技资金主要用于科研机构基本运行、科研条件建设、科研项目、科学普及等，其分配管理与现行科技管理体制密切相关，主要涉及财政部、科技部、国家发改委、教育部、工业和信息化部、农业部、自然科学基金会等部门和单位。财政部主要负责中央财政科技资金总的预算编制、执行、决算，制定经费管理制度等。其他各部门根据职责具体分配使用管理财政科技资金。

（五）社会资本参与科技金融的理念

社会资本参与科技金融将成为未来一个重要方式，它不仅仅给科技发展带来资金，更带来了科技创新的动力和机制创新。特别是2014年财政部力推PPP模式的背景下，通过财政资金吸引社会资本参与科技金融将成为科技金融资金的一个重要来源方式，同时也是科技管理机制的一个机制转变。

二、科技金融的现实意义

在我国社会主义市场经济体制加速完善、改革开放继续深化和建设创新型国家进程加快的背景下，如何理解科技与金融结合的时代意义和现实目标？科技部等八部门制定的《关于促进科技和金融结合加快实施自主创新战略的若干意见》（以下简称《若干意见》）给予了全面而又深刻的回答。国家"十二五"规划纲要明确提出，"以科学发展为主题，以加快转变经济发展方式为主线"。《若干意见》把握住"全球孕育新一轮创新竞争高潮"以及"我国加快转变经济发展方式的关键时期"两个基点，认为加快科技与金融结合"是我国提高自主创新能力和建设创新型国家的战略选择，需要在全局和战略的高度，充分认识其重要意义"。

科技金融现实意义可以表现为多个方面，无论是对宏观经济的发展还是对微观经济的提升都有着非常重要的意义。

（一）科技金融的宏观意义

科技创新能力的提升与金融政策环境的完善是加快实施自主创新战略的基础和保障。促进科技与金融结合是支撑和服务经济发展方式转变、结构调整的着力点。

1. 科学技术是第一生产力，金融是现代经济的核心

科技创新和产业化需要金融的支持，同时也为金融体系健康发展拓展了空间。就全球产业革命而言，每一次产业革命的兴起无不源于科技创新，成于金融创新。实践证明，科技创新和金融创新紧密结合是社会变革生产方式和生活方式的重要引擎。在当前全球孕育新一轮创新竞争高潮、我国加快转变经济发展方式的关键时期，加强引导金融资源向科技领域配置，促进科技和金融结合，是加快科技成果转化和培育战略性新兴产业的重要举措，是深化科技体制和金融体制改革的根本要求，是我国提高自主创新能力和建设创新型国家的战略选择。要站在全局和战略的高度，充分认识促进科技与金融结合对于转变经济发展方式和经济结构战略性调整，实现科学发展的重要意义。深化科技、金融和管理改革创新，实现科技资源与金融资源的有效对接，加快形成多元化、多层次、多渠道的科技投融资体系，为深入实施自主创新战略提供重要保障。

2. 创新财政科技投入方式与机制

推动建立以企业为主体、市场为导向、产学研相结合的技术创新体系，加快推进科技计划和科技经费管理制度改革，促进政产学研用结合，综合运用无偿资助、偿还性资助、创业投资引导、风险补偿、贷款贴息以及后补助等多种方式，引导和带动社会资本参与科技创新。中央财政设立国家科技成果转化引导基金，通过设立创业投资子基金、贷款风险补偿和绩效奖励等方式，引导金融资本和民间资金促进科技成果转化，地方可以参照设立科技成果转化引导基金。

3. 建立和完善科技部门与金融管理部门、财税部门、国资监管机构的科技金融协调机制

重点围绕促进科技创新和产业化的目标制定和落实相关支持政策和措施。加强中央层面与地方层面的科技金融工作联动，构建以政府投入为引导、企业投入为主体，政府资金与社会资金、股权融资与债权融资、直接融资与间接融资有机结合的科技投融资体系。各地要加强对科技和金融结合工作的指导，推进科技部门、高新区与地方金融管理部门的合作，统筹协调科技金融资源，搭建科技金融合作平台，优选优育科技企业资源，推动创业投资机构、银行、券商和保险机构等创新金融产品及服务模式，优化金融生态环境，提升区域经济活力和创新能力。

（二）科技金融在微观层面的现实意义

科技金融在微观层面的现实意义非常突出，从企业生产来看，不仅仅可以提高企业产量，同时也可以提高改善企业产品质量。从融资角度来看，不仅创新科技企业融资机制，也完善了科技企业的资本市场体系。

1. 提高创业数量，提升创业品质

由于受资金的制约，科技创新企业在创业阶段的发展总是处于一个较低的水平。我国创业投资总量、增速与投资活跃程度虽大有提高，但还存在投资阶段偏后，对技术风险承受能力偏低以及增值服务质量不高等问题，不能适应自主创新的需要。鉴于此，《若干意见》要求政府引导机制加快转型，从引导"量"到提升"质"。科技金融为中小企业的技术改造和技术提升提供了资金保障，如果没有科技金融的支持，中小企业根本没有更多的资金来搞技术创新的改造。有了科技金融的支持，企业就可通过更新技术提高产品质量。同样，中小企业有科技金融的支持，可以提高生产规模产生规模效益。因此，科技金融将不仅仅大幅度促进科技创业的数量，也将极大提升科技创业的品质。

2. 创新银行业金融机构的科技贷款机制

科技企业特别是中小科技企业，由于前期投资风险较大，这是科技企业的突出特点，传统金融机构对其风险评估较高，而贷款成本较高，导致中小科技企业难以从一般金融机构融资。而科技金融改变了科技企业资金来源的单一性，极大拓宽了科技企业资金来源渠道。国有银行的商业化改革启动之后，在多方共同努力下，原科技贷款演变为多种更加市场化的方式。《若干意见》根据银行业金融机构未来的改革方向提出：全面加强合作，增加国家科技计划、重大科技专项和培育战略性新兴产业等重点科技工作领域信贷总投放量；鼓励科技部门或国家高新技术产业开发区构建信用体系，设立担保公司、风险补偿基金、担保业务补助基金等，鼓励银行扩大服务范围；创新监管制度，鼓励金融机构建立适应科技型企业特点的信贷管理制度和差异化的考核机制等。

3. 加快推进服务科技型中小企业直接融资的资本市场建设

科技金融体系的建立给企业创造了更多的交易平台。不同技术性质、创新密集程度和经济规模的科技企业，所需要的资本交易机制明显不同，加快资本市场的分

层化、专业化将成为必然选择。由于资本逐利性，使得不同风险的科技创新企业有了更加专业化的资金支持，让资金和技术有了更多结合渠道。

4. 积极推动科技保险为科技企业风险管理提供有力支撑

"十一五"期间，保监会和科技部试点了一批科技保险险种，在此基础上，《若干意见》提出，"探索保险资金参与国家高新区基础设施建设、战略性新兴产业培育和国家重大科技项目投资等支持科技发展的方式方法。支持开展自主创新首台（套）产品的推广应用、科技型中小企业融资以及科技人员保障类保险"。

科技保险是科技金融的一个重要内容，是中小科技企业风险管理的一个重要渠道，为中小科技企业发展提供了一个重要保障。

科技金融在微观层面的意义远远不止这四点，对中小科技企业发展在诸多方面都发挥着重要的、其他金融机构不可替代的作用。

第三章

我国科技金融的政策支持
体系、实践及评价

　　科技和金融是支持经济发展的两个重要条件，科技与金融的顺畅结合是任何一个国家或地区经济增长、社会进步的必要条件和持续动力。我国经济增长模式正处于由要素驱动向创新驱动的转换期，政府与市场合作构建一个有利于创新和创业的科技金融环境，是我国经济持续发展和不断提升竞争力必须完成的关键任务。

　　改革开放以来，我国一直支持金融创新为科技进步服务，鼓励科技与金融相结合，推出了各种支持政策和举措，经过 30 多年的实践积累，尤其是 2011 年以来组织化、系统化地推进科技与金融深入结合，我国科技金融政策环境日益优化，各地科技金融试点工作持续推广，各项科技金融创新服务方式不断涌现，形成了全国科技金融事业蓬勃发展的良好局面，科技企业的金融服务状况明显改善，为我国科技进步、科研成果产业化和增强科技竞争力做出了积极贡献。当然，毋庸讳言，从全局和深层次的角度考察，会发现我国科技金融支持政策体系仍然存在一些不完善、不协调之处，政策体系设计和政策效力亦存在提升空间。同时，面对国际竞争压力加剧和我国实施创新驱动发展战略的现实需求，迫切需要进一步优化配置科技资源与金融资源，激发更多的科技创新活动并将之转化为现实生产力，推动经济转型升级和可持续发展。因此，进一步优化科技金融政策支持体系具有极为重要的现实意义和长远影响。

　　科技企业是我国科技金融工作的主要服务对象，在我国各种科技企业中，科技型中小企业面临的融资约束最为突出，同时，科技型中小企业又是科技创新中的"蚂蚁雄兵"和国民经济发展中最具活力的细胞。本书主要研究面向科技型中小企业的科技金融政策支持体系及实践应用，侧重于从财税政策的角度展开分析，并通过财税政策与金融政策、信息政策、科技政策、教育政策等方面的协调配合，促进国家层面科技金融综合服务体系的健全和完善，有效发挥政府的引导作用和市场的决定性作用，支持科技创新与金融创新的良性互动，实现我国科技型中小企业蓬勃发展，培育经济增长新动力，服务于新时期创新驱动发展战略。

一、概述

鉴于科技型中小企业的高成长特征及其对国民经济发展的重要作用，世界各国普遍支持和鼓励这类企业的成长和发展，采取的政策工具和支持方式具有多样化特征。其中，改善科技型中小企业的金融服务状况通常是首要目标，而且愈是科技发达的国家对科技型中小企业的政策支持体系愈是完善和到位，政府的政策支持加上发达的商业金融体系，为科技型中小企业蓬勃发展提供了宽松的金融环境，成就了这些国家在全球科技领域和国际竞争力中的领先地位。另一方面，在满足科技型中小企业资金需求的过程中，金融领域亦形成了创新型业态和新的行业分支，例如风险投资行业、融资租赁行业、互联网金融等多是在满足科技型中小企业的金融服务需求过程中成长壮大起来的。在现代经济中，科技与金融已形成互促互进、相辅相成的发展格局。

作为后起的发展中国家，在改革开放之初，我国政府就重视改善科技型中小企业的金融服务状况，30多年来，从科技信贷政策到知识产权质押贷款再到科技支行，从创新基金到创业投资引导基金再到多层次资本市场，可以说，政府支持政策几乎已遍及科技型中小企业的所有融资渠道。2011年2月，国家正式启动了科技和金融结合试点工作，为科技成果转化、科技型中小企业发展和培育新兴产业提供支撑。自此，科技金融工作进入组织化推进阶段，各项支持政策全面推进，科技型中小企业的金融服务环境呈现加速改善的发展趋势。

（一）科技金融政策支持体系的基本理论简析

科技金融是国家科技创新体系和金融体系的重要组成部分，它通过创新财政科技投入方式，引导和促进银行业、证券业、保险业金融机构及创业投资等各类资本，创新金融产品，改进服务模式，搭建服务平台，实现科技创新链条与金融资本链条的有机结合，为初创期到成熟期各发展阶段的科技企业提供融资支持和金融服务的一系列政策和制度的系统安排。由此可见，科技金融政策支持体系是一个包括财政政策、金融政策、科技政策、信息政策等多类政策的综合化体系。其中，创新财政科技投入方式是科技金融工作的核心政策，借助于财政资金的催化效应和杠杆作用，引导和支持各类资金流向具有迫切资金需求的科技型中小企业，激发经济活力，如何优化面向科技型中小企业的财税支持政策也是本书重点研究的政策内容。

从理论上，对我国科技金融政策支持体系的设计和实施需要有如下基本认识：

1. 基于市场失灵和社会公平的视角提供政府支持，政策设计和实施把握三原则，重点支持科技金融服务全系列链条的完善及其薄弱环节

企业生命周期理论表明，处于种子期、初创期、成长期、成熟期等不同发展阶段的科技型中小企业具有不同的融资需求，这些融资需求的风险与收益特征各具特色。对应这些融资需求，在实践中产生了多样化的融资方式来匹配这些差异化的风险收益偏好，从内源融资、风险资本、股权投资、知识产权质押贷款，银行普通贷

款，到科技担保、科技保险、融资租赁等，从而形成面向科技型中小企业的一个连续七彩光谱，但这种连续的金融服务供给只是一种理想的状态。现实中，由于市场失灵的存在，这些融资方式的供给时常处于不足的状态，导致科技型中小企业融资难成为常态，为弥补市场失灵，政府采取支持政策和措施，以增加或疏通科技型中小企业的融资供给，促进金融要素与科技要素的结合。

在科技金融领域，引起市场失灵的原因通常包括信息不对称、风险超出私人资本承担范围、外部性等，纠正和减轻市场失灵是政府支持科技金融活动的切入点，如果政府的支持政策和措施能够有效弥补市场失灵带来的金融服务缺口，促进科技型中小企业提高创新能力，那么科技金融政策就可以发挥改善资源配置和提高经济效率的作用、实现政策目标。

值得注意的是，在市场失灵的领域或环节，也并不意味着政府干预或介入支持就必然有效。因此，为了有效弥补融资的缺口，减轻市场失灵，科技金融政策设计和实施需要把握两项原则：一是政府的支持政策和措施需要精心设计，以市场规律和市场机制为基础，把培育市场机制、引导和疏通市场机制、调控市场机制作为政府在科技金融工作中的着力点，通过政府支持与市场机制的合力作用实现政策目标，避免单纯政府干预导致高投入低效率的弊端；二是对于不存在市场失灵的环节，政府支持活动不应影响到它们的有效运转。

除了上述两项，减少不公平或增加机会也是设计和推行科技金融政策应考虑的原则。总体而言，科技型中小企业实力弱小，研发活动的机制与大学和科研机构也不完全相同，创新和创业过程中始终面临"大浪淘沙"般的技术创新风险和市场风险，经营失败的概率高于大中型企业和其他类型中小企业，但科技型中小企业在国家创新体系和技术创新活动中，无论从创新活力、创新贡献，还是从就业等指标衡量，都具有显著的正外部性。因此，相比其他类别的政府支持政策，科技金融政策设计中应降低支持标准的门槛，保持支持力度的稳步提升，创造宽松和规范的制度环境，提高科技型中小企业创业和创新的成功率。同时，受制于区域经济发展水平的差异，不同区域的科技型中小企业发展水平不同，政府支持作为公共政策需要考虑区域差异，针对先进区域和欠发达区域采取不同措施，增加欠发达地区科技型中小企业发展的机会。

2. 科技金融工作具有初级目标与高级目标

"科学技术是第一生产力"、"金融是现代经济的核心"，科技金融作为科技与金融的聚合体，通过科技活动与金融活动之间的互动机制，能够产生科技与金融相互叠加的效益，以加速度推动经济增长。科技金融发挥作用的关键环节在于科技与金融之间建立互动机制并使之高效运转，不同的互动机制也意味着科技金融工作的不同发展阶段及主要目标。

（1）初级目标：解决融资难和融资贵。金融作为服务业是为科技提供各类金融服务的，科技型创新企业的起步、成长和发展都离不开资金投入，因此，如何使科技型中小企业能够便捷地获得资金支持，帮助科技企业解决融资难和融资贵的问题，使它们在成长的道路上走得比较顺畅，是促进科技和金融结合创新要达成的首要目标。

（2）高级目标：借助金融的筛选功能和财富效应，促进科研成果的资本化和产业化。国际上一般认为一项科研成果投入市场应用领域才能称之为创新，仅仅停留在研发阶段的科研成果只能称之为创意。目前，一方面我国经济结构亟须转型升级，亟须提高产品技术含量，我国科技的对外依存度在50%以上，远高于日本、美国的5%以下；另一方面，我国大量科研成果和专利技术闲置。化解上述矛盾，解决科研与应用脱节的问题，需要提高我国科研成果的转化率、提高科研成果的应用价值和经济效益，应用导向的科研项目不应仅仅停留在理论研究阶段。

这就需要借助于金融的价值发现功能，对技术上可行的科研项目进行经济可行性的筛选，借助于金融的利益导向作用，或者说"财富效应"，将沉睡、沉淀在科研院所、大学以及企业里的科技创新要素与资源激活并解放出来，使其源源不断地进入市场，支撑和推动科技创新与创业，提升科技企业和产业竞争能力，推进我国经济社会发展方式转变和结构调整。

科技金融工作服务于国家创新战略。因此，科技金融的工作目标中除了包括改善金融对科技的资金供给，还应实现金融对科技成果的筛选、激发、催化，引导科研资源更好地服务于企业和市场的需求，并使具有市场应用前景的科研成果迅速转化为现实生产力，通过促进科技成果资本化和产业化，对社会进步和经济增长做出贡献，这是提升创新能力的必由之路，也是科技金融工作的根本目标。

为实现促进科技成果资本化和产业化这一目标，在科技金融政策支持体系中需要设计相关政策参数，引导、鼓励政府与市场、科技项目管理部门与金融机构、科研院所与企业等主体之间展开合作，发挥各自的优势，改变过去相互割裂，各管一段而不能相互衔接的弊端，形成创新合力，最终提高我国财政资源、科技资源、金融资源、企业资源的配置效率，实现建设创新型国家之梦。

3. 政策支持需要植根于中国经济与金融发展的现实格局，注重培育和联通科技金融服务体系

科技型中小企业理想的融资供给类似于一个多种融资方式并存的连续光谱，但是，各国金融体系有的是市场主导型的，例如，美国、英国等国家，有的是金融中介主导型的，例如德国、日本等国家，这些不同特征的金融体系对科技型中小企业资金供给的主要方式和满足程度存在很大差异，一般规律是金融越发达的国家对科技型中小企业资金满足程度越高，其中，风险投资是科技型中小企业必不可少的特色融资方式，美国科技型中小企业的创新能力之所以位列世界前茅，与美国发达的资本市场和风险投资行业息息相关，德国等中介主导的金融体系，则主要借助于发达的政策性金融体系为科技型中小企业提供多样化的贷款支持。

我国金融体系是以金融中介，尤其是以银行为主导的，资本市场不发达，并且作为经济转型国家，如同经济发展一样，金融发展具有日新月异、迅速变化的突出特征，从大的趋势来看，改革开放以来我国金融机构和金融市场快速发展，这使科技型中小企业的金融服务环境不断改善，可获得的融资方式日趋多样化，科技金融政策需要适应我国科技型中小企业金融服务环境的快速变化，及时做出动态调整。

同时，快速成长的金融体系中存在的结构失衡、市场分割等问题，针对这些问题需要充分考虑因应之策。运用政策工具帮助科技型中小企业克服融资障碍，既可以支持金融创新，包括金融工具创新、金融市场创新、金融服务模式创新，扩大科技型中小企业融资的选择范围和便利度，同时，也可以既有金融产品的组合搭配与再创新，使融资供求各方的风险收益偏好更好地对接匹配。

从金融史的角度来看，各国金融体系的结构受文化理念、交易传统等方面的影响，在较长时期内演化较为缓慢。我国以银行为主导的金融体系格局在今后一段时期内仍会相对稳定，但是作为新兴市场经济国家，资本市场的成长也极富空间，可以预见，我国未来的金融体系格局将是介于美国市场主导模式与德国中介主导模式之间的一种形态。因此，我国科技金融政策需要从间接融资和直接融资两大类渠道同时切入，采取支持措施改善科技型中小企业的融资状况，尤其是把握多层次资本市场建成初期和互联网金融兴起的良机，使更多的初创期科技型中小企业获得融资机会。同时，还需要注重两类渠道之间的联通和衔接，真正使科技型中小企业在生命周期各阶段都可以便捷地获得适宜的金融服务，在此过程中，也可以加快我国金融体系现代化的步伐。

4. 创新支持思路和方式，"不能抬牛腿，需要抓住牛鼻子"，针对科技金融领域的薄弱环节和基础环节精准发力，重在制度建设与改善环境

从政府支持和财政投入角度分析，不是单纯地加大财政资金投入力度就可以实现科技金融政策目标，在现代市场经济中相对于金融资源的庞大规模，财政资源的供给毕竟是有限的，相对于科技型中小企业的资金需求而言可谓杯水车薪，而且财政投入主要应用于公共产品和准公共产品领域。进一步来看，在许多情况下，市场机制可以实现科技资源与金融资源的有效结合，并不需要政府支持，相对于市场的主导作用，政府支持科技与金融结合主要是发挥引导、开拓及补充作用。与传统的财政"直接给钱"的方式相比，改革政府投入方式，更好发挥中央财政引导资金"四两拨千斤"作用，让更多的商业资金用于创业投资，达到对于新兴产业中小企业"输血更造血"的目的。

目前，我国科技与金融的结合之所以存在问题，科技金融成为一项国家级任务，在于科技资源与金融资源的结合存在一些梗阻因素和薄弱环节，政府的作用在于针对科技金融领域的薄弱环节和梗阻因素精准发力，弥补制约资源有效配置的短板，财政对科技金融工作的支持主要从强化激励机制、缓解信息不对称、补偿风险、疏通梗阻环节、拓宽融资渠道等方面展开制度建设、组织培育和协调合作，借助于合适的路径和机制，更多地利用间接支持方式，动员更多的社会资金支持科技型中小企业，引导金融资源与科技资源高效结合，探索既符合科技创新发展规律，又适应市场化运作需要的投入政策和措施，引导鼓励金融创新，改善科技型中小企业融资环境，推动科技管理改革创新，提升我国科技创新实力和经济效率。

（二）我国科技金融政策支持体系的现状概貌

改革开放以来，我国政府对科技型中小企业的发展一直采取支持政策，致力于

改善其金融服务环境。

1. 我国科技金融政策起步于 20 世纪 80 年代中期，起步早，开端良好

改革开放以来，早期的科技金融政策可以追溯到 20 世纪 80 年代中期，科技型中小企业是最早受到国家政策关注和支持的一类中小企业。早在 1985 年，《中共中央关于科学技术体制改革的决定》提出设立创业投资、开办科技贷款。此时，我国商业金融体系的完整框架尚没有建立起来，政策设计已抓住了科技型中小企业最核心的两大融资渠道予以支持和引导，应该说这种政策设计是非常领先的，因为科技型中小企业的外部融资方式大致可以分为债权融资和股权融资两大类，银行贷款是典型的债权融资方式，而创业投资无疑是科技型中小企业量身定做的股权融资方式，这种良好的开端为日后我国逐步发展各种新型金融工具、拓宽科技型中小企业融资渠道奠定了基础，并开拓了正确的路径。

2. 90 年代以后，科技型中小企业政策支持体系优化与金融环境优化同行

一方面是金融业大发展：金融中介和金融市场的迅速成长，包括证券市场起步、专业银行商业化改革和股改上市、中小银行迅速发展、创业投资基金、股权投资基金、担保、融资租赁及小额信贷机构等非银行金融中介蓬勃兴起、资本市场五个层次（主板、创业板、新三板、四板、互联网直接融资）全面发展、企业债券市场规模井喷式增长等一系列里程碑式的发展成就，显著地改善了科技型中小企业发展的金融环境和可以利用的融资条件。

另一方面，政府不仅积极出台政策支持科技型中小企业充分利用各种融资通道，而且积极探索和培育专门面向科技型中小企业的金融服务通道，例如创业板、新三板、科技支行、中小企业集合债、科技保险等，这些专属科技型中小企业的通道及相关市场的发展都受益于政府的各种支持措施，包括财政投入、税收优惠、信息支持、中介支持等。

1999 年，《中共中央国务院关于加强技术创新发展高科技实现产业化的决定》提出培育有利于高新技术产业发展的资本市场，逐步建立风险投资机制，适当时候在现有的上海、深圳证券交易所专门设立高新技术企业板块。2002 年全国人大颁布《中小企业促进法》，为支持中小企业发展提供了法律依据。2006 年《国家中长期科学和技术发展规划纲要（2006～2020 年）》及其配套政策，把科技和金融相结合工作推向综合化发展的新阶段，提出建立包括财政税收政策、政府采购、创业风险投资、资本市场、银行、保险等在内的多元化科技投融资体系的目标和任务。

2008 年国际金融危机爆发以来，国家进一步加大了对中小企业发展的支持力度，国务院相继出台《国务院办公厅关于当前金融促进经济发展的若干意见》（国办发〔2008〕126 号）、《国务院关于进一步促进中小企业发展的若干意见》（国发〔2009〕36 号）、《国务院关于鼓励和引导民间投资健康发展的若干意见》（国发〔2010〕13 号）、《"十二五"中小企业成长规划》、《国务院关于进一步支持小型微型企业健康发展的意见》（国发〔2012〕14 号）、《国务院办公厅关于金融支持小微企业发展的实施意见》（国办发〔2013〕87 号）、《国务院关于全国中小企业股份转让系统有关问题的决定》（国发〔2013〕49 号）、国务院《关于进一步促进资本市

场健康发展的若干意见》（即"新国九条"）等系列规章制度和政策。在此基础上，国务院各部委相继出台指导意见和落实措施，地方各级政府也根据地区实际出台支持政策与配套政策，多举措、全方位帮助中小企业，包括科技型中小企业解决融资问题，由财政、税收、金融监管机构和金融中介等多方参与，涵盖财政资金以及银行信贷、小额信贷、债券、股票、风险投资、私募股权投资、信托、担保、保险、租赁等多种金融工具，能够满足企业不同成长阶段、不同业务类型融资需求的中小企业融资服务体系已经初步建立。

总体来看，在过去大约20年的时间里，科技型中小企业金融服务状况面临着市场环境和政策支持体系"双优化"的格局。我国金融市场体系的迅速建立和布局极大地丰富了金融服务方式和融资渠道，对科技型中小企业而言，可以利用的融资渠道越来越多，并且很多融资渠道是为科技型中小企业量身定做的。同时，国家持续出台支持科技型中小企业改善金融环境的政策，并且随着时间的推移，政策出台的密集度也呈现提高的趋势，建立了财政政策、税收政策、金融政策、信息政策、知识产权政策等多领域政策共同发力的支持体系，这些支持政策不仅有利于改善科技型中小企业的金融服务状况，也为我国金融业的发展和创新注入了科技要素，开辟了新的业务领域，有利于金融业发挥服务于实体经济的功能。

3. 科技金融政策已进入组织化和系统化的推进阶段，政策执行力逐步提升

过去二十多年中，我国一直在实践中不断探索优化科技金融政策。2011年2月，国家正式启动了科技和金融结合试点工作，确定中关村国家自主创新示范区、天津市、上海市、江苏省、浙江省"杭温湖甬"地区、安徽省合芜蚌自主创新综合实验区、武汉市、长沙高新区、广东省"广佛莞"地区、重庆市、成都高新区、绵阳市、关中—天水经济区（陕西）、大连市、青岛市、深圳市等16个地区为首批促进科技和金融结合试点地区，随着试点政策的启动，我国科技金融政策进入专门化的组织推进阶段，针对试点地区，科技部、财政部、"一行三会"以及各地方政府都予以相应的政策支持。在试点政策带动下，促进科技与金融相结合成为全国范围内的一种新兴潮流，各地科技与金融相结合的活动层出不穷，地方政府积极引导和促进各类资本创新金融产品、改进服务模式、搭建服务平台，显著增加了金融资源向科技型中小企业的流动和聚集。

在各地积极创新探索科技金融服务新模式和新业态的同时，中央层面的支持政策密集出台，尤其是在改善科技型中小企业股权融资方面已形成较为系统化的市场体系，明确了多层次股权市场的体系结构，提出要壮大主板、中小企业板市场，改革创业板市场，加快完善全国中小企业股份转让系统，在清理整顿的基础上将区域性股权市场纳入多层次资本市场体系。同时，政府为互联网金融提供了宽松的发展环境。在此环境下，众筹等互联网金融为全民支持科技创新和科技型中小企业提供了新型通道。近年来，多层次资本市场体系迅速布局以及天使投资、风险投资基金、股权投资基金等快速发展，科技型中小企业的股权融资环境得到突破性改善，各种类型的股权融资通道几乎全部开通。

在债权融资方面，中央层面的支持政策侧重于通过贴息、风险补偿、支持担保

业发展等方式支持商业银行等机构增加对科技型中小企业的服务，降低对科技型中小企业服务的门槛，倡导它们通过科技支行等专业化机构提供服务，知识产权质押融资等为科技型中小企业量身定做的债权融资方式已经起步，但受制于产权交易等方面的因素，尚未得到普遍应用。总体而言，中央层面在债权融资方面的支持侧重于具体的方式，没有专门的专业化机构，与发达市场经济国家相比，在整个国家政策性金融体系中缺乏对科技型中小企业的支持机构，地方层面，省一级政府对创业投资担保公司、城市商业银行提供直接支持，在一定程度上使其发挥了地方政策性金融机构的作用，对拓宽科技型中小企业的信贷融资渠道发挥了积极作用。

另外，在科技金融服务平台方面，各级政府通过支持产业园区服务机构、孵化器、生产力促进中心等中介组织的发展，增进了金融机构与科技型中小企业的了解和联系，有利于科技型中小企业获得更多金融服务。但是，这些服务平台仍出于"星星之火"的发展态势，没有形成一个涵盖科技型中小企业的技术创新能力和产品的全国化网络系统，以更好地传播科技型中小企业的投资机会，改善信息不对称，这在一定程度上制约了投资者、金融中介对科技型中小企业投资和提供金融服务。

概括而言，我国科技金融政策支持体系已建立起清晰的主体框架，借助于财政、税收、金融、信息、知识产权多方面的支持措施，从债权融资和股权融资两大路径改善科技型中小企业的金融服务状况。按照科技金融工作的目标来衡量，我国科技金融的政策支持体系侧重于实现初级目标的阶段，高级目标也开始融入政策设计体系。例如：目前在科研项目立项中，在科技型中小企业技术创新基金、国家科技成果转化引导基金等政府性基金的支持项目中，发挥金融的"筛选"作用，提高科研成果的转化效率和在应用领域的可持续性。按照框架布局和政策效果来看，科技金融的政策支持体系已涵盖主要的支持方式，初步完成"摆棋子"的布局阶段，下一步则需要采取措施使支持体系切实高效地运转起来，充分发挥政策效力。目前，这一过程已经开启。

例如，2014年4月，财政部、工业和信息化部、科技部和商务部发布了《中小企业发展专项资金管理暂行办法》（以下简称《暂行办法》），以规范和加强中小企业发展专项资金的使用和管理。《暂行办法》并非是对以往政策的简单重叠，而是与时俱进地加以归并整合，以实现对中小企业，包括科技型中小企业支持政策的系统化布局，更好地覆盖需要支持的薄弱环节，避免政策重复和真空，实现财政投入资金的最优化配置。

（三）我国科技金融政策支持体系的未来展望

未来在创新驱动发展战略的指引下，我国科技金融政策将愈发受到重视，其优化的方向应是符合经济转型和深化改革的现实需求，政府集中财力资源，更多采用市场化的方式提高财政资金的支持效率，改善科技金融服务供给，动员和支持金融体系为科技型中小企业提供全光谱式的金融服务。同时，通过金融业对风险收益的识别和筛选功能提升科技成果转化效率，推动我国现实生产力水平的提高和经济社会发展进步。

　　我国科技金融政策支持体系经历前期"摆棋子"分散布局的阶段，已进入重视通盘布局的发展时期，下一步应通过精细化、网络化、规模化、完整化的优化思路，形成蛛网式的支持体系。

　　所谓精细化是指对科技型中小企业金融服务薄弱环节精准发力，政策措施更加到位和富有针对性。

　　所谓网络化，一是已有支持措施之间的协调配合，形成网络化支持局部；二是借助于互联网等媒介拓展科技金融服务平台。

　　所谓规模化是指在网络化基础上，形成各方的支持合力，并重视支持重点区域和产业集群的发展。

　　所谓完整化是指对科技金融支持体系中缺失的环节加以弥补，例如，缺乏专业化政策性金融机构，全国范围内科技型中小企业技术创新信息资讯平台等。

　　上述四点思路的实施都离不开科技金融政策支持体系运行的基础设施，包括信息网络、征信体系、知识产权保护等，只有这些基础设施条件得到满足，我国科技金融政策支持体系才能顺畅执行和高效运转。

　　科技金融作为科技与金融的联姻活动，其发达程度与一个国家的科技水平、金融水平必然密切相关。从科技水平角度，需要考虑该国的教育、科研水平；从金融水平的角度，需要考虑金融中介和金融市场的发展程度。科技型中小企业在不同时期需要不同的金融服务方式，这就需要多样化的金融中介和服务中介供给，具体见图1-3、图4-6。因此，科技金融政策支持体系的优化发展也离不开教育政策、科研政策、金融政策等方面的不断完善。

二、我国支持科技型中小企业金融服务的发展历程：从科技信贷政策到科技金融政策

　　支持中小企业发展和鼓励科技创新是我国经济社会发展战略中非常重要的两大任务，国家推行了一系列支持政策措施促进中小企业发展和科技创新，作为科技型中小企业，它们兼有中小企业和科技创新的双重特征，可以同时享有国家对中小企业和科技创新的双重政策优惠。同时，考虑科技型中小企业的重要作用和融资特征，我国还专门出台了改善科技型中小企业金融服务的支持措施。

（一）20世纪80年代和90年代

　　科技型中小企业作为一种类型的市场主体，它们可以获得的金融服务状况必然与我国金融业发展状况密切相关。1978～1994年，国有专业银行在整个金融体系中占绝对主导地位，信贷投放具有配给制特征，金融市场处于低端起步阶段；1994年以后，为适应我国市场经济发育水平的逐步提高，我国金融体制开始商业化改革，国有专业银行逐步走向商业化发展的道路，股票市场、债券市场等金融市场快速发展，金融业呈现多元化发展的繁荣局面。无论是1994年以前的专业银行时期，还是1994年以后金融业快速商业化、市场化的发展时期，科技创新一直是国家重点支持

的工作，在金融服务方面给予倾斜性的优惠政策。科技型中小企业在科技成果的创新、推广和应用方面具有重要作用，也可以享有科技创新方面的金融服务优惠政策。

早在80年代中期，我国的信贷政策就向科技领域倾斜，1985年，为了贯彻《中共中央关于科学技术体制改革的决定》，中国人民银行、国务院科技领导小组办公室发布《关于积极开展科技信贷的联合通知》，要求各专业银行和其他金融机构在其核定的信贷计划总量范围内，调剂一部分贷款，发放中短期贷款应尽量和技术开发项目密切结合，支持科技事业发展，推动企业技术进步。这类导向性的科技信贷政策对科技型中小企业获取贷款提供了良好的政策环境。

在中小企业领域，科技型中小企业是最先得到政府专项基金支持的一类中小企业。1999年，为了扶持、促进科技型中小企业技术创新，经国务院批准，设立用于支持科技型中小企业（以下简称"中小企业"）技术创新项目的政府专项基金，中央财政拨款是科技型中小企业技术创新基金的主要资金来源，该基金作为引导性资金，根据中小企业和项目的不同特点，创新基金分别以贷款贴息、无偿资助、资本金投入等不同的方式给予支持。创新基金首开政府以直接投入方式改善中小企业融资状况之先河，而且该基金的目标定位十分明确，专门用于支持科技型中小企业的技术创新活动。自此，我国对科技型中小企业金融服务的政策支持进入规范和持续的发展阶段。

（二）2000～2003年

这一时期主要是围绕《中小企业促进法》从多方面支持中小企业的发展，科技型中小企业作为被重点支持的一类中小企业，所面临的金融服务环境得到改善，享有的金融服务类型逐渐丰富。

1.《关于鼓励和促进中小企业发展若干政策意见》

《关于鼓励和促进中小企业发展若干政策意见》（国办发〔2000〕59号）是我国在21世纪出台的第一份支持中小企业的政策文件，其主要目的是加大对中小企业，尤其是高新技术中小企业的扶持力度，明确了国家重点支持的中小企业的类型，其中，科技型中小企业位列首位。这份文件的重要意义在于提出了支持中小企业发展的较为全面的政策措施，包括鼓励技术创新、加大财税政策的扶持力度、积极拓宽融资渠道、加快建立信用担保体系、健全社会化服务体系、创造公平竞争的外部环境、加强组织领导等方面，为我国出台中小企业法和构建中小企业政策支持体系的整体框架奠定了基础。在促进中小企业金融服务方面，财税政策和金融政策都有专门措施。

在财税政策方面：一是各级政府安排一定的财政资金投入，重点用于中小企业的信用担保和创业资助、科技成果产业化、技术改造项目贴息等，可以采取设立风险投资基金等必要措施扶持科技型中小企业；二是运用税收优惠政策支持中小企业技改项目、担保机构发展等，例如，各类中小企业凡在我国境内投资符合国家产业政策的技术改造项目，可按规定享受投资抵免企业所得税的政策，对纳入全国试点范围的非营利性中小企业信用担保、再担保机构，可由地方政府确定，对其从事担保业务收入且 3 年内免征营业税。

金融方面的支持政策主要从三个角度展开：一是信贷支持，包括鼓励各类银行提高中小企业信贷比例，继续扩大中小企业贷款利率的浮动幅度；二是直接融资支持，包括放宽中小企业特别是高新技术企业上市融资和发行债券的条件；三是鼓励发展两类中小企业金融服务中介，一类是中小企业风险投资机构，另一类是中小企业信用担保机构，对于中小企业信用担保机构提出了体系化的发展思路，加快建立包括中央、省、地（市）在内的三级信用担保体系和再担保体系。

21 世纪初期，我国对促进中小企业金融服务的支持政策更多是原则性和方向性的措施，具有粗线条的突出特征，但是这些措施所形成的政策框架体系已经非常清晰，包括支持方式、支持路径、支持重点等内容，后续推出的支持政策正是沿袭了该文件所奠定的框架思路。

除此之外，《国家税务总局关于中小企业信用担保、再担保机构免征营业税的通知》（国税发〔2001〕37 号）、《关于加强中小企业信用管理工作的若干意见》（国经贸中小企〔2001〕368 号）、《中国人民银行关于进一步加强对有市场、有效益、有信用中小企业信贷支持的指导意见》（银发〔2002〕224 号 ）等文件提出了多项改善中小企业融资环境的政策措施。

2.《中华人民共和国中小企业促进法》

2002 年，我国通过了《中华人民共和国中小企业促进法》，该法于 2003 年 1 月 1 日起实施，自此，我国对中小企业的政策支持进入法制管理的运行轨道，为我国建立和完善制度化、长期化的政策支持体系提供了条件。该法规定，中央财政预算设立中小企业科目，安排扶持中小企业发展专项资金，地方人民政府应当根据实际情况为中小企业提供财政支持。因此，各级财政对中小企业的财政投入支持纳入了法制化管理的轨道，这为政府支持中小企业提供了制度保障，具有突出的长远意义。在促进中小企业金融服务方面，主要措施也是体现在财税政策和金融政策两大方面。

财税政策方面，一是国家设立中小企业发展基金，该基金主要来源于中央财政预算安排的扶持中小企业发展专项资金等，主要用于扶持中小企业的创业辅导和服务；支持建立中小企业信用担保体系；支持技术创新；支持中小企业开拓国际市场；支持中小企业实施清洁生产；等等。例如，中小企业技术创新项目以及为大企业产品配套的技术改造项目，可以享受贷款贴息政策。二是国家通过税收政策支持高新科技中小企业发展、鼓励风险投资机构增加对中小企业的投资、鼓励各种担保机构为中小企业提供信用担保等。

金融政策方面：一是信贷支持，通过加强信贷政策指导，加强对中小金融机构的支持力度，鼓励商业银行调整信贷结构，加大对中小企业的信贷支持；二是发展中小企业信用担保体系；三是拓宽中小企业的直接融资渠道；四是国家政策性金融机构采取多种形式为中小企业提供金融服务，例如，开展进出口信贷、出口信用保险等业务，支持中小企业开拓国外市场。

（三）2003～2008 年

经过前期框架层面和法律层面的奠基，2003 年以后，我国促进科技型中小企业金融服务的政策步入专门化和体系化的发展阶段。这主要得益于两大因素的推动：一是 2003 年《中小企业促进法》正式实施以后，各省市地方、各部委纷纷根据本地情况或本部门职责出台具体的实施办法，形成了全社会合力促进中小企业发展的活跃局面，促进科技型中小企业金融服务的诸多专门政策得到有效落实；二是颁布实施《国家中长期科学和技术发展规划纲要（2006—2020 年）》及其配套政策，有效拓宽了科技型中小企业金融服务的渠道，推动形成了系统化的金融服务方式。

1. 国家层面的政策措施

2005 年，国务院出台了《关于鼓励支持和引导个体私营等非公有制经济发展的若干意见》，2006 年，国务院办公厅转发国家发改委等部门《关于加强中小企业信用担保体系建设意见的通知》，2007 年，公布了《中华人民共和国企业所得税法》，它们在落实和延续《中小企业促进法》基本要求的同时，分别从金融政策、中小企业信用担保体系制度建设、中小企业所得税等方面提出了创新性措施，推动改善中小企业金融服务状况。

在金融政策方面，《关于鼓励支持和引导个体私营等非公有制经济发展的若干意见》提出支持中小企业直接融资的新措施，包括在加快完善中小企业板块和推进制度创新的基础上，分步推进创业板市场，健全证券公司代办股份转让系统的功能，为非公有制企业利用资本市场创造条件。鼓励符合条件的非公有制企业到境外上市。规范和发展产权交易市场，推动各类资本的流动和重组。鼓励非公有制经济以股权融资、项目融资等方式筹集资金。建立健全创业投资机制，支持中小投资公司的发展。允许符合条件的非公有制企业依照国家有关规定发行企业债券。

在中小企业信用担保体系制度建设方面，全国中小企业信用担保体系建设工作由国家发改委牵头，财政部、人民银行、税务总局、银监会参加。切实落实《中小企业促进法》有关规定，在国家用于促进中小企业发展的各种专项资金（基金）中，安排部分资金用于支持中小企业信用担保体系建设。对于由政府出资设立，经济效益和社会效益显著的担保机构，各地区要视财力逐步建立合理的资本金补充和扩充机制，采取多种形式增强担保机构的资本实力，提高其风险防范能力。继续执行对符合条件的中小企业信用担保机构免征三年营业税的税收优惠政策。开展贷款担保业务的担保机构，按照不超过当年年末责任余额 1% 的比例以及税后利润的一定比例提取风险准备金。风险准备金累计达到其注册资本金 30% 以上的，超出部分可转增资本金。担保机构实际发生的代偿损失，可按照规定在企业所得税税前扣除。

在中小企业及高新技术企业适用的所得税率方面，法律明确规定符合条件的小型微利企业，减按 20% 的税率征收企业所得税。国家需要重点扶持的高新技术企业，减按 15% 的税率征收企业所得税，这有利于科技型中小企业扩大留存收益，增加内源融资来源。

2. 各地纷纷出台支持中小企业的条例或办法

我国实施《中小企业促进法》以后，各省市根据该法要求陆续出台了本地促进中小企业发展的条例或办法。例如，2005 年出台的天津市实施《中华人民共和国中小企业促进法》办法、四川省《中华人民共和国中小企业促进法》实施办法、江苏省中小企业促进条例，2006 年出台的山西省实施《中华人民共和国中小企业促进法》办法，2007 年出台的陕西省实施《中华人民共和国中小企业促进法》办法、山东省中小企业促进条例、广东省促进中小企业发展条例、青岛市实施《中华人民共和国中小企业促进法》办法等，这些地方办法或条例的颁布和实施，使我国支持中小企业发展的政策形成了网络状的区域框架体系，有利于在全国统一的政策框架下，各省市因地制宜地改善中小企业的发展环境。

各省市制定的财税金融支持政策在与中央政策保持联动的同时，也凸显了地方特色，尤其是一些经济发达省份突出强调了对科技型中小企业的支持，鼓励针对科技型中小企业的特征展开金融服务。例如，广东省规定省级财政预算应当安排扶持中小企业专项资金，规定高等院校、科研机构、科技型中小企业、外资机构以及其他组织和个人创建的综合或者专业孵化器，经省科技行政主管部门认定，可以享受高新技术企业的优惠政策，鼓励、引导和支持有条件的中小企业，通过知识产权权利质押融资等。

3. 各部委规范和完善《中小企业促进法》提出的相关政策

《中小企业促进法》明确了我国支持中小企业政策的大框架，在此框架下，各部委根据各自的分管领域和职责，进一步建章立制，规范和完善各项实施细则或管理办法，使促进中小企业金融服务的政策不断优化，保障《中小企业促进法》规定的支持措施有序落实。代表性政策主要包括以下两个方面。

（1）管理中小企业发展专项资金的具体政策。《中小企业法》规定中央财政预算设立中小企业发展专项资金，2004 年，财政部、国家发改委联合出台了《中小企业发展专项资金管理暂行办法》（财企〔2004〕185 号），在该暂行办法的基础上，2006 年，财政部、国家发改委又联合出台了《中小企业发展专项资金管理办法》（财企〔2006〕226 号），规定财政部负责专项资金的预算管理、项目资金分配和资金拨付，并对资金的使用情况进行监督检查。国家发改委负责确定专项资金的年度支持方向和支持重点，会同财政部对申报的项目进行审核，并对项目实施情况进行监督检查。

专项资金主要用于支持中小企业结构调整、产业升级、综合利用、专业化发展、与大企业协作配套、技术进步，品牌建设，以及中小企业信用担保体系、市场开拓等中小企业发展环境建设等方面，采用无偿资助或贷款贴息的支持方式。专项资金无偿资助的额度，每个项目一般控制在 200 万元以内。专项资金贷款贴息的额度，根据项目贷款额度及人民银行公布的同期贷款利率确定。每个项目的贴息期限一般不超过 2 年，贴息额度最多不超过 200 万元。

2008 年，考虑到中小企业发展需求的变化，以及中小企业发展专项资金管理部门的调整，财政部与工业和信息化部出台了《中小企业发展专项资金管理办法》

（财企［2008］179号），修改为工业和信息化部负责确定专项资金的年度支持方向和支持重点，会同财政部对申报的项目进行审核，并对项目实施情况进行监督检查。同时，调整了对中小企业进行资金支持的上限额度，无偿资助和贷款贴息的上限额度都提高到300万元；另外，增加资本金注入的支持方式。

（2）金融支持政策。从各国实践和实际情况来看，信贷是中小企业外部融资的主要渠道，为了改善小企业信贷服务状况，银监会出台了一系列规范和促进银行开展小企业贷款业务的政策法规。2005年，银监会公布了《银行开展小企业贷款业务指导意见》（银监发［2005］54号），要求各银行应有专门部门负责小企业贷款工作，对小企业贷款业务加强专项指导和分账考核。2006年出台了《商业银行小企业授信工作尽职指引（试行）》，规定商业银行应制定小企业授信政策，建立决策机制、管理信息系统和业务操作流程，并及时进行评估和完善。商业银行制定的小企业授信政策应体现小企业经营规律、小企业授信业务风险特点，并实行差别化授信管理。2007年对《银行开展小企业贷款业务指导意见》进行了修订，公布《银行开展小企业授信工作指导意见》（银监发［2007］53号），进一步丰富和完善小企业授信"六项机制"，包括利率的风险定价机制，独立核算机制，高效的审批机制，激励约束机制，专业化的人员培训机制，违约信息通报机制，鼓励银行大力发展小企业信贷业务。

为了发展中小企业信用担保业务，改善中小企业的增信服务水平，中国人民银行《关于中小企业信用担保体系建设相关金融服务工作的指导意见》（银发［2006］451号），提出推进中小企业担保机构与金融机构互利合作的具体措施。

除了信贷融资方面的支持政策，对于中小企业股权融资的管理措施也在逐步完善，2006年7月制定《中小企业板上市公司募集资金管理细则》，并于2008年2月进行了修订，为中小企业通过公开发行证券以及非公开发行股票向投资者募集资金提供了制度依据。

4. 促进科技型中小企业金融服务的专门政策

2006年，国务院颁布实施《国家中长期科学和技术发展规划纲要（2006—2020年）》的若干配套政策，在金融配套政策方面，提出了七项措施，全面涵盖了信贷市场、资本市场、保险市场等各种金融服务渠道，包括加强政策性金融对自主创新的支持、引导商业金融支持自主创新、改善对中小企业科技创新的金融服务、加快发展创业风险投资事业、建立支持自主创新的多层次资本市场、支持开展对高新技术企业的保险服务、完善高新技术企业的外汇管理政策等。这些措施明确了加强科技资源和金融资源的结合，促进科技产业的全面可持续发展，建设创新型国家的政策导向、政策路径，对于改善科技型中小企业的金融服务起到了明显的促进作用。在这些配套政策和《中小企业法》的共同推进下，我国促进科技型中小企业金融服务的政策逐步形成了专门的体系。

（1）支持科技型中小企业及其服务中介的财政政策。除了面向所有中小企业的中小企业发展专项资金，针对科技型中小企业，我国还建立了专门的财政投入机制。1999年5月，国务院批准设立科技型中小企业技术创新基金，2005年，为保证科技型中小企业技术创新基金（以下简称"创新基金"）管理工作的顺利开展，财政部和科技部根据《中小企业促进法》，制定了《科技型中小企业技术创新基金财务管理暂行办法》，创新基金来源于中央财政预算拨款，主要用于支持科技型中小企业技术创新活动所需的支出。根据科技型中小企业和项目的不同特点，分别以无偿资助、贷款贴息、资本金投入等方式给予支持。其中，创新基金对每个项目的无偿资助或贷款贴息数额一般不超过 100 万元人民币，个别重大项目不超过 200 万元人民币。

2007 年，为了引导创业投资机构向初创期科技型中小企业投资，在创新基金的范畴下，又设立了科技型中小企业创业投资引导基金，财政部和科技部制定了《科技型中小企业创业投资引导基金管理暂行办法》（财企［2007］128 号），规定引导基金主要来源为中央财政科技型中小企业技术创新基金、从所支持的创业投资机构回收的资金和社会捐赠的资金；支持对象为在我国境内从事创业投资的创业投资企业、创业投资管理企业、具有投资功能的中小企业服务机构以及初创期科技型中小企业；支持方式为阶段参股、跟进投资、风险补助和投资保障。

（2）支持科技型中小企业的金融政策。针对科技型中小企业的融资需求和现金流量特点，银监会出台了《关于商业银行改善和加强对高新技术企业金融服务的指导意见》（银监发［2006］94 号），规定商业银行对高新技术企业授信，应当探索和开展多种形式的担保方式。对拥有自主知识产权并经国家有关部门评估的高新技术企业，还可以试办知识产权质押贷款。对科技型小企业授信，可以由借款人提供符合规定的企业资产、业主或主要股东个人财产抵质押以及保证担保，采取抵押、质押、保证的组合担保方式，满足其贷款需求。

（四）2008 年下半年以来集中出台各种支持政策

2008 年下半年以后，国际金融危机对国内经济的冲击逐步显现，中小企业的生产经营活动受到严重不利影响，广东、浙江、江苏等东南沿海地区出现大量中小企业破产倒闭的现象，为抵御国际金融危机的负面冲击，国家非常密集地出台了支持中小企业发展的各种政策，减轻中小企业的负担，为中小企业提供更宽松的融资条件，帮助中小企业应对严峻的挑战。在这一大背景下，2008 年下半年以后，我国对中小企业的支持力度加大，各种政策措施集中出台，政策协同效果明显改善。针对科技型中小企业金融服务的支持政策，表现出更细化的发展特征，在前期从不同融资渠道进行支持的基础上，开始针对科技型中小企业不同发展阶段的融资需求展开支持。

1. 国务院层面出台的支持政策

2008 年 12 月，国务院办公厅公布《关于当前金融促进经济发展的若干意见》（国办发［2008］126 号），落实对中小企业融资担保、贴息等扶持政策，鼓励地方人民政府通过资本注入、风险补偿等多种方式增加对信用担保公司的支持。对符合条件的中小企业信用担保机构免征营业税。设立包括中央、地方财政出资和企业联合组建在内的多层次中小企业贷款担保基金和担保机构，提高金融机构中小企业贷款比重。鼓励金融机构建立专门为中小企业提供信贷服务的部门，放宽金融机构对中小企业贷款和涉农贷款的呆账核销条件。授权金融机构对符合一定条件的中小企业贷款和涉农贷款进行重组和减免。涉农贷款和中小企业贷款税前全额拨备损失准备金。支持地方人民政府建立中小企业贷款风险补偿基金，对银行业金融机构中小企业贷款按增量给予适度的风险补偿，增加对中小企业的信贷投放。

2009 年 9 月，国务院出台《关于进一步促进中小企业发展的若干意见》（国发〔2009〕36 号），这是《中小企业促进法》实施以来，我国支持中小企业发展的又一具有里程碑意义的政策文件，提出了进一步促进中小企业发展的综合性措施，对于系统和全面地优化我国中小企业的金融服务具有重要意义。主要包括：

（1）制度建设。完善中小企业政策法律体系，加快制定融资性担保管理办法，修订《贷款通则》，修订中小企业划型标准，明确对小型企业的扶持政策。制定政府采购扶持中小企业发展的具体办法，提高采购中小企业货物、工程和服务的比例。

（2）支持金融部门提供服务。完善小企业信贷考核体系，提高小企业贷款呆账核销效率，建立完善信贷人员尽职免责机制。鼓励建立小企业贷款风险补偿基金，对金融机构发放小企业贷款按增量给予适度补助，对小企业不良贷款损失给予适度风险补偿。各级财政加大支持力度，综合运用资本注入、风险补偿和奖励补助等多种方式，提高担保机构对中小企业的融资担保能力。落实好对符合条件的中小企业信用担保机构免征营业税、准备金提取和代偿损失税前扣除的政策。

（3）支持中小企业开拓国际市场。进一步落实出口退税等支持政策，充分发挥中小企业国际市场开拓资金和出口信用保险的作用，加大优惠出口信贷对中小企业的支持力度。

2012 年 4 月，针对小型和微型企业，国务院专门出台了《关于进一步支持小型微型企业健康发展的意见》（国发〔2012〕14 号），提出了诸多富有可操作性的量化支持措施。主要包括：

（1）落实支持小型微型企业发展的各项税收优惠政策。提高增值税和营业税起征点；将小型微利企业减半征收企业所得税政策，延长到 2015 年年底并扩大范围；将符合条件的国家中小企业公共服务示范平台中的技术类服务平台纳入现行科技开发用品进口税收优惠政策范围；自 2011 年 11 月 1 日至 2014 年 10 月 31 日，对金融机构与小型微型企业签订的借款合同免征印花税，将金融企业涉农贷款和中小企业贷款损失准备金税前扣除政策延长至 2013 年年底，将符合条件的农村金融机构金融保险收入减按 3% 的税率征收营业税的政策延长至 2015 年年底。

（2）完善财政资金支持政策。充分发挥现有中小企业专项资金的支持引导作用，2012 年将资金总规模由 128.7 亿元扩大至 141.7 亿元，以后逐年增加。专项资金向小型微型企业和中西部地区倾斜。

（3）依法设立国家中小企业发展基金。基金的资金来源包括中央财政预算安排、基金收益、捐赠等。中央财政安排资金 150 亿元，分 5 年到位，2012 年安排 30 亿元。基金主要用于引导地方、创业投资机构及其他社会资金支持处于初创期的小型微型企业等。对企事业单位、社会团体和个人等向基金捐赠资金的，企业在年度利润总额 12% 以内的部分，个人在申报个人所得税应纳税所得额 30% 以内的部分，准予在计算缴纳所得税税前扣除。

（4）政府采购支持小型微型企业发展。负有编制部门预算职责的各部门，应当安排不低于年度政府采购项目预算总额 18% 的份额专门面向小型微型企业采购。

（5）继续减免部分涉企收费并清理取消各种不合规收费。落实中央和省级财政、价格主管部门已公布取消的行政事业性收费。自 2012 年 1 月 1 日至 2014 年 12 月 31 日三年内对小型微型企业免征部分管理类、登记类和证照类行政事业性收费。清理取消一批各省（区、市）设立的涉企行政事业性收费。

（6）落实支持小型微型企业发展的各项金融政策。银行业金融机构对小型微型企业贷款的增速不低于全部贷款平均增速，增量高于上年同期水平，对达到要求的小金融机构继续执行较低存款准备金率。支持商业银行开发适合小型微型企业特点的各类金融产品和服务，积极发展商圈融资、供应链融资等融资方式。加强对小型微型企业贷款的统计监测。

（7）加快发展小金融机构、拓宽小企业直接融资渠道、加强对小型微型企业的信用担保服务、规范对小型微型企业的融资服务等。

除了上述面向中小企业的普遍措施以外，在管理制度建设方面，鉴于信用担保对改善中小企业融资条件的重要性，2011 年 6 月，国务院办公厅在《关于进一步明确融资性担保业务监管职责的通知》（国办发〔2009〕7 号）的基础上，转发了银监会、国家发改委、工业和信息化部、财政部、商务部、人民银行、工商总局、法制办《关于促进融资性担保行业规范发展的意见》（国办发〔2011〕30 号），提出融资性担保行业规范发展的总体目标是，加快推进融资性担保机构体系、法规制度体系、监管体系、扶持政策体系和行业自律体系建设。通过设立再担保机构等方式，综合运用资本注入、风险补偿和考核奖励等手段，建立完善风险补偿和分担机制，实现扶持与监管的有效衔接，提高融资性担保机构服务能力。

在发展多层次资本市场支持创新型企业方面，2014 年 5 月 8 日，国务院以国发〔2014〕17 号印发《关于进一步促进资本市场健康发展的若干意见》，尊重创新、鼓励创新、支持创新是该文件最鲜明的特点，被称之为"新国九条"。提出了诸多有利于科技型中小企业利用资本市场的措施，包括：

（1）壮大主板、中小企业板市场，创新交易机制，丰富交易品种。加快创业板市场改革，健全适合创新型、成长型企业发展的制度安排。增加证券交易所市场内部层次。

（2）加快完善全国中小企业股份转让系统，建立小额、便捷、灵活、多元的投融资机制。

（3）在清理整顿的基础上，将区域性股权市场纳入多层次资本市场体系。

（4）丰富适合中小微企业的债券品种。

（5）发展私募投资基金。完善扶持创业投资发展的政策体系，鼓励和引导创业投资基金支持中小微企业。完善围绕创新链需要的科技金融服务体系，创新科技金融产品和服务，促进战略性新兴产业发展。

2. 有关部委出台的政策支持措施

（1）关于中小企业划型标准的政策。明确中小企业的划分标准和统计范畴，是制定各种支持政策的基础，根据我国中小企业的发展状况，为提升各项政策的针对性，2011年6月，工业和信息化部、统计局、国家发改委、财政部出台了《关于印发中小企业划型标准规定的通知》（工信部联企业〔2011〕300号），调整了中小企业的划型标准，中小企业划分为中型、小型、微型三种类型，具体标准根据企业从业人员、营业收入、资产总额等指标，结合行业特点制定。

（2）中小企业发展专项资金管理办法。2012年5月，为促进中小企业特别是小型微型企业健康发展，进一步规范和完善中小企业发展专项资金管理，财政部、工业和信息化部对中小企业发展专项资金管理办法进行了修改，出台《中小企业发展专项资金管理办法》（财企〔2012〕96号），规定中小企业发展专项资金由中央财政预算安排，主要用于支持中小企业特别是小型微型企业技术进步、结构调整、转变发展方式、扩大就业，以及改善服务环境等方面。专项资金采取无偿资助、贷款贴息方式进行支持，每个企业或单位只能选择其中一种支持方式。无偿资助的额度，每个项目一般不超过200万元。专项资金贷款贴息的额度，按照项目贷款额度及人民银行公布的同期贷款基准利率确定，每个项目一般不超过200万元。改善中小企业特别是小型微型企业服务环境项目的支持额度最多不超过400万元。

（3）专门支持中小企业信用担保体系的政策。为了发挥中小企业信用担保体系的作用，工业和信息化部、财政部等部委出台了一系列加强中小企业信用担保体系建设的政策文件。

2008年，工业和信息化部公布了《关于支持引导中小企业信用担保机构加大服务力度缓解中小企业生产经营困难的通知》（工信部企业〔2008〕345号），提出引导中小企业信用担保机构创新体制机制，积极拓展担保业务，帮助中小企业尽快走出困境。支持担保机构简化贷款担保手续，有条件的可开辟贷款担保绿色通道，尽量缩短贷款担保办理时间，加强与银行协商，争取在授信额度内采取"一次授信、分次使用、循环担保"方式，提高审保和放贷效率。合理确定并适当降低贷款担保收费标准。2010年，工信部公布了《关于加强中小企业信用担保体系建设工作的意见》（工信部企业〔2010〕225号），要求各级中小企业管理部门按照"国发36号"文和"国办发90号"文要求，采取中央财政、地方财政出资与社会资本联合组建等形式，重点推进省级中小企业信用再担保机构（再担保基金）设立与发展，积极完善多层次担保体系建设。各地积极争取在本级财政预算中安排中小企业信用担保体系建设专项资金，以资本金投入、业务补助、保费补贴、风险补偿、创新奖励等多种方式，提升中小企业信用担保（再担保）机构对中小企业的担保能力。

2012年5月，为规范和加强中小企业信用担保资金管理，财政部、工业和信息化部出台了《中小企业信用担保资金管理办法》（财企〔2012〕97号），中小企业信用担保资金是由中央财政预算安排，专门用于支持中小企业信用担保机构、中小企业信用再担保机构增强业务能力，扩大中小企业担保业务，改善中小企业特别是小型微型企业融资环境的资金。担保资金采取业务补助、保费补助、资本金投入等支持方式。对符合条件的担保机构开展的中型、小型、微型企业担保业务，分别按照不超过年平均在保余额的 1%、2%、3% 给予业务补助。对符合条件的再担保机构开展的中型和小型微型企业再担保业务，分别按照不超过年平均在保余额的 0.5% 和 1% 给予业务补助。在不提高其他费用标准的前提下，对担保机构开展的担保费率低于银行同期贷款基准利率 50% 的中小企业担保业务给予保费补助，重点补助小型微型企业低费率担保业务。特殊情况下，对符合条件的担保机构、再担保机构，按照不超过新增出资额的 30% 给予注资支持。

（4）金融支持政策。针对当前和今后较长时期内小企业经营所面临的困难，为缓解小企业融资难问题，中国人民银行、银监会、保监会、证监会、国家发改委、财政部、商务部等部门实施了多项促进和改善小企业金融服务状况的政策措施。

2008 年 8 月，银监会发布《关于认真落实"有保有压"政策进一步改进小企业金融服务的通知》（银监发［2008］62 号），要求各银行业金融机构最大限度将新增贷款规模真正用于支持小企业的发展。要求单列规模，按照小企业信贷投放增速不低于全部贷款增速，增量不低于上年的原则，单独安排小企业的新增信贷规模，单独考核。根据小企业融资需求"短、小、频、急"的特点，进行组织架构和流程再造，推进小企业授信事业部制，抓长效机制建设。

2008 年 12 月，银监会发布《关于银行建立小企业金融服务专营机构的指导意见》（银监发［2008］82 号），鼓励和指导各银行业金融机构设立小企业金融服务专营机构，发挥专业化经营优势，要求专营机构建立独立的风险定价机制，独立的成本利润核算机制，独立高效的信贷审批机制，独立的激励约束机制，专业化的小企业金融服务人才队伍，违约信息通报机制，独立有效的风险管理机制，单独的小企业贷款风险分类和损失拨备制度，并根据小企业的特点和实际业务情况设立合理的风险容忍度。

2010 年 6 月，一行三会联合出台《关于进一步做好中小企业金融服务工作的若干意见》（银发［2010］193 号），提出了金融行业支持中小企业发展的综合政策措施，包括进一步推动中小企业信贷管理制度的改革创新，建立健全中小企业金融服务的多层次金融组织体系，拓宽符合中小企业资金需求特点的多元化融资渠道，大力发展中小企业信用增强体系，多举措支持中小企业"走出去"开拓国际市场等。

2010 年 9 月，保监会下发了《保险资金投资股权暂行办法》，明确提出"保险公司可以出资人名义直接投资并持有企业股权，也可以投资股权投资管理机构发起设立的股权投资基金等相关金融产品的方式间接投资企业股权"，所投资比例不超过保险资金余额的 5%。并且在 2012 年将上述比例提高 1 倍至保险资金余额的 10%。

（5）实行农村金融机构定向费用补贴政策。从 2008 年起，财政部开始实施农村金融机构定向费用补贴政策，对贷款平均余额同比上升且符合监管要求的村镇银行、贷款公司、农村资金互助社等三类新型农村金融机构，按照贷款平均余额的 2% 给予补贴，补贴资金全部由中央财政承担。2010 年，又将西部 2 255 个基础金融服务薄弱乡镇的银行业金融机构网点纳入补贴范围。截至 2013 年年末，已累计向全国 3 785 家农村金融机构拨付补贴资金 77. 26 亿元，有力地推动了新型农村金融机构快速发展和基础金融服务覆盖全国所有乡镇。2014 年，根据国务院有关要求，细化完善农村金融机构定向费用补贴政策，印发《农村金融机构定向费用补贴资金管理办法》（财金［2014］12 号），进一步巩固和扩大政策效果。

（6）政府采购支持政策。2011 年 12 月，为发挥政府采购的政策功能，促进中小企业发展，财政部、工业和信息化部制定了《政府采购促进中小企业发展暂行办法》（财库［2011］181 号），规定负有编制部门预算职责的各部门在满足机构自身运转和提供公共服务基本需求的前提下，应当预留本部门年度政府采购项目预算总额的 30% 以上，专门面向中小企业采购，其中，预留给小型和微型企业的比例不低于 60%。

（7）税费减免和优惠政策。包括针对小微企业及其相关金融服务机构的税费减免和优惠政策。

2011 年 11 月，财政部、国家发改委公布《关于免征小型微型企业部分行政事业性收费的通知》（财综［2011］104 号），规定自 2012 年 1 月 1 日至 2014 年 12 月 31 日对小型微型企业暂免征管理类、登记类和证照类等有关行政事业性收费，以减轻小型微型企业负担，促进小型微型企业健康发展。

2011 年 10 月，财政部、国家税务总局公布《关于延长金融企业涉农贷款和中小企业贷款损失准备金税前扣除政策执行期限的通知》（财税［2011］104 号），规定金融企业涉农贷款和中小企业贷款损失准备金税前扣除的政策，继续执行至 2013 年 12 月 31 日。将农村信用社、村镇银行、农村资金互助社、由银行业机构全资发起设立的贷款公司以及法人机构所在地在县及县（市）以下地区的农村合作银行、农村商业银行的金融保险收入，减按 3% 税率征收营业税的政策延长 4 年至 2015 年年底。

2011 年 10 月，财政部、国家税务总局公布《关于金融机构与小型微型企业签订借款合同免征印花税的通知》（财税［2011］105 号），规定自 2011 年 11 月 1 日起至 2014 年 10 月 31 日止，对金融机构与小型、微型企业签订的借款合同免征印花税，以鼓励金融机构对小型、微型企业提供金融支持。

2012 年 4 月，财政部、国家税务总局公布《关于中小企业信用担保机构有关准备金企业所得税税前扣除政策的通知》（财税［2012］25 号），为中小企业信用担保机构提供了三类所得纳税优惠：一是符合条件的中小企业信用担保机构按照不超过当年年末担保责任余额 1% 的比例计提的担保赔偿准备，允许在企业所得税税前扣除，同时将上年度计提的担保赔偿准备余额转为当期收入；二是符合条件的中小企业信用担保机构按照不超过当年担保费收入 50% 的比例计提的未到期责任准备，允许在企业所得税税前扣除，同时将上年度计提的未到期责任准备余额转为当期收入；三是中小企业信用担保机构实际发生的代偿损失，符合税收法律法规关于资产损失税前扣除政策规定的，应冲减已在税前扣除的担保赔偿准备，不足冲减部分据实在企业所得税税前扣除。执行期限为 2011 年 1 月 1 日至 2015 年 12 月 31 日。

（8）完善金融机构中小企业贷款财务管理制度。根据国务院有关要求，财政部于 2009 年放宽了金融机构对中小企业贷款的呆账核销条件，2010 年将该政策明确为中长期制度。2013 年，根据国务院有关要求，再次对金融企业呆账核销政策进行完善，在简化程序、扩大金融机构自主核销权等方面，对小微企业不良贷款核销给予支持，引导金融机构加大对小微企业的信贷投放力度。贷款重组减免方面，根据国务院有关要求，于 2009 年出台管理通知，授权金融机构对符合一定条件的中小企业贷款进行重组和减免，借款人发生财务困难、无力及时足额偿还贷款本息的，在确保重组和减免后能如期偿还剩余债务的条件下，允许金融机构对债务进行展期或延期、减免表外利息后，进一步减免本金和表内利息。

3. 专门支持科技型中小企业金融服务的政策

对于科技型中小企业的金融服务，有关部门制定的专门支持政策进一步增加。

（1）总体部署。2009 年，科技部、财政部、教育部、国资委、全国总工会、国家开发银行联合制定《国家技术创新工程总体实施方案》（国科发政〔2009〕269 号），共同组织实施技术创新工程，针对技术创新体系建设中存在的薄弱环节和突出问题，着力推进产学研紧密结合，为企业技术创新提供有效的支撑服务，促进企业成为技术创新主体。在中小企业金融服务方面，致力于为中小企业技术创新提供全面有效的支撑服务。具体措施包括：一是建立科技金融合作机制，加强技术创新与金融创新的结合，发挥财政科技投入的杠杆和增信作用，引导和鼓励金融产品创新，支持企业技术创新。二是加大对企业技术创新的信贷支持。通过贷款贴息等手段鼓励和引导政策性银行、商业银行支持企业特别是中小企业技术创新。三是支持企业进入多层次资本市场融资。鼓励和支持企业改制上市，扩大未上市高新技术企业进入代办股份转让系统试点范围，鼓励科技型中小企业在创业板上市。四是开展知识产权质押贷款和科技保险试点，推动担保机构开展科技担保业务，拓宽企业技术创新融资渠道。五是大力发展科技创业投资。加大科技型中小企业创业投资引导力度，引导和鼓励金融机构、地方政府以及其他民间资金参与科技创业投资。

2012 年，国务院出台《关于深化科技体制改革加快国家创新体系建设的意见》，对深化科技体制改革、加快国家创新体系建设提出了全面的指导意见，并提出了多项推进科技金融工作的具体措施，有利于推进改善科技型中小企业的金融服务状况。这些措施主要包括：一是加大对中小企业、微型企业技术创新的财政和金融支持，落实好相关税收优惠政策。二是扩大科技型中小企业创新基金规模，通过贷款贴息、研发资助等方式支持中小企业技术创新活动。建立政府引导资金和社会资本共同支持初创科技型企业发展的风险投资机制，实施科技型中小企业创业投资引导基金及新兴产业创业投资计划，引导创业投资机构投资科技型中小企业。完善和落实促进科技成果转化应用的政策措施，实施技术转让所得税优惠政策，用好国家科技成果转化引导基金。三是促进科技和金融结合，创新金融服务科技的方式和途径。综合运用买方信贷、卖方信贷、融资租赁等金融工具，引导银行等金融机构加大对科技型中小企业的信贷支持。推广知识产权和股权质押贷款。加大多层次资本市场对科技型企业的支持力度，扩大非上市股份公司代办股份转让系统试点。培育和发展创业投资，完善创业投资退出渠道，支持地方规范设立创业投资引导基金，引导民间资本参与自主创新。积极开发适合科技创新的保险产品，加快培育和完善科技保险市场。四是完善支持中小企业技术创新和向中小企业技术转移的公共服务平台，健全服务功能和服务标准。

（2）创业投资基金方面。2008 年，国家发改委、财政部、商务部联合制定的《关于创业投资引导基金规范设立与运作的指导意见》，规定地市级以上人民政府有关部门可以根据创业投资发展的需要和财力状况设立引导基金，引导基金是由政府设立并按市场化方式运作的政策性基金，其宗旨是发挥财政资金的杠杆放大效应，增加创业投资资本的供给，克服单纯通过市场配置创业投资资本的市场失灵问题。特别是通过鼓励创业投资企业投资处于种子期、起步期等创业早期的企业，弥补一般创业投资企业主要投资于成长期、成熟期和重建企业的不足。主要通过参股、融资担保、跟进投资或其他方式扶持创业投资企业发展，引导社会资金进入创业投资领域。

2011 年，财政部、国家发改委制定《新兴产业创投计划参股创业投资基金管理暂行办法》，新兴产业创投计划是指中央财政资金通过直接投资创业企业、参股创业投资基金等方式，培育和促进新兴产业发展的活动。参股创业投资基金是指中央财政从产业技术研究与开发资金等专项资金中安排资金与地方政府资金、社会资本共同发起设立的创业投资基金或通过增资方式参与的现有创业投资基金。中央财政对每支参股基金的出资，原则上不超过参股基金注册资本或承诺出资额的 20%，且与地方政府资金同进同出。

中央财政出资资金委托受托管理机构管理，政府部门及其受托管理机构不干预参股基金日常的经营和管理。国家发改委会同财政部确定参股基金的区域和产业领域，委托受托管理机构开展尽职调查，审核确认参股基金方案并批复中央财政出资额度，对参股基金运行情况进行监督。财政部会同国家发改委确定中央财政出资资金受托管理机构，拨付中央财政出资资金，对受托管理机构进行业绩考核和监督。

参股基金重点投向具备原始创新、集成创新或消化吸收再创新属性、且处于初创期、早中期的创新型企业。初创期创新型企业是成立时间不超过 5 年，职工人数不超过 300 人，直接从事研究开发的科技人员占职工总数的 20% 以上，资产总额不超过 3 000 万元人民币，年销售额或营业额不超过 3 000 万元人民币。早中期创新型企业是职工人数不超过 500 人，资产总额不超过 2 亿元人民币，年销售额或营业额不超过 2 亿元人民币。

每支参股基金应集中投资于以下具体领域：节能环保、信息、生物与新医药、新能源、新材料、航空航天、海洋、先进装备制造、新能源汽车、高技术服务业（包括信息技术、生物技术、研发设计、检验检测、科技成果转化服务等）等战略性新兴产业和高新技术改造提升传统产业领域。

2014 年 5 月 21 日，国务院常务会议决定成倍扩大中央财政新兴产业创投引导资金规模，加快设立国家创投引导基金，完善市场化运行长效机制，实现引导资金有效回收和滚动使用，破解创新型中小企业融资难题。

2015 年 1 月 14 日，国务院常务会议决定，设立国家新兴产业创业投资引导基金，重点支持处于起步阶段的创新型企业。2015年3月，该引导基金已设立，资金来源于中央财政，规模400亿元，通过它对社会资本的带动作用，重点支持战略性新兴产业和高技术产业早中期、初创期创新型企业发展。

（3）科技成果转化方面。2011年，为加速推动科技成果转化与应用，引导社会力量和地方政府加大科技成果转化投入，中央财政设立国家科技成果转化引导基金，财政部、科技部联合制定《国家科技成果转化引导基金管理暂行办法》（财教〔2011〕289号）。转化基金的资金来源为中央财政拨款、投资收益和社会捐赠。科技部、财政部建立国家科技成果转化项目库，为科技成果转化提供信息支持。转化基金遵循引导性、间接性、非营利性和市场化原则，支持方式包括设立创业投资子基金、贷款风险补偿和绩效奖励等。贷款风险补偿专门用于支持合作银行向年销售额3亿元以下的科技型中小企业发放用于转化成果库中科技成果的贷款，贷款的期限为1年期（含1年）以上。对于为转化科技成果做出突出贡献的企业、科研机构、高等院校和科技中介服务机构，转化基金可给予一次性资金奖励。

设立创业投资子基金是科技成果转化引导基金的支持方式之一，是指转化基金与符合条件的投资机构共同发起设立创业投资子基金，为转化科技成果的企业提供股权投资。设立创业投资子基金要遵循"政府引导、市场运作、不以营利为目的"的原则，旨在引导和带动民间资本、地方政府资金以及其他投资者等全社会资本通过股权投资方式，为转化国家科技成果的企业提供资金支持，改善科技型中小企业融资条件，支持科技型中小企业创新创业，促进科技成果资本化、产业化。

2014年8月，科技部和财政部印发了《国家科技成果转化引导基金设立创业投资子基金管理暂行办法》，正式批准了科技成果转化引导基金开展出资设立创业投资子基金的业务。国家科技成果转化引导基金通过创业投资子基金的方式支持相关科技成果的转化，可以引导创业投资理念的不断形成与完善，产生大大小小的相当数量的创业投资基金，通过制定一定的标准和运作规范促进所投资创业投资基金的规范化运作，为我国科技成果的转化提供更为长期和可靠的资金来源。同时，这种方式能够充分发挥市场配置科技资源的决定性作用，运用创业投资引导机制，由财政科技投入、金融资本、民间投资组建市场化运作的创业投资基金，交由专业管理团队进行投资运作，改变了以往政府组织选项目、评项目、管项目的立项资助模式。最后，这种方式还能够充分发挥中央财政资金的引导和放大作用，转化基金作为母基金投资创业投资子基金，一方面可以加强与地方政府设立的引导性基金（资金）合作，建立中央和地方联动机制，另一方面通过吸引民间资金进入科技成果转化的创业投资领域，可以加强对各类民间投资的引导与带动作用。

（4）国际科研合作。2011年，财政部、科技部制定了《中欧中小企业节能减排科研合作资金管理暂行办法》，专门用于支持国内中小企业与欧盟企业、研究单位等在节能减排相关领域开展联合研发、技术引进消化吸收再创新、成果转化等科研合作，推动我国节能减排技术加快发展。中欧节能资金由中央财政预算安排，主要支持国内中小企业与欧方合作机构联合研究开发国际尖端节能减排技术；引导国内中小企业转化中欧节能减排先进技术合作成果；鼓励国内中小企业从欧方合作机构引进消化吸收国际先进节能减排技术；促进国内中小企业与欧方合作机构加强节能减排技术交流与合作。具体采取无偿资助方式，研发项目按不超过项目投资额40%的比例给予资助，每个项目最高资助额不超过300万元；交流项目按照不超过实际发生的国际差旅费50%的比例给予资助，每个中小企业最高资助额不超过30万元。

（5）信贷政策。2009年5月，银监会、科技部公布了《关于进一步加大对科技型中小企业信贷支持的指导意见》（银监发〔2009〕37号），要求各级科技部门、银行业监管部门应建立合作机制，整合科技、金融等相关资源，推动建立政府部门、各类投资基金、银行、科技型中小企业、担保公司等多方参与、科学合理的风险分担体系，引导银行进一步加大对科技型中小企业的信贷支持。

2009年6月，银监会出台《关于选聘科技专家参与科技型中小企业项目评审工作的指导意见》（银监发〔2009〕64号），规定科技部、银监会、中国银行业协会将共同构建科技专家推荐体系，为银行业金融机构的科技型中小企业贷款审批提供科学中立的专业性咨询意见，进一步推动银行业支持科技型中小企业发展。科技专家的推荐、选聘、管理遵循科技部推荐、银监会组织、中国银行业协会建档管理、商业银行自主选聘的基本模式。

（6）资本市场。2009年，证券公司代办股份转让系统中关村科技园区非上市股份有限公司股份报价转让试点办法；2011年，中国证券监督管理委员会公告《创业板上市公司非公开发行债券》证监会公告〔2011〕29号；2012年5月，深圳证券交易所和上海证券交易所先后发布实施了《中小企业私募债券业务试点办法》有关事项的通知，允许符合一定条件的中小企业面向机构投资者和合格的投资者发行私募债券，特别简化了科技型中小企业的发债流程。

（7）知识产权融资应用。2009年，为充分发挥知识产权在抵御金融危机、促进经济发展中的重要作用，引导帮助企业运用知识产权提升核心竞争力，知识产权局发布《关于促进企业运用知识产权应对金融危机的若干意见》的通知（国知发管字〔2009〕173号），在应用知识产权支持中小企业金融服务方面，从股权融资和债权融资两个方面提出相应措施。一是引导创新要素和知识产权服务资源向中小企业聚集。建立适合创业板拟上市企业特点的知识产权服务机制，加快创业企业的上市进程，推荐拥有自主知识产权的企业优先上市。促进自主知识产权在产业集群内中小企业中的加快实施，促进产业集群的产业升级、技术改造和节能减排，促进知识产权产业化、商业化和规模化。二是总结企业运用知识产权实现质押贷款的成功经验，积极协调银行等有关金融机构共同制定金融危机中专利质押贷款的具体措施，在控制风险的前提下争取加大知识产权质押贷款的发放力度。鼓励面临融资难困境的有自主知识产权的企业积极向银行申请知识产权质押贷款，并及时为企业提供办理此项业务的专门指导，从而解决企业发展中流动资金不足的问题。积极向金融机构推荐中小企业自主知识产权项目，促进银企合作，帮助中小企业抓住金融危机加快产业洗牌、重组的重大机遇，依靠知识产权推动市场创新、转变发展方式。

2010年，财政部、工业和信息化部、银监会、国家知识产权局、国家工商行政管理总局、国家版权局联合出台《关于加强知识产权质押融资与评估管理支持中小企业发展的通知》（财企［2010］199 号），推进知识产权质押融资工作，拓展中小企业融资渠道。要求各级财政、银监、知识产权、工商行政、版权、中小企业管理部门充分发挥各自的职能作用，加强协调配合和信息沟通，积极探索促进本地区知识产权质押融资工作的新模式、新方法，完善知识产权质押融资的扶持政策和管理机制，加强知识产权质押评估管理，支持中小企业开展知识产权质押融资，加快建立知识产权质押融资协同工作机制，有效推进知识产权质押融资工作。具体而言，支持商业银行等金融机构根据国家扶持中小企业发展的政策，充分利用知识产权的融资价值，开展多种模式的知识产权质押融资业务，扩大中小企业知识产权质押融资规模。鼓励商业银行积极开展以拥有自主知识产权的中小企业为服务对象的信贷业务，对中小企业以自主知识产权质押的贷款项目予以优先支持。充分利用国家财政现有中小企业信用担保资金政策，对担保机构开展的中小企业知识产权质押融资担保业务给予支持。

三、我国支持科技型中小企业发展的财政政策与实践

为建设创新型国家，我国一直致力于培育有利于科技型中小企业发展的金融环境，20 世纪 90 年代以来，我国开始为中小企业提供多样化的财政资金支持，2003 年《中小企业促进法》实施后，中央财政预算设立了中小企业科目，支持中小企业发展的财政资金进入法制化管理的轨道，出台了诸多支持政策，并投入了大量财政资金，实施了多种类的税收优惠政策，在政府采购方面也向科技型中小企业倾斜。

地方财政除根据相关法律法规和政策规定设立与中央财政相配套的资金（基金）外，还根据当地经济金融发展和中小企业实际情况，设置中小企业贷款风险补偿资金（基金）、融资性担保公司业务奖励和风险补偿资金（基金）等，支持中小企业间接融资；对中小企业通过发行集合债券、集合票据、集合信托、"新三板"挂牌等进行补助，支持中小企业直接融资。尤其是高新技术产业和科技型中小企业聚集的地区，采取了诸多新型的财政支持方式，涌现了许多区域性的先进实践和典型案例，引导大量的社会资金顺畅地流向科技型中小企业，成为我国科技金融工作中的亮点。

对于地方科技金融的实践，我们根据在全国典型地区的调研情况以专著的形式专门进行分析，在此，重点分析中央财政对科技型中小企业的支持情况。

（一）中央财政支持科技型中小企业的概况

我国中央政府已经制定出台了多种扶持中小企业和科技型中小企业的政策，政策工具种类颇为丰富，投入量也十分巨大。

从税收来看，中小企业作为直接受益主体有专项个人所得税、企业所得税和增值税减免。对向科技型中小企业提供金融服务和技术服务的中介机构，包括创业投资基金、担保、再担保、孵化器（大学科技园）、技术服务、银行类金融机构等给予相应的税收减免或税前列支优惠等政策。

从财政资助来看，2013 年，仅由财政部企业管理类的中央财政支持中小企业资金规模就达 150 亿元，是 2008 年的 3 倍，主要为科技型中小企业技术创新基金、科

技型中小企业创业投资引导基金、中小企业发展专项资金、地方特色产业中小企业发展资金、中小企业国际市场开拓资金等资金。除此之外，还有不少中小企业是受益主体的财政专项计划或资金，例如，科技技术类的火炬计划、星火计划、富民强县专项、国家科技成果转化引导基金；经济建设类的"战略新兴产业计划"、新兴产业创投计划参股创业投资基金等；中小企业信用担保资金、中欧中小企业节能减排科研合作资金、中小外贸企业融资担保专项资金等。还要看到，在其他科技计划中也有不少事实上支持科技型中小企业的成分。上述各类计划涉及的部门包括财政部、科技部、国家发改委、工信部、商务部、农业部等。

这些专项资金从不同的角度支持我国中小企业发展，或是为各类中小企业提供普惠性的支持，或是为科技型等特定类型的中小企业，以及中小企业从事特定业务提供专门化的支持，还有的是支持向中小企业提供金融服务的中介机构。表3-1简要列示了我国科技型中小企业可以获得的一些中央财政专项资金项目。

表3-1 与科技型中小企业有关的中央财政专项资金简况

名称	设立时间（年）	资金来源	支持方式	目标	政策文件
科技型中小企业技术创新基金	1999	中央财政预算拨款及其银行存款利息	无偿资助、贷款贴息、资本金投入等方式。创新基金对每个项目的无偿资助或贷款贴息数额一般不超过100万元，个别重大项目不超过200万元。	支持科技型中小企业技术创新、促进科技成果转化的专项资金。主要用于支持科技型中小企业技术创新活动所需的支出。旨在增强科技型中小企业创新能力，引导地方、企业、创业投资机构和金融机构对科技型中小企业技术创新的投资，逐步建立起符合社会主义市场经济规律、支持科技型中小企业技术创新的机制。	《国务院办公厅转发科学技术部、财政部关于科技型中小企业技术创新基金的暂行规定的通知》（国办发[1999]47号）财政部、科技部关于印发《科技型中小企业技术创新基金财务管理暂行办法》的通知（财企[2005]22号）
科技型中小企业创业投资引导基金	2007	中央财政科技型中小企业技术创新基金；从所支持的创业投资机构回收的资金和社会捐赠的资金	阶段参股、跟进投资、风险补助和投资保障。	支持科技型中小企业自主创新。专项用于引导创业投资机构向初创期科技型中小企业投资。	财政部、科技部关于印发《科技型中小企业创业投资引导基金管理暂行办法》的通知（财企[2007]128号）

续表

名称	设立时间（年）	资金来源	支持方式	目标	政策文件
国家科技成果转化引导基金	2011	中央财政拨款、投资收益和社会捐赠	设立创业投资子基金、贷款风险补偿和绩效奖励等。贷款风险补偿专门用于支持合作银行向年销售额3亿元以下的科技型中小企业发放用于转化成果库中科技成果的贷款。	加速推动科技成果转化与应用，引导社会力量和地方政府加大科技成果转化投入。主要用于支持转化利用财政资金形成的科技成果，包括国家（行业、部门）科技计划（专项、项目）、地方科技计划（专项、项目）及其他由事业单位产生的新技术、新产品、新工艺、新材料、新装置及其系统等。	财政部、科技部关于印发《国家科技成果转化引导基金管理暂行办法》的通知（财教〔2011〕289号）
新兴产业创投计划参股创业投资基金	2011	中央财政资金	中央财政从产业技术研究与开发资金等专项资金中安排资金与地方政府资金、社会资本共同发起设立的创业投资基金或通过增资方式参与的现有创业投资基金。中央财政对每支参股基金的出资，原则上不超过参股基金注册资本或承诺出资额的20%，且与地方政府资金同进同出。	通过直接投资创业企业、参股创业投资基金等方式，培育和促进新兴产业发展的活动。参股基金重点投向具备原始创新、集成创新或消化吸收再创新属性、且处于初创期、早中期的创新型企业。初创期创新型企业是成立时间不超过5年，职工人数不超过300人，直接从事研究开发的科技人员占职工总数的20%以上，资产总额不超过3 000万元，年销售额或营业额不超过3 000万元。早中期创新型企业是职工人数不超过500人，资产总额不超过2亿元，年销售额或营业额不超过2亿元。	财政部、国家发改委关于印发《新兴产业创投计划参股创业投资基金管理暂行办法》的通知（财建〔2011〕668号）

名称	设立时间（年）	资金来源	支持方式	目标	政策文件
中欧中小企业节能减排科研合作资金	2011	中央财政预算	无偿资助研发项目按不超过项目投资额40%的比例给予资助，每个项目最高资助额不超过300万元。交流项目按照不超过实际发生的国际差旅费50%的比例给予资助，每个中小企业最高资助额不超过30万元。	专门用于支持国内中小企业与欧盟企业、研究单位等在节能减排相关领域开展联合研发、技术引进消化吸收再创新、成果转化等科研合作，推动我国节能减排技术加快发展。	财政部、科技部关于印发《中欧中小企业节能减排科研合作资金管理暂行办法》的通知（财企[2011]）
中小企业国际市场开拓资金	2000	中央财政预算	采取无偿支持和风险支持两种方法。风险支持是指由市场开拓资金承担开拓市场可能出现的部分风险。提供开拓市场所需的部分支持，其余由企业承担。	支持中小企业开拓国际市场的各种活动，贯彻科技兴贸战略，优先支持中小企业取得国际标准认证，支持高新技术和机电产品出口企业拓展国际市场的活动，等等。	财政部、对外贸易经济合作部关于印发《中小企业国际市场开拓资金管理（试行）办法》的通知（财企[2000]467号）
中小企业发展专项资金	2004	中央财政预算	采取无偿资助、贷款贴息方式，每个企业或单位只能选择一种支持方式。无偿资助额度一般不超过200万元；贷款贴息额度一般不超过200万元。对改善中小企业特别是小型微型企业服务环境项目的支持额度最多不超过400万元。同一年度，每个项目单位只能申请一个项目，已通过其他渠道获取中央财政资金支持的项目，专项资金不再重复支持。	主要用于支持中小企业特别是小型微型企业技术进步、结构调整、转变发展方式、扩大就业，以及改善服务环境等方面。重点支持内容包括中小企业技术进步和技术改造，创建和保护自主知识产权及加强品牌建设，提升"专精特新"发展能力等。	《财政部、国家发展改革委关于印发〈中小企业发展专项资金管理暂行办法〉的通知》（财企[2004]185号）《财政部、工业和信息化部关于印发〈中小企业发展专项资金管理暂行办法〉的通知》（财企[2008]179号）财政部、工业和信息化部关于印发《中小企业发展专项资金管理办法》的通知（财企[2012]96号）

名称	设立时间（年）	资金来源	支持方式	目标	政策文件
中小企业信用担保资金	2006	中央财政预算	业务补助、保费补助、资本金投入、其他。单个担保机构当年获得担保资金的资助额最多不超过2 000万元，单个再担保机构当年获得担保资金的资助额最多不超过3 000万元。（资本金投入方式除外）	专门用于支持中小企业信用担保机构、中小企业信用再担保机构增强业务能力，扩大中小企业担保业务，改善中小企业特别是小型微型企业融资环境。	国务院办公厅转发发展改革委等部门关于加强中小企业信用担保体系建设意见的通知（国办发〔2006〕90号）《财政部、工业和信息化部关于印发〈中小企业信用担保资金管理暂行办法〉的通知》（财企〔2010〕72号）财政部、工业和信息化部关于印发《中小企业信用担保资金管理办法》的通知（财企〔2012〕97号）
中小外贸企业融资担保专项资金	2009	中央财政预算	对担保机构开展的中小外贸企业融资担保业务，按照不超过担保额的2%给予资助。对担保费率低于银行同期贷款基准利率50%的中小外贸企业融资担保业务给予奖励。支持信用担保欠发达地区地方政府出资设立担保机构开展中小外贸企业融资担保业务，可按照不超过地方政府出资额的30%给予资助。	用于鼓励担保机构开展中小外贸企业融资担保业务。按照因素法，综合考虑各地区外贸出口、中小外贸企业数量、担保业务开展等情况，将专项资金分配给各省、自治区、直辖市、计划单列市及新疆生产建设兵团财政部门。	财政部、商务部关于印发《中小外贸企业融资担保专项资金管理暂行办法》的通知（财企〔2009〕160号）

续表

名称	设立时间（年）	资金来源	支持方式	目标	政策文件
地方特色产业中小企业发展资金	2010	中央财政预算	采用无偿资助、贷款贴息方式。同一年度，每个项目只能申请一种支持方式。每个项目无偿资助的额度一般不超过 300 万元。每个项目贷款贴息的额度一般不超过 300 万元，贴息期限一般不超过 2 年。	专门用于支持地方特色产业集群和特色产业聚集区内中小企业技术进步、节能减排、协作配套，促进产业结构调整和优化。财政部按照因素法，根据当年预算和各地有关经济发展指标等分配特色产业资金。	财政部关于印发《地方特色产业中小企业发展资金管理暂行办法》的通知（财企〔2010〕103 号）
国家中小企业发展基金	2012	中央财政预算安排、基金收益、捐赠等。	中央财政安排资金 150 亿元，分 5 年到位，2012 年安排 30 亿元。	主要用于引导地方、创业投资机构及其他社会资金支持处于初创期的小型微型企业等。	国务院关于进一步支持小型微型企业健康发展的意见（国发〔2012〕14 号）

2014 年 4 月，财政部会同工业和信息化部、科技部、商务部制定了《中小企业发展专项资金管理暂行办法》，对原中小企业发展专项资金、中小企业信用担保资金、地方特色产业中小企业发展资金、科技型中小企业创业投资引导基金等专项资金进行了整合，设立了新的中小企业发展专项资金。由中央财政预算安排，用于支持中小企业特别是小微企业科技创新、改善中小企业融资环境、完善中小企业服务体系、加强国际合作等方面的资金，统称为中小企业发展专项资金，具体内容见表 3 - 2。此前相关部门发布的《中小企业发展专项资金管理办法》、《中小企业信用担保资金管理办法》、《地方特色产业中小企业发展资金管理办法》、《科技型中小企业创业投资引导基金管理暂行办法》等多项与中小企业发展相关的专项资金管理办法同时废止。

表 3 - 2　　　　　　　中小企业发展专项资金的基本内容

序号	项 目	内 容
1	性质	中小企业发展专项资金是指中央财政预算安排，用于支持中小企业特别是小微企业科技创新、改善中小企业融资环境、完善中小企业服务体系、加强国际合作等方面的资金。
2	宗旨	贯彻落实国家宏观政策和扶持中小企业发展战略，弥补市场失灵，促进公平竞争，激发中小企业和非公有制经济活力和创造力，促进扩大就业和改善民生。

续表

序号	项目	内　容
3	原则	使用和管理遵循公开透明、突出重点、统筹管理、加强监督的原则，确保资金使用规范、安全和高效，并向中西部地区倾斜。
4	支持方式	综合运用无偿资助、股权投资、业务补助或奖励、代偿补偿、购买服务等支持方式，采取市场化手段，引入竞争性分配办法，鼓励创业投资机构、担保机构、公共服务机构等支持中小企业，充分发挥财政资金的引导和促进作用。
5	支持科技创新的资金安排	（1）专项资金安排专门支出支持中小企业围绕电子信息、光机电一体化、资源与环境、新能源与高效节能、新材料、生物医药、现代农业及高技术服务等领域开展科技创新活动（国际科研合作项目除外）。 （2）专项资金运用无偿资助方式，对科技型中小企业创新项目按照不超过相关研发支出40%的比例给予资助。每个创新项目资助额度最高不超过300万元。 （3）专项资金安排专门支出设立科技型中小企业创业投资引导基金，用于引导创业投资企业、创业投资管理企业、具有投资功能的中小企业服务机构等投资于初创期科技型中小企业。
6	改善融资环境的资金安排	（1）专项资金安排专门支出支持中小企业信用担保机构（以下简称担保机构）、中小企业信用再担保机构（以下简称再担保机构）增强资本实力、扩大中小企业融资担保和再担保业务规模。 （2）专项资金运用业务补助、增量业务奖励、资本投入、代偿补偿、创新奖励等方式，对担保机构、再担保机构给予支持。
7	完善服务体系的资金安排	（1）专项资金安排专门支出支持各类中小企业公共服务平台和服务机构的建设和运行，增强服务能力、降低服务成本、增加服务种类、提高服务质量，为中小企业提供全方位专业化优质服务。 （2）运用无偿资助、业务奖励、政府购买服务等方式，对中小企业公共服务平台和服务机构给予支持。
8	促进国际合作的资金安排	（1）专项资金安排专门支出支持国内中小企业与欧盟企业、研究单位等在节能减排相关领域开展科研合作。 （2）运用无偿资助方式，对科研合作项目给予支持。研发项目按照不超过项目投资额40%的比例给予资助，每个项目资助额度最高不超过300万元。

资料来源：关于印发《中小企业发展专项资金管理暂行办法》的通知（财企〔2014〕38号）。

在支持方式上，从直接补助为主，拓展为后补助、引导创业投资基金"天使投资"、担保补贴、阶段参股、风险补偿、投资保障、购买服务等灵活多样的支持方式，并加强直接投入与税收、金融、政府采购等政策的衔接配合。

（二）我国政府创业投资引导基金的发展状况及评价

风险投资是科技金融的原点，我国政府采取引导基金的方式支持风险投资和私募股权投资基金的发展，为科技型中小企业拓宽股权融资渠道，支持科技型中小企业起步、创新和成长。引导基金是由政府设立的政策性基金，采取"基金中的基金"的模式进行运作，主要是以基金资产作为"种子"，吸引社会其他类型的资金共同出资设立私募股权投资基金，投资到政府鼓励发展的领域之中。目前，我国政府引导基金种类较多，政府产业引导基金、创业投资引导基金以及科技型中小企业创新基金等都属于引导基金，但最多的是创业投资引导基金。因此，本部分主要研究政府创业投资引导基金的发展及相关状况。

1. 我国政府创业投资引导基金的发展状况

我国政府创业投资引导基金的发展历史不长，2002 年，我国第一家政府引导基金——中关村创业投资引导资金成立，该引导资金是由北京市政府派出机构——中关村科技园区管理委员会设立总规模 5 亿元。此后，北京市、天津市、江苏、浙江等一些科技相对较为发达的省市开始引入创业投资引导基金的模式促进高科技企业的发展，2007 年，从科技部到地方地级市政府，都开始或筹划设立创业投资引导基金。除了京津、江浙地区之外，山西、陕西、成渝、湖北、吉林、广东、云南等地区也相继设立了政府引导基金，截至 2008 年年底，全国共设立各类引导基金接近40 家，资金规模超过 200 亿元，而 2008 年 10 月国务院发布的《关于创业投资引导基金规范设立与运作指导意见的通知》之后，创业投资引导基金在全国各地迅速发展起来，根据投中集团研究院统计，截至 2013 年 12 月份，中国各级政府共成立 189家引导基金，累计可投资规模接近 1 000 亿元（以基金首期出资规模为准），参股子基金数量超过 270 支。

表 3 – 3　　　　　我国创业投资引导基金设立和运作的基本规定

序号	项　目	内　　容
1	性质	引导基金是由政府设立并按市场化方式运作的政策性基金，主要通过扶持创业投资企业发展，引导社会资金进入创业投资领域。引导基金本身不直接从事创业投资业务。
2	宗旨	发挥财政资金的杠杆放大效应，增加创业投资资本的供给，克服单纯通过市场配置创业投资资本的市场失灵问题。特别是通过鼓励创业投资企业投资处于种子期、起步期等创业早期的企业，弥补一般创业投资企业主要投资于成长期、成熟期和重建企业的不足。
3	设立	地市级以上人民政府有关部门可以根据创业投资发展的需要和财力状况设立引导基金。其设立程序为：由负责推进创业投资发展的有关部门和财政部门共同提出设立引导基金的可行性方案，报同级人民政府批准后设立。 引导基金应以独立事业法人的形式设立，由有关部门任命或派出人员组成的理事会行使决策管理职责，并对外行使引导基金的权益和承担相应义务与责任。
4	资金来源	支持创业投资企业发展的财政性专项资金；引导基金的投资收益与担保收益；闲置资金存放银行或购买国债所得的利息收益；个人、企业或社会机构无偿捐赠的资金等。
5	运作原则	按照"政府引导、市场运作，科学决策、防范风险"的原则进行投资运作，扶持对象主要是按照《创业投资企业管理暂行办法》规定程序备案的在中国境内设立的各类创业投资企业。

续表

序号	项　目	内　　容
6	运作方式	参股、融资担保、跟进投资或其他方式
7	管理	引导基金可以专设管理机构负责引导基金的日常管理与运作事务，也可委托符合资质条件的管理机构负责引导基金的日常管理与运作事务。 引导基金应当设立独立的评审委员会；应当建立项目公示制度。
8	监管与指导	引导基金纳入公共财政考核评价体系。 引导基金理事会应当定期向财政部门和负责推进创业投资发展的有关部门报告运作情况。
9	风险控制	制定引导基金章程，明确引导基金运作、决策及管理的具体程序和规定，以及申请引导基金扶持的相关条件。 申请引导基金扶持的创业投资企业，应当建立健全业绩激励机制和风险约束机制，其高级管理人员或其管理顾问机构的高级管理人员应当已经取得良好管理业绩。 引导基金不得用于从事贷款或股票、期货、房地产、基金、企业债券、金融衍生品等投资以及用于赞助、捐赠等支出。闲置资金只能存放银行或购买国债。

资料来源：《关于创业投资引导基金规范设立与运作指导意见的通知》（国办发〔2008〕116号）。

2. 国家层面的政府引导性基金及其管理模式

我国各级政府设立的创业投资引导基金较多，但国家层面设立的政府引导性基金并不很多，主要有科技型中小企业创业投资引导基金、国家科技成果转化引导基金和新兴产业创投计划（参股创业投资基金）等，2015年新设了国家新兴产业创业投资引导基金。

（1）科技型中小企业创业投资引导基金。2007年设立的科技型中小企业创业投资引导基金，是我国第一个国家层面的政府性引导资金。财政部和科技部联合制定了《科技型中小企业创业投资引导基金管理暂行办法》（目前该规定已废止），对科技型中小企业创业投资引导基金的设立和运行等进行了规定。

科技型中小企业创业投资引导基金首个年度规模1亿元，明确专项用于引导创业投资机构向初创期科技型中小企业投资；资金来源为：中央财政科技型中小企业技术创新基金，从所支持的创业投资机构回收的资金和社会捐赠的资金；按照项目选择市场化、资金使用公共化、提供服务专业化的原则运作；引导方式包括阶段参股、跟进投资、风险补助和投资保障。

2014年4月，新设中小企业发展专项资金中仍包括科技型中小企业创业投资引导基金的内容，并进行了相关规定。引导基金运用阶段参股、风险补助和投资保障等方式，对创业投资机构及初创期科技型中小企业给予支持。与原《科技型中小企业创业投资引导基金管理暂行办法》中规定的基金引导方式相比，在《中小企业发展专项资金管理暂行办法》中，基金引导方式中未具体规定"跟进投资"的内容。

表 3 - 4 **科技型中小企业创业投资引导基金基本内容**

序号	项目	内容
1	性质	中小企业发展专项资金安排专门支出设立科技型中小企业创业投资引导基金（以下简称引导基金），用于引导创业投资企业、创业投资管理企业、具有投资功能的中小企业服务机构等（以下统称创业投资机构）投资于初创期科技型中小企业。
2	支持方式	引导基金运用阶段参股、风险补助和投资保障等方式，对创业投资机构及初创期科技型中小企业给予支持。
3	阶段参股具体规定	阶段参股是指引导基金向创业投资企业进行股权投资，参股比例最高不超过创业投资企业募集资金总额的 25%，且不做第一大出资人，不参与创业投资企业的日常经营和管理。 引导基金参股期内，创业投资企业投资于初创期科技型中小企业的累积金额不低于引导基金出资额的 2 倍。
4	风险补助具体规定	风险补助是指引导基金对创业投资机构投资于年销售收入不超过 2 000 万元的初创期科技型中小企业的投资项目给予一定比例的投资奖励和损失补偿。 投资奖励：引导基金对投资项目，按照不超过实际投资额 5% 的比例给予奖励，每个投资项目奖励额度最高不超过 100 万元，每家创业投资机构年度累计奖励额度最高不超过 500 万元。 损失补偿：引导基金对创业投资机构已获得投资奖励支持的投资项目，按照不超过投资退出时实际损失额 50% 的比例给予补偿，每个投资项目损失补偿额度最高不超过 200 万元。
5	投资保障具体规定	投资保障是指创业投资机构将正在进行高新技术研发、有投资潜力的，且年销售收入不超过 2 000 万元的初创期科技型中小企业确定为"辅导企业"，引导基金对"辅导企业"给予投资前保障或投资后保障。 投资前保障：引导基金给予每个项目投资前资助额度最高不超过 100 万元，用于补助"辅导企业"高新技术研发的费用支出。 投资后保障：创业投资机构对"辅导企业"实施投资后，引导基金给予每个项目投资后资助额度最高不超过 200 万元，用于补助"辅导企业"高新技术产品产业化的费用支出。

资料来源：关于印发《中小企业发展专项资金管理暂行办法》的通知（财企［2014］38 号）。

（2）国家科技成果转化引导基金。为了加速推动科技成果转化与应用，引导社会力量和地方政府加大科技成果转化投入，中央财政设立国家科技成果转化引导基金。2011 年财政部制定的《国家科技成果转化引导基金管理暂行办法》（财教［2011］289 号）中，对国家科技成果转化引导基金（以下简称转化基金）进行了规定，见表 3 - 5。2014 年 8 月，科技部会同财政部印发了《国家科技成果转化引导基金设立创业投资子基金管理暂行办法》（国科发财［2014］229 号），对于国家科技成果转化引导基金参与设立创业投资子基金进行了具体规定（见表 3 - 6）。

表 3 – 5　　　　　　　　国家科技成果转化引导基金的基本内容

序号	项　目	内　　　容
1	性质	中央财政设立。
2	支持对象	转化基金主要用于支持转化利用财政资金形成的科技成果，包括国家（行业、部门）科技计划（专项、项目）、地方科技计划（专项、项目）及其他由事业单位产生的新技术、新产品、新工艺、新材料、新装置及其系统等。
3	资金来源	转化基金的资金来源为中央财政拨款、投资收益和社会捐赠。
4	支持方式	转化基金的支持方式包括设立创业投资子基金、贷款风险补偿和绩效奖励等。
5	运行原则	转化基金遵循引导性、间接性、非营利性和市场化原则。
6	设立创业投资子基金具体规定	转化基金与符合条件的投资机构共同发起设立创业投资子基金（以下简称子基金），为转化科技成果的企业提供股权投资。科技部负责按规定批准发起设立子基金。鼓励地方创业投资引导性基金参与发起设立子基金。
7	贷款风险补偿具体规定	科技部、财政部招标确定合作银行，对合作银行符合条件的贷款（以下简称成果转化贷款），可由转化基金给予一定的风险补偿。
8	绩效奖励具体规定	对于为转化科技成果做出突出贡献的企业、科研机构、高等院校和科技中介服务机构，转化基金可给予一次性资金奖励。

资料来源：关于印发《国家科技成果转化引导基金管理暂行办法》的通知（财教〔2011〕289 号）。

表 3 – 6　　　科技成果转化引导基金设立创业投资子基金的基本要求

序号	项　目	内　　　容
1	原则	政府引导、市场运作、不以营利为目的。
2	设立方式	与民间资本、地方政府资金以及其他投资者共同发起设立，或对已有创业投资基金增资设立等。
3	子基金基本要求	子基金应当在中国大陆境内注册，募集资金总额不低于 10 000 万元人民币，且以货币形式出资，经营范围为创业投资业务，组织形式为公司制或有限合伙制。
4	参股要求	引导基金对子基金的参股比例为子基金总额的 20% ~30%，且始终不作为第一大股东或最大出资人；子基金的其余资金应依法募集。
5	合作企业要求	在中国大陆境内注册的投资企业或创业投资管理企业（以下统称投资机构）可以作为申请者，并符合一些具体要求。
6	子基金投资规定	子基金投资于转化国家科技成果转化项目库中科技成果的企业的资金应不低于引导基金出资额的 3 倍，且不低于子基金总额的 50%；其他投资方向应符合国家重点支持的高新技术领域；所投资企业应在中国大陆境内注册。

续表

序号	项　目	内　　容
7	资产托管	子基金应在科技部、财政部公布的银行名单中选择托管银行，签订资产托管协议，开设托管账户。
8	子基金收入上缴	引导基金投资子基金的所得收入上缴中央国库，纳入中央公共财政预算管理。收入收缴工作由受托管理机构负责，按照国库集中收缴有关规定执行。
9	绩效评价	科技部、财政部委托引导基金理事会对子基金运作情况定期开展绩效评价，对受托管理机构改进工作提出建议。

　　资料来源：《关于印发〈国家科技成果转化引导基金设立创业投资子基金管理暂行办法〉的通知》（国科发财〔2014〕229号）。

　　（3）新兴产业创投计划（参股创业投资基金）。为了促进创业风险投资事业的快速、健康发展，2007年财政部、国家发改委颁布了《关于产业技术研究开发资金试行创业风险投资的若干指导意见》（财建〔2007〕8号），决定拿出部分国家产业技术研究与开发资金试行创业风险投资（属于直接投资创业企业）。

　　为了加快培育和发展战略性新兴产业和新兴产业创投计划实施，2011年财政部和国家发改委制定了《新兴产业创投计划参股创业投资基金管理暂行办法》（财建〔2011〕668号），其中对"新兴产业创投计划"参股创业投资基金（以下简称参股基金）进行了规定（见表3-7）。

　　根据《战略性新兴产业发展专项资金管理暂行办法》（财建〔2012〕1111号）的规定，战略性新兴产业发展专项资金的支持范围包括：支持新兴产业创业投资计划。即采取中央财政资金与地方财政资金、社会资金参股，共同发起设立或增资现有创业投资基金等方式，支持具备原始创新、集成创新或消化吸收再创新属性，且处于初创期、早中期的创新型企业发展。

表3-7　　　　新兴产业创投计划参股创业投资基金的基本规定

序号	项　目	内　　容
1	性质	新兴产业创投计划是指中央财政资金通过直接投资创业企业、参股创业投资基金等方式，培育和促进新兴产业发展的活动。 参股创业投资基金是指中央财政从产业技术研究与开发资金等专项资金中安排资金与地方政府资金、社会资本共同发起设立的创业投资基金或通过增资方式参与的现有创业投资基金。
2	管理原则和要求	参股基金管理遵循"政府引导、规范管理、市场运作、鼓励创新"原则，其发起设立或增资、投资管理、业绩奖励等按照市场化方式独立运作，自主经营，自负盈亏。 中央财政出资资金委托受托管理机构管理，政府部门及其受托管理机构不干预参股基金日常的经营和管理。 参股基金由财政部、国家发改委共同组织实施。

序号	项 目	内 容
3	投资领域	参股基金所在区域应具备发展战略性新兴产业和高技术产业的条件，有一定的人才、技术、项目资源储备。 参股基金投资应符合国家产业政策、高技术产业发展规划以及国家战略性新兴产业发展规划。 每支参股基金应集中投资于以下具体领域：节能环保、信息、生物与新医药、新能源、新材料、航空航天、海洋、先进装备制造、新能源汽车、高技术服务业（包括信息技术、生物技术、研发设计、检验检测、科技成果转化服务等）等战略性新兴产业和高新技术改造提升传统产业领域。
4	投资方向	参股基金重点投向具备原始创新、集成创新或消化吸收再创新属性、且处于初创期、早中期的创新型企业，投资此类企业的资金比例不低于基金注册资本或承诺出资额的60%。
5	禁止投资领域	投资于已上市企业；从事担保、抵押、委托贷款、房地产（包括购买自用房地产）等业务；投资于其他创业投资基金或投资性企业；投资于股票、期货、企业债券、信托产品、理财产品、保险计划及其他金融衍生品；以及其他规定。
6	受托管理机构	财政部会同国家发改委通过招标确定中央财政出资资金受托管理机构，并签订委托管理协议。 受托管理机构应符合一定条件。
7	中央财政出资资金的权益	中央财政对每支参股基金的出资，原则上不超过参股基金注册资本或承诺出资额的20%，且与地方政府资金同进同出。 参股基金的存续期限原则上不超过10年，一般通过到期清算、社会股东回购、股权转让等方式实现退出。
8	其他规定	具体参见附件。

资料来源：《关于印发〈新兴产业创投计划参股创业投资基金管理暂行办法〉的通知》（财建〔2011〕668号）。

（4）国家中小企业发展基金。根据《国务院关于进一步支持小型微型企业健康发展的意见》（国发〔2012〕14号）规定：依法设立国家中小企业发展基金。基金的资金来源包括中央财政预算安排、基金收益、捐赠等。中央财政安排资金150亿元，分5年到位，2012年安排30亿元。基金主要用于引导地方、创业投资机构及其他社会资金支持处于初创期的小型微型企业等。鼓励向基金捐赠资金。目前尚未有国家中小企业发展基金的具体政策规定，但从其"主要用于引导地方、创业投资机构及其他社会资金支持处于初创期的小型微型企业等"的要求看，国家中小企业发展基金也基本上属于政府创业投资引导基金的范畴。

（5）国家新兴产业创业投资引导基金。如前所述，2015年，国家新兴产业创业投资引导基金成立，资金来源于中央财政，规模400亿元，按照"市场化运作、专业化管理"的方式运行，通过公开招标、优选若干家基金管理公司负责运营、资助投资决策。收益分配实行先回本后分红的方式，社会出资人优先分红，国家出资收益可适当让利，收回资金优先用于基金滚存使用。目前来看，该基金是我国创业投资领域规模最大的政府引导基金，它的成立对于引导更多的社会资金，尤其是商业资金投入到产业领域具有重要意义，对于创新型中小企业的发展也会起到良好的推动作用。

3. 我国政府创业投资引导基金发展的意义

近年来，我国创业投资引导基金的快速发展，对于增加创业投资企业资金实力、增强对中小企业特别是中小型科技企业的支持、实现国家创新战略等具有重要战略和现实意义，主要表现在：

（1）创业投资引导基金的设立能够有效地解决创业投资的资金来源问题。一般而言，创业投资对于支持中小企业发展具有重要作用，但由于创业投资的投资期长，投资失败的可能性大，资金流动性差，虽然整体而言投资收益尚可，但民间资本一般不愿意参与，市场化创业投资机构又很难吸引到机构投资者的参与，这导致依靠市场机制无法有效解决创业投资资本供给不足问题。政府通过设立创业投资引导基金，可以获得保险资金、社保资金等机构投资者的资金支持，并且吸引民间资本、国外资本等社会资金聚集，为创业投资提供一个很好的资金来源渠道。

（2）政府创业投资引导基金可以带动社会资本进入高科技企业的创业投资。我国创业投资者目前偏好于投资期限较短、投资收益较高的 IT 类、教育、餐饮等领域项目，对于生物医药、新材料以及节能环保等领域的投资偏少，通过设立政府创业投资引导基金，通过事先设定的投资领域，可以发挥财政资金的带动作用，改善和调整社会资金配置，引导资金流向生物医药、节能环保、新能源与新材料等战略性新兴产业领域，有利于我国产业结构的调整升级。

（3）政府创业投资引导基金可以有效支持初创期的中小企业。目前，市场化运作的创业投资企业或创业投资基金均希望以"短平快"的方式，快速获得高额收益，这使得很多创业投资机构及海外基金多倾向于投资处于企业发展中后期的项目，特别是已经能看到上市前景（Pre‑IPO）的企业。而处于种子期与初创期的企业具有很高的风险，虽然处于急需资金支持的阶段，却难以吸引到资金的投入。政府创业投资引导基金的设立，可以引导社会资金投资处于种子期和初创期的企业，为这些企业提供急需的资金和管理方面的支持，使得那些极具创新能力、市场前景好的初创期企业快速成长，待其符合商业化创业投资机构的投资要求之后，可以将相应股权转让给这些机构，最终实现政府目标的创业投资机构和商业化的创业投资机构共同发展。

4. 我国创业投资政府引导基金存在的问题

我国创业投资政府引导基金的发展虽然取得了一定效果，对于战略性新兴产业和科技型中小企业的发展取得了相应的推动作用，但创业投资政府引导基金的发展仍然存在一些问题，主要表现在：

（1）创业投资引导基金的发展缺乏整体规划。我国虽然已经发布了《关于创业投资引导基金规范设立与运作指导意见的通知》，也已经设立了众多创业投资引导基金，但缺乏整体规划，很多地方政府设立的创业投资引导基金的业务范围和运行目的并不明确，也很难取得明显效果。即使是中央政府成立的不同创业投资引导基金之间也缺乏协调，在覆盖范围方面存在交叉和空白的领域，导致在最需要资金的领域创业投资基金基本没有涉足，在创业投资资金相对充足的领域又形成了不同创业投资基金的无序竞争，一些相对成熟企业的股权投资价格不断被推高。

（2）创业投资引导基金的规模较小，管理较为分散，没有形成合力。我国各级政府成立的创业投资引导基金普遍规模都比较小，截至 2014 年年底，全国 29 家省级引导基金中规模超过 10 亿元的仅占到 15% 左右，尤其是在一些经济欠发达地区，引导基金的规模相对偏小，无法起到应有的引导作用。而且管理上较为分散，基本上是一个基金就要成立一个管理机构，这与欧洲投资基金接受欧盟委员会、成员国政府以及第三方机构等的基金合并管理形成了鲜明对比，这种分散化的管理模式，一方面导致各个基金各行其是，对相关企业的支持缺乏协调，没有形成合力；另一方面也导致基金管理费用的高企，很难找到合适的具有市场化运作经验的基金管理人员，从而导致政府创业投资引导基金专业管理能力受限。

（3）创业投资引导基金的管理存在行政化倾向且投资取向地域限制明显。政府创业投资引导基金虽然是政府出资成立的，但是，这些基金所从事的工作是要把这些资金投入到市场化的创业投资机构之中，发挥财政性资金的带动作用，吸引社会资金投入到战略性新兴产业之中，最终还是需要获得一定的投资收益，至少要实现引导基金的良性运转。因此，政府引导基金并非是无偿的，在管理运作方面也需要以市场化的方式进行，但政府设立的引导基金的管理层很多都是由政府官员转任的，在管理上也趋向于以行政方式进行，对工作人员的激励不足，这很容易导致政府创业投资引导基金的运作效率低下，投资绩效不佳。同时，由于我国大多数创业投资引导基金都是由各地方政府成立的，为了支持区域经济的发展，一般都会对创业投资子基金的投资范围进行限制，要求相关基金主要投资于本行政区域的企业。

（4）创业投资引导基金的业务运行缺乏有效监督。我国设立的诸多创业投资引导基金以及其他领域的引导基金存在的一个明显问题是缺乏有效监督，主要表现在：一是政府对创业投资引导基金的目标和绩效指标设定不足，创业投资引导基金的运作内部人控制问题明显；二是现有的相关创业投资引导基金缺乏审计体系，这不仅体现在外部审计的引入不足，还体现在基金内部审计部门的缺乏；三是创业投资引导基金的运行透明性不足，公众很难获得相关创业投资引导基金的业务范围、运作形式、申请方式、项目投资情况以及最终投资结果等信息，不仅无从监督创业投资引导基金的运作，甚至都无从得知如何获得相关基金的投资。

（5）创业投资引导基金的运作基础不足。政府设立的创业投资引导基金的正常运转需要有良好的市场环境的支持，尤其是需要市场上存在运转良好的市场化运作的广义创业投资基金，同时相关基金的结构也较为合理，能够覆盖创业投资各个时期的投资。但从我国创业投资基金的发展情况看，投资于种子前期、种子期和成长期的创业投资基金相对较少，大多数集中于快速成长期的中小企业，同时，这些创业投资基金的管理运作也良莠不齐，很多基金管理者试图赚"快钱"，希望投资之后在一个较短时期内实现上市退出，赚取一二级市场的高额差价，很少参与到最早的帮助创业者实现从科技成果转化到企业设立和成长的进程之中，这导致我国创业投资引导基金可能有时候很难选择到合适的创业投资基金进行投资。

5. 对我国政府创业投资引导基金发展模式的几点思考

为了更好地规范我国政府创业投资引导基金的发展，形成合力，对我国战略性新兴产业的发展形成重要支持，下一步我国政府创业投资引导基金的发展模式可以考虑如下设计：

（1）建立国家级政府创业投资引导基金管理机构。我国各级政府设立的创业投资引导基金数量已经不少，再设立新的基金虽然在促进某些领域的创业投资企业发展还是必要的，但更为重要的是要探索现有的创业投资引导基金的合作与整合，实行统一机构代管的方式运作，即设立 1～2 家专门的创业投资引导基金管理机构（以下简称基金管理机构），现有的各种政府创业投资引导基金由原设立方作为委托机构统一委托新设立的基金管理机构进行管理，新的基金管理机构根据政府设立不同基金的不同要求，以市场化原则对引导基金资产进行投资运作。基金管理机构还可以根据现有创业投资引导基金对中小企业生长期的整体覆盖情况，与相关政府机构设立新的基金，增加种子期、前种子期中小企业的融资机会，对新兴产业和科技型中小企业提供更有针对性和更有效率的支持。

（2）基金管理机构以市场化原则开展投资运作。新成立的基金管理机构要完全按照市场化原则开展投资运作，这需要包括以下方面的市场化：一是实现管理运作的市场化。主要是实现基金管理机构与各级政府机构的分离，基金管理机构在投资运作过程中，各级政府及政府机构不应对基金管理机构的决策过程和决策结果进行干预。二是内部管理模式的市场化。新成立的基金管理机构要按照市场化原则成立内部机构，在内部机构的管理运作方面以市场化的方式进行，建立投资决策的授权制度，提升基金管理机构的运作效率。三是工作人员的市场化。基金管理机构要招聘专业的投资管理人员组成运营团队，减少相关政府机构的人员进入基金管理机构的情况，同时，基金管理机构的人员任用与职务提升也要按照市场化原则进行。四是基金投资的市场化。基金管理机构投资的市场化包括两个方面：一方面，基金管理机构在选择与之合作的创业投资基金过程中要按照市场化原则进行，建立完整的基金选择、资金委托、投资过程监控、投资绩效考评和对基金管理情况的奖惩等流程，选择出合适的创业投资基金担任相应基金的管理者；另一方面，基金管理机构在委托创业投资基金开展投资运作过程中，也要遵循市场化原则，通过基金的持有从人大会或者董事会会议中获取合理信息并提出合理意见与建议，不对创业投资基金的管理运作特别是投资决策进行干预。

（3）建立健全对基金管理机构的运作目标和绩效考评机制。成立专门的基金管理机构之后，要根据基金管理机构的状况设置科学合理的市场化的运作目标和绩效考评机制，从而作为对基金管理机构运作效果考核的依据，其中，实现财政资金的保值增值和政府设立的创业投资引导基金相关目标的完成情况要作为考核的主要指标。

（4）建立有效的监督机制和政务公开制度。建立对基金管理机构的监督机制，完善基金管理机构的内部风险控制和内部审计制度，对基金管理机构的运作情况进行及时审查，同时，定期引入外部会计稽核机构以及外部公共审计机构，对基金管理机构及其所管理各个基金的运作情况进行审计。

同时，还要建立基金管理机构的政务公开制度，要向社会公众公开相应的信息：一是基金管理机构的投资理念、组织体系、管理模式、部门职责和主要投资管理人员情况；二是所管理基金的情况，包括受托管理的引导基金的目标、投资范围；申请该基金管理人的资格、方式及选择流程；基金的管理人情况、受托管理资产情况及管理人的投资绩效情况；三是基金管理机构整体的绩效情况等。

（三）科技型中小企业技术创新基金的发展状况及评价

在上述各类中央财政专项资金中，从设立时间、针对性和规模等因素考量，科技型中小企业技术创新基金（以下简称创新基金）最具代表性，它直接面向科技型中小企业技术创新，是媒介财政资源、科技资源、金融资源相融合的长期的制度安排，该基金设立于1999年，重点支持产业化初期（种子期和初创期）、技术含量高、市场前景好、风险较大、商业性资金进入尚不具备条件、最需要由政府支持的科技型中小企业项目，并将为其进入产业化扩张和商业性资本的介入起到铺垫和引导的作用，主要采用无偿补贴、贷款贴息等方式改善中小企业的融资状况。2007年，从该基金中又分设科技型中小企业创业投资引导基金，通过支持创业投资机构的发展进一步改善科技型中小企业的金融服务环境。

2014年4月，在新的中小企业发展专项资金中仍然安排专门支出设立科技型中小企业创业投资引导基金，用于引导创业投资企业、创业投资管理企业、具有投资功能的中小企业服务机构等投资于初创期科技型中小企业。

运行10多年来，科技型中小企业技术创新基金已成为政府优化财政投入方式，改善科技型中小企业的金融环境，鼓励科技成果产业化的核心与典型政策工具，对支持我国科技型中小企业成长和发展发挥了重要作用，是构建我国面向科技型中小企业科技金融体系的基石性构件，它的运行经验和不足值得总结。

鉴于此，以下具体分析和评价科技型中小企业技术创新基金的发展状况。

1. 创新基金的发展轨迹与主要特征

创新基金起步于1999年，资金来源为中央财政预算投入，年度投入规模已从1999年的10亿元增长至2013年的47.36亿元，它的贡献不仅在于形成了财政对科技型中小企业的持续投入机制，更重要的是，架构起中央财政与地方财政、预算资金与社会资金、金融中介、服务中介等多方面资源对科技型中小企业协同支持体系，虽然这个体系尚不完善，存在较大的提升空间，但值得肯定的是，该体系一直处于不断优化的发展过程之中，为构建面向科技型中小企业的科技金融体系奠定了良好的制度基础。

（1）创新基金成立的背景、目标和重要意义。20世纪90年代中后期，我国科技型中小企业经历了一个快速发展的时期，各项主要经济指标每年均以30%~60%的速度增长。1998年与1992年相比，技工贸总收入、利润总额、上缴税金、出口创汇等分别增长了 20 倍、15 倍、23 倍和 50 倍，1998 年科技型中小企业已超过 70 000 家，职工总数 330 多万人，全年技工贸总收入超过 6 000 亿元，上缴税金 260 多亿元，出口创汇近 100 亿美元。科技型中小企业成为我国技术创新和发展高新技术产业的重要生力军。

与此同时，与科技型中小企业快速成长相伴而行的一个突出问题是资金瓶颈的严重制约，据了解，全国科技型中小企业每年仅有 5%～8% 能获得银行贷款，且大部分是已发展到一定规模的企业。一些处于初创期的科技企业由于缺少启动资金，使许多好项目难以快速转化；而另一些急需扩大发展的科技企业由于缺少可供抵押的有形资产，而难以获得银行贷款，错过了许多有利的市场机遇。如果不改变我国科技型中小企业金融服务严重落后的局面，那么，许多科技型中小企业的起步和发展壮大将无从谈起，下一步，科技型中小企业的整体发展水平将会受到拖累，不利于科技创新和国民经济发展。

在这种背景下，国务院于 1999 年 5 月批准设立了科技型中小企业技术创新基金，把它作为我国技术创新体系中的重要组成部分，这是我国政府推动科技与经济的结合，引导全社会关注、支持中小企业技术创新活动的一项重大措施。1999 年 6 月，科技型中小企业技术创新基金正式启动，首期中央财政拨款 10 亿元。作为政府对科技型中小企业技术创新的资助手段，创新基金以贷款贴息、无偿资助和资本金投入等方式，通过支持成果转化和技术创新，培育和扶持科技型中小企业。

概括而言，创新基金的目标和主要特征如下：第一，创新基金是政府政策性专项资金，不同于一般商业性风险投资基金，它重点支持技术创新水平高、风险大、尚处于种子期、商业性资本不愿意或不敢进入的项目。这说明创新基金与商业性资本之间的不同定位和互补作用。第二，创新基金是非营利性的基金，它不以自身营利为目的，而是通过扶持科技型中小企业的发展，对国家经济结构调整和总量增长做出贡献以及创造更多的就业机会作为回报。第三，创新基金以创新和产业化为宗旨，以市场为导向，上联"863"、"攻关"等国家指令性研究发展计划和科技人员的创新成果，下接"火炬"等高技术产业化指导性计划和商业性创业投资者，它通过支持高技术成果的转化，鼓励和引导中小企业参与技术创新活动，推动科技与经济的结合，加速高新技术产业的发展。第四，创新基金是引导性基金，它通过向中小企业提供资助，带动和吸引地方政府、企业、风险投资机构和金融机构对科技型中小企业的投资，并逐步推动建立起符合市场经济客观规律的新型投资机制，从而进一步优化科技财政投入资源，营造有利于科技型中小企业创新和发展的良好环境。

由上可见，创新基金本身是一种政府投入方式的创新，它力图以符合市场规律的方式支持国家的创新发展，支持的方向是促进科技成果产业化，支持的着力点是最具活力的科技型中小企业，支持的方式是引导性支持，通过财政资源引导科技资源转化为现实生产力，引导金融资源投向科技型中小企业技术创新活动。创新基金的建立极大地提高了全国科技型中小企业的创新热情，也引导、带动了各级政府、各金融机构以及社会各界对中小企业创新活动的关注与支持。

（2）创新基金的发展轨迹与现状。自1999年成立以来，创新基金在支持方式、支持范围、投入规模、投入结构管理机制等方面都取得了显著进展，已形成了专门面向科技型中小企业的全国布局、种类多样、多方联动和专业运作的资金支持体系。

第一，2006年以后规模迅速增加。在规模方面，中央财政安排创新基金预算的规模从1999年10亿元增加到2013年47.36亿元，累计投入规模达到268.26亿元，各年度中央财政预算安排资金的规模具体见图3-1，可以看出，在运行的前几年，创新基金规模相对较小，2006年以后，中央财政预算对创新基金的年度投入规模出现快速增长，2008年达到14亿元，2009年比2008年增长1倍，达到28亿元，2010年比2009年增长25%，达到35亿元，2012年则突破了40亿元，为43.7亿元。2007～2012年，中央财政对创新基金投入的年增速是49.5%，据统计，同期，中央财政科技支出从1 044.1亿元增长到2 613.6亿元，年增速是25.1%。2013年创新基金的投入规模继续攀升，达到47.36亿元。创新基金规模快速增加的变化趋势反映了近年来国家对中小企业和科技创新的重视程度不断加强，创新基金作为中央财政支持科技创新重要渠道的作用日益凸显。

（亿元）

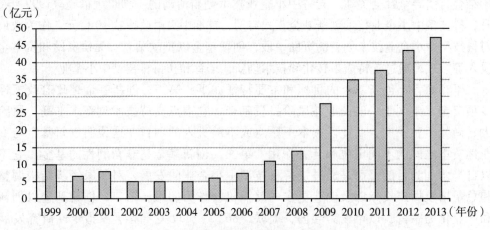

图3-1　1999～2013年中央财政预算对创新基金的年度投入规模

第二，支持方式多样化，项目类型趋于丰富和细化。在支持方式上，初期采取两种方式，一种是贷款贴息，对已具有一定水平、规模和效益的创新项目，原则上采取贴息方式支持其使用银行贷款，以扩大生产规模。一般按贷款额年利息的50%～100%给予补贴，贴息总额一般不超过100万元，个别重大项目最高不超过200万元。另一种是无偿资助，主要用于中小企业技术创新中产品研究开发及中试阶段的必要补助、科研人员携带科技成果创办企业进行成果转化的补助。资助数额一般不超过100万元，个别重大项目最高不超过200万元，且企业须有等额以上的自有匹配资金。从实际运行情况来看，1999～2005年，年均立项1 137项，累计立项7 962项，其中无偿资助项目6 146项，占立项总数的77.2%，贷款贴息项目1 822项，占立项总数的22.9%。

表 3 – 8   **1999 ~ 2005 年度创新基金项目支持方式情况**

年度	立项数（项）	无偿拨款项目（项）	贴息项目（项）	无偿拨款占比（%）	贴息项目占比（%）
1999	1 089	759	330	69.7	30.3
2000	872	719	159	82.5	18.2
2001	1 008	767	241	76.1	23.9
2002	780	596	184	76.4	23.6
2003	1 197	963	234	80.5	19.5
2004	1 464	1 240	224	84.7	15.3
2005	1 552	1 102	450	71.0	29.0
合计	7 962	6 146	1 822	77.2	22.9
年平均	1 137	878	260	77.2	22.9

除了采取无偿拨款和贴息两种方式支持科技型中小企业的技术创新项目。从 2006 年起，中央财政在创新基金中安排专门资金，实施中小企业公共技术服务补助资金项目，支持中小企业公共服务机构为科技型中小企业提供创新资源共享服务、专业化技术服务和技术转移服务，促进创新资源向企业集聚，优化科技型中小企业创新创业的环境。2007 年，又设立科技型中小企业创业投资引导基金，通过阶段参股、风险补助、投资保障等方式，专项用于引导创业投资机构向初创期科技型中小企业投资。因此，2007 年以后，创新基金的主要项目类型和支持方式都出现了多样化的形态。

从项目类型来看，主要分为三大类：技术创新项目、公共技术服务机构补助资金项目、创业投资引导基金项目，每类项目又细分为若干子项目。

其中，技术创新项目包括一般创新项目和重点创新项目。一般创新项目支持在研究、开发及中试阶段的技术创新产品，支持金额不超过 100 万元；重点创新项目支持围绕国家经济发展领域的重点需求、具有带动作用的关键技术和创新产品、具有高成长性的科技型中小企业，支持金额 100 万 ~ 200 万元。公共技术服务机构补助资金项目包括专业技术服务、创新资源共享服务、技术转移服务三种类型。创业投资引导基金项目包括风险补助项目、投资保障项目、阶段参股项目。

以 2010 年和 2012 年为例，三大类项目的比例结构见表 3 – 9、表 3 – 10，按照立项项目的数量分布统计，技术创新项目的立项数居于首位，其次是公共技术服务机构补助资金项目，创业投资引导基金项目立项数所占比例平均为 4%。

表 3 – 9   **2010 ~ 2012 年三类项目立项比例结构**   单位：%

项目类型	2010 年	2011 年	2012 年	平均
技术创新项目	88	89	86	88
公共技术服务机构补助资金项目	7	8	10	8
创业投资引导基金项目	5	3	4	4

表 3 - 10　　　　　　　　　　**2012 年三类项目立项情况**

项目类型	项目数（项）	项目金额（万元）
技术创新项目	6 417	410 385
公共技术服务机构补助资金项目	720	50 000
创业投资引导基金项目	299	53 000

　　从支持方式来看，创新项目采取无偿资助和贷款贴息两种方式；公共技术服务机构补助资金项目采取无偿资助方式，具体是以"后补助"方式一次性直接资助；创业投资引导基金项目中的风险补助项目和投资保障项目采取无偿资助方式，阶段参股项目采取资本金投入方式见表 3 - 11、表 3 - 12。概括而言，创新基金项目支持方式分无偿资助、贷款贴息和资本金投入三种方式，各种方式所占的比例情况如下：

　　2010 年，5 544 个项目中无偿资助项目 5 280 项，占比 95.2%，支持金额376 009 万元，占比 87.5%；贷款贴息项目 252 项，占比 4.5%，支持金额 18 700 万元，占比 4.4%；资本金投入项目 12 项，占比 0.2%，支持金额 35 000 万元，占比 8.1%。

　　2012 年，7 436 个立项项目中无偿资助项目 7 022 项，占比 94.4%，支持金额452 780 万元，占比 88.2%；贷款贴息项目 401 项，占比 5.4%，支持金额 27 605 万元，占比 5.4%；资本金投入项目 13 个，占比 0.2%，支持金额 33 000 万元，占比 6.4%。

　　可见，2007 年以后，无偿资助依然是创新基金最主要的支持方式，无论是项目数量，还是资助金额，大多数创新项目都是以无偿资助的方式发挥作用，按照数量占比分析，只有不到 6% 的项目采取贷款贴息和资本金投入方式，按照投入金额占比分析，贷款贴息和资本金投入方式所占比例要高一些，两项合计约占到11% ~ 13%。

表 3 - 11　　　　　　　　　　**2010 年度立项项目支持方式情况**

支持方式	项目类型	立项数（项）	支持金额（万元）	项目数所占比例（%）	资助金额所占比例（%）
无偿资助	创新项目	4 666	336 434	84.2	78.3
	公共技术服务补助资金	368	24 575	6.6	5.7
	风险补助	66	4 540	1.2	1.1
	投资保障	180	10 460	3.2	2.4
贷款贴息	创新项目	252	18 700	4.5	4.4
资本金投入	阶段参股	12	35 000	0.2	8.1
合计		5 544	429 709	100	100

表 3 –12　　　　　　　　　2012 年度立项项目支持方式

支持方式	项目类型	立项数（项）	支持金额（万元）	项目数所占比例（%）	资助金额所占比例（%）
无偿资助	创新项目	6 016	382 780	80.9	74.6
	公共技术服务补助资金	720	50 000	9.7	9.7
	风险补助与投资保障	286	20 000	3.8	3.9
贷款贴息	技术创新项目	401	27 605	5.4	5.4
资本金投入	阶段参股项目	13	33 000	0.2	6.4
合计		7 436	513 385	100	100

第三，项目布局考虑企业成长阶段因素，重视支持初创期科技型中小企业。创新基金不同于一般的风险投资，它不仅支持产品已经较为成熟，需要迅速扩大生产规模，占领市场的科技项目，而且也支持产品正处于技术开发阶段，企业属于初创阶段，技术风险、管理风险都较大，一般风险资本不愿意介入的产业化前期高科技项目，从而使处于种子期或初创期企业能够得到基金的支持，提高了技术源头的创新能力，促使更多的创新思想转变成创新产品。1999 年，创新基金支持的企业中，有 26% 的企业为成立不足 18 个月的初创型企业。2000 年，支持的企业中初创型企业占到 30%。

在其后的发展过程中，创新基金为加大对早期初创科技型小企业的创业支持，专设了初创期小企业创新项目，支持成立时间在 36 个月以内，注册资金不低于 30 万元，不高于 300 万元的有较高的创新程度和技术水平，项目尚未形成销售的小企业，支持金额不超过 50 万元。例如，2009 年，创新项目中有 1 877 个项目是成立时间在 36 个月以内的初创期小企业，在所有创新项目（一般项目、重点项目、初创期小企业创新项目、欠发达地区专项试点项目）立项数所占的比例是 35%，体现了创新基金对科技型中小企业的抚育和孵化功能。

2007 年，创新基金分设科技型中小企业创业投资引导基金项目，通过阶段参股、风险补助、投资保障等方式，专项用于引导创业投资机构向初创期科技型中小企业投资。2013 年，引导基金预算规模大幅增加，安排资金 10 亿元，比上年增加 1 倍，以吸引更多社会资本投资于初创期科技型中小企业，其中阶段参股立项项目为 21 家创业投资机构，计划资助金额为 7.9988 亿元。

第四，项目布局重视区域经济发展不平衡因素，专项支持西部欠发达地区。地区发展不平衡会对科技型中小企业创新活动会产生一定的影响，为体现财政资金的普惠性，支持欠发达地区科技型中小企业的创新活动，创新基金根据差别对待、分类指导的原则，针对中西部地区专门进行了定向的项目设计，增加中西部科技型中小企业获得创新基金支持的机会。例如，2005 年，为进一步强化对初创期科技型小企业的支持，对创业项目（原小额资助项目）支持方式做了较大调整，改变原来全部是无偿资助方式，对于发达地区科技孵化器采用投资补贴的方式，对于欠发达地区则采用研发资助的方式。

再例如，2007 年，综合考虑欠发达地区科技发展的实际水平，为扶持西部经济欠发达地区科技型中小企业的发展，选择西藏、青海、宁夏、新疆四省（自治区）开展了欠发达地区专项资助试点工作。2009 年，在创新项目中增设欠发达地区专项试点项目，支持西藏、青海、宁夏、新疆、贵州、广西、甘肃、云南、内蒙古等西部欠发达地区符合地区资源、产业特色、发展规划的项目。2010 年，专项试点工作范围扩大为内蒙古、广西、海南、贵州、云南、西藏、甘肃、青海、宁夏、新疆、新疆兵团共 11 个地区。近年来，创新基金继续加大对内蒙古、新疆、新疆兵团、宁夏、青海、甘肃、广西、西藏、贵州、云南 10 个西部欠发达地区以及海南的支持力度。2012 年度西部欠发达地区项目立项总额达到 7.21 亿元，比 2011 年度增长31.6%（见表 3 – 13）。

表 3 – 13　　　2011 ~ 2012 年西部欠发达地区的创新基金立项情况

项目类型		2012 年		2011 年	
		立项数（项）	支持金额（万元）	立项数（项）	支持金额（万元）
技术创新项目	创新项目	1 046	61 355	746	48 546
	重点创新项目	9	1 200	4	570
服务机构补助项目		133	9 105	78	4 870
引导基金项目	风险补助和投资保障	9	498	9	837
	阶段参股试点项目	0	0	0	0
合　计		1 197	72 158	837	54 823

第五，实行链式管理，动态优化评审、监理、评价各环节，推行专业化、系统化、中介化、网络化的管理机制。在管理制度安排上，创新基金项目的日常管理具体由创新基金管理中心这一专门机构负责。科技部、财政部每年根据国民经济和社会发展的需求，确定创新基金的支持重点和审批支持的项目，创新基金管理中心负责受理项目的申请，并通过各类专家和评估机构的评估、评审，提出基金支持的项目建议，基金支持的企业和项目将通过媒体向社会公布，接受公众监督。按受理、审理、计财、监理等环节实行项目立项过程的分段管理，项目管理与经费管理分离，链式操作，相互制约，确保客观、公正。

申请基金项目不需层层审批，经地市一级科技或行业主管部门推荐后，企业可直接向创新基金管理中心申报项目，为企业申请创新基金项目提供了简化和便利的通道。所有项目均委托有关招标、评估机构和专家，依据项目的不同情况，分别进行招标、评估或评审。对项目的立项、实施全过程进行监理，项目立项后，依据监理结果分期拨付支持经费，以提高项目实施的成功率。在上述链式管理模式的基础上推行专业化、系统化、中介化、网络化的管理运行机制。

针对科技型中小企业项目创新性和专业性突出的特征，创新基金重视实行专业化的评审机制，专门设立了专家咨询委员会，建立了创新基金项目评审专家库，一大批技术、经济和管理专家不仅参与基金项目的立项评审、评估和评标工作，而且在立项后的项目监理、后评估过程中，同样发挥重大作用。由于创新基金的示范和带动作用，各省市也纷纷成立了地方创新基金，为进一步加强对地方创新基金管理的引导，充分发挥国家与地方专家的互补优势，促进了国家层面与地方层面的紧密结合，创新基金与地方建立项目评价联审机制，探索了异地评审、共同评审等评审方式，通过这种中央与地方系统化的联动，发挥中央政策导向和地方熟悉企业信息两方面优势，使创新基金项目更接"地气"，实现国家政策支持与科技型中小企业的现实需求有效对接。

借鉴国外成功经验，创新基金通过建立规范的竞争机制、动态管理机制以及社会监督机制等手段形成了较为完善的中介服务机构确定、使用、管理体系。委托中介机构及招标代理机构参与基金项目运作过程，已成为创新基金运行机制的重要组成部分，通过中介服务机构的参与，有助于形成社会化、市场化的立项审查机制，发挥市场力量的作用。

在成立之初，创新基金的内部管理即采取全过程计算机化，并将项目处理进程通过因特网告知企业和推荐单位，确保项目处理过程规范、透明。在其后发展过程中，创新基金网络工作系统不断完善，形成了项目申报、受理、专家评审和地方立项、企业注册系统等子系统，为创新基金科学化管理提供信息支撑。

2. 创新基金的作用：基于科技金融关键载体的视角

作为成立最早、持续时间最长、系统化程度最强的支持科技型中小企业创新的财政专项资金，创新基金为众多科技型中小企业提供了切实的资金支持，对科技型中小企业的技术创新真正起到了"及时雨"和"促进剂"的作用，课题组在全国多个地方的科技金融调研活动中，地方政府部门和众多科技型中小企业普遍反映创新基金的支持效果突出，给予了诸多肯定的评价。

虽然20世纪90年代尚没有"科技金融"的概念，但是，按照现今科技金融工作的内涵来评价，过去十多年中，创新基金作为政府支持科技型中小企业的新举措、新渠道，形成了一套制度化的运行机制而持续发挥作用，通过实施成千上万个创新基金项目，切实为大量科技型中小企业提供了资金支持，并促进了各类社会资金聚焦科技型中小企业创新，在一定程度和范围内缓解了科技型中小企业资金匮乏的困境，成为政府支持科技型中小企业创新的"品牌"级的主要政策措施。毋庸置疑，创新基金一直发挥着科技金融核心载体的重要作用，是我国科技金融工作奠基性的制度安排。为了展现创新基金过去十多年的成就，更为了研判在我国现代科技金融体系中创新基金作为关键中介和中心枢纽的潜质，以下简要评价创新基金的作用。

（1）从微观层面分析，创新基金资助科技型中小企业生存、成长和发展。创新基金通过无偿补贴的直接支持方式，有效地缓解了科技型中小企业在发展初期面临的资金压力与困难，为企业生存下来、发展下去，为产品上规模、上档次，提供了强有力的支持。贷款贴息、资本金注入等间接支持方式，则是以风险共担的政府与市场合作理念发挥支持作用，降低科技型中小企业债权融资的成本，增加科技型中小企业获得股权融资的机会，帮助科技型中小企业持续发展壮大。

据统计，1999~2009年，创新基金共立项资助了12 000多家科技型中小企业，其中33%是成立不足18个月的初创型企业，59.5%是员工人数在100人以内的企业。2008~2012年，创新基金共立项资助了21 182家科技型中小企业，对促进科技型中小企业成长、提升企业效益起到了显著的促进作用，受资助的企业在收入、利润、上缴税收、总资产、出口创汇五个方面大幅提升，全国范围内各相关指标平均增长均在60%~80%。同时，受资助的企业成长周期明显缩短，加速进入了企业成长期，99%的企业反馈创新基金对企业加速进入成长期发挥作用，绝大多数企业的品牌价值得到提升，企业的无形资产大幅增加。

（2）从宏观层面分析，创新基金促进科技创新和科研成果转化，增加就业。创新基金的资助和创新基金项目的实施提高了企业自主创新能力，受资助企业在项目执行期间普遍加大了研发经费的投入，创新性研发项目数量稳步增加，产生了一大批国内外领先的技术成果。同时，创新基金加强了科技成果研究开发与转化之间各市场主体的联合与协作，为科技型中小企业搭建了一个加快科技成果向现实生产力转化的支撑平台，成为加快科技成果转化和产业化的重要途径。科技型中小企业作为经济运行中最具活力的细胞，这些企业的快速成长对于推动我国产业优化升级、增加就业机会、增强经济内生动力、提高国家竞争力等方面也发挥了显著作用。

例如，整体来看，1999~2009年，在创新基金资助的项目中，22.3%来自于国家"863"、"973"、科技支撑等科技计划项目成果，受资助的企业中，80%是大学本科以上人员创办的，34.2%由硕士以上学位的科技人员创办，其中博士创办企业近10%，留学人员创办企业达到1 099家。从地方来看，浙江省获国家创新基金资助的项目中超过40%是企业与高校、科研院所的产学研合作和科技成果转化项目。2012年浙江省立项的国家创新基金项目（创新类）中就有近一半是科技成果转化或合作项目。

再例如，2008~2012年，21 182个创新基金项目立项时有4 774个项目处于研发阶段、15 587个项目处于中试阶段、821个项目处于批量生产阶段。经过项目实施，已有12 624个（占60%）项目进入了批量生产阶段，处于研发阶段的项目仅有542个，大部分项目提前进入实施阶段，项目产品化和产业化的能力得到明显提升，有17 953个（占84.76%）项目产品已经进入市场形成收入。全国21 182个创新基金项目实施企业，立项时企业职工总数1 287 263人，通过承担创新基金项目，2012年年末企业职工总数达到1 851 867人，从立项时到2012年年末，企业职工总数平均增长 43.86%，平均每个企业新增就业 26 人。

（3）引导带动了地方创新基金发展，形成中央与地方财政联动支持格局。中央财政采取创新基金这种方式支持科技型中小企业发展，对地方财政支持科技型中小企业产生了显著的示范作用，在创新基金的引导和推动下，许多地方政府纷纷建立地方创新基金、科技成果转化基金、中小企业发展基金，支持科技型中小企业的技术创新活动。创新基金成立当年，截止到 1999 年 10 月底，有 36 个省市科委、高新区落实安排了地方的创新基金，与中央创新基金匹配，筹集资金约 11 亿元。2009年，全国 37 个省、自治区、直辖市、计划单列市、新疆生产建设兵团全都设立了地方创新基金，基金总额 36 亿元。截至 2010 年年底，地方创新基金总额超过 40亿元。

地方创新基金的迅速发展和广泛布局，不仅有利于创新地方财政科技支出的方式，以专门化、专业化的渠道加大对科技型中小企业的支持力度，进一步发挥地方科技资源的优势，更贴身地满足当地科技型中小企业的创新需求，而且形成了中央与地方联动的局面，地方创新基金既可以发挥与中央创新基金配套支持的作用，又可以把中央创新基金的支持方式延展到更多的科技型中小企业，这样，以中央创新基金为主干，以 37 家地方创新基金为分支，共同构建起财政支持科技型中小企业全国性系统，该系统遍布全国的网络化布局为财政资金引导社会资金支持科技型中小企业奠定了制度基础。

（4）通过杠杆作用和价值发现作用吸引更多金融资源投向科技型中小企业。创新基金本身在运行制度设计上，即具有吸引社会资金的杠杆作用，例如，贷款贴息方式，引导基金方式等支持方式都具有放大政策支持效果，实施这些方式可以吸引金融资源与之共同投向科技型中小企业。同时，创新基金为企业带来的不仅仅是资金的直接资助，还具有"广告"宣传作用，使受资助企业的知名度、企业的公众形象、企业信誉以及企业内部凝聚力都得到了提高，充分展现企业的内在价值，为企业的发展带来了广泛、深远的影响。创新基金是科技型中小企业价值发现的先行者，得到创新基金支持的科技型中小企业和项目往往受到社会各方普遍关注，一些金融机构、风险投资机构也纷纷跟踪创新基金支持的企业，愿意为企业的进一步发展提供后续资金支持；一些券商也主动与创新基金支持的企业取得联系，为企业的资本运作进行辅导。一些企业在资产重组过程中，由于承担了创新基金项目而使企业身价倍增。

十多年来，创新基金发挥引导社会资金，拓展中小企业的融资渠道和空间的显著作用。据统计，2012 年，在执行项目目的到位资金 514.33 亿元，其中国家创新基金拨款 60.93 亿元，地方政府配套资金 13.48 亿元，金融机构贷款 66.11 亿元，企业匹配的自有资金 339.50 亿元，通过其他方式筹集资金 34.31 亿元。2008～2012年，创新基金的整体资金放大比例达到 1∶9。

表 3 - 14　　　　　　　　**2012 年度创新基金项目资金来源**　　　　单位：亿元

	本年合计	创新基金支持	地方政府支持	金融机构贷款	企业自筹	其他资金
金额	514.33	60.93	13.48	66.11	339.5	34.31
占比（%）	100	11.84	2.63	12.85	66.00	6.68

从地方层面来看，北京、湖北、上海等地创新基金（含地方基金）对银行贷款、企业自筹和其他社会投入资金的拉动效应均非常明显，北京的放大比例为 1 : 10，湖北为 1 : 8，上海为 1 : 5。除了规模上的放大效果，在支持方式上，各地还积极探索对创新基金支持企业的新型金融服务方式，例如，上海市对创新基金立项的企业提供"信用贷"等多种融资途径，即创新基（资）金立项企业，可以在无抵押、无担保的情况下，获得银行给予的贷款，撬动了更多的社会资源支持科技型中小微企业，在这种"信用贷"方式中，创新基金起到了隐性担保的作用，提高了金融机构对科技型中小企业的信用评级和信用额度。

在资本市场上，一大批科技型中小企业在创新基金的支持和助推下，正在或已经实现与资本市场的有效对接。据统计，截至 2012 年年底，在创业板上市的 355 家中小企业中，获得过创新基金资助的中小企业有 113 家，占创业板上市企业总数的 31.83%。

（5）借助网络化组织架构发挥以点带面的燎原作用，促进各类资源优化配置。目前，创新基金的运转不仅依托于科技部门、财政部门等政府资源，建立上下工作联动机制，而且加强对地方科技资源的引导，依托于生产力促进中心、孵化器、咨询公司等科技中介机构的作用，将技术力量强、社会信誉好的科技中介机构纳入社会协作体系，发挥社会资源点多面广的优势。

科技型中小企业数量众多，分布广泛，每一家企业各有特色，政府的支持政策传递至这些科技型中小企业必然需要借助于中介机构，考虑到中介机构的重要作用，创新基金专门设立补助资金项目，支持中小企业公共技术服务机构发展，推动我国公共技术服务体系的建设。

例如，在创新基金的支持下，截至 2012 年年底，安徽省已拥有 70 家科技企业孵化器，107 家生产力促进中心。重庆市服务机构平台项目累计获得国家立项支持 51 项，支撑了大学科技园、科技企业孵化器、生产力中心、技术专业中心等科技中介服务机构的快速成长。科技中介服务机构为科技型中小企业提供多样化的专业服务，具体包括服务中小企业申报承担各级科技计划项目、服务企业申报高新技术企业和创新型（试点）企业、申请专利，服务或促成科技成果转化，服务产业园区或产业集群，组织或参与产学研对接活动，引入科研院所和高等学校的高级技术专职人员到各高新区、经开区、科技园和工业园，为科技型中小企业提供技术咨询、技术培训、技术合作和技术转移，等等。

因此，创新基金通过与科技中介服务机构的合作，对科技中介服务机构的资助这两大途径形成了政府资源、社会资源与科技资源的有机融合。

同时，如前所述，较高比例的创新基金资助项目是企业与高校、科研院所的产学研合作和科技成果转化项目，这些项目本身也吸引着各种科技资源向科技型中小企业汇集，承担企业以创新基金为媒，与大学、科研院所等研究机构建立了长期合作关系，一批企业因此拥有了达到国际先进水平的核心技术，研究机构的科技成果向现实生产力转化进程加快，避免了科技成果闲置、应用脱节等弊端，实现了科技资源与企业家精神的结合。

概括而言，创新基金通过项目设计、组织结构、运转机制构建起一个资源集成平台，以财政资源为先导，汇集金融资源、科技资源、社会服务资源等共同投向科技型中小企业，体现了政府的引导作用和服务职能，调动了市场力量的积极性，以"星星之火可以燎原"的政策效力优化资源配置，改善全国范围内的科技型中小企业发展条件和创新能力，创新基金的这一重要作用正是我国科技金融工作追求的核心目标。

3. 新形势下以科技金融的视角探讨创新基金不足之处

创新基金成立之初即界定为政府投入方式的创新，力图通过财政资源引导科技资源转化为现实生产力，引导金融资源投向科技型中小企业技术创新活动，这种理念与如今我国科技金融工作的核心目标高度契合。15 年来，创新基金作为按照这种超前理念设计的制度创新产物，一直是政府支持科技型中小企业发展的最有力政策工具，为缓解科技型中小企业融资难，为我国科技资源与金融资源的结合与优化配置做出了突出贡献。

随着时间的推移，我国已步入中等收入国家的行列，面临日益突出的资源与环境压力，实现我国经济发展模式由要素驱动转变为创新驱动已成为经济转型的重要任务，从国际范围内来看，发达国家经过第二次世界大战后最严重经济危机的洗礼重新调整了经济战略布局，倡导制造业回归，更加注重科技创新对实体经济发展的作用，纷纷出台和实施科技创新发展规划，以保持它们在全球的领先地位，可以预计，未来十年，科技创新能力，而非劳动力成本、自然资源丰裕度等资源禀赋条件将是决定各国竞争力最根本的因素。在这种大环境中，科技金融工作已成为我国创新驱动战略的重要抓手，科技型中小企业作为各国创新链条的重要环节，其发展将日益受到重视。

与上述国内创新驱动发展的要求和国际上科技主导竞争力的形势相比，创新基金存续的贡献度和必要性非常值得肯定，符合我国科技金融工作的大方向，但是，创新基金现有的支持能力和作用格局都是相当狭窄的，不能有效满足创新驱动战略和科技金融工作目标的要求。按照我国政府支持科技金融工作的关键载体角度衡量，现有创新基金的运行主要存在以下不足之处：

（1）资助方式多样性仍然不足，结构不合理，制约创新基金资助能力和杠杆作用。各工业化国家政府对科技型中小企业的资助主要通过：一是拨款资助创新项目；二是进行股本投资；三是提供长期低息政府贷款；四是提供商业银行贷款的担保；五是技术援助、咨询或培训等。近年来，发达国家支持科技型中小企业金融服务的重点放在初创期科技型中小企业，更多采取担保等方式提供长期的低息贷款，注重鼓励风险投资机构的发展，引导风险投资机构增加对种子期企业投资。

自成立以来，创新基金的支持方式不断增加，目前有无偿资助、贷款贴息、资本金投入三种方式，而且以无偿资助方式为主，比较而言，我国创新基金对科技型中小企业的资助方式还较为初级，国际上政府支持科技型中小企业较为通行的担保等方式都还无法提供。主要采取无偿资助的方式虽然可以直接降低科技型中小企业融资成本，但是与担保、母基金等方式相比，存在一些局限性。例如，不仅每年企业受益面窄，不能调动社会金融资源，缺乏杠杆作用，而且无论是无偿资助，还是贷款贴息，财政资金的投入都属于消耗型，无法循环使用，创新基金也无法滚动积累，整个业务盘子局限于年度预算投入规模，即使经过十几年的发展，规模也只有40多亿元，截至2012年年底，创新基金累计立项项目39 836个，这个数目与需要支持的科技型中小企业数目相比仍然是十分有限的，支持方式的多样化不足、结构不合理制约着创新基金的资助能力和杠杆作用，难以承担全国层面科技金融体系关键支持载体的重任。

缺乏对科技型中小企业的长期资金支持也是我国创新基金的一个结构性缺陷，科技型中小企业最短缺的资金支持是初创期的资金投入和长期资金投入，创新基金缺乏对科技型中小企业中长期信贷的支持导向和具体方式，不利于引导金融机构为科技型中小企业提供中长期信贷服务。

（2）未能根据科技型中小企业生命周期融资需求进行系统化的合理布局。科技型中小企业在生命周期的不同阶段具有不同的融资需求，适用于不同类型的金融服务，许多金融服务可以由市场主体供给满足，在商业性金融活动的供给存在缺口时，政府针对市场失灵采取适宜的方式予以支持，一般而言，初创期的科技型中小企业的融资缺口最大，近年来，各国政府对科技型中小企业量身定制的支持方案集中向初创期科技型中小企业倾斜，在整体上观察，则可以看到发达市场经济国家针对不同发展阶段的科技型中小企业，采取了不同的资助方式，是一个重点突出的全系列布局的资助体系，例如，德国政府对种子期的、启动期的、存续五年以内的、存续十年以内的、存续十年以上的科技型中小企业都有相应的支持项目，同时，针对创新链条和企业发展的薄弱环节，政府不断调整和优化资助项目，目前，从事应用导向的基础研发的、处于初创期的科技型中小企业成为德国政府资助的重点。

我国创新基金对科技型中小企业的支持也按照企业不同的成长时期加以区分，对初创期科技型中小企业予以倾斜和专项资助，但总体而言，项目设计的细化程度不足，缺乏针对处于生命周期不同阶段科技型中小企业差异化的资助方案，导致财政资金的运用相对粗放，可能存在对科技型中小企业金融服务最薄弱的环节支持不足，或者存在对处于不同生命周期科技型中小企业的支持方式不适宜等问题，降低了创新基金的支持效果。

（3）支持产学研相结合的精准度存在提升空间，科技资源优势没有充分发挥。目前，我国科研成果闲置和被国外购买的现象仍然较为突出，科研成果应用性与转化程度亟待提高，创新基金项目设计面向国家创新战略薄弱环节的针对性有待提高，如何通过支持条件、支持比例、支持方式等各种参数的设计和调整，鼓励科技型中小企业与科研院所合作，支持科技资源与企业资源的合作，实现科研院所科技成果的适用程度、科技型中小企业创新能力的双重提高，加快知识向现实生产力转化的步伐，形成知识转化为财富的顺畅链条，减少科技资源的闲置与浪费。

同时，创新基金在资助项目设计中对各种科技服务中介。例如生产力促进中心、孵化器等机构也提供专门的支持，支持这些中介机构为科技型中小企业提供各种服务，包括科技咨询服务等，这有利于促进科技型中小企业的技术进步，但是，创新基金对科技型中小企业的技术支持可以更进一步，实际上科技金融工作可持续性所依托的根基在于科技型中小企业的技术水平和创新能力，只有科技型中小企业不断提高科技水平，才能吸引源源不断的金融资源注入企业，实现科技资源配置与金融资源配置的互促互进。

目前，创新基金的支持方式中尚没有技术援助和技术咨询，动员科技资源支持科技金融工作的优势没有充分发挥，是创新基金的一个短板。考虑到创新基金隶属于科技部，具有良好的科技资源优势，可以采取技术援助、技术咨询等资助方式，发挥科技部的专业优势，动员国内外的科技资源和专家人力资源，为我国科技型中小企业提供更专业和对口的技术支持，为科技金融工作注入源源不断的动力。

（4）财政对创新基金的投入规模亟须进一步提高。创新基金作为我国政府支持科技型中小企业的核心政策工具，切实发挥了支持科技型中小企业起步和成长的重要作用，在规模上，创新基金从成立之初的 10 亿元财政投入规模，已发展到目前近50 亿元年度预算投入规模，同时，各级地方政府也纷纷成立了地方性的创新基金，形成了财政支持科技型中小企业的全国性网络化组织体系，是政府支持科技金融工作的关键载体，但是与科技型中小企业的需求相比，与科技金融工作的目标任务相比，各级财政的投入仍需要进一步提高，科技型中小企业发展状况关系着国家创新战略、产业结构转型升级、扩大就业等重要任务的顺利实施，在财力可承受的范围内，应建立对创新基金稳步增长的财政投入机制。

（5）创新基金与其他相关专项资金之间的协调配合欠缺。我国科技型中小企业可以获得的财政专项计划或资金资助有十多项，这还仅是中央财政的投入，考虑到各地方财政的投入，科技型中小企业作为受益主体的财政专项计划或资金资助更是数量可观，而且相互之间的定位多有交叉，尤其是从受益主体来看，通常为同类受益主体，但是，这些财政投入的管理各有归属，相互之间缺乏协同配合，导致财政资金的支持效果分散化、碎片化，没有形成系统化的合力。

创新基金也存在这种问题，与其他面向科技型中小企业的财政专项计划或资金缺乏协同，例如，中小企业信用担保资金、新兴产业创投计划参股创业投资基金等的受益主体都可能涵盖科技型中小企业，中小企业信用担保资金中对中小担保机构的支持可以与创新基金的支持方式形成互补，创新基金没有对科技型中小企业担保业务的支持，新兴产业创投计划参股创业投资基金对创投机构的支持与创新基金对创投机构的支持则属同类，还有 2012 年设立的国家中小企业发展基金也是主要用于引导地方、创业投资机构支持处于初创期的小型微型企业等。如何与上述资金建立协调合作机制？或者对同类资金进行归并调整，更好地发挥创新基金的关键作用和优势，亟须在中央财政层面和相关部委之间探索行之有效的解决方案，切实优化财政资金的投入产出效果。

2014 年以来，我国加强了对财政科技投入的顶层设计和统筹规划，出台了一系列重要文件，包括财政部、工业和信息化部、科技部、商务部联合出台的《中小企业发展专项资金管理暂行办法》，《国务院关于改进加强中央财政科研项目和资金管理的若干意见》（国发〔2014〕11 号），《关于深化中央财政科技计划（专项、基金等）管理改革的方案》（国发〔2014〕64 号），针对各类科研计划存在分散、重复、封闭等现象和资源配置"碎片化"的现象，着手对优化整合各类科研计划，今后，根据国家战略需求、政府科技管理职能和科技创新规律，将中央各部门管理的科技计划（专项、基金等）整合形成五类科技计划（专项、基金等），即国家自然科学基金、国家科技重大专项、国家重点研发计划、技术创新引导专项（基金）、基地和人才专项。

根据《中小企业发展专项资金管理暂行办法》，创新基金归入中小企业发展专项资金，根据《关于深化中央财政科技计划（专项、基金等）管理改革的方案》，中小企业发展专项资金中支持创新的部分今后将归入国家科技计划的第四类——技术创新引导专项，按照上述改革思路，创新基金将归入技术创新引导专项，与科技成果转化引导基金、新兴产业创投基金，以及其他引导支持企业技术创新的专项资金（基金）进行分类整合，因此，经过这次最新的改革以后，创新基金与其他相关财政资金的协调配合状况将明显改善，在此过程中，如何理顺各项专项资金的职能定位，避免交叉重复，又避免断层空缺是亟待推进的重要任务。对创新基金而言，需要在国家财政科技投入大盘子的框架中发挥既有优势，寻求科学合理的定位，打开格局，切实发挥全国科技金融关键载体的作用。

（6）创新基金的组织形态和运转方式相对保守，不能适应科技金融体系的大格局。科技金融工作通过创新财政科技投入方式，实现科技创新链条与金融资本链条的有机结合，为初创期到成熟期各发展阶段的科技企业提供融资支持和金融服务，这项工作需要以最有效率的方式使用政府财政资金，引导金融资源和科技资源优化配置，需要尊重市场运行规律，以市场化方式运作财政资金。

从发达市场经济国家的经验来看，无论是金融体系以金融机构为主导的德国、日本，还是金融体系以金融市场为主导的美国、英国，它们都具有发达的政策性金融机构，政府通常借助于政策性金融机构为中小企业，尤其是科技型中小企业提供直接或间接的金融服务支持，政府通过资本金注入、年度预算拨款、政府信用担保等方式支持政策性金融机构，然后由政策性金融机构通过直接贷款、担保贷款、股权投资等方式支持科技型中小企业、为科技型中小企业提供金融服务的金融机构，或者采取政策性金融机构与商业金融机构合作的模式，其本质都是通过风险共担支持商业金融机构为科技型中小企业服务。

相比财政直接拨款的传统支持方式，创新基金在专业运转、支持方式、全国联网等方面已经有了显著进步，但是，与政策性金融机构这种模式相比，在影响范围、支持的广泛度、调动商业金融机构积极性、发挥商业金融机构业务优势、放大财政杠杆作用等方面则有明显的局限性，创新基金仅仅采取政府专项资金的运作方式，组织形态是事业单位。因此，其具体运行的格局受到诸多制约，而科技金融工作需要政府财政资金在更广泛范围内发挥引导作用和杠杆作用，更充分地展开政府与市场的合作，既有的创新基金组织形态和运转方式已不适应新形势下的科技金融工作需要和国家创新战略要求。

4. 小结及未来发展方向

总之，创新基金作为中央财政支持科技型中小企业发展的专项资金，运行10多年来，已经形成了中央财政与地方财政、预算资金与社会资金、金融中介、服务中介等协同发挥作用的支持体系，通过项目设计、组织结构、运转机制构建起一个资源集成平台，以财政资源为先导，汇集金融资源、科技资源、社会服务资源等共同投向科技型中小企业，体现了政府的引导作用和服务职能，调动了市场力量的积极性，对改善我国科技型中小企业融资条件和金融服务环境发挥了突出的作用，是政府支持科技型中小企业的一项制度创新和品牌政策工具，为构建面向科技型中小企业的科技金融体系奠定了良好的制度基础和组织架构。

与国家创新战略和科技金融工作的目标相比，创新基金对科技型中小企业的支持方式和范围等处于初级阶段，创新基金的市场化运作程度和资助企业受益格局还有明显的改善空间。

从成熟市场经济国家的经验来看，发达国家普遍拥有支持科技型中小企业的政策性金融机构，各国在整合政府服务中小企业计划或项目资源的基础上，借助于政策性金融机构，以更加商业化和市场化的机制培育和资助科技型中小企业，进一步提高社会资本进入新兴经济领域的动力，这种目标导向与我国科技金融工作的目标导向是一致的，目前，我国尚无类似的政策性金融机构来承载政府引导、市场决定的科技金融体系运行，这是我国科技金融体系的一个显著的缺陷，与国外上述支持方式相比，创新基金运作的市场化程度和支持覆盖面有待优化改善。

随着我国金融体系市场程度的不断提高，金融创新活动层出不穷，多层次资本市场、互联网金融等为科技型中小企业获得金融服务开辟了新的渠道，在这种新形势下，科技金融工作不仅需要提高引导基金项目等间接支持方式的比重，更好地发挥财政资金的引导带动作用，更需要进一步深化体制改革和制度创新，探索以创新基金等既有政策工具为基础，建立全国性的政策性金融机构，以更加系统化、市场化的方式开展科技金融工作，通过财政资源、科技资源和金融资源优化配置，形成不同发展阶段科技型中小企业都可以便捷获得有效金融服务的金融环境，激发科技创新的内生活力，促进知识顺畅地转换为现实生产力，有力地服务于国家创新战略。

四、我国支持科技型中小企业发展的金融政策与实践

从上述对2000年以来我国在促进科技型中小企业发展的相关政策梳理，我们可以看出，金融服务政策一直是政府非常看重的支持科技型中小企业发展的政策措施，这与我国长期存在的社会资金的稀缺性直接相关，通过金融服务支持政策的实施，

我国相当多的科技型中小企业获得了资金支持，很大程度上解决了它们发展过程中面临的资金约束，并形成了一批具有市场竞争力的新兴战略产业发展的龙头企业。具体而言，这些年来，我国支持科技型中小企业发展的金融服务政策的基本框架已经形成，相应的各项金融服务政策也已经基本完备。

（一）支持科技型中小企业发展的金融政策框架

我国在出台支持科技型中小企业发展的金融服务政策过程中，前期十多年的时间里面缺乏对各项政策使用的统筹规划，相关监管部门各负其责，各自制定自己领域内的相关支持政策。因此，所形成的金融服务支持政策虽然也包括了大多数金融服务领域，但整体上缺乏协调体系，相对较为零散，没有形成各项金融服务政策之间以及金融服务政策与其他相关政策之间的合力。直到 2010 年 6 月，人民银行和银监会、证监会、保监会等一行三会才联合出台了《关于进一步做好中小企业金融服务工作的若干意见》（银发〔2010〕193 号），这一文件对已经形成的科技型中小企业金融服务政策梳理的基础上，对金融服务政策的一些薄弱领域提出了新的补充完善措施，虽然由于分业监管的要求，相关部门之间并没有提出金融服务政策的整体框架体系，但这些新的政策措施与历史上各级政府和监管机构先后多次出台的各项金融服务政策加总在一起，也基本形成了一个较为全面的框架体系。

1. 形成了以中央政府为主，地方政府为辅的金融服务政策支持体系

我国金融体系的监督管理是责任分级的，其中，中央政府负责对商业银行、股份制商业银行、各级证券市场、证券公司、保险公司、财务公司、信托公司等的监管，地方政府负责对辖区内的小贷公司、股权投资基金、信用担保机构等的监管，而城市商业银行、农村信用社等则在业务上由中央政府监管，股权上则主要由地方政府管理。

在这种监管责任的划分之下，中央政府与地方政府先后出台的各项金融服务政策，已经基本覆盖了其所负责管理的全部领域，但由于中央政府在金融领域负责监督管理的行业确实要比地方政府多，其规模也不能相比，因此客观上形成了以中央政府为主、地方政府为辅的金融服务政策体系。

2. 形成了涉及全部金融领域的金融服务政策体系

目前，我国出台的支持科技型中小企业发展的金融服务政策已经涉及商业银行及信用社信贷、信用担保机构、小贷公司、发行科技型中小企业债券、科技型中小企业的股权转让及产权交易、创业板和中小板上市、设置专门的科技保险产品、创业投资基金及股权投资基金等多方面，基本上已经囊括了现有的全部金融服务领域，因此，可以说我国在金融服务政策领域是多管齐下，争取对促进科技型中小企业的发展形成合力，共同为科技型中小企业提供全方位的金融服务。

3. 形成了覆盖科技型中小企业不同发展阶段的金融服务政策体系

科技型中小企业在不同发展阶段，对外部资金需求的规模和方式是不同的，我国已经基本上形成了在各个阶段都能够对科技型中小企业的发展产生支持作用的金融服务体系。例如，对科技型中小企业产生直接相关的技术研发领域，商业银行已

经可以给予贷款支持；科技型中小企业创办过程中，天使投资基金和创业投资基金可以给予启动资金；在科技型中小企业设立并正常运营之后，银行贷款、股权投资基金就可以介入，给予融资支持，此时的银行贷款可能还需要信用担保机构的担保；科技型中小企业形成一定规模之后，就可以通过银行贷款、发行中小企业债券、利用股权投资基金、在股权转让系统及新三板等融资；科技型中小企业发展壮大之后，既可以在创业板、中小板上市融资，也可以通过银行贷款、发行公司债券等融资。

因此，科技型中小企业的各个发展阶段已经都能够找到相应的融资渠道和方式，但从相关支持措施的具体效果看，股权投资基金在科技型中小企业的发展过程中起到明显的支持作用，尤其是在科技型中小企业发展最为关键的种子期和初创期，天使投资基金和创业投资基金的作用是非常大的，它们不只是为萌芽中的科技型中小企业提供资金支持，还对科技型中小企业的设立、制度建设、业务发展方向等给予一定的支持与帮助。

4. 财政政策在金融服务政策领域发挥了较为明显的作用

在我国建立支持科技型中小企业发展的金融服务政策的过程中，为了提高相应金融机构的积极性，促使其参与到为科技型中小企业提供资金支持的行列之中，在财政政策直接对科技型中小企业进行支持的同时，我国还利用财政政策为各种金融机构提供财政补贴、贷款贴息、贷款和信用担保的风险补偿、税收减免以及放松贷款核销政策等措施，主要目的是降低金融机构的风险，减轻金融机构的负担。同时，为了鼓励金融行业内部较不发达领域的发展，更有效地为科技型中小企业发展提供全方位支持，各级财政还专门出资成立了信用担保机构、创业投资机构和股权投资基金等金融机构，或者是利用产业引导基金的形式，使用财政资金为市场化运营的股权投资基金提供资金支持。这些财政政策的实施，有效地降低了金融机构的风险、提高了金融机构参与为科技型中小企业提供融资服务的积极性。

（二）我国科技型中小企业金融服务的实践概要

我国支持科技型中小企业发展的金融服务政策基本覆盖了全部金融领域，在各自的领域内，金融机构也根据自身经营的特点和风险收益特征，给予科技型中小企业不同类型的金融服务支持。

1. 商业银行信贷市场

商业银行在为科技型中小企业提供信贷资金支持方面发挥着重要作用，由于我国实行的是以间接融资为主的金融体系，商业银行在其中发挥着关键作用，因此商业银行信贷的投入对于科技型中小企业的发展至关重要，国务院以及人民银行、银监会等监管机构先后出台了多个文件以鼓励商业银行支持科技型中小企业的发展，并支持商业银行除了为科技型中小企业提供流动性资金贷款之外，还可以开展固定资产投资贷款、研究开发费用贷款；在抵押品的选择上，可以用固定资产抵押，也根据科技型中小企业"轻资本、重无形资产"的特征，允许科技型中小企业使用其所拥有的知识产权进行质押融资，提高了科技型中小企业获得银行贷款的灵活性和便利性。

目前，很多商业银行已经在中关村等一批国家高新区实施知识产权质押贷款、设立银行下属的科技支行和为科技型中小企业提供抵押投融资试点工作等，全国已有 24 家商业银行和 16 家担保机构直接参与了知识产权质押融资工作；农业银行在无锡高新区、交通银行在苏州工业园、杭州银行在杭州高新区、北京银行在中关村科技园、建设银行在成都高新区，都设立了科技支行或是中小企业贷款融资中心。

同时，为了更好地加强对中小企业的商业信贷服务，2014 年 7 月，银监会正式批准三家民营银行筹建，这些民营银行的规模普遍较小，在业务发展前期也主要是以中小微企业为服务对象，其中，以腾讯、百业源和立业三家公司合资成立的深圳前海微众银行，注册资本 30 亿元人民币，主要业务方向是为小微企业提供金融服务，由于其地处深圳，科技型中小企业较多，因此，预计该银行的主要业务将面向科技型中小企业。

2. 债券市场

中小企业发行债券的业务由于其融资规模较小、信用评级较低以及难以支付合理的债券承销费用等原因而在很长时间没有进展。直到近年来，随着相关金融监管政策的放开，人民银行管理的短期融资券和中期票据的发行都出现了中小企业的身影，而且为了解决规模更小的小微企业发行债券融资存在的问题，人民银行还允许一些特定的科技型小微企业（比如同一科技开发区内的科技型中小企业）集合在一起，共同发行统一的中小企业集合票据或者中小企业集合融资券，从而在一定程度上为规模相对较小的科技型中小企业发行低成本债券融资提供了条件。2012 年，以上海证券交易所和深圳证券交易所为主体，还推出了中小企业私募债，放开中小企业面向合格投资者直接发行债券的渠道，为中小企业的债务融资提供直接渠道，截至 2014 年 6 月底，在两个交易所发行的中小企业私募债余额已经超过 600 亿元。随着新三板的日益规范化，新三板中小企业私募债的发行也已经进入议事日程。

3. 股权交易市场

为了给科技型中小企业股权流通转让提供场所，我国先后构建了以证券交易所场内市场为龙头、以股份转让代办系统和产权交易所为基础的科技型中小企业股权流通市场。

目前，我国在证券交易所推出的涉及科技型中小企业的板块主要有中小企业板市场和创业板市场，据统计，中小企业板市场上市公司中，科技型企业占到 70% 以上，而在创业板上市公司中，科技型中小企业占到 90% 以上，这些科技型中小企业通过上市，不仅融入了大量低成本资金，为参与今后的竞争奠定基础，而且上市过程也有助于科技型中小企业改善经营管理水平，实现规范发展。

在证券交易所之外的场外市场方面，我国推出了中关村股权代办转让系统，主要为科技型中小企业股份转让提供服务，2012 年，经国务院批准，决定扩大非上市股份公司股份转让试点，首批扩大试点新增上海张江高新技术产业开发区、武汉东湖新技术产业开发区和天津滨海高新区。2013 年年底，新三板方案试点突破国家高新区限制，扩容至所有符合新三板条件的企业。2014 年以来，我国开始推行覆盖全国的"新三板"市场，主要目的是在中关村股权代办转让系统和主要由退市企业组成的被称为"老三板"的股份转让系统的基础上，组成一个覆盖全国的交易所场外股权转让系统，主要目的也是方便尚未达到上市要求的科技型中小企业股份转让及流通。截至2014年12月底，"新三板"已经有1 030家企业进行了挂牌交易。2014年8月21日，新三板正式实施"做市商"制度，引入证券公司作为"做市商"，为新三板挂牌公司的股份提供交易便利，提升新三板市场的流动性，吸引更多的合规资金进入新三板市场，为中小企业提供融资支持。另外，我国还在北京、上海、天津、武汉等多个中心城市建立了产权交易所，为包括科技型中小企业在内的所有企业提供股权转让方面的服务。

4. 股权投资基金

从国外经验看，股权投资基金是帮助科技型中小企业发展壮大的主力军，尤其是天使投资基金和创业投资基金的存在，为科技型中小企业的大规模设立提供了最前端的资金支持和经营管理经验的支持，在科技型中小企业后续发展过程中，股权投资基金不断提供着资本金和经营管理方面的支持。我国在支持科技型中小企业发展的过程中，也借鉴国际经验，把加强股权投资基金对科技型中小企业的支持作为重要方面，为此，我国也出台了一系列促进股权投资基金发展壮大的支持政策，这些政策主要分为两大类：

（1）通过设立中小企业创新基金或者是产业引导资金，直接或间接为科技型中小企业提供资金支持。我国近年来在中央层面已经建立了多种创新基金、科技企业引导基金，主要从几方面为科技型中小企业提供资金支持：一是贷款贴息：对已具有一定水平、规模和效益的创新项目，一般财政资金采取贴息方式支持其使用银行贷款，以扩大生产规模；二是无偿资助：主要用于中小企业技术创新中产品研究开发及中试阶段的必要补助、科研人员携带科技成果创办企业进行成果转化的补助，且企业须有等额以上的自有匹配资金；三是资本金投入：对少数起点高、具有较广创新内涵、较高创新水平并有后续创新潜力、预计投产后具有较大市场需求、有望形成新兴产业的项目，采取资本金投入方式，并且资本金投入以引导其他资本投入为主要目的；四是产业投资引导基金：中央财政或者发达地方财政拿出一定资金，通过向已经成立或准备设立的产业投资基金（含创业投资基金）开展投资，引导社会资金进入产业投资基金领域，政府并不直接参与产业投资基金的经营管理，从而使包含政府引导资金在内的产业投资基金以市场化的方式投入科技型中小企业。

（2）为股权投资基金的设立和运营提供政策支持。为了促进股权投资基金的发展，我国中央政府和大多数地方政府都出台了专门的促进股权投资基金发展的政策法规，提出了一系列优惠政策，特别是天津、深圳、上海、北京以及重庆等省市，都把股权投资基金的发展作为争取地方性金融中心的重要举措，出台的相关措施相对较为全面。目前看，我国出台的支持股权投资基金发展的相关政策主要包括：股权投资基金开办和落户方面的优惠政策；税收优惠政策；财政资金奖励政策、基金投资业务开展方面的优惠政策；面向管理公司高管的优惠政策等。这些政策的主要目的是为股权投资基金的发展提供良好的外部环境，争取股权投资基金在当地落户，并鼓励股权投资基金在辖区内开展业务，从而带动当地科技型中小企业的发展。

5. 保险公司

在支持科技型中小企业发展的金融服务政策之中，保险公司也积极参与进来，并推出了专门的科技保险业务。科技保险业务是 2006 年年底保监会与科技部联合推出的，主要目的是分散高技术创新风险，激励企业自主创新。科技保险是保监会推出的支持国家创新战略、针对高新技术企业以及其他科技型企业和科研机构的保险产品，包括财产、人员、责任等多类保险责任。华泰财产保险股份有限公司、中国出口信用保险公司和中国人民财产保险股份有限公司 3 家公司获准经营科技保险业务。2007 年 7 月，北京、天津、重庆、深圳、武汉和苏州国家高新区等 6 个市（区）成为首批国家科技保险创新试点，仅用了一年时间，全国科技保险投保企业就超过 1 100 家。2008 年 8 月，上海、成都、沈阳、无锡及西安 5 家高新区、合肥高新区被批准为第二批科技保险创新试点城市（区）。目前科技保险险种已达 15 个，高新技术企业可能遭遇的技术、市场、人才风险，几乎都能从科技保险中找到对应的"避风港"。如"产品研发责任险"允许企业为因潜在设计缺陷而引发的意外事故投保；"关键研发设备保险"可让昂贵的研发设备幸免于意外之灾；而"高管人员和关键研发人员团体健康保险和意外保险"，则为研发人员频繁地在学术交流、野外考察、新品试验中穿梭提供保障。

同时，保险资金也成为中小企业上市公司和创业投资基金的重要投资者。2013年，保监会放开了保险公司投资创业板的限制，保险资金通过创业板的投资，可以更好地满足创业板企业的融资需求。同时，保险资金也成为创业投资以及创业投资基金的重要资金提供方，为科技型中小企业的发展间接提供资金来源。

6. 信用担保机构

为了帮助科技型中小企业提高信用等级，以利于获得银行贷款，我国设立了一批政策性信用担保机构，主要目的是通过担保机构对科技型中小企业信用的担保，帮助这些企业获得商业银行贷款的支持。目前，我国所有的省份都已经设立了省级信用担保公司，为大批科技型中小企业融资提供了担保。为了降低信用担保机构运行的风险，保证这些机构的正常运行，中央和地方财政也拿出了部分资金，为信用担保机构承担的理赔损失提供一定的风险补偿。另外，为了提高财政资金的使用效率，一些地方政府财政部门也与信用担保机构合作，将部分财政资金委托信用担保机构运营，由它们按照政府的相关标准和要求，选择符合条件的科技型中小企业提供担保业务支持。

（三）简评我国支持科技型中小企业发展的金融政策

从 2000 年国务院办公厅发布了《关于鼓励和促进中小企业发展若干政策意见》（国办发［2000］59 号）之后，国务院、相关部委和大多数地方政府都出台了支持中小企业的相关政策。从总体上看，这些政策的出台，确实对我国科技型中小企业的发展起到了明显的促进作用，形成了一批具有自身优势的细分行业领头羊公司，但是，在关涉科技自主创新及技术升级产业结构调整等诸多重大战略的中小企业发展甚至生存问题的解决方案方面，我国还一直没有形成系统的、有针对性的办法，现有的所有制度设计及政策输出似乎都在隔靴搔痒，无法迅速帮助科技型中小企业获得相应的资金支持。换言之，与政府这些年的大量财政资金投入、金融资源的倾斜配置相比，我国科技型中小企业的发展速度可能很难让人满意。为了全面了解我国促进科技型中小企业发展的金融服务政策的整体情况，需要从我国实施的金融服务政策所取得的成就和存在的不足两个方面展开分析。

1. 我国促进科技型中小企业发展的金融服务政策取得的成就

2000 年以来，我国在促进科技型中小企业发展方面采取的金融服务政策越来越多，涉及的范围越来越广，采取的形式越来越多样化，取得的效果也比较明显，总体看，我国在促进科技型中小企业发展方面采取的金融服务政策所取得的成就主要有：

（1）利用金融政策促进科技型中小企业发展已经取得社会共识。在 2000 年出台支持科技型中小企业的相关政策时，除了很多专家学者的呼吁以及一部分政府工作人员的支持之外，很多人对此还是持怀疑态度的，对于国家如此巨大的投入是否值得、是否能够取得预期效果存在疑虑，经过支持科技型中小企业发展的金融政策十多年的持续实施，各级政府、企业和专家学者看到了科技型中小企业的快速发展，看到了它们对于人们生产、生活带来的巨大变化，充分认识到了科技型中小企业在国民经济发展和经济结构转型的重要作用，使用金融服务政策支持科技型中小企业的发展已经越来越成为社会的共识，各项后续政策的出台也越来越顺利。

（2）已经建立了相对较为完善的金融政策体系。在利用金融服务政策支持科技型中小企业发展的过程中，我国通过十多年的补充和完善，逐步建立了涉及促进商业银行发放中小企业贷款、发展多层次资本市场、设立股权投资基金以及设立中小企业信用担保体系等多方面的金融政策支持体系，可以说，目前发达国家支持科技型中小企业发展的各项政策我国都已经借鉴并出台，可以为科技型中小企业的发展提供全方位的支持：通过天使投资基金或者种子基金，可以为有创意的科技型中小企业的设立提供支持；在科技型中小企业设立并开始运营之后，可以获得政府相应的税收优惠或者是政府引导的创业投资基金的支持；当科技型中小企业运营基本正常之后，可以通过发行中小企业债或三板市场融资、通过政府担保机构获得银行贷款、或者争取获得政府引导的产业投资基金的支持；当科技型中小企业发展壮大之后，除能够继续获得上述一些金融服务措施的支持外，还可以获得银行贷款以及创业板、中小板上市融资等多种金融渠道的支持。

因此，如果仅看政策体系的存在与否，我们支持科技型中小企业发展的各项金融服务政策均已完备，这些政策从特定角度，在一定程度上为科技型中小企业的发展起到了一定的支持作用。

（3）注重与其他相关政策的配合运用。支持科技型中小企业发展的各项政策是一个整体，金融服务政策虽然更为重要并且也得到各级政府的大力支持，但金融服务政策只是通过为科技型中小企业解决发展过程中面临的资本要素的需求，要促使科技型中小企业的发展，还需要政府在产业政策、土地政策、财税政策、工商服务政策甚至所有权政策等方面给予相应的配合，为科技型中小企业的发展提供一个良好的外部环境。

但是，我国在出台上述各项金融服务政策的过程中，由于相关政策制定者的差异，每个政策制定者所能够管辖的范围都受到一定限制，一般而言，制定金融服务政策的部门很难管辖到上述各项相关外部环境的政策，因此，很多金融服务政策出台之后，仅局限在各自的金融服务领域，导致这些金融服务政策缺乏其他相关政策的配合而效果并不显著。近年来，我国政府已经逐步认识到这一问题，一些地方政府在为科技型中小企业提供政策支持时，已经开始在土地政策、税收政策、工商政策等方面与金融服务政策进行全面对接，形成了合力，为科技型中小企业的设立、运营提供了一条龙服务。在金融服务政策里面，一些地方政府也开始进行优化，在其所能够管辖的范围内引入创业投资基金、产业投资基金、政策性信用担保机构甚至融资担保机构的发展，并能够通过地方性商业银行、农村信用社等金融机构为科技型中小企业提供信贷支持，这些措施的合作，也能够明确各项政策之间的界限，减少政策之间的重合与摩擦，提高政策实施的效果。

（4）支持了一大批中小型科技企业的发展。科技型中小企业金融服务政策陆续出台之后，虽然存在一定的不足，但确确实实将大量资金投入到科技型中小企业的发展之中，为它们的发展提供了资金支持。目前，通过金融服务政策的支持，我国科技型中小企业发展较为迅速，在生物医药、电子产品、新型制造、安防产品、太阳能、风能、节能环保、园林建造等方面都已经形成了一批具有市场竞争力的企业，成为这些行业发展的巨大动力，为推动我国经济结构战略性转型发挥了积极作用，尤其是在居民健康、智慧城市、节能减排、小城镇建设等方面做出了突出贡献。在这一过程中，一些科技型中小企业脱颖而出，通过中小板、创业板等证券市场融入了资金，获得了难得的发展机遇，逐步成为各自行业的"领头羊"，形成了一批具有竞争力的科技型新兴企业集团，带动了行业的发展。

2. 支持科技型中小企业发展的金融政策存在的不足

我国实施的支持科技型中小企业发展的相关政策在促进包括科技型中小企业在内的中小企业的发展方面做出了一定的贡献，但是相关金融服务政策仍然存在一些问题，与政策设置的初衷相比存在一定的差异，这些问题主要表现在：

（1）金融服务政策与其他政策措施之间存在不配套问题。科技型中小企业的发展需要包括人才、土地、资本、产业、财税、工商以及知识产权等各方面的政策的配合，仅依靠金融服务政策为科技型中小企业提供一定的资金支持，而缺乏其他相关政策的配套支持，也会降低金融服务政策的效果，甚至会影响科技型中小企业的正常发展。在与其他相关政策的协调配合方面，我国既往的金融服务政策存在一些明显的问题。例如，我国为支持科技型中小企业的发展设置了财政贴息制度，但这是以商业银行愿意开展科技型中小企业贷款为前提的，在缺乏商业银行主动性意愿的情况下，财政贴息制度的实施效果就并不明显；再如，科技型中小企业大多数是民营企业，但商业银行更倾向于向国有企业、地方政府或者是融资平台贷款，即使在出台相关政策之后，针对中小企业的贷款力度也没有显著增强，民营企业上市融资就更加困难；此外，由于科技型中小企业在新产品的研发方面投入较大人力物力财力，其生产的产品确实拥有较高的技术含量，但这些技术附加值产生效益的前提在于这些企业拥有自主知识产权并且受到各级政府的保护，因为科技型中小企业的产品生产之后很容易被仿造，只有加大对产品知识产权的保护，科技型中小企业的创新能力才能得到保护。但在过去很长一段时间，我国在知识产权保护方面没有给予太多的关注，即使金融服务政策为科技型中小企业提供了资本支持，在缺乏知识产权保护的情况下，科技型中小企业的持续发展也受到限制。

（2）金融服务政策支持科技型中小企业的多头管理问题。我国最近十多年来出台了大量支持科技型中小企业发展的金融服务政策，内容也已经涉及银行贷款、贴息、债券市场、股票市场、股权投资基金、小贷公司、信用担保机构、融资租赁机构等，但这些政策大都是由相关管理部门自行制定并出台的，从而会在政策制定和执行过程中出现多头管理问题。很多领域的事情都是有多个部门在管理，导致科技型中小企业无所适从。在这方面比较典型的就是债券市场，企业发行债券可以由国家发改委、人民银行、证监会等三个部门审批，其中国家发改委主要审批传统的企业债，人民银行主要审批中期票据和短期融资券，证监会主要审批上市公司债，而作为企业债券最大的投资机构的商业银行和保险公司，又分别属于银监会和保监会监管。因此，一个企业债券市场就牵涉到大部分的金融监管机构。多头管理带来的问题一是导致科技型中小企业遇到问题不知道该找谁；二是多个机构虽然都涉及一个金融服务领域，但科技型中小企业需要支持的事项大都在一些交叉领域，需要监管部门进行大量的协调工作，各个监管部门很难专门拿出人力物力去支持中小企业的相关融资需求。

（3）支持科技型中小企业发展的金融服务政策之间不协调。由于相关金融服务政策"政出多门"，存在多头管理的问题，因此，在相关政策出台及执行过程中就会产生政策不协调的问题。既会出现政策重合的情况，又会出现政策空白的地方，甚至在某些领域还可能会出现相互矛盾的地方，这些情况的存在，都不利于稳定科技型中小企业的政策预期，促进它们的健康发展。这种政策不协调的地方，突出表现在商业银行信贷支持与其他相关政策的协调与配合方面，商业银行信贷在我国间接融资为主体的社会融资环境中仍然发挥着重要作用，但随着资本市场的快速发展，债券市场、股票市场在社会融资中的地位越来越重要，就会逐步挤压商业银行信贷的空间，商业银行为了继续获得较高的市场份额，就会采取一些措施应对，导致商业银行信贷与债券市场、股票市场的发展出现一些脱节。另外，由于商业银行地位重要，在业务合作方面可能会提出一些并非合理的要求，例如，信用担保机构在与商业银行合作开展信用担保业务时，商业银行往往要求资本实力非常弱小的信用担保机构承担贷款失败的所有损失，导致信用担保机构的业务难以发展，因为商业银行的强势，信用担保机构降低商业银行贷款风险、帮助科技型中小企业快速获得商业银行信贷支持的制度设计难以推行。除了商业银行之外，在其他金融服务政策领域之间也存在相互不协调的地方，例如，我国的股权投资基金的设立和管理属于各省独自管辖的领域，但股权投资基金的业务则是面向全国甚至全球的，而且从股权投资基金的业务运营方式看，其发展还需要商业银行、债券市场、多层次股票市场等金融领域的支持，而目前看这些金融领域在与股权投资基金业务的合作方面存在一定的脱节。

（4）金融服务政策的贯彻落实存在挑战。在实际运作过程中，支持科技型中小企业发展的金融政策在推行过程中经常会存在问题，这种情况的出现主要是因为现在我国经济快速增长过程中，各经济主体对社会资金的需求较大，金融资源具有明显的稀缺性，因此，金融行业在与包括科技型中小企业在内的产业资本打交道过程中往往处于支配地位，要使金融机构全心全意贯彻落实国家关于支持科技型中小企业发展的各项金融服务政策存在很大难度，例如，商业银行已经建立了贷款责任追究制度，但这种制度的执行对于地方政府融资平台、国有企业和民营企业的力度是不一样的，一旦民营企业贷款出现问题，负责信贷审批的人员将面临较大的信任危机，因此，商业银行信贷审批人员一般不倾向于面向民营企业发放贷款，导致监管机构加大对科技型中小企业信贷支持的相关政策难以落实。与此同时，相关的金融监管部门也并不愿意拿出专门的人力物力对金融机构落实相关政策的行动进行全面核查和监督，这就导致针对科技型中小企业的金融服务政策出现贯彻不力的情况。

更为重要的是，由于产业资本对于资金的渴求导致金融企业甚至是金融监管机构在执行相关政策过程中容易出现"设租寻租"的情况，科技型中小企业能否获得相应的金融服务支持，并非是该企业是否真正需要获得相应金融服务政策的支持，而是由存在很多其他方面的因素决定的，这就导致向科技型中小企业提供资金支持的过程中存在"跑冒滴漏"的情况，需要相关企业事先拿出部分资金进行各方面的打点，可能一些并不符合相关资质的企业获得了金融服务支持，而很多真正的科技型中小企业却难以获得有效的金融服务支持。

（5）缺乏政策性金融机构的支持。中小企业特别是科技型中小企业大多数是轻资本的行业，普遍没有足够的机器设备用于抵押，而传统金融行业在面向企业融资过程中，往往要求企业拿固定资产进行抵押，因此科技型中小企业很难获得商业性金融机构的支持。为了解决中小企业发展过程中面临的这一固有矛盾，很多国家包括发达国家都建立了政策性金融机构对中小企业进行支持，政策性金融机构支持中小企业发展的方式有政策性贷款、政策性担保、政策性基金投资等，并形成了相应的政策性金融体系。从我国的实际情况看，支持科技型中小企业发展的政策性金融机构体系并不健全，没有服务科技型中小企业发展的政策性金融机构，特别是能够直接发放政策性贷款的机构，而仅有的一些政策性担保机构和政策性产业基金作用非常有限，并不能解决科技型中小企业面临的融资难问题。

（6）没有根据不同区域的经济发展特点实施有针对性的金融服务政策。我国国土面积辽阔，由于历史条件和地理位置的不同，各个地区经济发展状况也各不相同，东中西部经济发展状况差异很大，各地区科技型中小企业的发展阶段和发展的重点领域存在明显差异，因此在我国不同的区域，科技型中小企业所急需的金融服务需求也是不同的，但我国所推行的各种金融服务政策在全国基本上都是一致的，没有根据各个地区经济发展的不同阶段而采取差别化的金融服务支持措施，这导致现行的金融服务政策缺乏针对性，不能根据一个地方经济发展的实际情况制定合理和全

面的金融服务支持政策。另外，地方政府在制定支持科技型中小企业发展的区域性
金融服务政策过程中也大多缺乏统筹规划，贪多求全的状况屡见不鲜，实际的执行
效果并不理想。

（7）金融服务政策涉及的不同领域都存在不同问题。前面提出的支持科技型中
小企业发展的金融服务政策存在的问题是从金融服务政策整体角度分析的，支持科
技型中小企业发展的金融服务政策涉及的领域较多，每个金融领域都有不同的特征
和运行规则，在支持科技型中小企业发展过程中存在的具体问题也各不相同，需要
对每个领域的问题进行细化研究。

第一，银行信贷领域。商业银行信贷仍然是我国大多数企业获得外源融资的主
要方式，银行贷款属于紧缺产品，商业银行可以选择的企业众多，中小企业在这个
过程中并不占优势，主要在于中小企业一次性贷款金额小，贷款风险比大型国有企
业要大，一旦出现呆坏账，中小企业的贷款责任追究要大于政府融资平台和国有企
业，因此，在贷款对象不愁找不到的情况下，商业银行不愿意拿出人力物力财力去
为中小企业包括科技型中小企业提供信贷服务。即使存在监管部门的多方要求，在
信贷资金紧缺局面不改变的情况下，商业银行很难真正将大量信贷资金配置给中小
企业。

第二，债券融资领域。中小企业利用债券市场融资可能存在的问题有以下三个
方面：一是债券市场的分割，中小企业希望发行债券融资可能需要找各个监管部门
了解情况、报送材料等，造成中小企业人力物力财力的浪费；二是中小企业规模小，
单次发行债券的规模也小，证券公司能够获得的承销费用较低，而业务成本与大企
业相差不大，因此证券公司普遍不愿意承销；三是由于中小企业抵抗市场风险和政
策性风险的能力较差，很容易出现经营亏损甚至破产清算的情况，导致中小企业债
券的信用风险要大于大企业债券，投资者不愿意购买中小企业发行的债券。

第三，资本市场融资领域。资本市场融资是科技型中小企业获得外部权益性资
金支持的较好方式，也是科技型中小企业创办者和前期投资者获得财产增值以及实
现投资退出的最佳途径，正因为如此，科技型中小企业都愿意上市融资，但上市公
司实行审批制，在形式上对科技型中小企业的财务要求较高，很多科技型中小企业
难以满足，为了上市融资，可能就会出现财务造假的情况；与此同时，由于上市融
资增值倍数较高，一些非高科技中小企业也通过中小板和创业板融资，在上市资源
稀缺的情况下，就会对真正的科技型中小企业形成挤出。

第四，股权投资基金领域。股权投资基金领域的问题在于股权投资基金成立的
数量多，融资规模大，从而在股权投资领域形成竞争格局，大量股权投资基金追逐
少数优质项目，从而把项目的价格越抬越高；同时，我国股权投资基金已经超过
3 000 家，这些基金每年投资一个项目，要想通过上市融资解决退出问题，按照以
前中小板、创业板每年的发行公司数量，每年股权投资基金所投资的项目就需要差
不多 10 年时间消化。另外，股权投资基金的短期快速发展，使得有经验的股权投资
管理人员严重缺乏，各个股权投资基金的管理人员良莠不齐，难免出现打着股权投
资基金的幌子募集资金后进行挪用的情况，有些甚至成为一种"庞氏骗局"。

第五，信用担保领域。信用担保领域存在的问题主要有：一是信用担保机构数量多，但规模普遍较小，没有集中各级地方政府的财力合作设立大型信用担保机构，导致各个小型的信用担保机构能够承担的信用担保能力都较低；二是在与商业银行合作过程中处于被动地位，只能任由商业银行把被担保机构的信用风险转移给信用担保机构。

五、我国科技金融政策支持体系的总体评价

总体来看，经过改革开放 30 多年来的政策支持积淀，尤其是 2011 年科技金融工作组织化、系统化地推进以来，科技与金融相结合的政策环境显著优化，科技创新投融资的一些瓶颈因素得以突破，科技型中小企业金融服务的渠道得以拓宽，融资难的问题有所缓解，但是，面临激烈的国际竞争和我国创新驱动发展战略的迫切要求，科技金融的政策支持体系还需要向更高的层次发展，不仅帮助科技型中小企业有效缓解融资难的问题，引导和吸引金融资源支持科技创新，而且要将沉睡、沉淀在科研院所、大学，企业中的科技创新要素与资源激活，使其源源不断地进入市场，转化为现实生产力，支撑和推动科技创新与创业，提升科技企业和产业竞争能力，推进创新驱动发展战略和经济发展方式转型升级。

（一）积极的成效

我国科技型中小企业发展得到了广泛的政策支持，国家从中央到地方等多层面，从产业、财政投入、税收、政府采购、金融、人才、技术进步、知识产权、信息服务等多方面，构建起支持科技型中小企业发展的政策框架体系。同其他中小企业相似，融资难也是科技型中小企业发展面临的瓶颈因素，改善科技型中小企业金融服务状况一直是我国支持中小企业发展的重要内容，同时，针对科技型中小企业轻资产、创业风险大、成长潜力大等独特之处，在享受中小企业普适的政策优惠之外，国家还出台了专门促进科技型中小企业金融服务的政策措施。

2011 年，科技金融工作正式启动以来，我国科技型中小企业的金融服务状况受到前所未有的关注，科技型中小企业受益于"多维支撑"和"双向加速"的发展格局。

所谓"多维支撑"，具体内容如下：

一是科技金融工作机制的支撑，各级科技部门和金融部门等创新合作方式，建立多层次工作机制。科技部与"一行三会"建立部行（会）合作机制，与国家开发银行、中国银行、招商银行、深圳证券交易所、中国国际金融有限公司等建立合作关系，地方科技部门、国家高新区与金融部门建立合作机制，各地的科技金融对接会、科技金融银政企合作平台广泛兴起。

二是科技金融投入机制的支撑，除了前述中央财政用于支持科技型中小企业的专项资金投入以及地方的相关配套资金，在科技系统内部，各地方转换科技经费的投入方式，由直接投入转化为间接投入方式，通过风险共担的新型方式调动金融机

构和社会资金的积极性，引导更多的资金投向科技型中小企业。北京、宁夏、贵州、江苏、云南、四川等地深化科技计划和经费管理改革，设立科技金融计划（专项）、贷款风险补偿资金、成果转化资金等，安排专项资金用于科技金融工作。例如，贵阳市在科技计划体系中特别增设了"科技金融计划"，主要用于设立科技创业投资引导基金、科技成果转化基金、科技信贷专营和配套机构的引导资金以及科技金融专项补助等方面；成都高新区设立涵盖天使投资风险补助、创业投资基金、股份制改造补贴、上市奖励、贷款利息补贴、贷款担保费补贴等专项资金，构建为不同成长阶段科技企业提供不同融资工具组合的"梯形融资模式"。

三是科技金融服务平台的专业支撑，逐步形成专门化的中介服务体系。科技金融服务平台主要包括科技金融服务中心、科技金融信息服务平台、科技专家咨询服务系统等。目前，全国已有26家不同类型的科技金融服务中心面向科技型中小企业提供投融资服务；在国家科技支撑计划的支持下，成都、武汉、天津等地正在联合组建面向科技型中小企业的科技金融信息服务平台；科技部与银监会启动科技专家参与科技型中小企业信贷项目评审工作，并建立银行科技型中小企业信贷项目科技专家咨询系统，为科技支行开展业务提供咨询。

所谓"双面加速"，具体是指：

一是政府层面政策支持体系加速优化。随着科技型中小企业对国家经济发展战略的重要作用与日俱增，中央和各地出台了近乎海量的政策，我国在科技金融政策方面已具有较为系统的框架，框架的内涵要素逐步丰富，支持方式不断增加，无论从科技型中小企业的数量、金融资源的投入规模，还是从财政科技支出的规模来看，都已较为可观。在实践应用方面，各地方积极响应中央的支持政策，结合当地情况锐意创新，涌现出大量支持科技型中小企业的新方式、新组织和新机制。

二是市场层面金融业加速创新和发展，科技型中小企业面临的金融环境加速改善。随着我国金融市场化程度的不断提高，互联网金融等金融创新活动的蓬勃发展，科技型中小企业面临的国内金融环境显著改善。

第一，原有的融资渠道不断拓宽或者更为灵活，例如，政策性金融机构科技企业贷款，创业板、中小企业板等；第二，新的专业化融资渠道也不断拓展，例如，科技支行、科技小贷公司、科技保险、新三板、P2P网贷平台、众筹、融资租赁等，据统计，在第一批16个科技金融试点地区设立了60余家科技支行；第三，还出现了多种金融工具联合服务的模式，例如投贷保联动、结构化金融产品，综合化金融服务等；第四，科技金融新型专业投融资机构蓬勃兴起，中关村科技园区、苏州高新区、无锡高新区等地分别成立了专业投资科技型中小企业的投融资机构，例如，中关村发展集团，同时，中新力合、阿里金融、全球网等社会中小微金融中介蓬勃发展；第五，金融开放和金融全球化的深入发展，为科技型中小企业利用海外资本市场和金融资源也开辟了较为顺畅的渠道。

（二）存在的问题

应该看到，我国科技金融工作系统化地有组织推进只有四年的时间，而且科技金融服务体系的构建和完善是一项复杂的系统工程，需要多个部门、多个层面，多项领域的协调与合作，才能形成一个具有多项内生推动力促进其运转的完整的科技金融服务链条，从实践情况来看，就科技金融工作的首先目标解决科技型中小企业融资难而言，实践中我国科技型中小企业仍存在突出的融资难的问题，科技金融服务的质量、广度和深度都有待改善，在政策支持体系方面仍存在诸多亟待完善的环节，主要集中在以下方面：

第一，从科技金融政策支持体系的深度来看，同其他政府支持领域类似，科技金融工作也涉及一个如何妥善处理政府与市场的关系，政府在什么样的范围，以什么样的方式，以何种深度介入科技金融服务市场的命题，这方面需要处理好政府与市场的关系。金融的本性是逐利的，商业金融总是不遗余力地发掘可以获利的机会，对于处于成长期和成熟期的科技型中小企业可以相对确定地预见到它们的现金流回报，因此，这些科技型中小企业往往受到私募投资基金，甚至商业银行等商业金融资本的青睐，它们的融资环境是便利和宽裕的，这些领域应不是政府支持和干预的主要领域，而对于初创期和成长期前端的科技型中小企业、对于科技型中小企业所匮乏的长期资金、进一步来讲，对于促进产学研相结合，激活沉睡的科技资源，使其转化为现实生产力，促进科技型中小企业科技进步，这些领域才是商业金融资本不愿或无力顾及的领域，才是需要政府大力支持的领域，科技金融工作不能眉毛胡子一把抓，应该集中力量支持市场失灵领域，并根据从我国知识转化为财富的全链条发展情况，选择政府直接支持、政府与市场合作等支持方式。从全国科技金融试点城市的科技金融工作推进情况来看，在政府支持的领域、方式和力度等方面还存在一定的盲目性，缺乏系统化的规划，导致实践工作遍地开花，支持力量耗散，存在对政府科技投入边界把握不当、代替市场配置资源的现象，降低了政策效力。

第二，从科技金融政策支持体系的高度来看，科技金融工作需要中央与地方协同推进，形成一个多层次的架构体系，目前，在中央政策的支持下，各地方的科技金融实践丰富多彩，区域发展特色显著，有利于满足不同区域不同类型科技型中小企业的多元化的金融服务需求，但是，中央层面，支持政策很多，有力度的支持措施缺乏，例如，缺乏全国性的科技金融政策性金融机构，政策性担保机构，技术推广中心、商会等，导致科技金融工作无法在整个国家发展战略布局中占据一席之地，停留在部委或部际协调的层面，无法实现对全国范围内科技资源和金融资源的优化配置，这种顶层支持措施的欠缺导致科技金融政策支持体系的高度不足，限制了科技金融政策支持体系滞留在改善部分科技型中小企业融资状况的狭窄格局，科技金融工作的局面没有充分打开，存在碎片化问题，缺乏协同效应，顶层设计尚未突破。

第三，从科技金融工作的细度（细化程度）来看，科技金融工作与国家的科技战略导向或规划相结合，也需要调动市场力量自发创新的积极性，在此基础上形成细分的目标导向，并按照知识转化为财富的各阶段、根据科技型中小企业生命周期不同发展阶段统筹安排和设计相应的支持项目。目前，我国科技金融工作的内容丰富，但是，无论从目标细分和支持措施细分方面都还比较粗糙，精准发力不足，支持方式的分类和系统化、连续性不好，针对性有待提高，资金投入结构也需进一步协调优化。从财政扶持资金总量上看，无偿资助比例大，大多各引导基金仍然采取课题评审方式，社会资本有效动员力度不够。

第四，从科技金融工作的广度来看，科技金融工作本质上是需要优化科技资源和金融资源的优化配置，提高科技转化为现实生产力的效率，需要科技、教育、社会中介机构、知识产权等方面的合作，由于科技金融支持政策体系的高度不足，使得科技金融局限于科技型中小企业和金融机构之间合作的窄范围内，导致创新链条各环节不能有效衔接，与教育科研界、产业结合不充分。

第五，从科技金融工作的基础和配套条件来看，信息体系建设、征信体系建设、知识产权保护体系、资本市场发育程度等方面都存在短板，在木桶原理的约束下，这些短板自然会影响科技金融支持政策的有效实施，甚至导致有些政策无法落地，存在隔靴搔痒或流于形式之嫌。

例如，在科技金融工作的统计口径方面，科技金融业务开展以来，国家尚未出台科技型企业的统一划分标准，各地对科技型企业的定义和配套各有差异，有些地区采取政府名单制，进入名单的企业即为科技型企业，有些地区采取行业划分制，规定特定行业的企业即属于科技型企业。这种情况造成了金融机构（银行）在科技金融发展中客户拓展的维度不统一，在争取政府资源、制定信贷政策、配套针对性金融服务方面无法出台统一标准，只能由分行根据当地的情况自行摸索，无法形成有效的经验复制，在一定程度上限制了科技金融业务的规模化发展。

再如，不同的金融制度安排在克服金融交易中的信息不对称、降低交易成本和分散风险等方面各有优势和劣势。相比于银行天生的谨慎性倾向，资本市场的资金来源更为多元化，各方利益诉求表现出更为异质性的特征，能够提供更为丰富灵活的风险管理工具，可以根据实际情况设计不同的金融产品，尽可能实现风险与收益的匹配，因此一般认为更加适合于中小企业融资。

资本市场的多层次性能够为不同类型、处于不同成长阶段的中小企业提供股权融资服务。以美国为例，美国的多层次资本市场体系大致可以划分为五个部分：全国性集中市场（包括纽交所 NYSE、美交所 AMEX 及纳斯达克市场 NASDAQ 等）、纳斯达克小盘市场、区域性股权交易市场、地方性证券交易所、场外交易市场（包括电子公告板市场 OTCBB 和粉红单市场 NQB 等）。五个部分几乎覆盖了从高端到低端的所有方面，呈现出典型的金字塔特征。各类交易所对公司规模、盈利能力、信息披露等方面的要求不同，并有衔接完善的转板机制，构建了一个梯级明显、功能完备、层次多样的庞大平台，在解决小企业融资难、融资贵问题方面发挥了重要作用。在 2000 年前后，美国小企业 IPO 家数为 207 家，占当年 IPO 总数的 40.43%；小企业 IPO 募资规模为 105.31 亿美元，占当年 IPO 募资总额的 16.71%。

目前，我国资本市场更多呈现出倒金字塔的特征，占市场主体的主板上市公司约为 3 000 家，中小企业板与主板区分度不明显，创业板推出不久，而新三板和区域性股权交易市场等场外市场影响力仍待提升。这种不完善的多层次资本市场体系结构不能正确评价不同类型中小企业的风险和估值，而衔接完整的转板机制的缺失又使其在一定程度上丧失了对于中小企业成长的培育和激励功能。所有这些，都造成我国资本市场对于科技型中小企业融资的支持力度有限。

资本市场不发达，我国太偏重于银行信贷融资，银行的钱不是自己的钱，是存款人的钱，所以希望是有资产质押的，低风险的，但服务业、消费业是轻资产的，没有可抵押物，起步中的科技型中小企业更不用说了，没有资产可抵押，科技型中小企业普遍具有轻资产特征，拥有的是无形资产。但是，另一问题是我国无形资产市场不发达，例如知识产权市场弱，保护也不好，这决定我国融资结构是重资产的，投资导向性的，而国外是一个完整资金链，这不仅制约了科技金融工作的推进，也直接制约着我国经济结构转型，加快发展资本市场，构建一个鼓励创新和创业，有效分散风险的金融体系是实现科技金融工作目标的必由之路。

（三）面临的挑战

科技型中小企业是国家实施创新战略的重要载体之一，是科技成果转化的重要载体，科技型中小企业金融服务环境的宽松程度、便捷程度与国家创新水平成正比。在未来经济发展中，低成本已不再是企业竞争的优势因素，创业和研发将成为企业生存与发展的关键，因此，我国对发达的科技金融体系的需求与日俱增，借助于发达的科技金融体系形成科技创新与金融创新互促互进的良性循环，培育内生的创新驱动力，摆脱中等收入国家陷阱的制约，实现经济社会可持续发展。

创新才是生产力，经济转型的核心内容就是升级，产业要升级，要提高它的效率，要有技术创新。从全球竞争的角度来看，建立更有效的科技金融政策支持体系，推进国内科技资源与金融资源的有效配置也是迫在眉睫。近年来，我国科技型中小企业已掀起了一股上市热潮，与科技型中小企业赴美或海外上市热潮形成鲜明对比的是，这类企业在国内 A 股上市的案例寥寥无几。我国科技型中小企业之所以选择赴美上市，这反映了美国资本市场的发达成熟和积极开放，与美国资本市场相比，我国资本市场在发展理念、监管手段、法规修订等方面处于比较落后的状况。我国最具成长性、创新发展和盈利前景良好的一大批科技型中小企业纷纷赴美上市，这客观上让美国及其他全球投资者享受了投资我国科技进步的利益。但是问题在于，基本上由国内广大消费者和投资者支持、做出巨大贡献的我国科技型中小企业上市后，投资者却基本上无缘投资和享受投资红利。

在我国科技金融工作中，科技资源、金融资源和财政资源还没有得到最优配置，下一步，在继续注重各类资源量的增长的同时，更需要解决的是资源配置的效率和效益问题，通过财政资源在关键环节和薄弱环节的引导、放大和增信作用，按照符合科学规律和符合市场规律的方式，推动科技创新与金融创新的互促互进，建立三类资源顺畅结合和协同发挥作用的良性机制，这是科技金融工作的出发点，也是科技金融工作的着力点。

第四章

其他国家和地区促进科技型中小企业金融服务的经验

本章对促进科技型中小企业金融服务的国际经验进行了较为详细的阐述，按照内容框架，依次从美国、日本、欧洲（包括英国、法国、德国、荷兰、意大利、葡萄牙以及欧洲投资基金等）、新兴市场（包括以色列、韩国、新加坡、俄罗斯、印度、中国台湾地区等）的角度，对典型国家和地区的经验进行了论述，并在此实践层面的基础上，继续论述了国外正在探索的创新模式，最后对这些国家和地区的经验进行了总结。

一、美国经验分析

（一）管理机构

美国特别注重中小企业的发展，其管理机构主要有三个：第一，是联邦政府小企业管理局（SBA，Small Business Bureau）；第二，是白宫小企业会议（White House Small Business Conference）；第三，是两院设立的小企业委员会（Small Business Committee）。这三个管理机构中，最为核心的机构是于1953年设立并于1958年被美国国会确定为"永久性联邦机构"的小企业管理局，作为美国政府制定小企业政策的主要参考和执行部门，其主要职责是支持小企业发展，包括制定中小企业发展的相关政策、规划、咨询、信息、培训等内容，机构规模较大，在美国十大城市设有分局或称区域办公室，下设69个地区办公室，17个分支办公室以及96个服务点，总人数超过4 000人，是美国支持中小企业发展的中坚力量。美国小企业管理局将小企业定义为雇佣员工少于等于500人的企业。作为世界上最发达的国家之一，美国市场中小企业数量超过2 500万家，占美国全部企业数量的98%，且科技型中小企业数量非常多，科技投资回收期普遍快于大企业。此外，美国国会于1953年起，相继制定了《小企业法》和《小企业融资法》，对中小企业的经营和融资进行立法保护。

除美国联邦小企业管理局以外，白宫总统小企业会议主要负责就小企业相关的法律制定、政策协调、社会服务等问题进行讨论，为总统提供决策支持，而两院设立的小企业委员会的主要职能则是听取联邦小企业局和总统小企业会议对有关小企业发展政策的建议和意见，从外围保障小企业发展体系的良性运转。

（二）美国小企业投资公司计划

美国小企业投资公司计划（Small Business Investment Companies，SBIC）由美国小企业管理局（SBA）设立于1958年，是一项致力于弥补美国小企业的融资需求和融资来源之间的巨大缺口的金融援助项目，其核心任务是为"获得融资不足"的小微企业"补充私募投资和长期贷款的资金"。SBA创设SBIC项目的原因，是根据联邦政府的一项研究，小微企业获得的融资经常无法满足其技术改进的需求。SBIC计划以政府资金和私有资金合作的方式来运作。在该计划之下，符合条件的私营投资基金可以向SBA申请注册，成为美国小企业投资公司（SBIC），SBA向成为SBIC的基金提供长期融资支持，以便它们更好地开展业务，为高风险的小微企业提供长期的债务和权益融资。截至2014年6月，在SBA注册过的SBIC累计已有2 100多家，这些SBIC已累计进行了超过16.6万笔投资，为美国的中小企业配置了超过670亿美元的资金（其中约64%为私人资本）。苹果、英特尔、联邦快递、惠普、好市多等许多知名企业都是在该计划的支持下诞生和发展壮大起来的。

1. SBIC计划的运行机制

SBIC计划并非由SBA直接向小企业提供资金，而是应用一种特殊的公私合营模式，通过在该计划中注册的SBIC，间接地推进美国小企业融资市场的发展。

在该计划的模式下，注册成为SBICs的公司首先要有能力从市场上筹集一定数额的自有资金，这些资金可以来自（非公立）养老金、基金会、银行等机构投资者，也可以来自个人投资者，但借款和从政府获得的资金排除在自有资金的范围之外。在注册成功后，SBIC可以向SBA申请不超过其自筹资基金3倍（但通常都为2倍）且总额不超过1.5亿（单一企业）或2.25亿（同一控制下的多家企业）美元，由SBA提供担保的杠杆融资。也就是说，若一家SBIC筹集到1美元的自有资本，就可以通过SBA得到最多2~3美元的资金支持，从而使该SBIC能够运用的资金达到3~4美元。而后，这些资金通过SBICs的业务活动，以风险投资或长期贷款等方式投向美国的中小企业。

SBIC必须是私人所有、以盈利为目的、为美国小企业提供权益和（或）债务资本的投资基金。要注册成为SBICs，必须符合SBA规定的条件：第一，在业务范围方面，SBIC只能投资于小企业，且必须将其总资本的25%以上投资于微型企业。小企业的范围由SBA定义，目前的规定是有形净资产的价值低于1 800万美元，并且在投资时点的前两年的平均净收益低于600万美元的企业属于小企业，而微型企业则是指有形净资产价值低于600万美元，并且在投资时点前两年的平均净收益低于200万美元的企业。第二，在规模方面，在申请SBIC执照之前，申请人的自有资金应当达到一定数额。最低自有资金的标准根据SBIC申请的执照类型而有区别，一般为500万美元到2 000万美元不等，也有300万美元的例外情况。这一门槛实际上

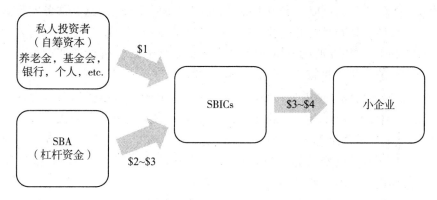

图 4 - 1　SBIC 计划的公私合作运营模式

是较低的。第三，管理和经营团队应具有一定的专业能力，业绩表现的记录符合要求。同时，在申请 SBIC 执照时，SBA 亦要求申请人对其投资战略、投资实际情况及投资计划进行阐述。第四，其他限制条件。包括 SBIC 的股权分散度等。另外，SBIC 还必须遵守一些其他的业务规则。

表 4 - 1　　　　　　　　　　**SBIC 的部分业务规则**

规则	投资工具	地域	投资部门	控股
允许事项	以贷款、具有权益特征的债券和股权投资方式投资于小企业。	投资于美国领土范围内的小企业。	投资于制造业、交通运输业、消费品业以及其他与公共利益不相冲突的行业。	控股一家小企业的时间不超过 7 年，除非经过 SBA 批准。
禁止事项	将 SBICs 的自筹资本的超过 30% 投资于单一小企业。	投资于 49% 以上雇员在美国以外地域工作的企业。	投资于与公共利益有冲突的行业，或项目、不动产和金融机构。	未经 SBA 批准，控股单一小企业的时间超过 7 年。

2. SBIC 计划的资金来源

联邦政府并非直接使用税收收入来支持 SBIC 计划的运行，而是采取了为 SBIC 提供债券融资担保的特殊方式。

SBA 为 SBIC 提供资金支持的过程由以下几个步骤组成。第一步，SBIC 注册并向 SBA 申请融资承诺（SBA Commitment），即 SBA 为 SBIC 提供一定额度内的贷款担保的承诺。融资承诺申请可以在申请执照的同时提交，也可以在之后提出。申请通过后，承诺在 5 个财政年度内有效。第二步，SBIC 实际需要融资时，可在承诺额度内向 SBA 提交提取申请（draw application）。SBA 每月接受两次提取申请，申请获得通过后，SBA 向申请人发放一份有效期不超过 60 天的支付凭单。在有效期内，SBIC 可持此凭单随时向芝加哥联邦住宅贷款银行（FHLBC）申请资金，银行在申请提出的第二个工作日就可以向申请人提供贷款。此时，SBIC 的这笔债务实际上相当于形成了一项尚未公开发行的债券（debenture）。① 第三步，债券的集合与发行。实际上，目前 SBIC 可以注册的 SBA 担保债券有标准债券和折价债券两种类型。纽约梅隆银行下属的实体"投资信托（Investment Trust）"每半年一次，将 SBIC 向 FHL-BC 申请资金形成的标准债券集中起来，经 SBA 做出还本付息担保后，形成一种称为信托证书（Trust Certificates）的证券，并委托承销商在市场上销售。而折价债券目前则由 FHLBC 承诺全部买入并持有至到期。标准债券一般期限 10 年，每半年付息一次，到期还本。折价债券期限有 5 年和 10 年两种，折价发行，前 5 年不用付息，到期按照面值还本。两种债券都允许发行者提前赎回。

在 SBIC 从 FHLBC 获得资金到其形成的债券被集中和发行之前，SBIC 暂时按照LIBOR 加上 30 个基点的利率向银行付息。在债券发行之后，SBIC 则需按照债券发行或被 FHLBC 买入时约定的利率承担还本付息义务。如果 SBIC 无力偿还，则政府需履行担保义务，向投资者支付这些债券的本息。为了弥补担保代偿风险，SBA 向SBIC 收取年费、杠杆费用和一些其他费用，用于支付机构运营成本、债券销售成本等费用和作为风险储备。从目前的情况来看，这些费用能够覆盖项目支出和代偿损失，近年来，SBIC 计划在完成其政策目标的同时，没有占用联邦政府的任何税收收入，实现了"零补贴"。

在这种模式下，财政资金的放大效应是非常显著的。美国联邦政府并不需要事先投入财政资金，只是利用国家信用为 SBIC 提供担保，计划中涉及的资金实际上仍然是来源于社会资金和金融资本。而对 SBIC 来说，获得由 SBA 担保的贷款使他们能以较低的成本、简单的程序取得大笔长期资本，大大减少了其筹集资金的工作，而且 SBIC 的私营部门投资者亦可以从中获取较高的杠杆收益，因此经营状况良好、投资收益水平高的 SBIC 的投资积极性自然得到增强。因此，SBA 只需代企业和银行承担一部分风险，提供事后的风险补偿，即可起到促进小企业投资机构的发展和扩大其业务规模的作用，为中小企业融资市场注入流动性，强化优胜劣汰，间接推动美国小微企业的发展。如果管理得当，计划中甚至可以不需要实际动用财政资金，实现"空手套白狼"。然而，运用这种模式的前提条件之一，是金融市场，尤其是债券市场足够成熟和发达，而且由于过程中 SBA 的潜在风险敞口是比较巨大的，要求相关部门应当具有较高的风险管理水平。在历史上，该计划也的确给联邦政府的财政资金造成过较大的损失。

3. SBIC 计划的资金运用情况及其经济效应

在《小企业投资法》和 SBA 的相关管理规定的框架之内，SBIC 可以自由做出投资决策并执行，自行对其投资组合进行管理。目前来看，SBIC 为美国的小企业提供的融资工具主要包括三种类型。其一是贷款，包括优先贷款和次级债等，其二是具有权益特性的夹层债务，即混合性金融工具，如认股权证和可转债，其三是权益

---

① 1995 年 SBA 还创设了利用参与型证券为 SBIC 提供股权担保融资的方式，但因为执行中实际损失较为严重，从 2004 年起已经停止新增这类融资，目前为止还有部分存量投资存在。

投资，包括风险投资和成长资本投资等。在目前 SBIC 的投资组合中，贷款所占的比例最大，其次是夹层融资，股权融资所占的比例最小。2009 年以来，SBIC 提供的股权和夹层融资规模基本保持稳定，但贷款规模则迅速扩张，从 2009~2013 年增长了 271%。这其中的原因可能是近年来小微企业能够从传统渠道获得的贷款非常有限，而 SBIC 致力于弥补这种市场失灵。

SBIC 投资的行业分布较广，涉及制造、交通仓储、批发、信息技术、医疗、专业服务等，其中制造业、专业服务和信息技术占比最高。

从实践情况来看，SBIC 是美国小企业获得风险资本（包括债务和权益资本）的重要来源。截至 2014 年 6 月，SBIC 已累计进行了超过 16.6 万笔投资，为美国的中小企业配置了超过 670 亿美元的资金，对于满足一部分小企业获得小规模风险投资的需求起到了关键的作用，并保持和创造了大量就业岗位。

表 4-2　　　　　　　　近年来 SBIC 计划的经济效果数据

财政年度（按结束日所在年份计）	2009	2010	2011	2012	2013
提供融资总额（百万美元）	1 856.1	2 047.1	2 833.4	3 227.4	3 498.3
接受 SBIC 融资的小企业数量（家）	1 481	1 331	1 339	1 094	1 068
其中：中低收入地区的企业	321	318	351	216	213
女性、少数民族、退伍军人所有的企业	164	109	110	108	67
创造或保持的就业机会	42 306	46 130	61 527	68 918	73 585

资料来源：SBIC 公布的结束于 2013 年 9 月 30 日的财政年度的统计数据。

另外，作为政府支持的金融援助项目，SBIC 计划具有一定的推动经济社会均衡发展的功能。针对社会投资的一些薄弱领域，SBA 通过发给 SBIC 特殊类型的执照，鼓励资金流向这些薄弱领域，例如农村和欠发达地区、教育和清洁能源等与民生和社会发展紧密关联的行业，以及针对企业创业早期阶段的风险投资等。

4. SBA 对 SBIC 的管理与考核

SBA 依据《小企业投资法》和 SBIC 计划的相关条款，对 SBIC 的业务活动进行监督与考核。SBA 对 SBIC 采取集体管理的办法，设置了项目发展办公室、注册与项目标准办公室、运营办公室、考核办公室、清算办公室等数个部门，分别负担管理流程中的不同职能。想注册成为 SBIC 的企业需要经过严格的审核。申请人可以首先向 SBA 提交一份执行摘要（Executive Summary），项目发展办公室对执行摘要进行初审，并给出初步反馈（这一步骤是非强制的）。之后，申请人还需填写并提交一份管理评估问卷（MAQ），项目发展办公室会对其进行详细审核，提交 SBA 投资部下属的投资委员会（Investment Committee）。若投资委员会初步认可该申请人，则会邀请管理团队进行一次面谈，之后再次进行表决，并给表决获得通过的申请人发放一封许可信（Green Light letter）。拿到许可信并筹集到足额自有资本后，申请人可以正式提出注册申请。注册与项目标准办公室对注册申请和相关法律文件进行审查，并向申请人反馈。之后，注册申请需依次经投资部和 SBA 两级的许可委员会（Li-censing Committee）表决通过，并经 SBA 的行政长官批准，才能最终完成注册。

SBIC 的运营办公室是 SBIC 和 SBA 之间沟通的桥梁，一家 SBIC 获得执照之后，运营办公室就会为其指派一名分析师作为联络人，直接负责解答 SBIC 管理当局的疑问，对 SBIC 的投资行为和财务状况进行监督，协助其获取杠杆融资等。SBIC 需定时通过互联网向 SBA 提交财务报告和投资报告。SBIC 考核办公室每年还会对在册的每家 SBIC 进行一次检查（若 SBIC 未获取杠杆融资，则为两年一次），目的是核实 SBIC 的业务范围和经营行为是否符合法律规定，评估风险情况，以及确保 SBIC 向 SBA 提供的信息准确无误。大多数的 SBIC 在注册 10 ~ 15 年之后，清偿完毕所欠的 SBA 担保债券的本息，然后注销其 SBIC 执照，基金终止（Resolution）。但当 SBIC 在日常监管或年度检查中，被发现财务状况出现严重问题，以至资本减损比例超过法律规定，或已经不能维持最低管理费用，或是出现了其他无法在经营中纠正的严重问题时，SBA 当局有权禁止其从事其他投资，并将其移交清算（Liquidation）办公室处理。清算办公室在接管后，会对基金进行处置，尽量减少担保贷款的损失。

（三）金融创新产品

1. 科技银行

作为一种专门为快速成长的企业尤其是中小企业提供风险贷款的金融机构，科技银行能够提供一般商业银行无法提供的金融产品和金融服务，其目标是初创企业尤其是初创期的科技型企业，特别是主要依赖于风险投资的科技型企业，美国拥有世界上科技银行最好的实践范例，即硅谷银行（Sili-con Valley Bank，SVB）。硅谷银行创立于 1983 年，总部设在美国加利福尼亚州硅谷地区，经过 30 年的发展，硅谷银行发展得颇具规模。具有成长潜力的中小企业尤其是科技型中小企业，能够逐步从硅谷银行获得如下金融支持：第一，在初创期，可以获得 SVB 创业贷款；第二，在发展期，可以获得企业资产贷款；第三，在成熟期，可以从硅谷银行过渡到与商业银行金融服务实现对接，从而获得进一步的金融支持。由此可见，科技银行作为一个专项支持银行，能够填补科技型中小企业发展过程中金融服务的缺位，具有重要的桥梁作用。

2. 资产重组

中小企业的发展，尤其是以科技等知识产权作为主要无形资产的科技型中小企业，其发展过程往往在很大程度上带有不确定性，需要不断进行资产重组来实现新生。美国资产重组的典型形式主要有两种：第一，替代公开上市（Alternative Public Of - fering，APO）。这种方法是对借壳上市形式的一种改造，在借壳的过程中同时发行公司股票进行再次融资，属于替代性公开上市的形式。第二，特别并购上市（Special Purpose Acquisition Corporation，SPAC）。特别并购上市的过程是：首先成立"特殊目的公司"（Special Purpose Vehicle，SPV），接着选择机构投资者注入资产到特殊目的公司中，最后使其满足上市要求后推出上市。这种方法的目标公司往往是资产规模不够大且极需要资金支持的高成长性企业，尤其是科技型企业。

（四）相关政策支持

美国在 1978 年通过《报酬法》以及 1981 年通过的《经济复兴税法》的目的是减少投资所得税来鼓励投资。不久，美国通过了《1998 年金融法案》来激励投资。法案规定了资本利得税逐渐缩减原则：即自 1998 年 4 月 5 日起持有资产的时间越长，享受资本利得税减免就越多；持有营业资产 4 年后，资本利得税税率将由 40%逐渐下调到 10%；对非营业资产则由 40%逐步下调至 24%。同年，美国财政法规定，创业不到 7 年的企业，其主要雇员可认购资本股，3 年后适用税率为 16%，对超过 7 年的企业，其课税率为 30%，认购期可延至 1999 年 12 月 3 日；当转让收益重新投资于创业企业，至少持有 10%资本的自然人所获得的非上市公司股票或股份的转让增值可延迟课税；至少有 50%的股本投资合同用于人寿保险产品，其中 5%股本用于风险产品，则可享受免税。1980～1981 年，美国先后推出《1980 小型企业投资激励法案》和《激励股票期权法》，使自主创新企业不受《投资顾问法案》的限制。

二、日本经验分析

为了支持中小企业发展，日本设立了许多相关机构，若按照功能将这些机构进行分类，则主要可以分为两类：第一，为中小企业提供政策性贷款的机构。日本为中小企业发展提供贷款的机构大都以政府部门的形式出现，包括了日本的商工组中央金库、国民金融公库和中小企业金融公库。第二，为中小企业提供政策性担保的机构。日本的信用担保制度始于 1937 年成立的东京信用保证协会，经过 70 多年的发展，如今已建立了一整套的比较科学的、完整的支撑系统，成为亚洲以及世界信用担保系统翘楚。日本的中小企业信用担保资金是以中央政府财政拨款为主要来源。虽然中小企业信用担保资金主要来源于政府，但政府出资的担保机构不一定由政府部门直接运作，而是由协会和基金等专门机构具体运作，政府管理部门加以监控。日本的中小企业信用保证计划则与政府的产业政策配合，主要以每个时期的政府产业政策为依据，重点为符合产业政策的项目提供担保，如中小企业自动化计划等。日本政府成立政策性担保机构"日本中小企业信用保险公库"，中小企业信用担保机构也负责提供经营咨询服务，日本有 200 多家公立实验机构，聘用有经验的工程师担任顾问，为中小企业的产品、技术可行性研究和实验提供具体的指导。与美国相似，日本政府参与的担保计划也起着引导和带动民间机构的作用，中央政府的中小企业信用保险公库为地方性担保协会进行再担保等。

政策方面，日本于 1963 年制定了《中小企业基本法》，以此来保护中小企业的利益。在税收优惠方面，2000 年 4 月修改了天使投资税制，将税收激励政策由原先只对亏损企业，扩展到盈利企业，即一方面保留了原优惠，另一方面只对天使投资人交易时产生的 1/4 的资本利得额征税。

三、欧洲经验分析

（一）英国经验分析

英国中小企业的融资体系主要包括四个方面。

1. 信用担保

英国威尔逊委员会最早于 1979 年提出"小型企业信用担保计划"，旨在为具有市场潜力但缺乏足够抵押物的小型企业提供贷款担保，担保比例一般为 70%，最高可达 85%。自 1981 年起开始实施"小企业信贷担保计划"规定可为最高限额为 10 万英镑的中小企业贷款项目提供 80% 的担保。1995 年后英国政府又加大了贷款担保计划的实施力度，并于 2000 年成立了小企业服务局，用以指导中小企业信用体系的发展，促进中小企业的融资能力。贷款银行由商业银行及其他金融机构组成，零售商业银行的贷款约占 95%，其余贷款由小型银行、风险资本公司提供，期限为 2 ~ 7 年。

2. 银行贷款

英国银行着力支持中小企业发展，在银企所达成协议的规定和约束下，中小企业可以在一定数量和一定期限内通过透支的方式在本企业现金账户上进行超额提取，还可以在商业银行取得普通的定期贷款，且在政府提供贷款保证金等多种计划的推动下，商业银行能够在更大程度上为中小企业提供定期贷款。

3. 风险投资基金

尽管风险投资基金是世界范围内一个较为流行且颇具实效的措施，在英国也的确存在，但却并不是英国的主流模式，其风险投资基金主要着眼于管理层收购（Management Buy-outs，MBO），而对于初创型中小企业的投入比例仅停留在 5% 左右。

4. 税收优惠政策

一是减免收入税，小企业投资者收入的 60% 可以免税；二是豁免资本税，幅度在 25%、50%、75% ~ 100%；三是降低公司税，1983 年将中小企业公司税率从 38% 降至 30%，1999 年进而降至 20%，并将利润的纳税起点提高由 4 万英镑提高至 5 万英镑（税率下调至 10%）；四是削减印花税，从 2% 削减至 1%，征税起点从 2.5 万英镑提高至 3 万英镑；五是取消投资收入税和国民保险附加税；六是对企业科研和开发投入实行税收减免，延长对企业生产性投资的税收减免期限。

（二）法国经验分析

法国成立了中小企业发展银行，主要职能是为中小企业提供商业银行的贷款担保、小部分直接向中小企业贷款，其中小企业的融资体系主要包括如下机构。

1. 中小企业融资专门机构

1996 年成立了中小企业发展银行，旨在巩固和拓展中小企业资金来源赋予中小企业更多的贷款优惠和便利。中小企业发展银行由国家直接投资，部分民营投资银行入股，筹集资金向中小企业投放。政府还设立了专门机构为中小企业的银行贷款提供担保，并把中小企业税收从30%降低到19%。

2. 政府扶持

法国政府针对困难的中小企业创办者和经营者进行重点资助，并在政府工业部下设立了中小企业发展局，具体制定支持中小企业的发展计划。政府设立专门为中小企业推广新技术的基金，以鼓励中小企业加强科研和新技术的运用。设立国家科研推广局，向中小企业提供科研贷款和技术开发津贴，后者最高可达投资的70%。推动技术和资本的联动，不断加强中小企业与金融机构在科研方面的合作。在税收优惠方面，法国规定中小企业的继承税可缓缴5年，并可以减免部分出口税，且凡雇员达到或超过10人的中小企业在5年内可以逐步减轻建筑税和运输税。

3. 风险投资基金

法国风险投资事业始于20世纪70年代。当时成立了一批技术创新投资公司和地区股份协会，1979年又成立了风险投资共同基金。发展至20世纪80年代末，法国已有120多个机构在进行风险投资，资本超过1亿法郎的风险投资机构有20家。此外，法国成立了具有互助基金性质的会员制的中小企业信贷担保集团，如大众信贷、互助信贷和农业信贷等集团。

（三）德国经验分析

德国中小企业的融资体系主要由以下几个组成部分。

1. 金融扶持

第二次世界大战后德国就开始组建复兴信贷银行（KfW）、储蓄银行、合作银行和大众银行等专门金融机构，为中小企业提供长期、稳定的融资服务。如复兴信贷银行主要从国际市场融资并以低息向中小企业发放贷款，其基金"马歇尔计划援助对等基金"是德国政府为中小企业提供金融扶持的重要资金来源之一。复兴信贷银行利用自己较高的信用等级从国际市场筹集资金并向中小企业发放贷款，排除了中小企业的融资瓶颈。另外，政府通常以净资产援助项目的形式（用贷款代替净资产）向新创立的企业提供金融援助。德国BYU计划，一部分就是通过联邦银行向新创小企业（少于50名雇员且不足5年）新技术项目提供再融资，其向创业投资人提供中等水平利率的贷款融资，允许每次股权投资后立即重新得到了70%的资金，贷款的全部拖欠风险100%由国家承担。被投资公司每次融资最大金额为140万欧元，利率视创业投资公司的回报情况而定，2000年年底的年利率固定在8.44%（其中包括年担保率2.2%）。

德国16个州至少每个州有1家担保银行，在全国范围内建立起较为完善的担保体系。经过50年的发展，担保银行已经取得了较为显著的经济和社会效益。德国在联邦层次上尽管没有出台专门的中小企业法律，但在相关法律中，涉及促进中小企业发展的法律和政策规定都比较健全，绝大部分州都制定了中小企业促进法。这些法令主要调节企业在社会福利、劳资合同、税收、竞争等领域的活动，为中小企业的发展起到了积极作用。

2. 贷款担保

德国的信贷担保机构由手工业和行业工会、储蓄银行、合作银行和大众银行联合成立。信用担保方面，德国联邦政府和州政府为促进担保业的发展，每年拿出资金约 5 000 万欧元（近 5 亿元人民币）给予支持。虽然中小企业信用担保资金主要来源于政府，但政府出资的担保机构不一定由政府部门直接运作，德国则由政府出资，鼓励私人银行对中小企业进行信用担保，重点发挥私人银行的中介功能。德国的中小企业银行主要有储蓄银行、合作银行和国民银行等，还款期最长达 10 年等。担保机构通常为中小企业提供贷款总额 60% 的担保，最高可达 80%，中小企业往往能够获得超过其正常贷款的数额。这既有利于中小企业扩大规模和新技术研发利用，也有利于促进风险项目的资金投入和落后地区的经济发展。

3. 政府资助

（1）财政补贴。德国政府与银行共同出资组建中小企业发展基金（资金主要来源于财政补贴），通过对中小企业的直接投资和贷款项目的补贴，为其提供融资支持。中小企业发展基金根据不同的行业、不同地区和不同项目规定了贷款限额，额度为投资总额的 5% ~ 50%。凡符合政府补贴的中小企业，均可向当地财政局申请贷款，并提供有关投资额度、投资构成、投资用途和投资效益等内容的详细投资计划。政府或委托咨询公司对其进行评估，投资计划一经评估通过即可获得资助。

（2）税收优惠。德国政府实施减免税收等优惠政策，为中小企业减负卸重，以此扶持中小企业发展。如对新建企业可消耗完的动产投资，免收 50% 的所得税；对中小企业赢利用于再投资部分免缴财产税；对在落后地区创立的中小企业，5 年内免缴营业税。东西德统一后，德国政府对在东德地区兴办的中小企业也给予税收、补贴、贷款上的优惠。

4. 科技扶持

（1）重视科技创新。从 20 世纪 70 年代开始，政府先后制定了 5 次革新资助计划，对中小企业高科技项目予以资金倾斜扶持，进一步提高了中小企业的核心竞争能力。国家研究与技术部、经济部都单列了扶持中小企业的专项资助资金，并设立中小企业开发促进奖金，对中小企业开展技术创新进行专项贷款和补贴，为具有较高科技含量、较强市场潜力的中小企业提供风险资本支持，对中小企业科研开发人员的经费和技术项目的投资给予补助。此外，政府自 1995 年始实行资本参与计划，专项拨款加强联合研究，为高科技中小企业化解创业风险；并成立了专门科技成果转让机构，推动科研成果迅速向生产力转化，使中小企业受益匪浅。

（2）提供低息贷款。具体措施包括：鼓励企业自主开发项目，员工在 250 人以下的企业自行开发的项目可以获得占投资总额 35% 的低息贷款；人数在 250 人以上的可以获得投资总额 25% 的低息贷款。鼓励企业加强国内外科研合作开发项目，并予以贷款支持。鼓励企业与科研机构联合开发项目，属于高科技项目和高效益联合开发项目，一般可申请到投资总额 40% 的低息贷款。

（四）荷兰经验分析

发达国家不仅在法律法规方面提供优惠政策，对企业研究开发或高科技企业的经济活动也给予一定税率优惠。荷兰的"富叔叔计划"（Aunt Agatha）规定，凡在8年内投资于创立期公司均可免缴所得税；若在8年期内出现投资损失，可抵扣所得税，最高可达5万荷兰盾。1981年，荷兰推进PPM计划，目标在于投资早期阶段的私人创业投资基金所造成的损失，由政府提供50%、最高金额达400万荷兰盾的担保，后来下降到250万荷兰盾，不征收任何担保费用，也没有利润共享要求。

（五）意大利经验分析

意大利中小企业的融资体系：

1. 创新资金扶持

为了促进中小企业技术进步，意大利建立了"技术创新特别滚动基金"，支持企业采用可以生产新产品、改进现有产品、更新生产流程、改进现有流程的重大先进技术，还设立"鼓励中小企业和手工业、促进微型企业现代化备用金"，对符合条件的中小企业予以资金支持。鼓励技术创新，鼓励小企业组建联合体和联营公司。此外，还对创新与开发金融公司进行扶持。

2. 特别补贴

向为小企业获取贷款提供担保的集体担保组织提供补贴，对中小企业走向国际市场提供优惠，对于落后地区和工业萧条地区的中小企业给予特别优惠，大多给予直接补贴。按照法律规定，小企业联合体和联营公司，可获得资本项目补贴。

3. 税收优惠

法律规定国家扶持中小企业的方式除提供贷款外，更多地采用了减税的办法。减税对象为：法律规定的创新投资；为提高生产效率、引进技术、开发质量系统和寻找小市场而购买的劳务；对工业技术进步和改善技术进出口状况有重大意义的小企业。

4. 互助担保基金

意大利许多省的小企业或手工业协会通过社会公众和协会成员集资组建成互助合作的担保基金会，将基金存入参与担保计划的银行，银行则以优惠利率向小企业发放总额高于存款金额数倍的贷款。基金会的经营开支从银行利息和被担保人的回扣支付。基金会并不为每笔贷款担保全部金额，一部分风险由银行承担。这样，可以减轻基金会承担的风险。这类贷款的违约率低于正常的水平。

（六）葡萄牙经验分析

葡萄牙经济部通过IAPMEI（小企业促进局）2001年年底实施的"贴现和辛迪加基金"也是担保政策的一种，其主要目的在于为创业投资家对高风险中小企业的投资提供再融资担保。

（七）典型模式剖析：欧洲投资基金

1992 年，欧洲理事会（European Council）首先提出要设立欧洲投资基金（European Investment Fund，EIF），目的是促进欧洲经济复苏。1994 年，EIF 正式成立，以公私合作（PPP）方式为欧洲铁路网的建设提供融资，并为中小企业（SMEs）提供担保业务。1995 年，EIF 开始代表欧盟委员会（the European Commission）开展针对中小企业的经济增长和环境保障计划。1997 年起 EIF 开始代表欧洲投资银行开展项目，为技术发展提供融资。

2000 年 3 月举行的里斯本峰会提出要加强为中小企业提供风险资本融资支持的力度。同年 6 月，EIF 的股东通过决议，对 EIF 进行了重组和改革，欧洲投资银行（EIB）成为了 EIF 的第一大股东，EIF 则成为 EIB 为欧洲金融市场提供风险资本的专业部门。2001 年，EIF 将对欧洲铁路网的担保投资全部移交给了欧洲投资银行，此后 EIF 即专注于支持中小企业，成为专为中小微企业提供风险资本、担保工具等融资支持的政策性金融机构，在缓解欧洲国家中小企业融资困境方面发挥着重要作用。

1. EIF 的股权结构及资金来源

截至 2013 年年底，EIF 的股东共计 27 家机构，包括了公共部门和私营部门，其股权主要由三大部分组成。其中，欧洲投资银行（EIB）持有 EIF62.1% 的股份，欧盟通过欧盟委员会持有 30% 的股份，剩余 7.9% 的股权为来自欧盟国家和土耳其的多家金融机构持有，其中部分为私营金融机构。截至 2013 年年底，EIF 的注册资本为 30 亿欧元，其中实缴资本 6 亿欧元。2014 年 5 月，EIF 的股东已通过决议，将对 EIF 进行 50% 的增资，将其资本规模扩大到 45 亿欧元。

EIF 采取无负债经营，其本身的资金主要来源于所有者投入的资本和积累的留存收益。同时，除自有资金外，EIF 还接受其股东或其他第三方的委托，依照特定的政策目标，代表委托人对受托资金进行投资运营。例如，欧洲投资银行 50 亿欧元用于支持技术和产业创新的风险资本委托基金（Risk Capital Mandate，RCM），欧盟委员会投资 11 亿欧元的竞争力与创新框架项目（Competitiveness and Innovation Framework Programme）等，都由 EIF 受托负责实际运营。对于受托资金项目，EIF 的做法可能是单独运营，也可能是与其自有资金或其他资金合并使用，以实现资金配置的最优化。

2. EIF 的运营机制和业务范围

EIF 的核心任务是为欧洲各国的中小微企业提供融资支持，以促进欧盟在创新、科技、经济增长、就业、区域发展等领域的战略目标的实现，其支持对象并不仅限于科技企业，但科技创新和成果转化是其重要的支持对象。

为实现其目标，EIF 的具体做法是与一系列服务于中小企业的金融中介机构进行合作，通过为这些金融机构提供融资、担保或其他金融产品和服务，推动这些金融机构为中小企业提供多样化的融资服务，从而起到撬动社会资本，促进社会资金流向中小企业的作用。成为 EIF 合作对象的金融机构包括科技成果转化机构、天使投资人、创业投资基金、私募股权基金、商业银行、小额贷款公司、信用担保机构等，截至 2013 年，与 EIF 建立合作关系的金融机构已超过 700 家。通过这些机构，EIF 为中小企业提供覆盖其生命周期中从种子阶段到发展阶段各个时期的股权和债权融资。

图 4 - 2 显示了 EIF 在为中小微企业提供融资支持的过程中实际发挥作用的方式。图 4 - 3 显示了与 EIF 合作的金融机构类型，以及各类金融机构在中小企业生命周期之中提供融资的主要节点。

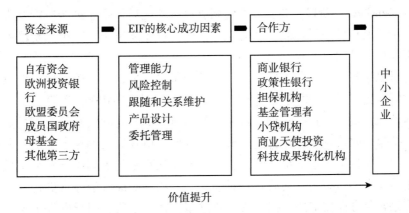

图 4 - 2　EIF 为中小微企业提供融资支持的流程模式

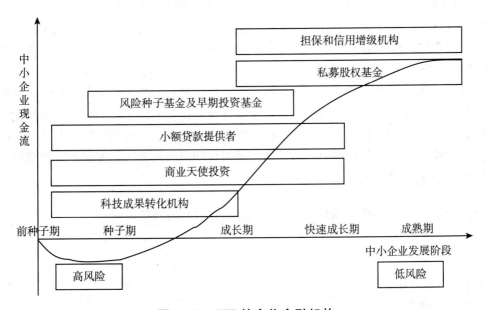

图 4 - 3　EIF 的合作金融机构

（1）股权融资。在企业生命周期的不同阶段，其融资需求的特点是有所区别的，EIF 充分考虑到市场的实际需求，实行了多样化的项目，与不同类型的以中小微企业为服务对象的金融机构，如天使投资人、风投基金、增长基金、私募股权基金等合作，致力于改善中小企业和科研活动的融资环境。

第一，科技成果转化。科技成果转化是指将科学研究的成果转化成能为市场所接受的产品和服务的过程。这种转化可以通过研究机构与产业之间的合作来实现，也可以采取注册技术专利或是成立科技型创业企业的方式。在 EIF 的一份研究报告中，将科技型创业企业的创立与发展划分为三个阶段。第一个阶段是科技成果转化（Technology transfer）阶段，是指从技术发明或知识产权形成到商业概念的形成、验证直到开始获取最初的顾客之间的过程。第二个阶段是"创业（venture）"阶段，是指建立生产线，扩大客户基础并建设结构完整的商业机构的阶段。第三个阶段是"扩张（expansion）"阶段，是指在商业机会被证明之后，企业进行产能及市场等方面的进一步发展和扩张的阶段。该报告并指出，在欧洲市场，对第一阶段和第三阶段的融资是最困难的。

对科研成果转化的融资支持是金融市场的薄弱环节，这一阶段比一般风险投资进入的时间段更"早"，对传统的金融机构来说，投资于刚刚从实验室中"新鲜出炉"的科研成果的风险过大，回报过慢。2005 年，EIF 受欧盟委员会委托进行了一项研究，结果表明，在欧洲的科技成果转化领域，市场失灵的情况显著，科研成果转化早期的风险投资严重不足，研究成果的商业化水平与美国相比明显偏低，而且其间的差距还在不断扩大。为改善这种状况，EIF 一直致力于寻求更符合研究机构在科技成果转化方面需求的支持方式，通过多样化的手段，引导欧洲本土的资本流向科技成果转化活动，在促进欧洲科技成果转化方面发挥了重要的支持作用。

科技成果转化投资是一个新兴的投资领域，其投资方式和投资工具与传统的股权和债权投资有一定差别。在欧洲各国的金融市场中已经有一些以科技成果转化过程为投资对象的专业机构，即科技成果转化基金或组织，例如英国的知识产权商业化公司 IP 集团，法国的 IT Translation 公司等。这些机构通常与特定的大学或研究机构有较为密切的合作关系，将这些研究机构产生的具有商业价值的科研成果，采取适当方式进行商业化，从而完成科研成果的转化。而 EIF 促进欧洲科技成果转化市场发展的方式，即是通过与这类专业机构的合作来实现，也可能是直接与大学、研究机构合作，以直接投资或给予其他形式的引导和资助的方式，促进对科研成果商业化过程中的最初阶段的投资。

表 4 - 3　　　EIF 已有的一些促进科技成果转化的具体方式

支持方式	实　例	所举实例的具体投资方式
衍生公司投资组合（Spin-off portfolio）	IP Venture Fund	IP 风投基金由 EIF 和英国 IP 集团合资设立，总规模 3 200 万英镑。该基金的投资对象是与 IP 集团签订了协议的 10 所大学设立的衍生公司（spin-outs），对于每家企业的每轮融资，IP 风投基金的出资比例皆保持为 25%。
新一代许可（Next-generation licensing）	Leuven/CD3	EIF 与鲁汶大学各出资 400 万欧元，合资设立了药物设计与开发中心（CD3），专为药物开发项目提供早期项目融资，以填补在项目成熟到足以吸引大型制药公司注资之前的融资缺口。

支持方式	实 例	所举实例的具体投资方式
大学种子基金（University seed fund）	UMIP Premier Fund	UMIP Premier Fund 由曼彻斯特大学知识产权有限公司（UMIP）和 EIF 合资设立，总额 3 200 万英镑，由科技风险投资公司 MTI partners 负责管理。该基金投资于曼彻斯特大学的衍生公司，投资的阶段从概念验证阶段、种子阶段到 A 轮或 B 轮融资。
大学/孵化器基金（University/Incubator fund）	University X（name deleted）Innovation	X 大学创新种子基金总规模为 1 050 万欧元，其中 EIF 出资 50%。EIF 通过该基金，与 X 大学合作，为该大学及其所在地区的其他创新机构的科研成果衍生出的创业企业提供融资支持。
两步式衍生公司投资（Two-step Spin-off portfolio）	University Y（name deleted），under completion	在这一实例中，EIF 作为主要投资方，与 Y 大学共同投资于一个称为 Y 大学合作投资基金的专门机构，其中 EIF 的投资比例始终保持固定不变。该合作投资基金为 Y 大学新成立的衍生公司提供种子投资，并为已存在的 Y 大学衍生企业提供后续融资支持。

第二，创业投资及天使投资。EIF 认为，创新是建立知识经济社会的必要条件，而风险资本（Venture Capital）是为了激励创新必不可少的资金来源。EIF 致力于通过进行必要的基础建设，提高风险资本作为一种投资选择的吸引力，建设可持续的风险投资生态环境，从而保障对欧洲社会创新和创业的资金支持。在风险投资领域，EIF 主要扮演的是催化剂的角色，通过向创业投资基金、私募股权基金和天使投资人提供支持，提高风险投资市场的活力和流动性，吸引更多的社会资本进入风投市场，从而为中小微企业，尤其是科技型中小企业服务。

EIF 并不直接对任何中小企业进行权益投资，而是通过设立母基金（Fund of Funds）的形式对风险投资市场产生影响。EIF 用于支持创业投资活动的资金很大一部分是欧洲投资银行、欧盟委员会或其他第三方（如国家或地方政府）委托的资金，也有部分是 EIF 的自有资金。EIF 根据委托方的政策目标，设立特殊目的母基金，通过母基金投资于符合特定政策目标的创业投资基金，从而间接支持特定产业或区域内的中小微企业创新创业。欧洲投资银行设立的欧洲技术基金（European Technology Facility）、荷兰的生命科学合作基金（Life Sciences Partners）等都是这类母基金的代表。母基金的运营和投资由 EIF 管理和指导。

而对于母基金投资的特定子基金，EIF 通常充当基石投资者（cornerstone investor），出资 20% ~ 33%，具体的份额取决于目标行业、基金本身的特点、投资机会及市场情况。子基金的管理运营由与 EIF 合作的基金管理机构具体进行，EIF 以市场为导向，对子基金的表现做出评价，从中总结经验，对表现优良的基金，根据市场的实际需求，有可能会进一步追加投资。图 4-4 展示了 EIF 为中小微企业提供股权融资支持的过程及其在各个环节中扮演的角色。

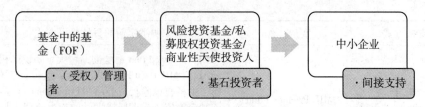

图 4 – 4　EIF 为中小微企业提供风险资本的过程及其角色

对于投资于中小微企业的天使投资人和其他非机构投资者，EIF 通过欧洲天使基金（European Angels Fund，EAF）为其提供支持。符合条件的天使投资人可以向 EIF 提出申请，经审查通过后，EAF 会与天使投资人签订合作框架协议，并为天使投资人提供一笔资本金，作为合作投资资金，由天使投资人自行做出投资决策，为其看好的中小微企业提供创业资本，同时 EAF 按比例分担天使投资人在投资过程中支付的费用。EAF 的合作方式为与其合作的天使投资人保持了最大限度的自由空间，天使投资人在得到来自 EIF 的资金支持的同时，还可以充分利用 EIF 在风险投资方面的丰富经验和宽广网络，进一步扩展其投资，提高收益，同时受到的束缚并不多。为保证天使投资人的精力可以集中在投资活动上，EIF 对其的管理程序尽量简化，并为天使投资人设计了标准化的报告工具，使他们可以高效地完成向 EIF 报告投资情况的工作。

第三，成长资本和夹层基金。已成立的成长期中小微企业与初创期企业相比具有不同的特点，它们通常已经开始盈利，并表现出良好的成长性，但往往需要进一步的融资来满足其扩张需求，而又不一定能获得充足的银行贷款，因此仍希望寻求股权融资。另外，部分企业在这一阶段需要进行股权重组。针对这些企业的实际需求，EIF 同样通过管理母基金的形式，投资于以成长期企业为投资对象的成长基金（Growth Funds）、夹层基金（Mezzanine Funds）等，为他们提供股权融资或股权/债权混合融资。

在这类投资方面，EIF 已积累了比较丰富的经验，长期的市场观察表明，由于目前的市场情况，大多数基金发起人和机构投资者都对这类业务缺乏兴趣，因此可以说，对成长期企业的股权投资同样是金融市场的一个薄弱环节。因此，EIF 在实际投资于成长资本市场时，一般会在相关基金筹款过程的较早阶段就参与进来，与基金发起人建立合作关系，以凭借自身在欧洲金融市场上的影响力，帮助其吸引其他投资者的兴趣，使基金能够达到适当规模。欧洲投资银行委托给 EIF、总额 10 亿欧元的增长夹层基金（Mezzanine Facility for Growth）是 EIF 在这方面投资的代表性例子。该基金投资于欧洲各国的夹层基金，从而为中小企业提供股权/债权混合融资，在这一市场上发挥着带动社会投资的重要作用。而对 EIF 自身来说，因为投资于成长型企业的风险显著低于初创期企业，这类投资可以对其投资组合起到平衡的作用，降低 EIF 的总体风险。

（2）债权投资。第一，为金融机构提供担保及信用增进服务。除了风险投资等股权资本之外，EIF 也考虑到了中小微企业的债务融资需求。与对风险投资的支持类似，EIF 对中小微企业的债权投资也是间接进行的，其直接服务的对象是为中小微企业提供债务融资或担保的各类金融机构，包括商业银行、租赁公司、担保基金、互助性担保机构等。EIF 为这些金融中介机构提供的服务主要包括两类。其一是为证券化的中小微企业债权投资组合提供担保和信用增进。EIF 能够为证券产品提供 AAA 级的信用增进，而且由于其享有的多边发展银行地位，由 EIF 提供担保的资产，在被担保金融机构的风险衡量中可以将风险权重视为 0。其二是为小额信贷、中小微企业贷款或租赁的投资组合提供担保或反担保。通过为金融机构提供这些服务，EIF 有效减小了金融机构为中小微企业提供贷款、担保和租赁的风险，促进市场规模的扩大和健康发展。EIF 用于信用增进和担保业务的资金包括自有资金和第三方委托资金。后者的例子包括欧盟委员会委托 EIF 管理的中小企业担保基金（SME Guarantee Facility，SMEG）。

第二，促进小额信贷发展。小额信贷的对象是中小微企业或个体商户，对促进创新和创业有重要作用。研究认为，与南亚、南美和非洲的小额信贷市场相比，欧洲的小额信贷市场成熟度低，发展不均衡，但成长速度很快。EIF 从 2000 年开始进入小额信贷领域，通过对提供小额信贷的企业的融资支持，促进欧洲小额信贷市场的发展。

EIF 为小额信贷机构提供的服务较为丰富，包括股权融资、贷款、担保及技术支持等种类。

3. EIF 为中小企业提供融资支持的效果

如前所述，EIF 通过多样化的方式，对欧洲中小微企业的发展起着重要的推动作用。仅 2013 年一年，EIF 就通过多样化的方式为欧洲各国的超过 14 万家中小企业提供了融资。EIF 将自有资本和受托管理的资金投入各类服务于中小微企业的金融机构，从而联合社会资本，鼓励金融资本投向中小微企业。根据 EIF 公开的年度报告，EIF 投入的各类资金及其带动的社会资本投入数额如表 4－4 所示。也就是说，EIF 的资金投入一般能带动 2～6 倍的社会资金进入中小微企业融资领域，财政资金的放大效应表现较为显著。当然，这些数据尚未考虑到 EIF 的投资活动通过增强金融市场活力、推广投资经验等而对欧洲中小微企业融资产生的间接效应。

表 4－4　　　　　**EIF 历年支持中小微企业发展新增投入情况**　　单位：百万欧元

年　份		2013	2012	2011	2010
权益融资支持	投入总额	1 468	1 350	1 126	930
	催化总额	7 147	7 078	6 061	4 568
	放大倍数（倍）	4.87	5.24	5.38	4.91
债务融资支持	投入总额	1 844	1 180	1 461	611
	催化总额	8 611	5 111	7 626	3 138
	放大倍数（倍）	4.67	4.33	5.22	5.14

续表

年　份		2013	2012	2011	2010
小额信贷支持	投入总额	54	40	67	8
	催化总额	201	139	140	32
	放大倍数（倍）	3.72	3.48	2.09	4.00

在风险资本领域，EIF 经过多年的探索，已积累了丰富的经验，取得突出成效，在欧洲风险投资市场上具有非常重要的地位。截至 2013 年年底，EIF 的对外股权投资的存量为 79 亿欧元，同时带动了 421.58 亿欧元的社会资本投入，共支持了 481 家服务于中小微企业的各类基金。其中，通过科技成果转化、天使投资、创业投资等方式投入创业早期企业的资金约为 41.16 亿欧元，带动社会资本 183.83 亿欧元，通过成长基金等方式投入成长扩张阶段企业的资金约为 37.88 亿欧元，带动社会资本约 237.75 亿欧元。

4. EIF 的治理结构及监管机制

有效的治理是 EIF 获得成功的关键。EIF 作为独立法人，采取公司制的治理方式，具有较为完善的机构设置、管理流程和规章制度，这一点也获得了外部评级机构的高度评价。EIF 是以市场为导向运营的机构，在完成其政策目标的同时，通过商业化的定价策略和维持收入与费用之间的良性配比，保证合理的资本回报。EIF 作为市场化的机构，欧洲投资银行和欧盟委员会对其采取的也是市场化的管理方式，通过信息公开、定期报告和审计等手段进行监管。

EIF 的治理层设置如下：

董事长（Chief Executive）：负责 EIF 的日常经营管理，并负有向董事会报告的责任。

董事会（Board of Directors）：由股东大会委派的 7 名成员组成，向股东大会负责，依据相关章程的规定独立行使职权。董事会有权对 EIF 的经营活动、收益分配等做出决策，如 EIF 管理的母基金项目对某家子基金进行投资的决策，最终要由董事会审议通过。董事会成员任期两年，而如果董事会提交的年度报告未获得股东大会通过，董事必须辞职。

股东大会（General Meeting）：通常由欧洲投资银行的总裁或一名副总裁，欧盟委员会的一名委员，以及其余每家股东机构委派的各一名代表组成。股东大会是 EIF 的最高权力机构，股东通过股东大会行使其权利。股东大会每年至少举行一次，在每年的年度股东大会上，股东对 EIF 的经审计年度报告和资金情况做出表决。

审计委员会（Audit Board）：由股东大会委派并直接向股东大会报告的独立机构，通过审计，保证 EIF 的运营遵循了相关章程的规定，且会计记录真实公允地反映了 EIF 的资产状况和经营成果。

EIF 第一层次的控制，是管理层实施的财务、运营和合规方面的控制，以及风险管理系统。第二层次的控制则是审计，包括了内部审计和外部审计，二者都由审计委员会负责协调实施。内部审计对 EIF 的内部控制体系及流程的合规性和有效性进行检查和评价，外部审计则对财务报告的公允性提供合理保证。

另外，作为欧盟的一个组成机构，EIF 与欧盟下属的其他组织有合作关系，如欧盟委员会的内部审计机构和欧洲审计院（European Court of Auditors）等。欧洲审计院负责对欧盟的所有财政收支进行审计，并对外公布结果。因此，虽然 EIF 有自己独立的审计机构，但其管理的属于欧盟的资金同样要经过欧洲审计院的审计。

信息透明是 EIF 维持良好治理的另一个重要手段。EIF 有专门的信息公开规则，其经营投资活动，运营流程和基本方针等都是向公众公开的，具有较高的透明度，接受社会和民众的监管。

四、新兴市场经验分析

（一）以色列经验分析

以色列虽然国土面积很小，但是科技研发水平属于国际先进行列，这一方面得益于以色列对高精尖人才培养的注重，另一方面更重要的是源自促进科技创新发展的制度模式。从部门结构来看，以色列支持科技研究的部门系统有：科技部、工贸部、国防部、农业部、卫生部、通信部、教育部等 13 个部门，部际科技委员会是内阁决策的参谋机构，并于 2002 年设立了国家研究开发理事会。在此基础上，以色列政府非常重视对民间科技研发的投入。2007 年，以色列产业研发经费约为 3 亿美元，主要用于竞争性工业研发计划、技术孵化器计划等，涉及通讯、电子、生命科学、软件等高新技术行业。此外，以色列制定了扶持科技发展的一系列政策措施，从 1959 年的《鼓励资本投资法》到 1984 年的《鼓励工业研究与开发法》，再到 1990 年的《投资促进法》，发展至今日的《鼓励研究与开发法》和《鼓励投资法》，以色列在政策法规方面做出了切实措施。以色列促进科技型中小企业金融发展的模式可总结为以下几种。

1. 科技企业孵化器

以色列最早的科技企业孵化器建立于 1991 年，到 2002 年，以色列已经有 23 家科技企业孵化器，发展至今，以色列已成规模的科技企业孵化器已有 24 个，每家孵化器孵化项目的个数在 8 ~ 15 个之间，并且据 2010 年数据，所有孵化项目均已实现私有化，绝大多数孵化项目有风险资本和产业资本参股，成功实现与市场的对接，表现出以色列科技企业孵化器模式的逐步成熟。作为由政府设立的非盈利组织，以色列科技企业孵化器的最终目的在于孵化科技创业项目、催生科技企业，具体的孵化期限是最长两年。以色列科技企业孵化器是通过工业贸易部首席科学家办公室（OCS office of chief scientists）提供资金支持的，并不是直接由政府固定向孵化器拨付资金。孵化器对孵化数量并没有明确的限制，但是对孵化项目的筛选要严格经历"预选—评审—最终选择"三个阶段才能得到批准，并对孵化项目采用直接项目公司制度，即从孵化项目确定入驻科技企业孵化器的第一天起就注册成为一家公司，知识产权 100% 属于公司，公司董事会由发明人、创业人、孵化器管理者、第一轮投资者和产业界人士组成，公司资金的使用必须经过孵化器管理者签字授权，且未经孵化器管理者同意不可擅自转让公司股权。公司成立时典型的股权构成为：发明人占股 50%、孵化器占股 20%、员工占股 10%、投资人占股 20%。对于孵化器自身运转而言，有一个亮点，就是孵化器所占股份的 20% 中，按照相关规定可分 3% 给孵化器管理者，而剩余股权则要留在孵化器内，以扩大孵化器规模，帮助孵化器扩大和成长，来支持更多的项目。项目固化过程中的风险主要由政府侧重承担。以色列科技企业孵化器的孵化目标并不是直接将企业做大、做强，而是帮助目标企业提升自身质量，寻求和吸引市场中的风险投资。换言之，在科技企业与金融投资之间，以色列的科技企业孵化器实质上扮演着至关重要的桥梁作用，一方面在科技企业最难的起步阶段对其进行支持，另一方面寻求将其成功推向市场的途径，这也是以色列科技企业孵化器取得良好效果的关键。为了鼓励商业天使投资，以色列于 2011 年修订了《天使投资法》，对授薪阶层从事天使投资给予税收优惠。

2. YOZMA 政府投资引导基金

以色列 1992 年成立 YOZMA 政府投资引导基金，最初规模是 1 亿美元，并于 1993 年正式开始实施。基于此基金，以色列开启了十几个相关基金，开启的方法是风险投资企业和政府投入 1：1。由于以色列政府非常鼓励私人资本回购政府基金股权，所以截至 1997 年，YOZMA 基金以私人资本买断政府股权的形式而完全被市场吸收，真正实现政府基金对市场的引导作用。在此过程中，政府并不是通过直接投资来获得利润，而是通过"鼓励风险投资—新企业开张—企业运营而缴纳税收、解决就业、刺激消费—促进经济增长"的链条来间接实现，以色列将此过程称为政府投资基金从第二个循环中获取了收益。

除了直接活跃在市场中以外，YOZMA 基金还经常与科技企业孵化器模式相结合。在项目企业酝酿的初期，其主要融资途径必然是风险投资，而 YOZMA 计划的实施正是开启了高度国际化的风险投资行业，且该计划盘活的风险资金已经完全实现私有化，加之以色列 2011 年通过修改法律的方式来支持社会机构资金参与风险投资，进一步扩大了风险资本的来源。而在 YOZMA 基金和科技企业孵化器各自成立后，风险基金往往能够通过介入孵化器运作的方式实现与科技企业的顺利结合，由于科技企业孵化器能够帮助严格筛选项目、设立公司、经营运转而实现科技企业的起步，相比市场中毫无保障的投资而言，风险基金会更加倾向于投资科技企业孵化器中的项目，从而顺利实现将市场中的风险资金引导至早期创业科技企业的目标。

3. 科技企业的其他融资模式

除了以上两种主要途径外，随着以色列特拉维夫证券交易所放宽对高科技企业的上市门槛，科技企业还可以在早期就实现上市融资。融资起点规定为 1 600 谢克尔（约合 3 200 万人民币），公众最低持股比例仅为 10%。此外，以色列还特别注重科技企业的发展，为科技企业提供国际合作方面的相关支持：一方面，以色列设立了许多帮助科技企业实现国际合作的基金，主要有：以色列—美国跨国产业研发基金（BIRD），以色列—新加坡 SIIRD 基金，以色列—韩国 KORIL 基金、以色列—

加拿大 CIRDF 基金；另一方面，以色列还启动了"全球企业合作计划"，帮助科技企业跨国开展研发和产业化合作。2011 年，以色列推出 1 亿谢克尔（约合 2 亿元人民币）的"印中计划"，鼓励科技企业加强与印度、中国的合作。

（二）韩国经验分析

韩国的科技投入体制以民间投入为主，政府科技投入主要在基础研究领域。只有民间开发的投资达到一定强度，所开发产品很有潜力，政府才会在其资金不足时予以一定比例的贷款投资额度。为了鼓励民间对科技的投入，韩国政府制定了金融优惠措施。还通过设立"技术金融公司"，为科技开发提供专项资金和专项贷款，支持科技产业发展。此外，韩国政府还通过放松管制、简化手续、改善环境、取消最高投资限额等手段来吸收外资对科技的投入，取得了很大的效果。韩国为保障中小企业发展，主要存在以下扶持机构：第一，政府设立的政策性贷款机构政策性银行，如韩国为扶持中小企业建立的产业银行；第二，韩国政府成立政策性担保机构"韩国信用保证基金和技术信用保证基金"。

税收优惠方面：第一，税收减免。韩国对于企业研发机构开发新技术或新产品所需的物品，因国内难以生产而从国外进口的，免征特别消费税，并减免关税。法人购置的土地、建筑物等不动产，如果由企业的研究机构使用，则 4 年内免征财产税和综合土地税。为促进科技成果转化，韩国对于先导性技术产品或有助于技术开发的新产品，在进入市场初期实行特别消费税暂定税率，前 4 年按照基本税率的 10% 纳税，第 5 年按照基本税率的 40% 纳税，第 6 年按照基本税率的 70% 纳税，第 7 年起恢复原税率；公民转让或租赁专利、技术秘诀或新工艺所获收入，根据转让或租赁对象的不同免征或者减半征收所得税。对于技术密集型中、小企业和风险投资企业，在创业的前 5 年减半征收企业所得税，并给予 50% 的财产税和综合土地税减免，其创业法人登记的资产和创业 2 年内获取的事业不动产给予 75% 的所得税减免。此外，韩国对拥有尖端技术的外国高科技企业给予 7 年的免税期，免税期满后的 5 年内还可以享受 50% 的所得税减免，对在国内工作的外国科技人员，5 年内免征个人所得税。第二，税收扣除与加速折旧。在韩国，企业研究人员的人员经费、技术研发费及教育培训费等，可在所得税前扣除，并允许在 5 年内（资本密集型企业为 7 年）逐年结转。企业购置用于技术研发的试验设备，可按投资金额的 5%（国产设备则为 10%）享受税金扣除或按照购置价款的 50%（国产设备则为 70%）实行加速折旧。为促进技术研发的产业化，韩国对国内研发的新技术实现产业化所需的设备投资，给予投资金额 3%（国产设备则为 10%）的税金扣除或按照购置价款 30%（国产器材则为 50%）实行特别折旧。第三，实行技术开发准备金制度和设立自由贸易区。韩国从 1972 年开始实行技术开发准备金制度，企业可按照销售收入总额的 3%（技术密集型企业为 4%，生产资料企业为 5%）在税前提取技术研发基金，用于高新技术的研发。此外，韩国设立了自由贸易区，对区内高新技术投资者的财产税减征 50%，并减免其进口的研究设备的关税。在区内投资 1 000 万美元以上的高新技术企业，对其实行个人所得税和公司所得税"两免三减半"的税收优惠政策。

（三）新加坡经验分析

新加坡通过政府机构扶持中小企业发展方面最重要的举措就是设立创业板股票市场——新加坡的 SESDAQ。此外，新加坡政府还出台了"创业投资激励计划"、"第13H激励计划"、"先驱服务激励计划"激励企业。其主要内容有：创业投资项目出售被批准的创业企业股份所发生的全部损失，可由投资者在其他课税中抵扣，对于股权投资部分给予100%的抵扣；对于创业投资基金转让被批准资产组合获得的收益、来自资产组合的股份分红以及源自国外的可转换债券的利息收入均给予税收减免；创业投资基金管理公司来自管理费用及红利部分的收入可享受免税优惠，免税期最长可达10年之久。

税收优惠方面：第一，税收减免。新加坡属于低税负国家，对于高新技术产品制造企业仍给予5～10年的低税率优惠，对生产高附加值产品的产业减免10%的所得税，减免期限最长可达20年。拥有先进技术和研发能力的新兴工业企业以及高科技风险投资可享受5～10年的免税期。凡是向政府批准的新技术工业项目投资的本国公司，如果该投资项目赔本，可以从公司收入中免缴相当于投资金额50%的所得税。此外，拥有先进技术的外国公司在新加坡投资设厂，可以享受5～10年的减免税优惠。第二，税收扣除、加速折旧及设立科研开发准备金制度。新加坡在税收扣除和加速折旧方面对研发与创新的支持力度很大，科技开发企业可以从应纳税所得额中扣除固定资产投资额的50%，并可无限期后转；企业除建筑和设备之外的科研开发费用可按其费用额的2倍从应纳税所得额中扣除，从事研发的公司的研发费用也可以享受双倍的税收扣除。新加坡的设备折旧年限非常短，通常为3年，对于高新技术产业、新兴工业的机器设备，折旧的期限更短，企业为科研开发投入的固定资产可一次性提取50%的初次折旧。此外，符合条件的公司经批准可以按照应税所得额的20%提取科研开发准备金，这笔准备金必须在3年内使用。

（四）俄罗斯经验分析

俄罗斯利用市场机制通过政府承担部分中小企业融资风险，在一定程度上有效缓解了中小企业融资难的问题。俄罗斯在向市场经济转型初期就提出政府要帮助中小企业。1995年制定第一部《关于国家支持发展小企业》的联邦法律。2007年又制定了新的《关于发展中小企业问题》联邦法律。近20年来，俄罗斯连续制定和实施国家帮助中小企业的联邦规划，建立起了国家帮助中小企业发展的政策和机构体系，形成了一整套在资金、资产、财政、税收、信息、咨询和培训等方面帮助中小企业的措施。这些措施为发展经济和保障就业发挥了重要作用。例如，2010年获得"俄中小企业银行"融资帮助的中小企业提供的生产和服务总值5 938亿卢布，提供税收178亿卢布，提供就业岗位46.5万个。

俄罗斯政府建立帮助中小企业融资的国有银行以及担保基金的做法尤为值得借鉴。其一，建立帮助中小企业融资的国有银行。1999年俄罗斯政府以预算资金建立了政策性银行"俄罗斯开发银行"。2007年被划归为国家公司"对外经济和开发银行"的全资子银行，同时改称"俄罗斯支持中小企业银行"（简称"俄中小企业银行"）。"俄中小企业银行"的主要任务是，对生产型、创新型和高科技型中小企业提供资金支持，并促进优化信贷结构。具体做法包括："俄中小企业银行"与参与"国家帮助中小企业规划"的商业银行签署伙伴关系协议，确定授信额度，对后者向符合条件的中小企业发放贷款提供专项融资，并对资金使用情况实行监督；"俄中小企业银行"与小额贷款公司、租赁公司及保理公司签署协议，对后者向符合条件的小企业发放贷款提供专项融资，并对资金使用情况实行监督。2009 年俄罗斯联邦预算为"国家帮助中小企业规划"拨款 300 亿卢布，由"俄中小企业银行"负责分配使用。"俄中小企业银行"对伙伴银行的融资利率不超过同期央行基准利率。其二，建立帮助小企业融资的担保基金。俄罗斯各地方政府建立了"帮助小企业贷款基金"，即小企业贷款担保基金。2009 年俄罗斯各地方政府的小企业贷款担保基金资本总额为 122 亿卢布，带动了对小企业的 600 亿卢布贷款。按照 2009 年俄罗斯经济发展部制定的规划，到 2012 年要把中小企业产值占 GDP 的比重由 21% 提高到 32%，把中小企业就业人数所占比例由 14% 提高到 28%。同期各级预算用于支持中小企业发展的支出为 9 240 亿卢布，其中部分资金用于充实小企业贷款担保基金的资本金。

俄罗斯一直以来注重加大对创新型中小企业的扶持，提升企业竞争力。俄罗斯政府非常重视提升创新领域中小企业的比例，计划到 2020 年将创新型中小企业占中小企业总数的比重提高到 10%。近几年来，在各级政府的大力支持下，俄罗斯中小企业服务基础设施网络已初具规模，已建成数千个基础设施项目，其中包括众多科学技术园、小企业孵化器，向中小企业提供专业性和综合性服务。2011 年，俄罗斯国家杜马通过了《关于更改俄罗斯联邦税典为创新活动创造优惠税收条件》的法案。根据该法案，俄罗斯企业和个人投资创新领域将获得多项税收优惠。创新企业在注册的前 3 年享有财产税优惠，3 年后如该企业被认定又引入了新的高效创新项目，其财产税优惠将得到延续。

在建立帮助小企业融资的担保基金方面，政府的具体做法可以圣彼得堡市为例。根据圣彼得堡市"帮助小企业贷款基金"章程规定，基金的主要工作是向伙伴银行发放的小企业贷款提供有偿担保。基金的初期资本为市预算提供的 1 亿卢布。基金的补充资金分别来自年度市预算和联邦预算。联邦预算的补充资金由联邦经济发展部根据竞争原则分配。申请贷款担保的小企业应具备以下条件：在本地注册；从事生产经营活动不少于 3 个月；贷款或租赁协议期限不少于 3 个月；在近 3 个月内没有有关贷款协议的违约行为；2 年内（新注册企业相应缩短）未经历破产程序，如破产监督、债务重组、外部监管、破产清算等，以及未受过吊销执照的处罚。申请贷款担保的小型科技、生产和创新企业以及小型服务企业，自己和（或）其他方为其提供的担保比例不低于贷款额的 30%，其他类小企业的相应比例不低于 50%。每份担保的金额不超过小企业与银行贷款协议额的 50%（对部分小企业不超过70%），且不超过 1 200 万卢布；可为一家小企业提供若干份担保，但担保总额不超过 1 200 万卢布；向一家伙伴银行提供的担保总额不超过基金为其确定的担保额度；

向小额贷款公司提供的担保，仅限于其向小企业提供贷款，且须同时符合下述条件：对 1 家小企业的贷款不超过 60 万卢布，贷款期限不超过 2 年，年贷款利率不超过 25%。如小企业违约，在基金向银行先行赔付后，后者应于 5 日内向基金转让对小企业的债权。债权总额应与基金实际赔付额相当。基金除有权要求小企业全额偿还赔偿金外，还有权要求小企业支付不超过 20% 赔偿金的罚金。

目前，圣彼得堡市"帮助小企业贷款基金"提供担保的贷款有 54% 用于生产型企业，20% 用于建筑企业，11% 用于运输服务企业，2% 用于科研企业。35% 的贷款用于购入固定资产。贷款担保额在 100 万卢布以内的占 20%，100 万~300 万卢布的占 30%，300 万~500 万卢布的占 20%。2009 年俄罗斯各地方政府的小企业贷款担保基金资本总额为 122 亿卢布，带动了对小企业的 600 亿卢布贷款。我认为，俄罗斯在帮助中小企业融资的问题上，体现了政府在市场条件下对经济的积极调节作用。

（五）印度经验分析

印度中小企业划分为微、小、中三种类型，中小微工业部（MSME）2010 ~ 2011 年度报告显示，全国共有中小微企业 2 980 万家，产值占制造业的 45%，出口占全国 40%，从业人员 6 950 万。印度政府十分重视中小企业的发展，1999 年设立小规模工业和农业及乡村工业部，经过分设后于 2007 年合并为中小微工业部，负责制定促进中小企业发展政策，通过下属组织开发项目并实施。2006 年，印度政府出台微、小、中企业发展法案（MSMED），将中小企业范畴延伸至服务业。

三大机构构成印度对中小企业支持的主干框架：第一，印度储备银行（RBI）在全功能的中央银行职能之外，还通过三种措施扮演推动中小企业发展的"开发性"角色：（1）许可银行对中小企业发放 50 万卢比以下无抵押贷款，信用记录良好的最高 250 万卢比。（2）要求银行优化网点布局，满足地区中小企业需要。（3）制定和发布银行对中小企业服务最低标准以及信贷投入要求。第二，印度国家小产业公司（NSIC）是中小微工业部下属组织，通过实施为中小企业定制的系列项目和工程，促进、扶助和培育小工业以及相关的产业发展，提高中小企业竞争能力和优势地位，2009 ~ 2010 财政年度为中小企业提供信贷支持 105. 6 亿卢比。第三，印度小产业发展银行（SIDBI）根据法令于 1990 年设立，资本、资产规模列全球发展性银行第 25 位，为金融机构提供再融资，以较低的利率提供中小企业贷款，此外还为净值 1 000 万卢比以下的中小企业提供信用担保，支持第一代企业家创业。

引入评级体系。2005 年，印度财政部长在议会宣布了促进中小企业贷款投入的一揽子政策（Policy ackage），印度央行（即印度储备银行，RBI）向各公有银行发出通告，要求采用透明的评级体系，将中小企业贷款成本与信用等级挂钩，使中小企业贷款成本更加合理，贷款每年增长 20% 以上，由"常设咨询委员会"进行检查和督促。印度小工业部批准了 NSIC 与印度银行协会及评级机构的计划，为中小企业提供性能表现和信用评级服务（Performance and Credit Rating Scheme），政府鼓励企业参与评级，为首次参评的小企业补贴 75% 的评级费用，最高 4 000 卢比。NSIC

认可 7 家独立的专业评级公司（后增至 8 家），企业自主选择评级公司，银行参考评级结果决定是否给予贷款以及贷款条件。SIDBI 与印度信用信息局（CIBIL）联合建立中小企业评级公司（SMERA），与印度银行协会采集共同风险数据，建立基于 IT 的中小企业贷款申请、评估、监控系统，降低交易成本，提高流入中小企业的信贷量。各评级机构纷纷给予中小企业评级费用优惠，折扣达到 5% ~ 12%。

表 4 - 5　　　　印度信贷评级咨询有限公司（CRISIL）及中小
企业评级公司（SMERA）中小企业信用等级

印度信贷评级咨询有限公司小、中企业评级		中小企业评级公司微、小、中企业（SMERA MSME）评级	
SME 1	最高	MSME 1	最高
SME 2	高	MSME 2	高
SME 3	平均以上	MSME 3	平均以上
SME 4	平均水平	MSME 4	平均水平
SME 5	低于平均	MSME 5	低于平均
SME 6	不足	MSME 6	不足
SME 7	低	MSME 7	低
SME 8	违约	MSME 8	最低

表 4 - 6　印度国家小企业公司（NSIC）性能表现和信用评级等级矩阵

		财务能力		
		高	中	低
性能表现	最高	SE 1A	SE 1B	SE 1C
	高	SE 2A	SE 2B	SE 2C
	中	SE 3A	SE 3B	SE 3C
	弱	SE 4A	SE 4B	SE 4C
	差	SE 5A	SE 5B	SE 5C

注：NSIC 小企业信用评级结果展示企业性能表现和财务能力两个维度，性能表现分为 5 个等级，财务能力分为 3 个等级。

评级体系的应用。第一，政府方面。NSIC 在为中小企业提供信贷支持的过程中，对获得评级的公司给予优惠利率，SE 1A 级企业享受 1% 的折扣，SE 1B 或 SE 2A 级企业享受 0.5% 的折扣。SIDBI 通过分支机构或与其他银行合作，对 SMERA 1 级客户利率降低 1%，2 级和 3 级客户降低 0.5%。第二，银行监管方面。印度央行为监管需要而使用外部评级结果。RBI 规定，银行使用标准法计算风险加权资产，根据信用等级赋予企业贷款对应风险权重，250 万卢比以上的贷款须取得评级机构的评级，1 亿卢比以上的贷款如未评级，一律采用 150% 风险权重（BaselII 规定未评级权重为 100%）；对非银行金融机构（NBFC）开展业务规定信用资质要求，未评级的不能向公众吸收超过 1 亿卢比存款；规定企业发行商业票据最低信用级别要求，发行额度与信用等级挂钩；商业银行向央行融资时，抵押品须满足相应的信用等级要求。第三，商业银行方面。CRISIL的中小企业评级平稳地嵌入银行对中小企业贷款决策之中，30多家银行认可评级结果并将其作为内部授信评估过程的一部分，13家银行对高信用等级企业提供最高1.25%的利率优惠；SMERA与29家银行签订了协议，11家银行机构对获得较好信用评级的企业给予商业好处，银行将外部评级模型与内部模型进行映射，从其评级过程和参数中获得改进；Onicra与超过25家银行建立工作关系，银行为公司评级的客户提供最高1%的利率优惠；其他主要银行也给予贷款利率折扣。

表4-7　　　　　印度部分银行对高信用等级企业的贷款利率优惠

银　行	利率优惠
东方商业银行（Oriental Bank of Commerce）	最高等级降1%，高等级降0.5%，平均以上降0.25%
印度联合银行（United Bank ofIndia）	最高信用等级降低1%，次高等级降低0.5%
印度银行（Bank ofIndia）	第二高等级以上降0.5%，第三高等级降0.25
印度友固银行（UCO Bank）	SE1A降1%，SE1B降0.75%，SE1C降0.5%，SE2A降0.5%
泰国军人银行（TMB Bank）	对评级公司评级的客户普遍降低0.5%

税收优惠方面：第一，税收减免。印度鼓励企业建立研发中心，通过认证的企业为技术研发所采购的国产物品免征货物税。获得科技部认证的科研机构用于研发的设备和零部件等免征进口关税。研发机构取得的收入，仍用于研发与创新活动的，免征所得税，承担国家专项研究计划的研发开支可加量免征125%，承担该计划的国家实验室和高等院校的负责人也可获得个人所得税的加量免税。从事科技研发活动的公司，自确认之日起5年内减征所得税。企业采用本国技术或在欧盟、美国及日本取得的专利技术而设计制造的产品，3年内免征商品税。印度对产品全部用于出口的软件企业在2010年前免征所得税，在软件园区注册的企业10年内免缴所得税，设在自由贸易区内生产高科技电子出口产品的企业5年内免征所得税。印度大部分邦对软件技术和产品进出口免税。在生物技术领域，用于研发和生产的专业物品免征进口关税。此外，印度对长期风险投资者的资本利得和红利收入全部免税。外国投资者投资高新技术产业园区内的企业，可以在投产的8年内任选5年免缴所得税。第二，税收扣除与加速折旧。在印度，企业支付给科研机构的研发费用以及企业的研发机构在科研开发项目上的全部支出可以享受100%的税前扣除。采用本国技术和设备建立的企业，该设备可按照40%的比率实行加速折旧。信息技术企业技术研发的投资可按当年发生的研发费用给予125%的超额扣除。第三，设立技术开发应用基金并征收研究开发税。印度税法规定，企业引进国外技术，将按照引进费用征5%的研发税，用于设立技术开发和应用基金，以资助国内企业从事科技研发、创新成果转化和引进技术的消化活动。同时，印度对公营和私营企业征收

"研究和开发税",如果企业将其营业收入的2%用于研发,就无须缴纳该税。

(六)中国台湾地区经验分析

在我国台湾地区,企业引进或使用国外的专利权等,可减免营利事业所得税,新办科学工业企业免征1年的所得税。科学工业园区的企业可以全部免征进口税、货物税、营业税和土地税,5年内免征营利事业所得税,外销产品免税,且期满后可以享受最高税率为20%的低税率政策。公民以个人创作发明的专利权提供或出售给台湾境内公司使用而获得的收入免于计入综合所得额课税;对从事科技和学术研究的机构和人员给予所得税、营业税和财产税等多方面的减免税优惠,并对应聘的外国科技人员予以免税待遇。此外,台湾税法规定企业必须提取一定比例的营业额用作企业的研发开支,否则将给予惩罚性的税收待遇。企业引进新技术、新产品支付的专利费、许可证费等可在所得税前扣除,中小企业为改进生产技术、开发新产品而支付的研发和实验费用准许在当年应税所得中扣除。企业投资于自动化设备、科技研发和人才培训,可按投资额的5%~20%抵免其应纳所得税额,且可在以后4年内逐年结转。企业可按照购买新设备支出的15%抵免再投资年度新增所得应缴纳的所得税。在折旧方面,台湾对用于科技研发、产业升级和改善生产的机器设备,根据情况可以比法定的固定资产使用年限缩短2年或缩短一半计算折旧,折旧年限缩短后不满1年的直接记入成本费用。新设立的风险投资企业,自开始营业之日起5年内免征营利事业所得税;增资扩展的风险投资企业,5年内就其新增所得免征营利事业所得税;投资于创业事业的公司,其投资收益的80%免于计入当年度营利事业所得税。外商投资于高科技风险行业的,可以按照投资额的20%在税前抵扣应税所得,技术先进的重要企业可按投资额的30%税前抵扣应税所得,并允许在此后5年内继续抵扣。此外,对投资高科技产业的公司除给予税收减让政策外,对其实行退税20%的制度。

五、其他国家和地区的经验小结

按照美国、日本、欧洲(包括英国、法国、德国、荷兰、意大利、葡萄牙)、新兴市场(包括以色列、韩国、新加坡、俄罗斯、印度、中国台湾地区)的论述顺序,本章对科技金融服务的国际经验进行了系统梳理。基于此,本章全部经验和模式见表4-8。

表4-8 促进科技型中小企业发展的金融服务国际经验一览表

国别	主要经验
美国	美国小企业投资公司计划(SBIC);金融创新产品(科技银行,资产重组);法律和税收优惠
日本	为中小企业提供政策性贷款的机构(商工组中央金库、国民金融公库和中小企业金融公库);为中小企业提供政策性担保的机构("日本中小企业信用保险公库");法律和税收优惠

续表

国别		主要经验
欧洲	英国	信用担保；银行贷款；风险投资基金；税收优惠
	法国	中小企业融资专门机构；政府扶持；风险投资基金
	德国	金融扶持；贷款担保；政府资助；科技扶持
	荷兰	"富叔叔计划"（Aunt Agatha）；PPM 计划
	意大利	创新资金扶持；特别补贴；税收优惠；互助担保基金
	葡萄牙	"贴现和辛迪加基金"的再融资担保
新兴市场	以色列	科技企业孵化器；YOZMA 政府投资引导基金；放宽对高科技企业的上市门槛；为科技企业提供国际合作方面的相关支持
	韩国	金融优惠；"技术金融公司"；产业银行；"韩国信用保证基金和技术信用保证基金"；税收优惠
	新加坡	设立创业板股票市场；"创业投资激励计划"、"第 13H 激励计划"、"先驱服务激励计划"；税收优惠
	俄罗斯	建立帮助中小企业融资的国有银行；建立帮助小企业融资的担保基金
	印度	印度储备银行（RBI）；印度国家小产业公司（NSIC）；印度小产业发展银行（SIDBI）；评级体系；税收优惠
	中国台湾地区	税收优惠

第五章

支持科技金融发展政策建议的总体设计

在对促进科技型中小企业金融服务发展的理论基础与现实意义探讨的基础上，结合我国促进科技型中小企业金融服务的政策支持体系及评价现状，吸收和借鉴促进科技型中小企业金融服务发展的国际经验，支持我国科技金融发展政策建议的总体设计可从理论基础、问题剖析、政策体系和目标与原则等四个方面进行思考和展开。

一、基础理论：理性的"供给管理"

所谓"供给管理"，是与经济学理论框架中的"需求管理"相对应的概念，后者强调需求角度实施扩张或收缩的宏观调控，而前者则侧重于讨论因政府而使总供给发生变化的机制中更多样化的政府作为，并特别注重与政府产业政策等相关联的结构优化，强调在供给角度实施结构优化、增加有效供给的宏观调控。（贾康，2010）从我国经济发展现状来看，以货币政策的总量调控不足以"包打天下"和我国目前经济存在突出的结构性问题为基点出发进行思考，我国特色的宏观调控必须注重理性的"供给管理"。我们认为，理性的"供给管理"可作为支持科技金融发展政策建议最核心的理论基础，继续联系到科技金融的实践层面，就是要针对现存的突出问题，从供给端着手落实合理有效的重点支持。

（一）我国特色的宏观调控必须注重理性的"供给管理"

对"供给管理"的重视和思考源自 2008 年美国次贷危机引发全球金融海啸后其政府的政策抉择，与美国人前些年所标榜的、只注重需求管理思路而认为结构性问题可全盘由市场自发解决的"华盛顿共识"不同，2008 年金融危机下，美国调控当局运用的是实实在在的"供给管理"手段，如不救"雷曼"而选救"两房"、"花旗"、"通用"。我国虽然在应对此次金融海啸中有良好表现，但在继续我国特色经济社会发展道路上、继续贯彻落实"三步走"现代化赶超战略进程中，应当特别注重借鉴他国（尤其是美国这样的发达大国）的调控经验。我国特色的宏观调控必须注重理性的供给管理，主要源于以下两个方面原因。

1. 货币政策的总量调控不足以"包打天下"

以我国 2008 年前后相当长的一段时间内的物价上涨为例，根据国家统计局的分析，从 2007 年下半年到 2008 年上半年连续几个季度，8% 左右的 CPI 上涨中，食品价格占 6.8% 左右，房价占 1% 左右，其余仅占 0.2%，带有明显的结构性特征。近几年来这一特征始终存在，以粮食和农产品为基础的食品价格因素始终是物价上涨中占据 70% 以上份额的构成因子。因此，有针对性地增加对农业产品有效供给的激励，便可能缓解相应的物价上涨势头，而不是仅仅以总量调控这样的"一刀切"方式进行调节。货币政策的总量调控不足以"包打天下"的另外一个重要原因，是我国市场经济目前还不成熟，竞争机制相对不尽充分、要素流动自由性仍然相对薄弱，一方面会出现较大的结构性不均衡，另一方面也会影响以总量调控为主、需要依赖市场传导机制的货币政策的实施效果。

2. 我国经济存在突出的结构性问题

近年来，世界金融危机发生前后，在我国不论是存在较明显的流动性过剩压力和通胀压力、还是其迅速演变为流动性不足和通缩压力的情况下，都存在某些领域有效供给不足、投入滞后的结构性供需失衡，需要运用政府财力和其他财力引导来强化经济社会的薄弱方面和"短线"领域。因此，应当从实践出发，坚持有区别地对待我国"三农"、社会保障、区域协调发展、自主创新、节能降耗、生态保护等领域运用结构性对策加大要素投入的力度和促进相关机制创新改进，通过"供给管理"加强这些经济社会中的薄弱环节，改进总供需的平衡状态。需求管理以调节总量为主，供给管理以调节结构为主。需求决定供给，供给创造需求。

（二）理性的"供给管理"与科技金融实践层面的联系

新供给经济学以关注、强调、深入认识供给和供给端的作用这样一种更具对称的理论框架，支持实践方面的优化资源操作调控与改革与发展的攻坚克难，强调正视现实强化优化结构、升级换代、可持续发展的针对性、可行性、有效性，我国科技金融政策的优化与操作，需要针对科技金融服务领域的瓶颈与缺口，抓住科技型中小企业亟须同时又是市场供给薄弱或不足的环节进行机制创新引领的合理有效的重点支持，例如，初创期科技型中小企业的融资需求、成长期科技型中小企业的中长期融资需求、不同类型中小科技企业的债权、股权等直接融资需求、信用贷款需求、信息体系建设等，都应纳入政策支持的着眼点和选择的发力点。

二、应用理论：企业生命周期理论

企业生命周期理论最早是由美国管理学家伊查克·爱迪思提出的，这一理论包括了理论核心、周期特征、周期运行分类、企业定位、战略选择等内容，恰给予科技金融发展政策建议总体设计以应用理论的支撑，初创期与转化期应成为支持科技金融发展政策的两个发力点，此外还需特别注重实践中的分类与战略选择。

（一）企业生命周期理论简述

按照爱迪思的论述，企业生命周期可细分为十个阶段，分别为：孕育期、婴儿期、学步期、青春期、盛年期前期、稳定期、贵族期、官僚化早期、官僚期和死亡期。如果我们将这十个阶段进行一下归类，不难发现，共可归为四类，分别为：初创期、成长期、成熟期、衰退期。企业生命周期理论中对周期的划分名称可较为直观地反映其周期特征：初创期是企业特别需要资金和人力等投入的阶段，但是利润非常低；随着时间发展，企业进入成长期，利润较初创期相比更高，但是仍然未达到利润的顶峰期；随着时间继续发展，企业步入成熟期，达到利润的最高峰，并逐渐转为衰退；并于最终进入衰退期，直至死亡。这是企业从初创到结束的全过程。由此可见，如果将基于十类划分而成的四个阶段再进行一次归类，则可分为两个阶段，以利润的最高点为界，可分为：成长阶段和老化阶段（如图 5 - 1 所示）。

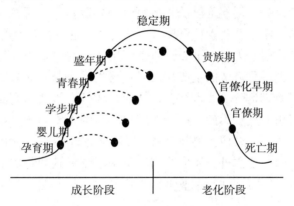

图 5 - 1　爱迪思企业生命十周期

值得注意的是，以上生命周期只是一般意义上的阶段划分，而实际上，企业运行周期也分为不同的类型：最为普遍的普通型周期，变化规律一般为"3 年上升期—3 年高峰期—3 年平稳期"；起落型周期，变化规律一般为"3 年上升期—3 年高峰期—3 年低潮期—3 年平稳期"；晦暗型周期，变化规律一般为"3 年回落期—3 年低潮期—3 年高峰期—3 年平稳期"。然而，根据管理学界的大量研究，符合普通型周期规律的企业所占比率可达 60%，且普通型周期规律也是企业发展的范式，所以政策设计理应基于普通型周期进行考虑。

（二）基于企业生命周期理论的两个发力点：初创与转化

鉴于我国科技发展阶段，科技型中小企业目前大都处于成长阶段。按照企业生命周期理论来分析科技型中小企业的成长，不难得到以下几个阶段：第一，初创期主要以科技研发和资本投入为主，利润非常低；第二，基于一定的科技成果、资本投入和管理运营，步入成长期的企业随时间成功实现科技成果的转化、资本的升值、利润的增长，但是随着企业规模的扩大等因素而处于利润的攀升阶段；第三，成熟期企业已形成完整的研发、试用、转化、实现增值一跃的成熟流程，企业利润较高且更为稳定；第四，随时间发展，企业逐步进入衰退期。由此可见，政策支持科技金融发展的两个发力点应放在初创阶段和转化阶段。初创阶段一般对应企业生命周期理论中所指的初创期，转化阶段一般对应企业生命周期理论中所指的成长期，从企业成长的角度而言，这两个阶段实际上都属于企业的成长阶段。首先，这两个阶段决定着企业是否能够成功存活，从而实现后续的规模增长、利润增长和企业自身成长；其次，企业在这两个发展阶段势必要面临对大量资本的需求，以供科技研发、管理运营、投放市场等环节所用，而这两个阶段却面临企业利润较低、生命力较差，从而很难在市场上顺利获得资金，是政策应当特别注重的方面。

（三）成长阶段的创新链理论

科技型中小企业在成长阶段，必然面临创新。创新链描述的是科技成果从创意产生到商业化生产销售实现的整个过程，而这一链条形象一点来说，其实指的就是整个过程中的价值链条。创新价值链一般可分为要素整合、研发创造、商品化、社会效用化四个环节。第一，要素整合环节的主要功能是整合人力资源、资金、设备、信息等创新要素形成研发力量；第二，研发制造环节的主要功能是通过研发力量形成新技术；第三，商品化环节的主要功能是将研发成果与企业人员、资金、现有设备、信息、工艺、管理运营等要素结合，从而形成具有价值的商品，并形成一定的产业，逐步产生经济效益；第四，社会效用化环节的主要功能是将该商品应用于社会生活等领域，产生社会效应。科技金融除了把握基于企业生命周期理论而来的初创期和成长期两个着力点以外，还应特别注重基于创新链理论实现围绕创新链完善资金链，以此实现：一方面注重企业生存与发展，一方面注重产品的研发与转化。

三、问题剖析：一个悖论与两个缺陷

如上所述，供给管理以调节结构为主，而联通到供给端的实践，首先须认识科技金融发展现存的问题。基于企业生命周期理论和创新链理论，总体而言，我们认为现存问题可简要以"一个悖论与两个缺陷"这样的表述来概括。其中，"一个悖论"是指，虽然目前"中小企业融资难"确确实实是一个全球范围内普遍存在的问题，但是"科技融资难"却只是一个局部存在的问题；"两个缺陷"是指，在科技成果从研发到转化的过程中，存在着很难甚至无法转化为生产力而最终石沉大海的"科技缺陷"和以"转化难、转让难、投产难"为主要特征的"市场缺陷"。

（一）一个悖论：全球范围内的中小企业融资难与局部科技融资难

在中小企业金融服务领域有一个值得注意之处：虽然从世界范围内来看，中小企业融资难是一个普遍的问题，但对科技型中小企业而言，融资难却不是一个世界的普遍问题，越是经济发达的国家，越是创新能力强的国家，科技型中小企业越容易便捷地获得所需的金融服务！这一方面与这些国家金融业的发达特别是风险投资等前沿业态的发达有关，另一方面与这些国家政府对科技型中小企业的"区别对待"式的供给管理、政策倾斜支持有关，例如，美国、德国、日本等，它们通常在国家创新战略导向下要建立发达的科技金融服务供给系统，各具特色地借助多样化财政投入方式、政策性金融机构、多层次资本市场、创业引导基金、技术成果转化中心等建立网络化的支持体系，而这种发达的科技金融服务供给系统正为我国现阶段所短缺。自20世纪90年代，我国总体告别"短缺经济"20余年以来，发达金融服务体系和高绩效资金配置机制的短缺问题，却一直是制约我国经济升级转型的主要因素之一。当然，这与我国体制改革、机制转换进程中的"攻坚克难"具有内在联系。在十八届三中全会《关于全面深化改革若干重大问题的决定》的精神和"政策金融"概念的重申、多层次资本市场（对于科技型中小企业国开行所倡导的投贷债租证综合金融服务体系比较适用，尤其是新三板、四板、乃至五板等多层次资本市场的发展是利好）等重要方针指引下，我国生机勃勃，潜力无限的市场经济发展实践正呼唤着新一轮在"全面改革"进程中的金融、包括科技金融的创新。

（二）两个缺陷：科技缺陷和市场缺陷

在科技成果从研发到转化的过程中，存在着重数量大于重质量、基础科研不足等"科技缺陷"和以"转化难、转让难"为主要特征的"市场缺陷"。

1. "科技缺陷"的表现

从我国科技创新的现状来看，在科技研发阶段存在较为明显的、与市场断层的"科技缺陷"。包括知识产权成果在内的科技研发成果，目前较为突出地表现出两大特征：第一，科技创新方面更注重数量而不是质量，绝大多数的科研成果被束之高阁，经年累月后而最终石沉大海。第二，科技创新方面基础科研财力、人力、资源等投入不足，并在具体管理环节存在申报环节涉租寻租、报销环节繁琐冗赘、项目管理绩效低下等诸多对科研人员造成负向激励的细节问题。

2. "市场缺陷"的表现

我国科技成果最终转化为生产力的环节中，市场尚未完全发挥决定性作用，存在着以"转化难、转让难"为主要特征的"市场缺陷"。第一，科技成果转化难。最终实现科技成果价值"惊险一跃"的环节就是科技成果转化环节，但是由于存在以资本不足为核心的各项资源条件短缺等问题，我国科技成果往往很难顺利转化为生产力。第二，科技成果转让难。由于我国目前尚未建立信息平台，科技成果转让方面信息不对称问题十分突出，转让壁垒高，转让费用大，转让渠道窄，总体流通性差。

四、政策体系："珍珠项链"新供给模式及应用

科技型中小企业的融资需求迫切，但因普遍具有轻资产的特征，往往达不到传统的银行信贷和股权融资等金融服务方式的供给标准，科技型中小企业时常会陷入融资困境和发展瓶颈。针对这种供需失衡，以浙江省中新力合为代表的金融服务企

业，围绕科技型中小企业不同的融资需求和特征，结合我国金融发展水平，专注于解决科技型中小企业融资问题的创新思路，持续推出若干创新型金融产品，丰富了科技型中小企业金融服务供给方式。

（一）"珍珠项链"新供给模式：对杭州经验的重要总结

1. 杭州经验：中新力合创新型金融产品与服务简述

第一，科技金融服务产品设计。在中小企业、特别针对科技型企业的综合化金融服务平台上，中新力合近年来陆续推出创新型金融产品，主要包括天使债、小企业集合债、基于科技型企业不同成长阶段融资匹配的股权投资组合基金产品、知识产权风险基金等，同时与政府合作机构良好互动，拓展知识产权产品合作创新，受托为各地科技局评审科技型中小企业项目，发展增值服务，形成具有系统化特点的科技型中小企业融资产品链条，实现科技创新链条与金融资本链条的有机结合。

第二，利用地方"四板"市场，提供增值金融服务。2012 年 10 月，浙江股权交易中心暨区域股权交易市场成立，中新力合成为首家会员公司。浙江股权交易中心旨在为浙江省内企业，特别是中小企业提供股权债券的转让和融资服务，逐步把区域性股权交易市场建设成沪深交易所和"新三板"的"预科班"，鼓励拟上市公司先在区域市场挂牌培育。中新力合以浙江股权交易中心为切入点，围绕科技型企业的需求，积极协同各专业机构开发创新的金融产品，开展推荐挂牌、报价、私募债承销、代理买卖、股权债权融资、金融衍生产品等业务。以私募债承销为例，2013 年 7 月 31 日，由中新力合设计并承销的国内首只纯信用小微企业私募债"中科赛思私募债"在浙江股权交易中心成功发行。为平衡安全与收益，该产品通过结构化设计增信，不同资金类型共同参与认购，风险分层，其中，优先级占比 80%，次优先级（劣后）为 20%，优先级认购人可跨过制度门槛直接投资低风险、中等收益的私募债券产品，而劣后的购买者为民间投资机构，瞄准浙江高达万亿元的民间资本。目前，中新力合依托浙江省"四板"市场为科技型中小企业，包括挂牌、股权债权融资、资产管理、价值分析报告、顾问服务、交易服务、上市辅导为一体的全方位综合金融服务，助力实现科技型企业自身价值。

第三，科技金融信用体系建设。虽然中新力合的信用贷款业务已相对成熟，但解决客户需求均需要投入大量人力和物力进行实地调研和考察，究其原因是没有一个可信赖的信用体系，无法判断间接信息的真实。2007 年，中新力合提出"网络信用"平台式构想，开始建设信用体系。2010 年，出台"云融资服务平台"建设方案，标志着信用体系建设正式成为中新力合的核心项目。2011 年，公司引入普华永道共同搭建中小企业评价体系模型，建设评价体系。2012 年，公司在浙江全省铺设分支机构，全面开展信用体系建设。对于作为资金需求方的科技型中小企业，信用体系可以帮助信用良好的企业获得监管机构、金融中介以及合作单位认可，进而获得更多的服务和适用优惠政策，降低融资成本。

2. 以"合"字为创新理念，运用"珍珠项链"模式打通跨界合作

寻求各方利益的最大公约数消解合作的障碍，形成跨界资源共同作业的服务平

台，实现科技型中小企业金融服务相关者的资源整合，集中各方的资金、信用、信息优势开发新型金融服务产品，使科技型中小企业的未来价值得以体现，摆脱传统融资方式以抵押品或历史业绩为基础的束缚，实现科技型中小企业融资方式供给链的升级，使科技型中小企业融资选择范围扩大、便利度提升、成本降低，在整个生命周期都可以获得相应的融资服务。这种整合是广泛而多层面的，可简要归纳如下：

第一，不同类型金融服务机构之间的业务整合机制。以风险共担、利益共享、优势互补、高水平专业化为前提，包含整合多方资源的交易机制。根据担保机构、银行机构、信托机构、风险投资商等各种金融机构差异化的风险收益偏好，或是采取跨期安排，或是运用结构化技术加以整合，使它们在自己的业界之内协同发挥作用，形成跨界的创新产品，发挥信贷市场与资本市场的合力效应。

第二，金融机构资金和民间资金的汇集机制。服务产品，在客户端看到的是债权和股权，在资金端，则是运用担保的工具，从主流银行那里拿到钱，运用资产管理工具，吸引民间的活钱。

第三，按照公私合作伙伴关系（PPP）的理念开展政府与市场的合作在科技型中小企业金融服务领域，中新力合得到政府的支持，与当地政府部门形成密切的合作。公司根据政府政策导向，结合自身业务优势，通过产品和组织创新，与政府开展资金、信息、组织管理等多方面的合作，不仅共同出资成立科金公司，而且所推出的各种金融产品中通常都有政府的支持以及资金投入（实为地方政策性金融的具体形式），通过这种合作，既达到了政府政策目标，又拓展了公司业务，实现了经济效益与社会效益的相统一，在理论和概念上，可对应于广义的"公私合作伙伴机制（PPP）"。

第四，通过产品设计和信用体系建设化解信息不对称，撮合促成融资交易信息不对称是制约科技型中小企业融资的基础障碍，中新力合从担保业起步，而担保本身就具有化解信息不对称的功能。目前，中新力合的产品设计中都包含化解信息不对称的理念，为各方的合作创造条件。"小企业集合债"中通过全额担保化解了政府与科技型中小企业、银行与科技型中小企业之间的信息不对称、对定位为风险投资的机构投资者不提供担保，但是，它们享受20%～30%收益，通过该产品设计，机构投资者能够以债权这种风险相对较小的形式进入企业，了解企业情况，也解决了其直接投资过程中与企业的信息不对称问题，一旦遇到理想企业，即可股权跟进，对企业作进一步的投资。除了担保，中新力合还利用既有的信息资源，提供纯信用贷款，化解抵押等传统信贷方式对科技型中小企业的制约，探索科技资源与金融资源结合的新方式，例如所开发的"雏鹰融"这种标准化产品，只要进入政府"雏鹰计划"名单的企业，就可以获得50万元的纯信用信贷。针对许多企业是第一次贷款、缺乏信用记录，以及贷后跟踪评价的信息需求，中新力合紧紧抓住信息不对称这种基础障碍，实时动态地采集企业基本信息，建立信息体系和信用评价体系。

第五，积极响应科技金融政策，促进宏观政策向微观主体有效传导。中新力合注重与政府部门有效互动，契合政策时机开展新业务，例如，配合杭州市科技型企业培育工程，针对列入"雏鹰计划"和"青蓝计划"的科技型中小企业，提供专门化的金融产品和服务；作为浙江股权交易中心暨区域性股权交易市场的首家会员公司，围绕科技型中小企业需求，积极协同各专业机构开发创新性的金融产品，开展推荐挂牌、报价、私募债承销、代理买卖、股权债权融资、金融衍生产品等业务；与政府合作机构良好互动，在产品合作创新上，与杭州高科技担保公司、杭州银行科技支行合作开发智汇宝产品，并推进知识产权金融化创新方面，在增值服务方面，公司受托嘉兴市、舟山市、湖州市、金华市等地科技局的各类项目专项评审工作，等等。

（二）构建政策体系："珍珠项链"新供给模式的政策应用

根据如上所述杭州中新力合创新型金融产品与服务的调研经验总结，将"珍珠项链"新供给模式落实到我国支持科技金融发展的政策体系构建的应用方面，可考虑具体从如下八个方面着手。

第一，注重科技金融服务产品设计的多元化。现阶段，我国科技金融服务尚处于起步阶段，服务产品多以较为传统的抵押、质押、担保为主，且直接针对科技成果设计的服务产品极少，多数金融服务产品都要求与固定资产绑定，不利于科技型企业融资，尤其为科技型中小企业融资带来诸多壁垒。鉴于此，我国科技金融服务应当特别注重产品设计的多元化，提高科技产品在企业寻求金融服务时的比例，积极推动挂牌、报价、私募债承销、代理买卖、股权债权融资、金融衍生产品等业务，并借鉴欧美发达国家的经验，积极探索证券化之路。

第二，下决心构建科技金融信用体系。无论是科技成果、科技产品还是知识产权抵押、质押、担保，绝大多数金融机构对固定资产绑定的要求多出自风险的考虑，而与风险直接相关的，应是信用体系的建设。目前，我国尚未建立科技金融信用体系，且作为信用体系的基础，科技成果、科技产品、知识产权等评估体系也未完善，这成为我国提升科技金融服务水平的一大制约。作为科技金融制度供给的重要组成部分，科技金融信用体系应在国家层面的顶层设计、通盘规划下，特别注重地方和各大金融机构的实践情况，构建全国范围内的科技金融信用体系，便于科技金融主体和客体应用，且有助于宏观上对全国科技金融风险的把控。

第三，搭建不同类型金融服务机构之间业务整合的桥梁。我国科技金融服务体系亟须寻求各方利益的最大公约数消解合作障碍，形成跨界资源共同作业的服务平台，实现科技型中小企业金融服务相关者的资源整合。这种整合有利于集中各方的资金、信用、信息优势开发新型金融服务产品，使科技型中小企业的未来价值得以体现。打通不同类型金融服务机构之间的业务壁垒，需切实搭建业务整合的桥梁，例如：建立企业科技信息平台、构建科技金融信用体系、开发金融服务新产品等来加强不同类型金融服务机构之间的通力合作。

第四，加强金融机构资金和民间资金汇集的渠道建设。我国金融体系中现存在两大突出现象：一方面金融机构资金时有不足，而另一方面民间资金汇聚的"灰色金融"、"黑色金融"大量堆积；一方面造成了金融机构明渠中资金流的时而短缺，另一方面造成了暗渠中资金风险难以防控。对于金融服务产品，客户看到的是债权和股权，对与资金供给机构，注重的则是运用担保的工具，从以银行为主的金融机构处获得资金，然后运用资产管理工具，吸收民间的流动资本。对于我国科技金融而言，应当特别注重金融机构资金与民间资金汇集的渠道建设，将明渠与暗渠中的资金流整合。

第五，倡导与资本市场相结合的方式提供增值金融服务。科技金融服务的直接目标是为科技型中小企业融资、促进我国科技发展，而更为长远的目标则应是帮助我国中小企业尤其是科技型中小企业良性发展，成长为科技发展的原动力。科技金融服务应切实考虑依托股票市场等资本市场为科技型中小企业，包括挂牌、股权债权融资、资产管理、价值分析报告、顾问服务、交易服务、上市辅导为一体的全方位综合金融服务，助力科技型企业实现自身价值。

第六，大力深化和继续推行公私合作伙伴关系（PPP）模式，在科技型中小企业金融服务领域深化市场与政府的合作。应鼓励金融服务机构关注政府政策导向，并结合自身业务优势，通过产品和组织创新与政府开展资金、信息、组织管理等多方进行合作，注重运用主要以地方政策性金融为主的政府支持以及资金投入，以求达成政府政策目标、拓展业务，实现经济效益与社会效益的统一。从科技型中小企业角度看政策性金融，主要问题在于政策性金融对其引导方面尚显不足；然从政策性金融角度看科技型中小企业金融服务，对于我国政策性金融多年来形成的以开发型、投资型、进出口型、农业型为主导的结构而言，一下子倾力于科技发展也存在难度。PPP 模式目前已在我国基础设施建设中初显成效，其吸纳民间资金、引导民间资金、扩大乘数效应的效果非常明显。政策性金融在科技型中小企业发展中重要的引导作用，可考虑在此引导作用发挥下引入 PPP 模式，加大民间巨型资本对科技型中小企业源源不断的支持力度，未来或可实现通过活跃的民间资本反过来激励金融服务创新的作用，实现生态系统的良性循环。

第七，通过产品设计和信用体系建设化解信息不对称，撮合促成融资交易信息不对称是制约科技型中小企业融资的基础障碍，可考虑在起步阶段发挥担保业的率先作用，化解前期信息不对称的困扰。

第八，推动中央和地方科技金融政策落地，促进宏观政策向微观主体的有效传导。目前，我国科技金融相关政策数量巨大，但许多尚需"接地气"。由于存在中小企业融资难问题，我国针对于此出台了大量相关政策。从中央各相关部委到地方各级政府，从财政手段到金融手段，从法律法规到实施细则，政策数量总计可达几万条之多，并随着时间发展、新政策不断出台，各色政策汇编也层出不穷。然而，在庞大的、看似事无巨细的政策覆盖下，据多地相关调研资料及实录显示，相当一部分政策在实际操作中很难落地，或与地方实情有出入而难以落实、或与企业现状错配而难以达到条件、或尝试推行而收效甚微等，与此同时，还存在着利好政策在政府与企业之间存在信息不对称等问题，阻碍了政策的最终落实。

五、目标与原则：由理论到实践的联通

早在 1985 年的《中共中央关于科学技术体制改革的决定》中，我国就已提出"设立创业投资、开办科技贷款"的科技与金融相结合的理念和模式，在近三十年的发展中，科技与金融相结合的理念和模式不断发展和成熟，为我国建设创新型国家发挥了极大的推动作用。与此同时，随着我国社会主义市场经济模式不断深化和发展，市场配置的作用也随党的十八届三中全会的召开实现由"基础性作用"到"决定性作用"的重大转变。落实到科技资源配置层面，也应当注重发挥市场配置的决定作用。基于理性的"供给管理"这一理论基础，结合"一个悖论"与"两个缺陷"的问题剖析，在总结杭州经验得到的新供给"珍珠项链"模式所构建的政策体系基础上，实现由理论到实践的联通，可考虑为我国支持科技金融发展政策建议建立如下目标与原则。

（一）支持科技金融发展政策体系的总目标：寻求新的模式和新的业态

支持科技金融发展政策体系的宏观目标，在于结合我国市场经济发展现状、资本市场发展现状打造切实有效的科技金融体系，构建科技型中小企业结合自身特点切实地、有序地、便捷地获取金融服务的金融服务生态体系，以促进科技型中小企业金融服务为切入点，充分发挥市场配置的决定作用推动我国科技事业的发展和科技实力的提升，激发全社会的创新活力，为经济增长培养原动力，配套打造中国经济升级版，继续贯彻经济赶超战略、跨越发展陷阱。

将宏观目标落实到支持科技金融发展政策体系的总目标上，可归纳为"两个寻求"：寻求新的模式和寻求新的业态。

1. 寻求新的模式："珍珠项链"新供给模式带来的启示

"珍珠项链"新供给模式实质上强调的是打通各个渠道来突破政策和产品的"孤岛效应"，具有如下特点：通盘规划性、连通性、创新性、灵活性、综合性。然而，这五大特点恰恰是我国目前科技金融发展尤其是支持科技型中小企业的金融服务方面最为欠缺之处，应作为我国支持科技金融发展政策目标之"寻求新的模式"的侧重点。第一，通盘规划性的两个层面：一是横向政府与市场的有机结合通盘规划，二是纵向机构方面的多元通盘规划。第二，连通性的两个层面：一是内化于同一金融服务产品内部不同金融产品的连通，二是不同金融服务产品之间的连通。第三，创新性的三个层面：一是金融服务产品本身的创新，二是金融服务产品之间组合方式的创新，三是整个金融服务体制机制的创新。第四，灵活性的两个层面：一是金融政策向金融服务落实过程中因地制宜调整的灵活性，二是金融服务组合搭配时自由选择的灵活性。第五，综合性的三个层面：一是政府手段和市场手段的综合运用，二是金融政策、地方政策、资本市场综合落实到科技金融服务层面，三是科技金融服务综合运用到科技性中小企业的投融资工作中去。

值得注意的是，以市场作为科技资源配置的主体，在科技资源配置中起决定性作用，势必要求科技金融服务从产品设计到体制机制都要顺应市场中需求方和供给方的选择，这决定着在实践的过程中，在"珍珠项链"新供给模式给予的启示下，应当充分发挥市场的决定性作用，不断通过实践的选择寻求符合选择标准、顺应市场要求的新模式，为我国科技金融突破跨机构、跨维度、跨部门的高水平发展打通"任督二脉"。

2. 寻求新的业态：针对特定需求，结合新的模式，加强服务供给，构建新的业态

针对目前我国科技金融发展中存在的"一个悖论和两个缺陷"，结合"珍珠项链"新供给模式，在以寻求新的模式为目标的基础上，更进一步地从更加宏观、更加长期的角度进行思考，可将目标定位为"寻求新的业态"。随着致力于构建以"通盘规划性、连通性、创新性、灵活性、综合性"为主要特征的新模式，针对特定的需求，结合新的模式，加强相关制度供给，从而实现加强金融服务供给，构建金融服务自身的生态系统，构建新的业态，保障科学长期可持续发展。

（二）支持科技金融发展政策体系的总原则

总目标导向下，一方面为了保障政策体系的有效性、完整性、可优化性，另一方面为了提升具体政策措施的科学性、规范性和可操作性，可考虑为支持科技金融发展的政策体系及具体政策措施制定如下总原则。

1. 市场决定资源配置原则

党的十八届三中全会明确提出市场在资源配置中的"决定性"作用，这一方针落实到我国科技金融发展的实践层面，可构成"市场决定资源配置原则"。这一原则要求在科技资源配置中，市场起决定性作用，政府起调节性作用。这实质上提出了两方面的要求：第一，市场机制中关于科技资源配置的方面亟待建立健全；第二，政府应当特别注重规避"越位"和"缺位"，切实维护市场在科技资源配置中的决定性作用，对"公平性"相关问题切实起到调节作用。

2. 制度供给动态优化原则

在推动我国科技金融发展，尤其是提升我国科技型中小企业金融服务的进程中，应当特别注重加强制度供给，搭建各机构、各维度、各部门之间连通的桥梁，并应当特别注重体制机制的可动态优化，使新制度在实践中试错、在反馈中改进、在优化中提高，不断将制度供给推向更加科学化的层面。

3. 多元政策通盘规划原则

支持我国科技金融发展，尤其是提升我国科技型中小企业金融服务，需要运用多元政策手段的组合，包括：财政政策、税收政策、金融政策、其他政策等，这些政策手段虽然由不同的部门制定和使用，但作用的客体是一致的，作用的目标是一致的，但最终效果的体现往往指向多元政策的合力方向，因此应当特别注重多元政策的通盘规划，细化不同政策的独立效应、组合效应、相关效应等，注重政策科学合理的通盘规划。

4. 服务模式创新联动原则

如上所述，现阶段提升我国科技型中小企业金融服务，实质上就是寻求服务模式的创新和联动，应当特别注重服务产品的创新和服务产品组合的创新，注重服务机构之间的联动和政府与市场之间的联动，突破科技金融发展的瓶颈。

5. 固本培元生态发展原则

政策体系建设应当遵循为我国科技金融发展固本培元并最终实现生态发展的原则，连通到"现代国家治理"的逻辑，应当加强科技金融"治理"，包括管理与自管理、调节与自调节，辅助市场产生内生动力。

（三）支持科技金融发展政策体系的总框架（面向实践的总设计）

如上所述，遵循支持我国科技金融发展的五大原则，支持科技金融发展政策体系的总框架应当"连起来、建起来、动起来"，具体可表述为：第一，整合既有资源，形成系统合力；第二，注重顶层设计，加强分层建设；第三，联动相关配套，发挥驱动力量。落实到面向实践的总设计框架，应切实考虑构建财政政策、税收政策、金融政策和其他政策联动的政策体系。

1. 财政政策

财政政策支持体系方面，可从以下几个方面考虑。第一，构建完善提供科技型中小企业金融服务的组织机构。包括支持成立国家级的科技银行，支持在国家层面设立再保险机构，支持建立区域性金融服务机构。第二，培育金融服务主体，促进多样性科技金融服务市场发展。包括加大财政奖励、风险补偿等财政扶持政策的力度，提升风险投资机构的市场生存力，鼓励机构创新，丰富投资者结构；应用财政奖补，培育和发展股权交易市场，特别是加快建立和完善全国性场外交易市场制度和市场体系；完善顶层设计，转型引导基金方式，运用市场化 FOF 支持创投机构。第三，加快建设各类别，各层次的科技金融服务平台。包括支持建立全国性科技型企业投融资信息交流平台，以政府采购等方式培育和发展科技金融中介服务市场，设立政府专项资金推动全国性科技企业征信体系建设，以政策性金融推动科技担保和保险体系建设。第四，激励引导开展针对科技型中小企业的金融服务创新。包括改进科技财政支出资金管理，提高支持科技企业资金使用效益（包括在立项环节引入行业专家筛选和金融机构筛选相结合的机制，推行财政资金后资助方式，引入行业自评管理、严格产出管理考核）；规范政府引导基金的政策定位和运作模式，积极培育天使投资；建立科技型企业融资联合担保平台，并应用财政补贴和奖励等方式推动银保联动和投贷联保；通过利息补贴、创新奖励等方式支持科技型中小企业集合票据和债券等金融产品创新；通过政府采购的方式将科技企业高新技术的推广应用与商业金融机构的金融支持实施联动；创新财政支出方式，服务科技企业科研发展；通过政府引导基金支持互联网金融发展。

2. 税收政策

在完善科技型中小企业税收政策方面，可考虑：第一，完善高新技术企业认定办法。第二，完善和落实研发费用加计扣除政策。第三，对科技型中小企业应纳税所得额抵扣给予更多优惠。第四，完善对科技奖励和科技成果转化的个税优惠政策，包括扩大科技奖励个税免税的范围，将现行对示范区和实验区内科技创新创业企业转化科技成果，以股份或出资比例等股权形式给予本企业相关技术人员的奖励的个税分期纳税政策，尽快在全国范围内实施等。第五，扩大增值税对高科技行业的优惠范围。在完善科技型中小企业金融服务的税收政策方面，可考虑：第一，针对科技型中小企业不同金融服务，合理完善税收政策。包括完善信贷融资服务的税收政策，完善信用担保服务的税收政策，完善创业投资的税收政策，融资租赁的税收政策，科技保险服务的税收政策，其他金融服务的税收政策等。第二，统一相关政策范围界定，保障政策的贯彻实施。包括合理界定科技型中小企业和金融服务机构等范围，完善资格认定等相关配套措施。第三，合理设置优惠期限，保证税收政策的长期性和稳定性。在"营改增"大背景下，应考虑继续保留和延续有关科技中小企业金融服务的相关税收优惠政策。同时考虑将原有和新制订的有关科技型中小企业金融服务的营业税优惠政策，可直接转变为增值税的优惠政策。在已实施的营改增改革中，已经对（有形动产）融资租赁改为征收增值税，从而可根据营改增前后的制度变化情况重新设定相关优惠政策。本书将在第七章中对此进行详细论述。

3. 金融政策

促进科技型中小企业金融服务发展的金融政策建议主要可从三个方面考虑。第一，应培育和发展促进科技型中小企业金融服务发展组织机构。具体包括：推动服务科技型中小企业的科技支行建设，推动服务科技型中小企业的科技小额贷款公司建设，推动服务科技型中小企业的科技担保机构建设等。第二，应拓宽科技型中小企业多元化融资渠道。具体包括：推动多层次资本市场建设，鼓励科技型中小企业上市融资，推动创业投资发展壮大，加快科技成果转化，推动债券市场金融创新，发挥政府基金间接引导作用，借力互联网金融，提高科技型中小企业融资效率，创新适合科技型中小企业的科技保险产品和服务，推动科技型中小企业融资租赁发展等。第三，应加快区域性科技金融服务平台建设。在金融服务平台建设中，中关村发展集团科技金融服务平台和浙江中新力合股份有限公司科技金融服务平台是最为典型的、可供参考、可供复制的案例，在此基础上，还应考虑切实推动科技金融服务中心建设，并探索区域性科技金融服务平台建设等。本书将在第八章中对此进行详细论述。

4. 其他政策

由于市场失灵的存在，中小企业金融服务过程中存在较为突出的信息不对称问题，增加了科技型中小企业获取金融服务的难度，制约促进科技型中小企业金融服务发展政策的作用发挥。在改善信息不对称、促进科技型中小企业金融发展的政策建议方面，应考虑：第一，改善信息不对称要实现的目标状态。第二，完善科技型中小企业的信息收集和披露制度。第三，构建和完善社会化信息传递渠道和甄别机制。第四，打破信息不对称障碍，探索发掘科技企业资产价值。本书将在第九章中对此进行详细论述。

第六章

促进科技型中小企业金融服务发展的财政政策建议

我国科技型中小企业的发展得到了广泛的政策支持，国家从中央到地方等多层面，从产业、财税、金融、人才、技术进步等多方面，构建起支持科技型中小企业发展的政策框架体系。自1985年《中共中央关于科学技术体制改革的决定》提出设立创业投资，开办科技贷款以来，我国科技与金融的结合工作已经走过了近30年的历程，用科技金融相结合的促进科技型中小企业发展，近年来逐步取得一系列成果。显然，作为供给管理重要手段，财政政策在促进科技型中小企业金融服务发展方面具有十分重要的作用。

一、促进科技型中小企业金融服务发展的财政政策现状

近年来，由于对科技创新和中小企业作用认识深化，我国对中小企业，特别是对科技型中小企业的支持力度加大，出台了各种政策，发挥财政政策的引导、示范、撬动等作用，试图构建起全面促进科技型中小企业金融服务发展的财政政策体系。

（一）简要回顾近年来涉及财政支持的关键政策文件

2008年，国家发改委、财政部、商务部联合制定的《关于创业投资引导基金规范设立与运作的指导意见》，规定地市级以上人民政府有关部门可以根据创业投资发展的需要和财力状况设立引导基金，引导基金是由政府设立并按市场化方式运作的政策性基金，其宗旨是发挥财政资金的杠杆放大效应，增加创业投资资本的供给，克服单纯通过市场配置创业投资资本的市场失灵问题。特别是通过鼓励创业投资企业投资处于种子期、起步期等创业早期的企业，弥补一般创业投资企业主要投资于成长期、成熟期和重建企业的不足。主要通过参股、融资担保、跟进投资或其他方式扶持创业投资企业发展，引导社会资金进入创业投资领域。

同年12月，国务院办公厅公布《关于当前金融促进经济发展的若干意见》（国办发〔2008〕126号），落实对中小企业融资担保、贴息等扶持政策，鼓励地方人民

政府通过资本注入、风险补偿等多种方式增加对信用担保公司的支持。设立包括中央、地方财政出资和企业联合组建在内的多层次中小企业贷款担保基金和担保机构，提高金融机构中小企业贷款比重。鼓励金融机构建立专门为中小企业提供信贷服务的部门。支持地方人民政府建立中小企业贷款风险补偿基金，对银行业金融机构中小企业贷款按增量给予适度的风险补偿，增加对中小企业的信贷投放。

2009 年，我国颁布在《中小企业促进法》后，又一支持中小企业发展的具有里程碑意义的政策文件是 9 月国务院出台的《关于进一步促进中小企业发展的若干意见》（国发［2009］36 号）。该意见提出了进一步促进中小企业发展的综合性措施，其中涉及财政政策的主要内容包括是：（1）制定政府采购扶持中小企业发展的具体办法，提高采购中小企业货物、工程和服务的比例。（2）鼓励建立小企业贷款风险补偿基金，对金融机构发放小企业贷款按增量给予适度补助，对小企业不良贷款损失给予适度风险补偿。（3）各级财政加大支持力度，综合运用资本注入、风险补偿和奖励补助等多种方式，提高担保机构对中小企业的融资担保能力。

而在该意见之前的 2009 年 6 月，科技部、财政部、教育部、国资委、全国总工会、国家开发银行联合制定了《国家技术创新工程总体实施方案》（国科发政［2009］269 号）。其针对技术创新体系建设中存在的薄弱环节和突出问题，着力推进产学研紧密结合，为企业技术创新提供有效的支撑服务，促进企业成为技术创新主体。该方案明确财政政策支持的具体措施是：（1）建立科技金融合作机制，加强技术创新与金融创新的结合，发挥财政科技投入的杠杆和增信作用，引导和鼓励金融产品创新，支持企业技术创新。（2）通过财政支持贷款贴息等手段鼓励和引导政策性银行、商业银行支持企业特别是中小企业技术创新。（3）大力发展科技创业投资。加大科技型中小企业创业投资引导力度，引导和鼓励金融机构、地方政府以及其他民间资金参与科技创业投资。

2010 年，出台了 2 份文件在担保和知识产权融资管理方面支持中小企业发展。一是工信部公布的《关于加强中小企业信用担保体系建设工作的意见》（工信部企业［2010］225 号）。二是财政部、工业和信息化部、银监会、国家知识产权局、国家工商行政管理总局、国家版权局联合出台的《关于加强知识产权质押融资与评估管理支持中小企业发展的通知》（财企［2010］199 号）。

2011 年，财政政策在参股创投、政府采购、科技成果转化、推动国际合作等方面继续用力，促进科技型中小企业发展。7 月，为加速推动科技成果转化与应用，引导社会力量和地方政府加大科技成果转化投入，中央财政设立国家科技成果转化引导基金。财政部、科技部联合制定的《国家科技成果转化引导基金管理暂行办法》（财教［2011］289 号）明确，转化基金的资金来源为中央财政拨款、投资收益和社会捐赠。科技部、财政部建立国家科技成果转化项目库，为科技成果转化提供信息支持。转化基金遵循引导性、间接性、非营利性和市场化原则，支持方式包括设立创业投资子基金、贷款风险补偿和绩效奖励等。8 月 8 日，财政部、科技部制定了《中欧中小企业节能减排科研合作资金管理暂行办法》，专门用于支持国内中小企业与欧盟企业、研究单位等在节能减排相关领域开展联合研发、技术引进消化吸收再创新、成果转化等科研合作，推动我国节能减排技术加快发展。8 月 17日，财政部、国家发改委制定《新兴产业创投计划参股创业投资基金管理暂行办法》，新兴产业创投计划是中央财政资金通过直接投资创业企业、参股创业投资基金等方式，培育和促进新兴产业发展的活动。12 月，财政部、工业和信息化部制定了《政府采购促进中小企业发展暂行办法》（财库〔2011〕181 号），规定负有编制部门预算职责的各部门在满足机构自身运转和提供公共服务基本需求的前提下，应当预留本部门年度政府采购项目预算总额的 30% 以上，专门面向中小企业采购，其中，预留给小型和微型企业的比例不低于 60%。

2012 年，国务院在 4 月专门出台了《关于进一步支持小型微型企业健康发展的意见》（国发〔2012〕14 号），提出了可操作的财政政策包括：（1）完善财政资金支持政策。充分发挥现有中小企业专项资金的支持引导作用，2012 年将资金总规模由 128.7 亿元扩大至 141.7 亿元，以后逐年增加。专项资金向小型微型企业和中西部地区倾斜。（2）依法设立国家中小企业发展基金。基金的资金来源包括中央财政预算安排、基金收益、捐赠等。中央财政安排资金 150 亿元，分 5 年到位，2012 年安排 30 亿元。基金主要用于引导地方、创业投资机构及其他社会资金支持处于初创期的小型微型企业等。对企事业单位、社会团体和个人等向基金捐赠资金的，企业在年度利润总额 12% 以内的部分，个人在申报个人所得税应纳税所得额 30% 以内的部分，准予在计算缴纳所得税税前扣除。（3）政府采购支持小型微型企业发展。负有编制部门预算职责的各部门，应当安排不低于年度政府采购项目预算总额 18% 的份额专门面向小型微型企业采购。

同年 5 月，为规范和加强中小企业信用担保资金管理，财政部、工业和信息化部出台了《中小企业信用担保资金管理办法》（财企〔2012〕97 号），中小企业信用担保资金是由中央财政预算安排，专门用于支持中小企业信用担保机构、中小企业信用再担保机构增强业务能力，扩大中小企业担保业务，改善中小企业特别是小型微型企业融资环境的资金。

同年 5 月，财政部、工业和信息化部对中小企业发展专项资金管理办法进行了修改，出台《中小企业发展专项资金管理办法》（财企〔2012〕96 号），规定中小企业发展专项资金由中央财政预算安排，主要用于支持中小企业特别是小型微型企业技术进步、结构调整、转变发展方式、扩大就业，以及改善服务环境等方面。9月，国务院出台《关于深化科技体制改革加快国家创新体系建设的意见》，对深化科技体制改革、加快国家创新体系建设提出了全面的指导意见。其中，财政政策可以着力的措施主要包括：一是加大对中小企业、微型企业技术创新的财政和金融支持，落实好相关税收优惠政策。二是扩大科技型中小企业创新基金规模，通过贷款贴息、研发资助等方式支持中小企业技术创新活动。建立政府引导资金和社会资本共同支持初创科技型企业发展的风险投资机制，实施科技型中小企业创业投资引导基金及新兴产业创业投资计划，引导创业投资机构投资科技型中小企业。完善和落实促进科技成果转化应用的政策措施，实施技术转让所得税优惠政策，用好国家科技成果转化引导基金。三是促进科技和金融结合，创新金融服务科技的方式和途径。

综合运用买方信贷、卖方信贷、融资租赁等金融工具，引导银行等金融机构加大对科技型中小企业的信贷支持。推广知识产权和股权质押贷款。加大多层次资本市场对科技型企业的支持力度，扩大非上市股份公司代办股份转让系统试点。培育和发展创业投资，完善创业投资退出渠道，支持地方规范设立创业投资引导基金，引导民间资本参与自主创新。积极开发适合科技创新的保险产品，加快培育和完善科技保险市场。四是完善支持中小企业技术创新和向中小企业技术转移的公共服务平台，健全服务功能和服务标准。

2013 年 5 月，《地方特色产业中小企业发展资金管理办法》明确，地方特色产业中小企业发展资金是中央财政预算安排，专门用于支持地方特色产业集群（含聚集区，下同）内中小企业特别是小型微型企业技术进步、节能减排、协作配套、品牌建设，促进产业结构调整和优化的资金。特色产业资金同科技进步创新有关系的是：促进中小企业技术创新和成果转化、鼓励中小企业节能减排、支持设立创业投资引导基金。11 月《民口科技重大专项后补助项目（课题）资金管理办法》和《国家科技计划及专项资金后补助管理规定》规范国家科技计划及专项资金后补助机制。后补助，是指从事研究开发和科技服务活动的单位先行投入资金，取得成果或者服务绩效，通过验收审查或绩效考核后，给予经费补助的财政资助方式。《民口科技重大专项后补助项目（课题）资金管理办法》的后补助包括事前立项事后补助和事后立项事后补助。《国家科技计划及专项资金后补助管理规定》的后补助包括事前立项事后补助、奖励性后补助及共享服务后补助等方式。

2014 年 4 月，财政部、工业和信息化部、科技部和商务部出台的《中小企业发展专项资金管理暂行办法》十分重要。该办法规定专项资金综合运用无偿资助、股权投资、业务补助或奖励、代偿补偿、购买服务等支持方式，采取市场化手段，引入竞争性分配办法，鼓励创业投资机构、担保机构、公共服务机构等支持中小企业，充分发挥财政资金的引导和促进作用。该文件明确专项资金发挥作用的几个方面：（1）安排专门支出设立科技型中小企业创业投资引导基金，用于引导创业投资企业、创业投资管理企业、具有投资功能的中小企业服务机构等（以下统称创业投资机构）投资于初创期科技型中小企业。（2）发挥财政资金对信用担保机构等中小企业融资服务机构的激励作用，引导其提升业务能力、规范经营行为、加快扩大中小企业融资服务规模，缓解中小企业融资难问题。（3）发挥财政资金在构建完善多元化、多层次中小企业公共服务体系方面的激励作用，加快改善中小企业服务环境、提升服务水平，促进中小企业公平参与市场竞争。（4）发挥中央财政资金在中小企业国际合作中的统筹和协调作用，鼓励加快引进国际先进技术，避免盲目重复引进及恶性竞争。

（二）促进科技型中小企业金融服务发展的财政政策体系框架

回溯近年来促进科技型中小企业金融服务发展的政策内容，可以看出财政政策在其中的重要作用。也可以看出，财政政策在促进科技型中小企业金融服务发展方面正在不断完成，逐步构建起涵盖多个方面、包含多种支持方式的财政政策框架政策体系。

1. 涵盖科技型中小企业所有融资渠道的财政支持体系

科技型中小企业发展和进行科技创新获取资金支持不外乎来自政府资金直接支持、信贷、股权融资、债权融资四个大的方面，在这几个方面我国的财政政策显然已经涵盖，并在各个方向上都对促进科技型中小企业获取相应金融服务方面发挥了积极作用。

（1）直接支持。财政安排专门支出，运用无偿资助方式，对科技型中小企业涉及的电子信息、光机电一体化、资源与环境、新能源与高效节能、新材料、生物医药、现代农业及高技术服务等领域开展科技创新活动进行直接支持。

（2）信贷方面。由于我国金融体系是以间接融资为主的，因此商业银行在为科技型中小企业提供信贷资金支持方面发挥着重要作用。国务院、财政部等先后出台了多个文件，用多种方式鼓励商业银行支持科技型中小企业的发展。为了帮助科技型中小企业提高信用等级，有利于获得银行贷款，我国设立了一批政策性信用担保机构，主要目的是希望通过担保机构的对科技型中小企业信用的担保，帮助这些企业获得商业银行贷款的支持。以贴息、奖励资金等形式，引导银行根据科技型中小企业"轻资本、重无形资产"的特征，促进科技型中小企业使用知识产权进行质押融资的业务。目前，很多商业银行已经在中关村等一批国家高新区实施知识产权质押贷款、银行科技支行和科技型中小企业抵押投融资试点工作等，全国已有24家商业银行和16家担保机构直接参与了知识产权质押融资工作。

（3）债券方面。中小企业发行债券的业务由于其融资规模较小、信用评级较低以及难以支付合理的债券承销费用等原因而在很长时间没有进展。为了解决规模较小的科技型中小企业发行债券融资，许多地方政府通过成立产业引导基金等方式提供资金，为科技型中小企业提供担保，让科技型中小企业（比如同一科技开发区内的科技型中小企业）集合在一起，共同发行统一的中小企业集合票据或者中小企业集合融资券，从而在一定程度上为规模相对较小的科技型中小企业发行低成本债券融资提供了条件。

（4）股权方面。财政通过设立中小企业创新基金或者是产业引导资金，直接或间接为科技型中小企业提供资金支持。我国近年来在中央层面已经建立了多种创新基金、科技企业引导基金，采取资本金投入方式，并且资本金投入以引导其他资本投入为主要目的，对少数起点高、具有较广创新内涵、较高创新水平并有后续创新潜力、预计投产后具有较大市场需求、有望形成新兴产业的项目进行支持。

2. 以成立基金应用专项资金支持作为主要形式

目前，无论是为科技保险的保费补贴，还是财政资金采用FOF（Fund of Funds）运营模式，通过支持阶段参股、支持跟进投资、风险补助和投资保障等方式来降低风险投资机构的投资风险等，政府的财政资金应用都基本采取成立基金进行专项支持为主要形式。其中，在国家层面针对科技型中小企业的基金主要是以下三个类型：

（1）科技型中小企业技术创新基金。以科学技术部和财政部1999年5月21日下发的《关于科技型中小企业技术创新基金的暂行规定》为依据，设立的科技型中小企业技术创新基金是中央层面第一个面向科技型中小企业发展的专项资金。1999~2013 年中央财政累计安排科技型中小企业技术创新基金 268.26 亿元，主要用于以下几个方面：一是支持中小企业开展技术创新活动。根据党中央、国务院增强企业自主创新能力、加快培育和发展战略性新兴产业等战略部署，重点支持科技型中小企业围绕电子信息、生物医药、新材料、光机电一体化、资源与环境、新能源与高效节能、高技术服务业等领域开展技术创新活动。二是支持改善技术创新创业环境。2005 年出台的《科技型中小企业技术创新基金财务管理暂行办法》进一步规范了创新基金管理使用，对于提高创新基金使用效益发挥了积极作用，为创新基金管理使用搭建完成了基础政策框架。2006 年起，中央财政在创新基金中安排专门资金，实施中小企业公共技术服务补助资金项目，支持中小企业公共服务机构为科技型中小企业提供创新资源共享服务、专业化技术服务和技术转移服务，促进创新资源向企业集聚，优化科技型中小企业创新创业环境。三是引导社会资本向初创期科技型中小企业投资。近年来中央财政不断加大对创新基金的投入力度，完善政策内容，对于提升科技型中小企业的技术创新能力，促进科技成果转化，推动产业升级和结构调整等发挥了重要作用。

（2）科技型中小企业创业投资引导基金。2007 年，财政部、科技部颁布出台《科技型中小企业创业投资引导基金管理暂行办法》，明确设立科技型中小企业创业投资引导基金，通过阶段参股、风险补助、投资保障等方式，专项用于引导创业投资机构向初创期科技型中小企业投资。2008 年，科技型中小企业创业投资引导基金启动了阶段参股项目，科技部、财政部共安排中央财政资金 1.59 亿元，首批参股设立了上海上创信德创业投资有限公司、苏州凯风进取创业投资有限公司等 6 家重点投资于科技型中小企业的创投机构。截至 2012 年年底，科技型中小企业创业投资引导基金共投入财政资金 20.59 亿元，其中通过风险补助和投资保障方式累计安排资金 8.5 亿元，支持 249 家创业投资机构，向 1 421 家初创期科技型中小企业投资 69.94 亿元，并对创业投资机构重点跟踪服务的 545 家初创期科技型中小企业给予了直接资助。通过阶段参股方式累计安排资金 12.09 亿元，与社会资本共同设立了 46 家重点投资于初创期科技型中小企业的创业投资机构，累计注册资金达 83.8 亿元。随着实施目标的基本实现，经科技部、财政部研究批准，2012 年年底引导基金首批阶段参股项目中财政资金基本实现退出，6 家阶段参股创投机构累计完成投资项目 76 个，投资金额达 11.9 亿元，其中投资科技企业的数量和金额分别占 94.7%、87%，投资初创期科技型中小企业的数量和金额分别占 55.5%、43.2%。企业在得到创投资本注入和专业辅导后普遍有了长足发展，已有 6 家企业在国内创业板、中小企业板市场挂牌上市，还有多家企业已申请或达到上市条件。2014 年 4 月，财政部、工业和信息化部、科技部和商务部的《中小企业发展专项资金管理暂行办法》明确国家财政安排专门支出设立科技型中小企业创业投资引导基金，用于引导创业投资企业、创业投资管理企业、具有投资功能的中小企业服务机构等（以下统称创业投资机构）投资于初创期科技型中小企业。引导基金将进一步发挥作用，通过创业投资机构或直接对初创期科技型中小企业给予资金支持。

（3）国家科技成果转化引导基金。以 2011 年《国家科技成果转化引导基金管理暂行办法》（财教［2011］289 号）的出台为标志，中央财政设立国家科技成果转化引导基金。该办法首先明确科技部、财政部建立国家科技成果转化项目库，为科技成果转化提供信息支持。然后通过以下方式来发挥财政资金的支持作用：一是通过应用转化基金与符合条件的投资机构共同发起设立创业投资子基金来为转化科技成果的企业提供股权投资。二是通过转化基金给予一定合作银行进行风险补偿，激励银行向科技型中小企业发放用于转化成果库中科技成果的贷款。三是给予转化科技成果做出突出贡献的企业、科研机构、高等院校和科技中介服务机构一次性资金奖励，分担科技型中小企业科研创新成本，刺激企业科研投入。

3. 多种手段并举的财政支持体系

经过多年的实践摸索，财政政策支持科技型中小企业金融服务发展的具体方式不断创新，从拨款资助、贷款贴息和资本金投入逐步扩展到融资担保、各类补贴等。

（1）无偿资助。主要用于以自有资金为主投资的技术创新及技术改造项目，改善科技型中小企业发展环境项目，以及科技型中小企业技术创新项目的研究开发等阶段。该投入方式还可以延伸为补助、创业资助、政府报销等多种形式，是科技金融专项资金中最为常见的一种资助方式。无偿资助能够产生较好的社会效益，具有扩大就业优势。但无偿资助的金额一般较少，资助条件较为严格。并且无偿资助并不能很好撬动社会资本进入，发挥财政资金的引导作用和体现资金放大效应。

（2）贷款贴息。主要用于符合国家和产业政策导向科技含量高、市场前景好、具有一定水平、规模和效益，且银行贷款已到位的新产品开发、技术改造等项目。这种投入方式可以减少企业资金成本，改善财务状况，对处于新产品开发初期或从事技术改造的企业具有重大意义。贷款贴息方式所产生的经济效益较好，资金放大效应明显，吸引聚集资金能力较强。但贷款贴息以企业获取银行贷款为条件，对资信较低无法获取银行贷款却又急需资金的科技型中小企业而言，通过这种方式难以得到扶持。

（3）资本金投入。一种是资本金直接投入，主要以财政资金作为资本投入到特定的企业或项目，一般主要投入到初具规模、快速成长的科技创新企业，或用于高起点、具有较广创新内涵、较高创新水平并有后续创新潜力，预计投产后具有较大市场需求的，有望形成新兴产业的项目。例如创业投资引导基金支持方式中的跟进投资，它主要对创业投资机构选定投资的企业，财政科技资金与创业投资机构共同投资，并在一定的期限内退出。这种投入方式以引导其他资本投入为主要目的，数额一般不超过企业注册资本的一定比例，可以依法转让，或者采取合作经营的方式在规定期限内依法收回投资。资本金投入方式可以更好地体现政府权益，明晰责任和义务，从企业的发展中政府获得收益。但由于要求起点较高，一般企业或项目很难达到。另一种是资本金间接投入，即通常所说的阶段参股，指财政科技资金向创业投资企业进行股权投资，并在约定的期限内退出，主要用于基金投资。比如国家科技成果转化引导基金与符合条件的投资机构共同发起设立创业投资子基金，为转化科技成果的企业提供股权投资。

（4）风险补偿。在创业投资领域，按创业投资机构或企业实际投资额的一定比例给予无偿风险补助，主要用于种子期和初创期阶段的企业和创业投资机构，支持具有潜能的高新技术企业及其产品的研究开发，加快高新技术成果产业化。在科技成果转化领域，财政部对合作银行发放成果转化贷款给予一定的风险补偿。

（5）后补助。后补助（包括绩效奖励的以奖代补）是一种激励性转移支付，主要体现在对完成特定的政府工作目标和任务的科技研究单位的财政资金奖励或者补偿，属于一种事后的激励性措施。比如，对于为转化科技成果做出突出贡献的企业、科研机构、高等院校和科技中介服务机构，转化基金可给予一次性资金奖励。

（6）融资担保。主要用于支持科技型中小企业信用担保体系建设，引导和吸纳社会资本，扩大中小企业融资渠道，为企业创造良好的融资环境；或者根据信贷征信机构提供的信用报告，对历史信用记录良好的创业投资企业，采取提供融资担保方式，支持其通过债权融资增强投资能力。

（7）保费补贴。按照国家明确科技保险保费补贴的条件、补贴的方式和补贴的比例，用财政资金有效保障科技保险推进，如成都市政府设立了科技保险补贴专项资金，用于成都市高新技术企业参加科技保险的保费补贴。

（8）政府购买服务。向金融服务机构购买科技型中小企业发展迫切需要、市场供给严重不足的公共性服务等。

总的来看，经过多年的探索实践，国家已经逐步形成了涵盖科技型中小企业融资需求全渠道，以成立基金专项资金支出为主要形式，多种手段并用的促进科技型中小企业金融服务发展的财政政策支持体系。

二、财政促进科技型中小企业金融发展的作用和现存的问题

（一）财政促进科技型中小企业金融发展的作用和效果

财政政策在促进科技型中小企业金融服务发展方面发挥了积极作用，具体来看财政资金和政策发挥组织、引导、放大、增信和风险分担五个方面，逐步实现三个方面的效果（见图6-1）。

从实践来看，组织、引导、放大、增信和风险分担五个方面的作用都充分体现在各项政策中。国家通过建立专项基金给予企业创新项目支出，不仅是给予了企业直接的资金支持，还因为政府的背书，增加了企业的信用，取到了增信作用。并由于政府资金的进入，引导了一些市场资金对企业进行投资，财政资金实现了引导社会资本进入，同时也是达到了放大投入资金的作用。政府通过组织区域内的相关企业发行集合票据，这一措施就起到了组织作用，而为了让集合票据得到市场认可，通常情况下政府都会对该集合票据给予政策性担保，这又做到了增信和风险分担。这几方面的作用相互促进，形成合力最终能够培育良好的金融服务市场，充分引导社会资本多元投入，从而保障科技型中小企业在得到金融服务支持的情况下实现良好发展。

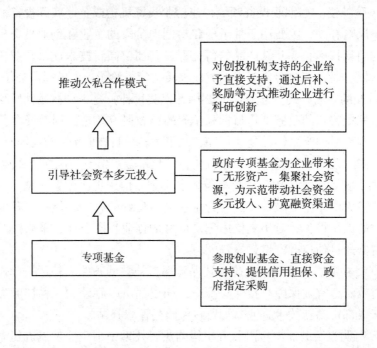

图 6 - 1　财政政策促进科技型中小企业金融服务发展的效果

1. 支持和帮助了科技型中小企业成长发展，提升企业创新能力

由财政出资建立的各类专项基金不论是通过参股创业基金投资科技型中小企业，帮助企业渡过创业初期的危险期；还是针对科技型中小企业的创新项目给予直接资金支持，分担企业创新成本和风险；或是为科技型中小企业提供信用担保，帮助企业增信从而获取资金支持；或是政府指定采购科技型中小企业产品等，企业创新产品提供市场。这些措施都在不同的程度上促进了科技型中小企业创新能力提高、支持和帮助了科技型中小企业的发展、提高企业产品化和产业化能力、甚至是助推企业上市。创新基金的数据在一定程度上反映和印证了这一论断：2008～2012 年，创新基金立项支持的 21 182 家企业平均研发投入占营业收入的比重达 10.78% 以上，远高于创业板上市公司平均 5% 以及中小企业板上市公司平均 2.5% 的水平；截至 2012 年年底，21 182 家企业获专利授权 41 196 件，其中发明专利授权数为 10 357 件，软件产品著作权 10 908 项，软件产品登记 5 177 项。2012 年 10 月底，创业板上市企业共 355 家，其中获得过创新基金支持的企业 113 家，占 31.83%，其中 2012 年 1 月至 10 月底，创业板上市企业共 74 家，获得过创新基金支持的企业 24 家，占 32.4%。

2. 引导和带动社会资本多元投入，拓宽企业融资渠道

中央财政专项基金的投入已逐渐显现良好的杠杆效应，政府专项基金为科技型中小企业带来政策和资金支持的同时，也为企业带来了无形资产，集聚了社会资源，帮助企业实现了与金融的有效衔接，对示范带动社会资金多元投入、扩宽企业融资渠道和空间产生积极影响。引导基金通过阶段参股项目，实践了中央财政资金的股

权投资方式，不仅有效满足了科技型中小企业融资发展需求，而且能够利用股权纽带引导创投机构为科技型中小企业提供连续融资和全方位的增值服务，帮助企业可持续健康发展。截至退出时，6 家阶段参股创投机构累计募集资金为 13.5 亿元，其中带动社会资本 11.9 亿元，引导基金的直接放大比例近 1 : 7.5 倍；此外，6 家阶段参股创投机构在投资时也吸引了其他各类投资机构的联合投资，联合投资金额近 30 亿元，引导基金的二次放大比例近 1 : 19 倍，间接带动了更多社会资金对科技型中小企业的投入。其中，上海上创信德创业投资有限公司，引导基金出资 2 500 万元，基金总规模 1.75 亿元，直接带动 1.5 亿元其他投资者的出资，杠杆比例为 6 倍；在投资项目时累计带动了各类投资机构联合投资约 11 亿元，引导基金的资金二次放大比例约 44 倍。

3. 推动公私合作模式，培育专项金融服务市场

引导基金阶段参股通过鼓励和引导创业投资机构对科技型中小企业的股权投资，间接实现对科技型中小企业发展的扶持。同时又对创投机构支持的企业给予直接支持，通过后补、奖励等方式推动企业进行科研创新。发挥政府财政资金扶持作用，引入市场资金和管理，按市场化方式进行投资，可以是公私合作的有益探索和尝试。既发挥财政的公益性作用，又保障了市场化的运作效率。另外，注意到政府财政资金在支持科技型中小企业发展的同时，其通过参股、给予奖励、利息补贴等方式也直接帮助了创投、保险、担保等机构的成长发展，培育了服务科技金融、服务科技型中小企业金融服务市场。

这三项效果的实现并不是孤立的，对于市场的培养将会促进更多的资金进入金融服务领域，在财政资金的引导下，社会资金能够更加有效地支持科技金融的发展，从而最终实现促进科技型中小企业的成长和创新。

(二) 支持科技型中小企业发展的金融服务政策存在的不足

我国实施支持科技型中小企业发展的财政政策，虽然对促进包括科技型中小企业在内的中小企业的发展方面做出了一定的贡献，但是仍然存在一些问题，主要表现在：

1. 市场不够完备，单项政策发挥作用打折

科技型中小企业金融服务发展需要一套完善的金融市场体系支撑，包括担保、保险、创投、股权等市场和信息甄别、知识产权评估机制等。在支持政策上，也需要包括人才、土地、资本、产业、财税、工商以及知识产权等各方面的政策配合。仅依靠财政政策为科技型中小企业提供一定的资金支持，而缺乏完善的金融服务市场和其他相关政策的配套支持，会降低财政支持政策的效果，影响科技型中小企业金融服务的有序发展。在市场不完备的背景下，财政政策与其他相关政策的协调配合方面也存在一些明显的问题，这主要是由于财政政策之外的其他相关政策都是由其他部门负责制定的，很难做好政策协调配合的相关工作，这样单项的支持政策难以发挥应有的作用效果。例如，我国为支持科技型中小企业的发展设置了财政贴息制度，但这是以商业银行愿意开展科技型中小企业贷款为前提的，在缺乏商业银行

主动性意愿的情况下，财政贴息制度的实施效果就并不明显；再如，科技型中小企业大多数是民营企业，但商业银行更倾向于向国有企业、地方政府或者是融资平台贷款，即使在出台相关政策之后，针对中小企业的贷款力度也没有显著增强，民营企业上市融资就更加困难；此外，由于科技型中小企业在新产品的研发方面投入较大人力物力财力，其生产的产品确实拥有较高的技术含量，但这些技术附加值产生效益的前提在于这些企业拥有自主知识产权并且受到各级政府的保护。因为科技型中小企业的产品生产之后很容易被仿造，只有加大对产品知识产权的保护，科技型中小企业的创新能力才能得到保护。但在过去很长一段时间，我国在知识产权保护方面没有给予太多的关注，即使财政支持政策为科技型中小企业提供了资本支持，在缺乏知识产权保护的情况下，科技型中小企业获取金融服务也会遇到困难。

2. 缺乏全国性政策性金融机构的支持

中小企业特别是科技型中小企业大多数都是轻资本的行业，普遍没有足够的机器设备用于抵押，而传统金融行业在面向企业融资过程中，往往要求企业拿固定资产进行抵押，因此，科技型中小企业很难获得商业性金融机构的支持。为了解决中小企业发展过程中面临的这一固有矛盾，很多国家包括发达国家都建立了政策性金融机构对中小企业进行支持，政策性金融机构支持中小企业发展的方式有政策性贷款、政策性担保、政策性基金投资等，并形成了相应的政策性金融体系。从我国的实际情况看，支持科技型中小企业发展的政策性金融机构体系并不健全，没有服务科技型中小企业发展的全国性政策性金融机构，特别是能够直接发放政策性贷款的机构，而仅有的一些政策性担保机构和政策性产业基金作用非常有限，并不能解决科技型中小企业面临的融资难问题。

3. 财政支持体系缺乏通盘考虑，支持针对性不足

公共产品类型的支出和非公共产品类型的支出是我国财政科技经费的主要支出对象。其中，公共产品主要包括基础研究等，具有很强的外溢性。但由于其很难市场化，因此对此类产品的支出是政府财政投入的重点。而非公共产品类型的支出可以市场化，应适当减少政府财政对此类产品的支出。特别是考虑到基础研究是科技创新的源泉，且在这一阶段存在着市场失灵的现象。因此，它已成为我国政府财政科技支出的优先领域。但由于我国在中央层面，缺少顶层设计与规划。在地方层面，科技金融的财政支持体系基本延续中央层面的政策框架，没有大胆创新突破。财政科技支出的结构存在着失衡，针对性不够，应用研究和试验发展经费支出所占比重大，而对公共产品类型的支出则存在很大的不足。这样的支出结构会造成财政科技支出的针对性不够，同社会资金投入覆盖重叠，从而降低了财政科技经费投入对于科技金融发展的促进作用。例如，我国的股权投资基金的成立属于各省独自管辖的领域，但股权投资基金的业务属于全国甚至全球的，其业务存在集中于一些市场前景好的领域，没有形成差异化和专业化的业务模式，降低了财政资金整体使用效益。

4. 财政支持科技金融的重点选择有所偏差

目前，中央与地方财政支持科技金融发展的重点是担保体系建设和科技信贷，但实际效果不佳。从银行方面考虑，小额贷款、管理成本和经营风险都较高，经济

效益差。一旦资金面趋紧，首先会缩减科技小额信贷。从政府角度考虑，科技信贷与政策性担保都需要政府长期给予财政资金支持，其对财政依赖性较大，且越是经济形势欠佳，财政收入趋紧时，支出要求却越高，财政压力越大。从科技型中小企业角度看，科技信贷抵质押或反担保物欠缺，可贷款额度小、期限短，通常年内（资金需求时限内）难以有效解决企业的长期资金需求。从担保机构看，资本金有限，科技企业的反担保物欠缺、风险收益不对称，作为主营业务是不可持续的。这些因素决定了科技担保与信贷在支持科技企业融资方面的效果是有限。综合来看，资本市场融资特别是区域性股权资本市场融资，应该是科技金融体系发展的关键，也应是财政支持的重点，但目前这方面的相关支持政策不多且力度不大。

5. 财政科技支出的持续性不强和管理不佳

科技创新包括了研究开发、成果转化和高新技术产业化等不同的阶段。每一个阶段都需要大量的资金支持，特别是科技成果转化。其过程比较长，需要持续性的投入。但财政科技支出往往很难持续发挥作用，其更多的是一次性投入，持续性不强。且对不同阶段投入的资金管理不佳，缺乏有效的绩效管理。绩效管理理念缺乏，存在重立项、轻绩效问题，战略性综合性绩效评价和机构绩效评价开展少，评价结果运用不充分，项目绩效评价流于形式等问题。

6. 财政对于科技金融发展的支撑条件投入不够

科技金融市场发展完善需要有完善的知识产权交易市场、大量专业的科技项目评估机构等提供支撑，目前我国服务于科技成果定价、评估、转移的市场、机构等尚不完善。虽然各项专项资金中虽然明确要对科技型中小企业公共服务平台和服务机构给予支持，但规定过于原则，也没有专业化的运行机构，财政对这些支撑科技金融发展的基础条件投入不足，难以较快速地改善支撑科技金融系统发展的基础状况。

三、财政促进科技金融发展的主要考虑和把握原则

构建财政支持科技金融发展的政策体系首先需要尊重科技金融自身发展的内在规律，系统化的、动态化的建立财税支撑体系和支持重点。系统化体现在财政政策对科技金融的支持必须是全方位的、立体的，从我国当前实践来看，就是要从培育和完善"三位一体"的科技金融系统的角度来提供支撑，包括对接资金供给方（投资方）和资金需求方（科技创新与应用推广主体）、促成交易的一级市场体系，提供金融综合服务的中介体系以及提供科技金融资产交易的二级市场体系，通过财税、金融以及其他政策手段全方位支持三大子系统的构建以及紧密互动，确保金融资本在科技开发领域形成完整的资金循环体系。动态化体现在应从微观领域、从科技企业生命周期的时间维度进行考察，动态化的支持金融机构为处于不同时期的科技企业提供相适应的金融服务。

（一）财政促进科技金融发展的主要思路

总的来看，从中央财政的角度，支持科技金融的方式无非是增加投入总量、改

善结构、优化投入方式、加强绩效评价和改革税收制度。经过这些年财政支持科技金融的实践，并随着中国市场经济体制的不断完善，社会已经基本形成共识，认为财政支持科技金融的重点是如何建立财政支持建立科技金融框架的体制机制创新，而非单纯增加财政投入总量。因此，从大方向来说，改善结构、优化投入方式、加强绩效评价和改革税收制度的方式应该逐步取代投入总量，尤其是财政应着力帮助建立金融支持科技型中小企业发展的体制机制，变直接投入为间接投入，不断培育和完善市场机制。在这样的总体思路下，我们应该具体把握以下三个方面：

1. 以改善科技型企业的融资条件和促进科技成果的资本化、产业化的两个核心目标

科技型中小企业发展有两个关键阶段，一是科技创新（项目开发）阶段，二是创新产品的产业化生产阶段。两个阶段对于科技企业发展至关重要，科技创新（项目开发）是基础，其决定企业在技术层面能否生存下来；产业化生产阶段是关键，其决定企业在经济层面是否可以继续发展。从科技项目的一般发展规律看，两个阶段都需要大量的资金支持。从一般经验看，许多科技型中小企业也多失败在这两个阶段。企业在进行科技创新时，往往需要持续地进行大量的资金投入。但由于创新项目的专业性，金融服务机构通常容易高估企业创新风险，而低估企业创新价值。所以常常造成企业缺乏足够的金融支持，科技创新项目不能继续，导致企业创新失败，甚至是企业最终失败。在企业创新项目成功，其还面临着科技成果是否能顺利转化为市场认可产品的问题或者是科技成果能否实现价值回报的问题。科技成果到实际运用有着不小的距离，其在技术上的可行，不必然带来经济上的可行。同样是由于科技创新的专业性，金融服务机构很难评估科技成果的价值，因此金融服务机构在规避风险的考虑下，很难给予科技成果的资本化或产业化推广提供足够的金融支持。这就导致许多科技企业在技术开发上取得成果，缺乏资金来实现成果的产业化，从而最终导致科技企业的失败。因此，如何帮助企业跨过这两个"卡弗林峡谷"必然是科技金融的关键任务。自然地，财政促进科技金融发展的核心就是要支持和保障科技金融能够改善科技型企业的融资条件和促进科技成果的资本化、产业化的两个核心目标。

为了满足科技型企业多元化的融资需求，我们需要运用不同的财政政策，创新财政投入方式，在坚持发挥市场机制决定性作用的基础上，充分发挥财政引导作用，应用PPP等多种方式，借助专业化公共服务平台，构建和优化局部投融资环境，促使优质资源和要素向有竞争力的优势创新企业集中，真正形成多层次的科技金融市场体系，持续改善科技型中小企业的融资条件，切实增强金融对科技企业的支撑能力。

2. 构建、完善"三维一体"科技金融体系及政策支持重点

从静态的、结构化的宏观层面看，完整的科技金融系统应当包括三大子系统，一是对接资金供给方（投资方）和资金需求方（科技创新与应用推广主体）、促成投融资双方达成投融资意向的一级市场体系；二是提供科技金融综合服务的中介体系；三是提供科技金融资产交易的二级市场体系，三大系统分别承担着不同的市场功能。三大子系统的功能区分并不意味着三大子市场的物理或地理空间的绝对分离，

特别是一级、二级子市场完全可以在同一平台上运作，即提供初始融资的发行功能也提供沉淀资产的交易流通功能。

一级市场子系统的目标是为具备不同风险偏好的资金供给方（投资方）和资金需求方（科技创新与应用推广主体）提供投融资匹配的平台，达成投融资协议，是实体资本与金融资本的对接平台。在该市场中，资金供给方从自身资本实力、熟悉的业务领域、风险厌恶的程度、对未来回报的期望和具体收益形式（稳定的现金流或者一次性的高溢价收益抑或带有选择权的风险回报）选择适合的投资对象；资金需求方（科技创新与应用推广主体）则从是否意愿让渡企业控制权、企业新的投资需求、未来现金流状况考虑合适的投资方。为了匹配不同领域、不同发展阶段、不同融资需求特征的资金需求者，确保较高的匹配成功率，必须在这一子系统中尽可能多的引入不同风险偏好类型的资金供给方。财政政策在这一系统中的主要职责就是尽可能地通过金融管制放松、政府支出政策和税收政策、以"成本分摊、风险共担"的方式创设相关机构（政府投资的科技银行、公共创业风险投资基金等）、吸引、维持足够数量、类型足够丰富的投资者在这一市场中长期生存下去，从而为不断涌现的各类型科技企业提供充分的选择机会，最终寻找到合意的投资方，从而达到支持科技金融发展，加速科技向现实生产力转化的效果。

提供科技金融资产交易的二级市场的功能主要在于为一级市场中已经实现投融资目的的资金供需双方，尤其是资金供给方，盘活存量风险资产，实现投资价值，提供项目资本退出渠道创设一个交易平台，从而确保科技金融资本在一二级市场间形成完整的资金循环链条，并促进整个科技金融体系资金运转效率和投资效率的提升。该市场是科技金融投资者之间的金融交易平台。这样一个子系统又可以进一步根据交易资产类型划分为股权交易市场、债权交易市场（包括债券、票据、信贷）和产权交易市场（知识产权等）。股权交易市场主要是为一级市场中形成的股权资产实现投资回报提供渠道；债权交易市场主要是为一级市场中形成的债权资产提供交易平台；产权交易市场则主要是提供包括知识产权、抵质押物等在内的有形和无形资产提供交易的机会与平台。这些市场的存在盘活了投资者的存量资产，从而实现和加速科技金融系统的资金循环，为不断出现的新的技术创新提供源源不断的资金供给。同时，一级市场的投资者也通过这一过程实现投资回报，并成功退出投资领域寻找新的投资。财税、金融政策在这一领域最重要的功用是通过金融管制放松、财政支持，培育多层次的资本市场，并不断丰富投资者类型和可能的投资组合，激发投资者的投资意愿，促进市场流动性的不断增强。充分活跃的二级交易市场的存在对于推动一级市场的繁荣，促进金融资本与科技创新的深度融合具有积极功效。

科技金融服务的专业性很强，科技企业通常缺乏与不同科技金融服务自我匹配的能力，搜寻成本很高，如果选择不当，极可能危及科技企业自身的生存。因此，提供科技金融综合服务中介子系统的功能主要在于：为撮合一级市场中资金供需双方低成本高质量的达成投融资协议提供基础性的综合服务；同时推动二级市场交易的活跃度，提升市场的流动性。这些服务包括：投融资委托代理、科技保险、科技担保、征信与信用评级、法律咨询与意见出具、财务规范、技术认证、投资咨询、

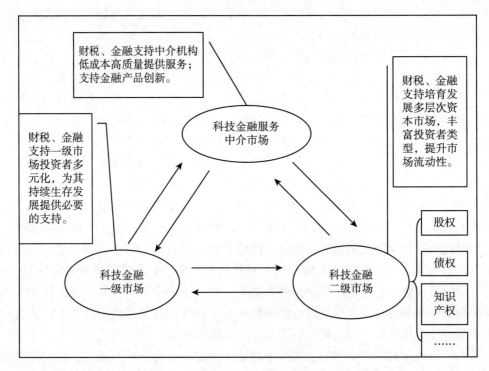

图 6 – 2　财税、金融支持"三维一体"科技金融体系

金融培训等。财政政策在这一领域的主要作用是丰富不同类型金融服务机构的创设，降低金融服务的成本；同时，激励金融产品的创新，通过创新金融合约，满足投融资双方多样性的利益诉求，促成一级市场交易繁荣；同时为二级市场提供多样化的、可拆分细化的交易产品，满足二级市场投资者多样化的风险偏好和投资组合，提升市场交易的活跃度和流动性。

3. 贯穿企业生命周期科技金融政策的财政政策引导

这一政策体系主要在于从微观角度，从科技企业的生命周期变化，推动不同类型的金融机构或者投资人，满足处于不同发展阶段科技企业的融资需求。虽然，关于企业生命周期有着不同的阶段定义，但一般而言，科技企业可以划分为种子期、初创期、成长期、成熟期、衰退期。由于处于不同发展阶段，企业的经营状况、财务状况、声誉存在着不同的特征，企业的融资能力也存在差异，企业的融资需求也显著不同，因此，需要得到不同的金融支持。从实践看，最迫切需要资金支持、最缺乏融资能力和最应提供支持的企业发展阶段是处于种子期、初创期和成长期的企业，也是财政政策应当推动金融机构给予重点支持的对象。

表 6 – 1				科技企业生命周期不同阶段融资策略优序				
	自有资金	民间借贷	天使投资	政府投资	风险投资	银行贷款	债券融资	上市融资
种子期	▲▲▲	▲▲	▲	▲▲				
初创期	▲	▲▲	▲	▲	▲▲			

续表

	自有资金	民间借贷	天使投资	政府投资	风险投资	银行贷款	债券融资	上市融资
成长期	▲	▲	▲	▲	▲▲▲	▲▲	▲	▲
成熟期	▲					▲▲	▲▲	▲▲
衰退期	▲▲					▲▲		▲

注：▲的数量代表该融资渠道在企业某一特定生命周期阶段的重要性。

（1）种子期。处于种子期的科技企业，主要任务是完成企业产品的设计和研发，实现科技成果的转化。在这一阶段，科技型中小企业尚没有产品真正进入市场，更多的是样品试验、试用及对产品市场的调研等工作，几乎没有产品销售收入，企业内源融资的能力很弱。同时，由于信用评价低、经营风险大、抵押物少、组织规模较小、管理制度不健全等自身缺陷使得企业外源融资渠道狭窄。

此时，能够继续支持企业产品研发和科技成果转化的创业资助和创新基金显得尤为重要。财政政策在此时应积极引导风险投资机构支持具有商业开发价值的科技创新。政府部门可以通过财政支出方式直接为处于种子期的科技企业提供资金支持；也可以通过对风险投资机构提供"风险补偿"的方式或者以税收优惠的方式降低风投机构运营成本推动风投机构的创设并引导风投机构向科技企业提供支持；或者通过设立公共创业风险基金的政策性金融方式与其他风险投资机构"共担风险、共享收益"的方式对种子期的科技企业提供创业资金支持。

（2）初创期。处于初创期的企业，产品已经完成研发并正式投入市场；企业有一定的生产和销售产品的能力，但产品销售渠道不够通畅、销售规模不大、市场占有率不高；企业营销能力比较差，产品市场的开拓比较困难，销售收入增长缓慢；财务压力大，融资渠道较前一时期有了一定的扩展，但总体融资风险仍然较大，各项制度尚不完善，管理水平不高，企业抵抗风险的能力较差，破产率较高。

由于初创期企业销售科技创新产品尚处于起步阶段，通常市场销售渠道不畅通、市场竞争激烈，使得企业的生存较为困难，因而在这一时期企业打开产品市场是关键。对于科技企业而言，此时投入到广告等营销方面的费用较多。对于科技企业而言，可能需要在提供综合服务支持的资金——即在提供资本支持的同时，在企业管理、营销、财务等方面给予积极地支持，因此，更需要战略性的投资人。此时财政政策可以通过政府购买的方式向中介机构购买服务，为科技企业提供免费的营销管理、财务等培训工作，从而间接降低战略性投资人或其他风投机构的投资成本，增加其投资意愿。同时，还可以通过政府采购的方式，直接为科技企业提供展示科技产品的机会和平台，在帮助企业获得第一桶金的同时，向社会宣传企业产品，打开产品市场。科技企业内源融资能力的逐步增强，也为企业外源融资创造了条件。此外，政府还可以通过设立科技型企业发展基金的方式以担保、风险损失补偿等方式引导政策性银行贷款、附加股权的科技银行贷款为初创期企业提供资金支持。

（3）成长期。处于成长期的科技型企业能够依赖其产品或技术在市场立足，实现自食其力。在这一时期，企业产品的销售量大幅增加，市场份额迅速扩张，尽管在生产、销售规模与综合实力上仍然无法同大企业抗衡，但在市场上已占据了一定的生存空间，企业面临的主要问题是如何扩大生产和销售规模；利润的快速增加，使得企业资金压力有所减缓；企业的组织结构有了很明显的进化，组织成员的分工细化，企业内部结构趋于合理，管理制度逐步完善。

由于成长期的科技企业已经占据了一定的市场空间，有了一定成长能力。科技企业可选择的融资渠道增加，融资能力增强，但是对资金的需求也快速增长，融资量较大。对资金的需求也不是以往的较为单一的、以维持性企业生存、产品生存为主要特征，而是需要融资面更广的，更为规范化的公开融资。例如，通过私募股权融资的方式筹集社会资本，通过非上市股份公司股权交易系统的公开融资，通过债券市场发行集合企业债的方式筹集资金等，甚至争取在创业板、中小企业板上市融资。此时，财政支持重点是培育多层次资本市场，支持创设包括区域性股权交易市场、产权交易市场，并推动区域性股权交易市场的互联互通，为科技企业的初次公开融资创设平台；同时，推动融资方式、交易方式的标准化工作，为初始投资者和科技企业在二级市场的再融资提供基础；支持私募股权投资基金、风险投资机构、科技银行、政策性银行以及其他类型机构的创设和参与科技企业投资。此外，财政政策还可以通过引导和支持包括商业银行、投资公司、担保机构等各类市场主体联合以"投贷保"组合方式支持科技企业；推动金融租赁业发展，支持成长期企业所需要的大型设备融资。为了确保上述工作的开展，便利科技企业融资，政府还应积极通过财政政策支持科技金融中介组织与市场的繁荣发展，为科技企业与金融机构的对接、交易提供基础性、规范化的服务，增加信息透明度，降低交易成本。

（二）财政支持科技金融把握的基本原则

为了提高财政政策支持的效率，避免道德风险和逆向选择问题，推动金融体系和财政支持的持续有效性，建立高效、简化的"风险共担、成本分摊、利益分享"运行机制，通过差异化的金融政策支持科技金融持续稳定地发挥战略性功能。

1. 风险共担原则

财政支持科技金融是通过融入政府信誉和提供财政资金进行组织增信，提升科技金融产品与服务提供者的风险承受力，稳定市场预期，增加有效供给。由于多数情况下是通过具有私人属性的商业金融机构支持科技发展，客观决定了财政支持的基本要义是风险损失的有限承担，而不是完全承担，其目的是防止信息不对称条件下的"道德风险"和"逆向选择"，达到正向激励的效果，确保政策机制与市场机制的协调良性运转。政策性资金原则上应当作为"附属"资本发挥作用，而商业资本应作为风险防范的第一道防火墙抵偿风险损失，这既是对纳税人利益的保护，也是充分调动商业资本自身风险防范意识和能力的重要制度保障。

2. 服务多元化原则

财政支持的方式并不仅仅局限于提供组织增信为主要目的的资本金注入、风险损失补偿等事后救助性措施，还可以发挥政府综合管理优势，主动衔接金融、税务、工商、工信等相关部门，打通制约政策性业务开展的各种瓶颈，将原来单一的资金支持向管理支持拓展，由原来的事后支持向事前服务转移，为科技金融业务开展提供各类前期的基础性配套服务和增值衍生业务，由简单的业务支持向创造良好的科技金融生态环境建设扩展，满足科技企业和金融机构多元化的服务需求。例如，为科技金融业务提供供需对接的公共信息网络平台，为小微企业融资购买资金供给方所需要的各种资信评估服务，推动公共和民间征信体系建设，提供融资业务人员培训，设立科技金融专业人才的培养和奖励机制等，将机构原本需要自我承担的一些内部管理成本外部化，在减轻机构运行成本负担的同时，提高了机构业务和内部管理的质量和成效。

3. 财务可持续原则

财税对科技金融的支持很多是带有政策性的金融业务，例如创设公共风险投资基金、科技银行等，是介于商业性金融与财政收支之间的一种公共资本联合社会资本的资金融通方式和支持方式，与政府预算资金分配的无偿性不同，这些资金为了能够实现支持的长期可持续性，需要有偿服务，以成本补偿、实现财务可持续性为基本原则。这种有偿服务的主要原因在于这些带有政策性的金融服务并不是纯公共性事务，存在一定的私人属性。通过有偿服务的方式既保护了纳税人的利益，有利于增强政策性业务的公众认可度，又有利于减轻财政负担，增加政策性金融机构自身的积累，实现财务的可持续性。

4. 政策性金融有限性原则

政策性金融的根本目的在于实现国家的特定战略目标，如扶持农业、促进产业结构升级、完善市场建设和对市场机制形成补充。由于我国金融体系自身存在的缺陷，科技创新领域对于提升国家综合实力有重要作用，因此应用政策性金融体系来改善科技型中小企业金融服务状况有其必要性。政策性金融体系加入对科技型中小企业金融服务的领域，意味着给科技型中小企业带来了新的可获取的金融资源，这对于促进科技金融发展具有一定作用的。但是，我们也要认识到政策性金融机构并不比商业金融机构更为有效，甚至在发掘优秀创新项目方面，并不具有优势，因此政策性金融必须是有限发展，其不是作为替代商业金融的存在，而是商业金融市场缺失的补充。这要求我们应该将政策性金融支持的范围严格限制在商业金融不愿进入，而对于国家发展有重要意义或该领域具有很强的正外部性的领域，而不能挤占商业金融市场空间和同商业金融机构争利。

5. 低交易成本原则

财税对科技金融的支持是政府与市场的分工协作，商业资本的运作追求高效率，要求对市场变化做出积极的反馈，必须配以高效率的管理体制机制。然而，政府管理不是以追求高效率为目标的，更多关注政府作为的廉洁、公平公正、审慎安全、程序规范合法等多重标准，因此，政府运作的机制往往官僚低效，这样必将导致在合作机制下，商业资本与公共资本之间的强烈冲突，增加了二者间业务协作的交易成本，降低了政府支持的可获得性，不利于科技金融业务的扩展和体系建设。这一点在当前很多科技金融业务开展过程中被普遍反映出来。例如：一些商业银行在响应政府号召对科技型企业提供信贷支持时，均提出了业务流程繁琐冗长、制度不完善的问题，无法对国内外快速变化的形式做出迅速反应，从而延迟或压缩了相关科技业务的开展。

6. 政策差异化原则

科技金融业务普遍存在公益性强、风险高的特点。因此，科技金融业务的开展不可能与其他金融业务在同等的政策环境下并轨运行，应当在货币政策、金融监管政策、财政政策方面给予一定的差别性待遇，通过优惠政策补偿科技金融机构与科技金融业务在运营过程中面对的劣势与不足，确保科技金融业务持续开展。例如当前很多科技金融机构反映：由于融资渠道单一，系统内资金成本居高不下，开展优惠利率贷款只能维持基本的收支平衡，贷款规模和支持力度受限。

基于上述 6 个基本原则的考虑，构建财政支持科技金融政策体系的基本思路是：按照风险共担、服务多元、财务可持续、政策金融有限性、规则简化、政策差异化的原则，以机制建设为保障，以机构建设和产品服务创新为主体，推动科技金融业务持续高效的开展。

机制建设重点在于构建金融机构、财政、服务对象（科技企业）等相关利益主体之间的风险共担机制和利益补偿机制，即政府应当以合理形式适当补偿科技金融机构在开展低收益或高风险政策性业务时所产生的损失，确保科技金融机构形成稳定的收益预期，增强科技金融业务的供给能力。其次，在对现有科技金融机构进行规范整合的基础上，进一步提升现有科技金融机构的资本实力、风险管理能力、业务开拓能力，在供给严重短缺的领域，增加服务机构，按照服务多元化的原则，促进新型科技金融机构建设和产品服务创新。在制度建设过程中，要本着规则简化的原则，简化补偿机制审批程序，降低科技金融机构与政府之间的交易成本，提升财政支持政策的可获得性。在构建科技金融外部政策环境时，要充分关注科技金融业务的特殊性，给予一定的差别性待遇。

四、构建和完善促进科技型中小企业金融发展的财政政策体系的具体建议

总的来看，我国支持科技型中小企业金融服务发展的财政政策体系是基本完善的，但是由于上述缺乏政策性机构、市场不完备、统筹考虑不足等原因，使得该体系还有着调整完善的空间。财政支持是多种支持方式和支持渠道的组合搭配，只有各方方式和渠道共同发挥作用，才能实现良好的政策效应。针对我国的现实情况，根据围绕构建"三位一体"和贯穿科技型中小企业生命周期的科技金融体系，按照风险共担、服务多元、财务可持续、规则简化、政策差异化的原则，我们既需要在政策缺失部分创新供给，逐步完善构建支持科技型中小企业金融服务发展的财政政策体系，对原有的支持政策部分，不断优化完善，使其发挥更大的效益。

具体来说，我们建议从财政政策支持金融机构、金融市场、金融服务和金融创新四个方面来发力，从而构建完善我国的财政政策支持体系。

（一）构建完善提供科技型中小企业金融服务的组织机构

1. 支持成立国家级的科技银行

科技银行贷款的主要对象为科研机构和科技型中小企业等，其业务主要为节能环保、高端装备制造等战略性新兴产业及具有国际领先地位和广阔产业化市场前景的知识产权等科技创新企业提供产品服务，优先予以信贷支持。2008年以来，银监会颁布的《关于银行建立小企业金融服务专营机构的指导意见》（银监发〔2008〕82号）就明确，鼓励设立专门经营机构支持中小企业。2012年，国务院《关于深化科技体制改革加快国家创新体系建设的意见》（中发〔2012〕6号）文件再次提出鼓励银行业金融机构在高新技术产业开发区、国家高新技术产业化基地等科技资源集聚地区通过新设或改造部分分（支）行作为从事中小科技企业金融服务的专业分（支）行或特色分（支）行。对银行业金融机构新设或改造部分分（支）行从事科技金融服务的有关申请，优先受理和审核。鼓励银行业金融机构在财务资源、人力资源等方面给予专业分（支）行或特色分（支）行适当倾斜，加强业务指导和管理，提升服务科技创新的专业化水平。

2010年12月，浦发银行同美国硅谷银行签署了"发起人协议"，2011年11月，我国银监会批准允许浦发银行和美国硅谷银行合资筹建科技型银行。这不仅是15年来首家获得监管部门批准成立的合资银行，也是我国第一家拥有独立法人地位的科技银行。2012年8月15日浦发银行与美国硅谷银行合资建立的浦发硅谷银行在上海正式开业，其业务主要是致力于服务科技创新型企业。浦发硅谷银行的成立对于科技型中小企业的金融服务提升具有重要的意义，不仅是在资金供给上，我国有了一家专门服务科技创新发展的银行，更重要的是浦发硅谷银行必将会带来许多金融创新的举措，包括银行与风险投资（VC）或各种投资基金的深度合作等的支持科技型中小企业发展的金融服务模式。

严格说，浦发硅谷银行的建立并开业才标志着我国科技银行的出现，但是在此之前，我国已经出现了一些同样专门服务于科技创新企业的科技支行。2009年1月11日挂牌的成都银行科技支行和成都建设银行科技支行，成为了我国首批的两家科技支行。同年7月，杭州银行科技支行成为了我国东部地区的首家科技支行，9月汉口银行光谷支行成为了我国中部地区的首家科技支行。2010年，深圳、无锡、苏州和镇江都成立了科技支行，2011年，徐州和盐城也成立了科技支行。2011年5月，北京银行中关村分行成立，其中小企业信贷业务的额度上限提高至5 000万元。这标志着我国分行级别的科技型中小企业专营机构出现，从此我国银行业对于科技中小企业的信贷服务不仅只停留在支行层面。2012年2月，我国四大商业银行中的建设银行首开先河，成立了建设银行北京中关村分行。

科技银行能够设计更加满足科技型中小企业的需求金融产品，在信贷审查、发放中有更大的权限，所以能够更灵活高效地为科技型中小企业服务。因而，科技支行、科技分行和科技银行相继出现，对于科技型中小企业的信贷服务具有重要和积极的意义。但是这些科技银行都是立足于区域，服务范围有限，并且科技银行可能存在服务领域集中的问题。再由于科技银行始终是商业银行，即使在有财政资金给予贷款补贴的情况下，基于自利考虑，也不一定愿意给予一些科技企业和科技创新项目贷款。这种情况下，以财政资金出资成立国家级的政策性科技银行显得就有必要。需要说明的是国家级科技银行在运行机制上与新设区域性中小企业银行（包括充分发挥浦发硅谷银行的积极作用），以及依托利用科技支行，辅以财政专项资金引导之间有显著不同，这集中体现在项目筛选上标准不同。国家科技银行支持的企业为商业银行不愿接入的领域，而该领域的创新对于国家发展具有战略意义或有非常显著的正外部性，而科技银行本质是以盈利为目的的商业银行，收益是其选择企业的唯一标准。正是由于最终目标的不同使得两种机制并不具有可替代性，并且其运行结果将有明显差异。

　　具体来说，国家科技银行可以在几个方面发挥作用：一是直接为科技型中小企业和创新项目提供低息贷款、甚至无息贷款。这主要考虑支持商业银行不愿意提供服务，但对于国家科技创新有重要作用的科技项目和科技型中小企业。二是为支持科技金融体系建设的项目，如科技型中小企业征信系统、知识产权评估系统构建等提供资金支持。科技型中小企业征信系统、知识产权评估系统等要求较强的专业性和具有较强的正外部性，目前商业银行和科技银行并不覆盖这些具有一定公益性的项目，这就需要应用政策性的科技银行来支持，国家政策性科技银行将能够达到相应专业要求并愿意支持具有公益性的项目。三是能够更好实现国家创新战略，统筹协调全国的科技项目获取金融支持。国家级的科技银行在全国开展业务，并在统一的事业部研究安排贷款项目。这样能够在全国范围内统筹科技创新项目和领域，避免科技贷款集中供给单一领域，从而使得资金覆盖领域狭窄，而放大贷款风险，最终降低了财政支持资金的使用效率。

　　2. 支持建立在国家层面设立再保险机构

　　科技型中小企业由其自身的特殊风险构成，从保障风险的角度看，科技型中小企业对于科技创新活动带来的人员、设备的可能损失都有需求相应保险的要求。2006 年我国发布了《国务院关于保险业改革发展的若干意见》（国发〔2006〕23号），其中明确指出，要发展高科技保险，为自主创新提供风险保障。之后中国保监会和国家科技部《关于加强和改善对高新技术企业保险服务有关问题的通知》（保监发〔2006〕129 号）的发布标志着我国科技保险在政府支持下正式启动。可以说这两个文件为科技保险搭建了指导性的政策框架。科技部和保监会于 2007 年 7月在北京、天津、重庆、武汉、深圳、苏州高新区等"五市一区"正式推动了科技保险产品的试点，各试点地区和参与试点的保险公司积极采取措施推动科技保险的运营。各地区不仅出台了相应的科技保险的管理办法①来明确科技保险保费补贴的条件、补贴的方式和补贴的比例，为科技保险试点提供了政策上的保障，还采取具体的措施有效保障科技保险推进。如成都市政府设立了科技保险补贴专项资金，用

---

① 如深圳市制定了《深圳市科技保险补贴资金管理暂行办法》，苏州高新区出台了《关于支持科技保险试点贴补企业保费的通知》，重庆市颁发了《重庆市科技保险补贴资金管理暂行办法》。

于成都市高新技术企业参加科技保险的保费补贴；北京市不仅给予科技保险进行财政补贴，还成立了科技金融促进会，为保险公司和科技企业搭建了良好的沟通平台。目前科技保险险种已达 15 个，高新技术企业可能遭遇的技术、市场、人才风险，几乎都能从科技保险中找到对应的"避风港"。如"产品研发责任险"允许企业为因潜在设计缺陷而引发的意外事故投保；"关键研发设备保险"可让昂贵的研发设备幸免于意外之灾；而"高管人员和关键研发人员团体健康保险和意外保险"，则为研发人员频繁地在学术交流、野外考察、新品试验中穿梭提供保障。

科技保险能够为科技型中小企业解除无后顾之忧、分散高技术创新风险、激励企业大胆进行科技创新，科技保险无疑是对科技型中小企业有益的重要金融服务内容。科技型中小企业金融服务是一个相互关联的体系，因此科技保险对于科技型中小企业的意义不仅在于提供保障，还在于其对科技型中小企业的风险进行了分担，在一定程度上改变了科技型中小企业的风险结构，因此改善企业的贷款条件和增加对于创业投资等的吸引力。但是，我们注意到保险能够运行的一个要求是投保人达到一定数量，能够应用大数定律计算出合适的保费。而目前我国的科技保险主要立足于区域，服务于区域内的企业。一般来说，同一个区域内会聚集相似的企业，这就造成科技型中小企业风险同质。这样科技保险将聚集在保险企业方面，并保险公司会要求给高的保费。如此情况下，通过设立政府完全出资或者政府参股的国家级的政策性再保险机构，为科技保险提供再保险，分担保险企业风险，消除保险企业的后顾之忧，推动其为科技型中小企业提供保险服务将十分必要。国家层面的再保险机构，可能通过在全国范围内、在不同领域进行风险匹配，改变风险结构、化解风险，从而降低科技保险保费，让科技型中小企业能够获取更好相关服务支持。

3. 完善顶层设计，建立国家级的投资基金，转型引导基金方式，运用市场化 FOF 支持创投机构

创业投资引导基金是指由政府设立并按市场方式运作的政策性基金，主要通过扶持创业投资企业发展，引导社会资金进入创业投资领域。引导基金本身不直接从事创业投资业务。引导基金的宗旨是发挥财政资金的杠杆放大效应，增加创业投资资本的供给，克服单纯通过市场配置创业投资资本的市场失灵问题。特别是通过鼓励创业投资企业投资处于种子期、起步期等创业早期的科技企业，弥补一般创业投资企业主要投资于成长期、成熟期和重建企业的不足。

引导基金往往以"母基金"（Fund of Funds, FOFs）的模式运作。由政府主导并为支持产业发展或科技创业型企业发展而建立的母基金，其主要功能就是通过引导基金的运作，提高政府对产业的宏观调控能力，推动创业企业技术创新及产业结构的调整。国际经验表明，引导基金作为一种由政府出资设立、旨在引导民间资金设立各类商业性创业投资子基金的政策性基金，对于发挥财政资金的杠杆放大作用、增加创业投资资本的供给，具有重要的意义。自 2006 年苏州工业园区创投引导基金出现至今，引导基金已有逾 8 年运作实践，根据投中集团（ChinaVenture）统计，2006～2012 年全国各级地方政府成立引导基金近 90 支、总规模超过 450 亿美元，参股子基金超过 200 支。作为特定历史时期的产物，引导基金致力于推动地方创投

行业发展及中小企业融资，但随着 VC/PE 市场的成熟，引导基金所扮演角色也略显尴尬。在政府引导逐步让位于市场配置的趋势下，政府需要从顶层设计入手，重新给引导基金在中国 VC/PE 市场中角色进行定位。

目前，在众多政府引导基金中，部分已经开始了市场 FOFs 尝试，比如苏州工业园区引导基金（苏州创投）、浦东新区引导基金（浦东科投）、成都高新区引导基金（银科创投）等，均采取了较市场的运作模式，在公司结构、治理模式、决策模式、运行模式和激励机制等方面有异于普通引导基金。苏州工业园区引导基金二期引入的投资者包括社保基金、中国人寿、国开行等机构投资者，显示出其市场 FOFs 的特征。在现实实践已经开始的情况下，政府要进行大胆的顶层设计，在国家层面成立国家级投资引导基金，把握引导基金承担的政府引导职能，充分应用 FOFs 模式。国家级投资基金不仅对投资国家战略性新兴产业的基金进行资金投入，还通过国家级的基金操作给予各级政府成立的引导基金带来示范作用，实现政府逐步放开对引导基金的限制，实现现有各类引导基金转型为市场化 FOFs，通过 FOF 模式支持市场中服务于科技企业的创投机构。通过支持服务于科技企业的创投机构，增长培养市场化的金融服务主体来间接实现促进科技金融发展的目标。

4. 建立国家级再保险机构，以政策性金融推动科技担保和保险体系建设

科技保险与科技担保体系是我国目前科技金融体系的一个非常薄弱的环节，不仅有实力的机构较少，服务能力有限，而且服务的成本也较高。因此，非常有必要在全国范围内进一步推动科技保险与担保体系的发展。通过政策性金融的方式带动商业金融保险与担保机构共同服务科技企业是发展壮大科技保险与担保市场体系的一个有效途径。通过设立国家级的再保险机构，并在各个层次通过政府完全出资或者政府参股设立区域政策性再保险和再担保机构，为开展科技保险业务的商业性保险机构和科技担保业务的担保机构提供再保险和再担保业务，国家级科技保险再保险机构能够实现全国范围内的风险配置，避免了由于区域中企业类型单一带来的风险相关度高的问题，可以有效降低保险费率，并且以政府信誉和资金为保证，降低商业保险机构和担保机构开展科技保险和担保业务的顾虑，鼓励商业保险企业为科技企业提供"科技创新险"、"新产品开发险"、"贷款保证保险"等保险品种，不断丰富间接融资担保和直接融资担保服务。鼓励保险、担保机构创新业务，与其他商业金融机构服务实现联动，实现跨领域的一站式服务。政策性担保业务或保险业务在实践中存在的一个重要问题是如何合理设定政府或政策性金融机构与商业金融机构之间的责任分担比例。政府过多的承担风险责任可能会削弱商业金融机构的风险防范意识和风险控制的努力程度，从而将金融风险过度转嫁给政府。

（二）培育金融服务主体，促进多样性科技金融服务市场发展

1. 加大财政奖励、风险补偿等财政扶持政策的力度，提升风险投资机构的市场生存力，鼓励机构创新，丰富投资者结构

活跃繁荣的科技金融市场存在的前提是在市场中必须存在足够多的不同风险偏好的投资者，以契合不同融资需求的科技企业。因此，培育和支持不同类型的风险

投资者，提升其市场生存力，扩大投资者范围，是活跃繁荣科技金融市场的重要方式和手段。中央及各级地方政府应进一步通过财政专项资金加大对科技风险投资机构的支持力度，通过提供包括利差补贴、特殊费用补贴、业务贴息等方式对参与科技企业投资的商业银行、创业投资公司、天使投资基金、私募股权投资机构、保险公司、担保机构、金融租赁企业、信托机构、产业投资基金等按照其开展科技金融相关业务的年度规模给予合理的补助，同时还可按照其年度业务增长规模的一定比例给予的适当财政奖励，以激励科技风险投资机构参与科技企业投资的积极性。同时，对科技风险投资机构按照其年度风险投资损失的一定比例给予补偿，其目的旨在降低科技金融机构开展业务的风险顾虑，提升其应对不利事件的能力，以增强科技风险投资机构的市场生存力。鼓励现有金融机构设立针对科技型企业的专营服务机构，推动科技小额贷款公司、科技担保公司、科技保险公司等更具专业性的科技金融服务机构的设立和业务开展，对这些新兴科技金融服务机构的创设与发展给予更为优惠的财政奖励、风险补偿政策。在积极推动上述私营风险投资机构设立和运营的同时，以政府注资方式吸引民间资本共同创设科技银行、产业投资银行、信用担保基金等具有政策性的公共投资机构，以公共资本撬动民营资本放大对科技企业的投资能力。通过提升风险投资机构的市场生存力，鼓励机构创新，丰富科技金融市场的投资者结构，满足不同类型科技企业不同的市场融资需求。

2. *应用财政奖补，培育和发展股权交易市场，特别是加快建立和完善全国性场外交易市场制度和市场体系*

科技金融资本市场是我国构建科技金融体系的关键组成部分，是盘活科技金融资本，活跃科技金融市场的加速器。目前，我国已经基本建立了基于股权的全国性多层次资本市场，特别各地产权交易所的建设以及中小板、创业板的推出，有助于科技型企业的股权转让和直接融资，是科技型企业的创业板对科技型中小企业提供很好的融资平台。但对于量大面广的中小企业而言，这些全国性的场内市场对于多数处于初创期的科技型企业而言门槛仍然较高，具体来说创业板所能容纳的企业数量毕竟有限。因此，进一步推动适应更广泛科技型企业的场外交易市场（类似美国的信息公告栏市场、粉红单市场）十分必要。场外交易市场（OTC）对企业的要求较低，规则更加灵活，容纳的企业更多，是解决非上市中小企业直接融资问题的有效途径。必须要加快建立面向本土企业的全国性场外交易市场，建立健全市场准入、上市融资、市场交易、做市商和转板机制等场外交易规则，加强制度规范，使市场机制得以有效发挥。推动全国性证券场外交易市场的总体规划，理顺全国性证券场外交易市场与地方性、区域性场外交易市场的关系，加强统筹管理，推动全国性证券场外交易市场健康发展。2013 年 1 月 16 日，全国非上市公司股份交易系统有限责任公司在京揭牌，预示着非上市公司股份转让从小范围、区域性市场开始走向全国性市场运作。

但由于这些市场在建立初期交易的活跃度和规模有限，没有足额的佣金收入维持市场的存续和发展。因此，在构建初期应从公共产品的角度对培育运营这些市场的实体给予财政补贴和奖励支持。

　　除了股权交易市场外，为了进一步推动科技金融资本的流通，鼓励包括科技信贷、科技债券等流通市场的建立。同时鼓励区域性产权交易市场的发展，以推动包括知识产权在内的其他有形和无形资产的交易，从而更好地适应不同财务特征的科技型企业融资需求。对于这些市场的建立，同样应从公共产品的视角在构建的初期给予财政支持。

　　3. 支持建立区域性金融服务机构

　　从理论上来说，大型商业银行在服务科技型中小企业方面是有明显缺陷的，其不如区域性的、专业性的中小金融机构。但我国现在的情况是县域银行、社区银行缺失，小额贷款公司在服务科技型企业上专业化程度不够，而科技性专业机构数量又十分有限。财政在区域性科技金融服务机构建设方面，可以通过基建专项支持、参股等形式，充分调动银行、风投机构、证券公司、担保公司、行业协会、高科技园区、中介机构以及企业等各方面资源，积极构建区域性的金融机构。

（三）加快建设各类别、各层次的科技金融服务平台

　　1. 支持建立全国性科技型企业投融资信息交流平台

　　目前，在我国科技型企业较为集中，科技金融资源较为集中的部分区域和城市已经建立了推动科技型企业与科技投资者接洽对接的区域性公共服务平台，通过在公共服务平台上的集中展示与交流，撮合科技型企业与投资者间投融资意向的达成。这些区域性的公共服务平台在促进地方科技资本与金融资本的有效结合方面发挥了重要作用。但是，由于这些资源通常是地方政府、企业与金融机构动用区域资源建设而成，难免存在"肥水不流外人田"的"自我服务意识"，因此，区域之间缺乏有效的沟通与交流机制，这事实上限制了科技型企业和投资者在一个更为广阔的平台和市场中上进行投融资的双向选择，增加投融资双方的交易成本，形成了典型的市场分割行为。因此，有必要动用政府资源从资金、技术以及行政管理等方面整合分散在各个区域的公共服务平台，通过全国联网建立全国性的科技型企业投融资信息平台，实现资源体系、服务体系、网络环境三个层面的跨区域整合与互动，为科技企业、金融机构所提供一个全方位、多层次、宽领域的服务体系，形成全国性的科技企业投融资大平台、大市场，促进科技成果的产业化。科技部、财政部可以为此单独设立专项资金推动大平台建设和建设初期的日常维护，待市场形成气候时，通过会员制收费方式为主并辅以财政补贴解决平台运营维护资金需求。

　　2. 以政府采购等方式培育和发展科技金融中介服务市场

　　培育和发展科技金融中介服务市场体系是提升科技金融市场运作效率、增强透明度、法制化和规范化的重要基础。但是，市场化的科技金融中介服务收费对科技型小微企业而言是一笔不小开支，从而降低了科技型小微企业对金融资本的"可得性"。因此，可以通过政府采购的方式，选择部分优质的科技金融中介服务组织，为科技型小微企业提供包括财务会计在内的相关科技金融配套服务。这些服务本身又提升了科技型小微企业在金融市场的认可度，从而增加了科技小微企业的获得融资的可能性，降低融资成本。而政府采购本身也增加了中介组织的收入来源和稳定

性，成为培育和发展科技金融中介市场的重要力量。目前这种做法在上海等地区已经采用，取得了比较好的效果。

3. 设立政府专项资金推动全国性科技企业征信体系建设

信息不对称是导致金融市场出现低效率的最重要原因之一，这一现象在科技金融领域则表现更为突出。征信体系建设是目前解决信息不对称问题的主要方法。目前我国权威性的征信体系主要是人民银行的企业信用和个人信用登记咨询系统，其信息量和企业覆盖范围远远不能满足科技金融市场发展的需要。大多数科技型小微企业并未纳入人行的征信系统，并且人行的征信系统的信息量通常仅局限于一般性的企业财务金融信息，而这些信息对于科技企业融资而言是不足的，例如缺少关于科技企业的技术认证等涉及知识产权的企业信息，这些信息又恰恰是科技企业融资不可或缺的信息。因此，有必要单独建立有关科技企业征信系统，这一系统可以在人行信息系统的基础上独立出一个子系统，也可以根据科技企业的特点完全独立开发出一套系统。财政、科技部门应从公共服务的角度设立专项资金对这一全国系统及地方子系统的数据库建设运营维护以及相关人员培训和业务开展提供资金支持，并联合其他部门（税务、工商等）实现数据信息跨部门、跨区域信息共享机制，以使金融机构能够更高效地为科技型中小企业群体提供全方位金融服务，并能持续关注、跟踪科技企业的发展成长过程。

（四）激励引导开展针对科技型中小企业的金融服务创新

运用政采、补贴、风险补偿等多种财政支持方式鼓励科技金融服务创新。科技型企业的差异化决定了科技金融服务的多样性，从而决定了科技金融产品在标准化服务的基础上又必须通过各种金融产品的有机组合满足科技企业的差异化融资需求，这就要求金融机构不断推进服务创新。但是，创新必然存在风险，金融机构的创新必然会引发风险损失，较高的创新成本降低金融机构服务科技企业的积极性。因此，从支持科技发展、推动科技金融服务的角度看，政府部门应通过不同方式来支持金融机构的科技金融服务创新行为。

1. 改进科技财政支出资金管理，提高支持科技企业资金使用效益

每年申请国家财政支持的科技项目数量众多，涉及不同的专业领域，审批这些项目需要大量的专业人员和相关领域专家。许多项目专业性要求过高，审批单位难以正确认识项目价值，造成好项目没有得到支持的情况。而由专业人员审查的项目，往往在技术上可行，但却在经济效益可行性上存在问题，最终还是导致了科技企业创新项目失败，从而影响了财政资金的使用效益。针对这些问题，需要在科技财政支出管理领域进行调整完善。

一是在立项环节，引入行业专家筛选和金融机构筛选相结合的机制。在财政支持的科技项目领域立项阶段，政府部门组织相关行业专家进行技术筛选，同时引入市场金融机构进行经济筛选，结合两者筛选结果，确定立项项目。将财政资金与金融机构资金相结合的方式对于立项项目资助，财政资金保障基础定额投入，金融机构可以根据自身意愿，直接给予现金追加资助或者通过代替财政资金支持而获取认

购企业股份期权等多种方式。这能够有效将市场筛选机制前移至项目立项阶段，市场机构承担项目风险，也获取了享有高额收益的机会，同时财政资金对于市场认可的项目减少投入，而主要专注于市场不愿意介入，而对于科技发展又意义重大的项目，从而提高有限财政资金的使用效率。

二是推行财政资金后资助方式。后资助方式对由企业为主承担，利用其自有资金先行投入，开展研究开发、成果转化和产业化活动，并经省级科技计划立项，预期可取得经济效益的科技项目，在项目结束或完成后，经审核、评估或验收，按一定比例进行相应补助的财政资助方式。财政资金利用率不高的一个重要原因是由于资金重立项，而不重绩效管理，从而存在企业的道德风险。申请到财政资金后，没有足够力量对企业项目开展情况进行监督和管理，财政资金没有真正投入科研项目，没有达到财政资金支持科研项目的目的。转变立项即给予资金的方式，将其变为广立项、宽进口、严考核、认结果的后资助方式。科技企业广泛申请财政资金支持项目，审核立项后，企业进入项目名单，但不进行资金资助。只有当企业按项目标准完成任务后，报经项目审核通过后，再进行资金资助，类似于"报销"模式。以科研成果为资助依据，真正将财政资金配置到科技创新项目中去。

三是引入行业自评管理，严格产出管理考核。科技项目涉及领域众多，单依靠科技部门力量，难以对资助项目进行有效考核。建议利用行业组织，结合高校专家等资源，开展行业内部企业项目自评管理，行业专家对相关企业和项目进行指标考核，考核结果作为财政资金资助项目产出管理的主要依据。

2. 规范政府引导基金的政策定位和运作模式，积极培育天使投资

种子期是科技型中小企业风险最大的阶段，也是 VC、PE 等不愿投资的领域，因此政府需要特别关注这一阶段的金融环境和支持环境。在政府引导基金转型 FOF 的同时，保留并规范部分政府引导基金的运作，通过引导基金来纠正"市场失灵"。政府引导基金应采用预算内资金等资金来源，以事业法人的形式，不应以盈利为目的。严格限定政府引导基金所支持项目的政策定位，将其限定在支撑一些早期的、前端的、有市场前景的专利技术，引导社会资金投向政府有意重点发展的高新技术等关键领域，或者处于种子期、成长期等早期的创业企业。要严格防范政府引导基金急功近利、与民争利，进入大企业或企业发展的中后期、甚至 IPO 阶段等竞争性领域。同时也需要学习以色列亚泽马（Yozma）基金的经验，通过税收优惠、创建专门为创业企业和天使投资者服务的信息平台等方式鼓励民间资本进行天使投资，并逐步形成以全国性的天使投资基金网络。政府引导基金和天使投资的功能是"把鸡蛋孵化成小鸡"，VC、PE 等机构和 OTC、资本市场等的功能是"把小鸡孵化成大鸡"，两者应该各司其职，协同发展。

3. 建立科技型企业融资联合担保平台，并应用财政补贴、奖励等方式推动银保联动和投贷联保

高风险、高收益、实物抵押条件不足等特点与传统银行"安全性、流动性、盈利性"经营准则之间的差异是造成科技型中小企业融资困境的根源，信用担保机制被认为是解决中小企业融资难、贷款难的一个有效措施。但事实上，由于我国担保

行业本身规模偏小、风险收益不匹配、发展不成熟等因素的作用，使传统的信用担保不能有效解决科技型中小企业融资难的问题。各地可在借鉴杭州市信用联合担保机制探索的基础上，克服传统担保机制的缺陷，成立专门面向战略性新兴产业的高科技担保公司，利用政府科技专项提供的政策性担保资金，通过政、银、保合作联动，基于风险和收益的对等原则，创新设计担保融资品种，在政府、担保公司和银行之间实现风险的合理分摊比例，为科技型中小企业提供低门槛、低成本的担保融资服务；通过担保期权的设计，建立担保机构的"造血"功能，解决风险不对称问题，使信用担保业逐步走上与科技型企业共同成长、可持续的发展道路；通过建立省（市）、区（县）联合担保风险池，引入再担保机构和科技保险服务，降低担保公司的风险；通过建立信用档案评级，引入声誉治理机制，将评价与担保额度、成本挂钩，从而切实解决担保公司收益与风险的问题。联合担保平台建设可形成的"杠杆效应"，真正发挥了政府创新资金"四两拨千斤"的引领效应。

具体业务操作中，推动银保联动。银行对科技型中小企业提供贷款的同时，担保机构取得该企业的认股权，银行与担保机构约定期权的分配比例。专业机构介入改善了银行的风险收益结构，通过科技型中小企业的成长收益来弥补贷款的风险，从而总体上降低银行的贷款风险，增加了科技型中小企业取得贷款的可能性。杭州的科技支行等已经开展了这样的贷款服务。投贷联动，是指银行通过和风险投资（VC）、私募股权基金（PE）联手，以"股权＋债权"的模式，将信贷投入期前移。该模式打破了银行信贷供给与中小企业融资需求的错配，给处于初创期或成长期的科技型中小企业提供融资。2010 年，招行启动了"千鹰展翼"项目，计划将每年选择 1 000 家以上有走向资本市场潜力的创新型成长企业进行重点培育，将直接投资活动与贷款业务结合为科技型中小企业提供金融服务。2012 年，浦发银行同上海国际集团创业投资有限公司、上海市再担保有限公司合作，推出了针对科技型小企业股权投资、商业银行贷款和担保三位一体的"投贷宝"产品，开启了投贷保联动试点。同样中信银行、杭州科技支行等都在投贷联动模式上有所尝试。

4. 通过利息补贴、创新奖励等方式支持科技型中小企业集合票据和债券等金融产品创新，中小企业集合是解决单个企业发行债券困难的一个方法

从 2007 年中关村高新技术中小企业集合债券开始，截至 2012 年 9 月，中小企业集合债总共发行了 9 期共 11 支集合债券，涉及深圳、大连、武汉、河南、成都和常州等省市。由于是多个中小企业联合发在一起达到一定的发行规模，因此对单个企业的要求相对下降，能让更多符合条件的中小企业参与到这一融资方式中来。又由于有政府相关部分的筛选和担保机构的信用增级，因此降低了企业债券的融资成本。因而中小企业集合债券的推出对于科技型中小企业在债券市场获取资金支持是有利的。除了集合债券外，科技型中小企业还可以尝试参与集合票据的融资方式。集合票据是指 2 个以上 10 个以下具有法人资格的企业，在银行间债券市场以统一产品设计、统一信用增进共同发行的债务融资工具。从 2009 年第一批中小企业集合票据推出以来，至 2012 年 12 月的第一期中小企业集合票据（SMECN1），我国共推出了 69 支第一期中小企业集合票据，发行总金额为 164.53 亿元，涉及企业 273 家。

科技型中小企业的集合票据和债券都是针对科技型中小企业的金融服务创新，研究探索全国范围内的科技型中小企业集合票据和债券是一个金融多样化的创新方向。科技型中小企业的风险搭配在一个区域内未必能有较好效果，如果能够考虑将全国范围内的科技型中小企业集合票据和债券，将科技型中小企业的风险和收益在全国内搭配或能取得良好的效果。另外，以产业链金融为纽带，将科技型中小企业的风险和收益放在其所处的产业链中来综合考量，通过上下游的优质企业的担保来降低科技型中小企业的风险。这些显然都需要金融服务机构大胆创新，提供新的针对科技型中小企业的金融服务产品，应用利息补贴、财政奖励等方式促进金融产品的创新。

5. 通过政府采购的方式将科技企业高新技术的推广应用与商业金融机构的金融支持实施联动

对于符合国家产业政策、商业金融机构有意通过特性化服务支持的科技企业，政府部门可以通过政府采购的方式确保企业在高新技术市场应用推广的初期阶段得到支持，确保企业稳定的经营收入，从而降低金融机构投资风险。对于积极开展金融服务创新的金融机构给予业务补贴和风险损失补偿，部分覆盖金融机构的创新成本。对设计和退出科技金融创新的个人给予奖励。

在政府采购中，需要注意提高财政资金使用效率，更好地营造公平公正、竞争有序和有利于创新的市场环境，充分发挥新技术新产品政府采购和推广应用对于促进科技创新和科技成果转化、产业化的重要作用，推动传统产业转型升级，加快培育和发展战略性新兴产业。具体来看，可以探索下列政府采购方式将政府采购同金融服务联动起来：

建立所支持的新技术新产品（服务）应用推广推荐目录。目录应涵盖国家确定支持发展的行业产品，如环保和资源循环利用产品（含水处理、大气污染控制、固废物处理、环境监测等）、新能源及节能减排、医疗卫生（含生物医药、医疗器械）、信息通信设备、行业信息化系统等，以及适于部队采购的产品等。

对目录中产品进行招标，确定提供政府采购的中标科技企业，建立采购企业名录，将名录定期向社会发布。对支持名录中所列企业的金融机构给予业务补贴等，鼓励金融服务机构支持名录企业创新发展。

6. 创新财政支出方式，服务科技企业科研发展

依托当地科研服务平台、高校资源等，政府通过向科研机构、服务平台集中采购，设立创新券、科技券等，向企业免费发放。科技券是由财政部门兑现的一种"有价证券"，科技券的使用和管理遵守国家有关法律法规和财务规章制度，遵循择优支持、科学管理、公开透明、专款专用的原则。企业可以根据自身需要向政府申请。政府设立审查批准机构按照公平、公正、公开原则，审核企业情况，确定发放对象。近年来，这类创新支持类证券，已经在浙江、江苏等地试行。浙江省一些地区着力搭建科技服务大平台，推动政府引导资金最大化用于支持企业科技创新，提升科技对经济增长的贡献率，探索创新券、科技券等服务新模式。通过政府采购，加盟上海研发公共服务平台。依托上海市 12 家技术创新服务平台、73 家专业技术

服务平台和 79 个上海市重点实验室、62 个上海市工程技术研究中心的大型科学仪器设施、科技文献、标准资源，服务长兴企业开展新技术、新产品、新工艺和新材料的研制开发等科技创新活动，并以科技券无偿资助方式支持企业，加盟、共享使用经推荐的上海研发平台。

7. 通过政府引导基金支持互联网金融发展

科技和金融相结合而产生的互联网金融，是对传统金融业务的一大创新，是对传统金融机构的有益补充，同时也有助于缓解中小型科技企业融资问题。基于大数据和云计算等信息技术的互联网金融可以更好地进行风险识别与评估，消除了信息不对称，大大降低了交易的成本，提高了金融资源的配置效率，也有利于实体经济的发展。互联网金融可以弥补中小型科技企业由于自身"风险大、资产抵押少"等特征难以从传统金融机构获得贷款的缺陷。通过众筹等互联网金融模式可以作为中小型科技企业创建时的资金来源方式，同时结合大数据等信息技术可以对中小型科技企业进行信用识别和风险评估，消除信息的不对称，较低交易的成本，更容易融得企业发展所需的资金。

财政资金可以通过多种方式支持互联网金融发展。其一是可以通过政府引导基金，采用 FOF 的形式支持创投机构对互联网金融企业进行资金支持，在严格监管的情况下，发展互联网金融业务。其二是应用政府引导基金直接投资于互联网金融企业。这种模式下，财政资金的支持不仅是对于互联网金融业务的资金支持，更重要的是通过审慎挑选财政资金支持的互联网金融业务，采取股权投资的方式，参与互联网金融企业的管理发展，从而规范互联网金融业务。

第七章

促进科技型中小企业金融服务
发展的税收政策建议

为改善中小企业（包括科技型中小企业）的融资状况，国内制定了一系列有关中小企业金融服务方面的税收优惠政策。这些税收政策对于改善科技型中小企业的融资起到了积极的作用，但仍存在着一些问题。为此，有必要结合我国科技型中小企业的发展需要和税制改革的趋势，在完善科技型中小企业税收政策的同时，还需要重点完善科技型中小企业金融服务的税收政策，加大对金融机构的激励力度，为科技型中小企业创造良好的融资环境。

一、税收政策支持科技金融发展的思路

（一）总体思路

科技金融是科技与金融的融合，涉及两个方面的主体：一是科技型中小企业，二是金融服务机构（包括提供的科技金融服务的金融机构和非金融机构）。因此，税收政策支持科技金融的发展可从两个方面着手：

第一，完善支持科技型中小企业创新的税收政策。通过对科技型中小企业（也包括为科技型中小企业提供相关服务的主体）给予一定的税收优惠政策，从而减轻科技型中小企业负担，提升科技型中小企业的自身价值，并进而为其融资创造良好的自身条件；

第二，完善支持科技金融服务的税收政策。通过对科技金融服务，即相关金融机构为科技型中小企业提供的金融服务，给予一定的税收优惠政策，降低其为科技型中小企业提供金融服务的金融机构运营成本，对其风险进行补偿，提升机构的抗风险能力，增强其开展特定业务意愿。

目前国内已经在企业创新和中小企业方面制定有大量的税收政策，但在科技金融服务的税收政策方面却相对缺乏，因此，完善支持科技金融服务发展的税收政策的重点主要在金融服务上。具体看，进一步完善科技金融服务税收政策的主要思路为：

1. 完善现有税收优惠政策，加大政策支持力度

根据金融服务发展的实际情况和科技型中小企业在金融服务方面的需求，对于

解决科技型中小企业融资难的核心金融中介服务，需要在现有优惠政策基础上，结合财政补贴等政策的实施情况，选择目前财税政策激励尚存在不足的金融服务，加大税收优惠政策的支持力度。

2. 制定新的和专门性的税收优惠政策

基于科技型中小企业的特点和特殊地位，尤其是在其资金短缺方面的特点，结合"拓展科技型中小企业的融资渠道"的要求，在现有中小企业金融中介服务的一般性税收优惠政策基础上，针对科技型中小企业的生命周期上风险和融资特点和税收政策的缺位情况，制定有关科技型中小企业金融服务的专门税收优惠政策，克服激励性税收政策对中小企业的内在缺陷，并保证优惠政策的长期性和稳定性。

3. 结合税制改革趋势，完善科技金融税收政策

按照我国十八届三中全会《关于全面深化改革若干重大问题的决定》和近期国务院通过的《深化财税体制改革总体方案》的要求，现行税制需要进一步的改革完善，其中的营改增改革、个税改革等改革内容，与科技金融发展的税收政策相关。尤其是与金融服务密切相关的营业税改征增值税改革，会直接影响到科技转让和金融服务方面的增值税政策。因此，金融服务税收政策的完善也有必要结合我国税制改革的趋势和进展，合理加以完善。

（二）重点与难点

根据上述思路，科技型中小企业金融服务税收政策制定中的重点与难点主要为：

1. 处理好中小企业与科技型中小企业金融服务税收政策的关系

目前国内也针对中小企业的融资难等问题，制定了一些中小企业和中小企业金融服务的税收优惠政策，科技型中小企业作为中小企业的组成部分，也同样能够享受上述税收政策。因此，制定专门针对科技型中小企业金融服务，需要考虑已有的中小企业税收政策，且需要体现科技型中小企业不同于一般中小企业的特点，即科技型中小企业金融服务的特殊性，并有必要形成金融服务机构为一般中小企业与科技型中小企业提供金融服务的税收政策差别，即科技型中小企业金融服务应享受更大的优惠力度。

2. 协调税收政策与财政补贴等政策的关系

除税收政策外，对于科技型中小企业金融服务也能够享受到财政补贴、奖励等其他支持政策，因此，制定科技型中小企业金融服务税收政策需要综合考虑各类科技型中小企业金融服务所获得的支持力度，做好税收优惠政策与财政补贴等政策之间的协调配合。科技型中小企业金融服务税收政策，应主要针对现有政策支持不足且税收政策能否充分发挥作用的金融服务领域；而对于通过其他政策已能够获得足够支持，或税收优惠政策难以发挥作用的金融服务领域，可不需要制定专门的税收政策。

3. 针对不同的科技金融服务合理制定政策

科技型中小企业所涉及的各类金融服务，包括信贷融资、债券融资、股权融资、资产证券化、融资租赁业务、信用担保、科技保险和其他金融服务，涉及科技型中

小企业不同的融资方式、在融资中的不同作用，以及所涉及的主体和运行机制等方面都存在着差别。因此，也需要根据不同的科技金融服务的性质和特点，制定适合的税收优惠政策。

4. 合理界定相关优惠对象和主体

科技型中小企业金融服务税收优惠政策的具体优惠对象，可以是"为科技型中小企业提供金融服务的机构"，也可以是"金融服务机构为科技型中小企业提供的具体金融服务"，对比而言，如果是对提供的专门金融服务给予税收优惠政策，可以避免对金融服务机构的界定问题。因此，不考虑金融服务机构的界定，对相关机构为科技型中小企业提供金融服务的业务给予税收优惠政策，相对更为合理。当然，金融服务机构提供金融服务的对象不仅仅限于科技型中小企业，也包括其他企业。因此，科技型中小企业金融服务税收政策制定中的一个重要内容，也包括对"科技型中小企业"的认定问题。

二、完善科技型中小企业税收政策

（一）支持科技型中小企业的税收政策现状

对科技创新和科技型企业给予税收优惠，是国际上的通行做法，我国目前在企业所得税、增值税等税种中也制定了大量有关科技创新的税收政策。但就科技型中小企业而言，目前还没有专门性的税收政策，科技型中小企业涉及的税收政策主要包含在科技企业和小型微利企业的税收政策之中。根据对目前最新税收政策情况的梳理，科技型中小企业可享受的优惠政策如下：

1. 企业所得税

（1）高新技术企业和技术先进型服务企业的税收优惠。企业所得税对高新技术企业的优惠政策主要为对国家需要重点扶持的高新技术企业给予15%的优惠税率。同时，对于经济特区和上海浦东新区内在2008年1月1日（含）之后完成登记注册的、国家需要重点扶持的高新技术企业，给予"二免三减半"政策。此外，高新技术企业源于境外的所得可以按照15%的优惠税率缴纳企业所得税，在计算境外抵免限额时，可按照15%的优惠税率计算境内外应纳税总额。

技术先进型服务企业也可以比照高新技术企业享受相关企业所得税优惠政策，即对北京、天津、上海等21个中国服务外包示范城市的经认定的技术先进型服务企业给予15%的优惠税率。同时，技术先进型服务企业发生的职工教育经费支出，不超过工资薪金总额8%的部分，准予在计算应纳税所得额时扣除；超过部分，准予在以后纳税年度结转扣除。根据最新政策规定，上述优惠政策延续至2018年年底。同时，放宽技术先进型服务企业认定条件，将离岸外包业务收入占企业总收入的比例由50%调整到35%。

表 7 - 1　　　　　　　　　企业所得税对科技型企业的优惠政策

序号	政策类型	优惠对象	优惠政策内容	政策文件
1	优惠税率	高新技术企业	国家重点扶持高新技术企业减按15%的税率征收企业所得税。	《企业所得税法》
2	税收减免	高新技术企业	对经济特区和上海浦东新区内在2008年1月1日（含）之后完成登记注册的、国家需要重点扶持的高新技术企业，在经济特区和上海浦东新区内取得的所得，自取得第一笔生产经营收入所属纳税年度起，第一年至第二年免征企业所得税，第三年至第五年按照25%的法定税率减半征收企业所得税。	《国务院关于经济特区和上海浦东新区新设立高新技术企业实行过渡性税收优惠的通知》（国发［2007］40号）
3	优惠税率、税收抵免	高新技术企业	以境内、境外全部生产经营活动有关的研究开发费用总额、总收入、销售收入总额、高新技术产品（服务）收入等指标申请并经认定的高新技术企业，其来源于境外的所得可以享受高新技术企业所得税优惠政策，即对其来源于境外所得可以按照15%的优惠税率缴纳企业所得税，在计算境外抵免限额时，可按照15%的优惠税率计算境内外应纳税总额。	《关于高新技术企业境外所得适用税率及税收抵免问题的通知》（财税［2011］47号）
4	优惠税率、费用扣除	技术先进型服务企业	自2010年7月1日起至2013年12月31日止，在北京、天津、上海、重庆、大连、深圳、广州、武汉、哈尔滨、成都、南京、西安、济南、杭州、合肥、南昌、长沙、大庆、苏州、无锡、厦门等21个中国服务外包示范城市实行以下企业所得税优惠政策：（1）对经认定的技术先进型服务企业，减按15%的税率征收企业所得税。（2）经认定的技术先进型服务企业发生的职工教育经费支出，不超过工资薪金总额8%的部分，准予在计算应纳税所得额时扣除；超过部分，准予在以后纳税年度结转扣除。示范城市技术先进型服务企业享受所得税和离岸服务外包业务免征营业税两项政策延续至2018年年底。同时，放宽技术先进型服务企业认定条件，将离岸外包业务收入占企业总收入的比例由50%调整到35%，先在苏州工业园区试点，根据试点情况适时推广。	《关于技术先进型服务企业有关企业所得税政策问题的通知》（财税［2010］65号）；《国务院办公厅关于进一步促进服务外包产业发展的复函》（国办函［2013］33号）

（2）技术转让、研发费用和折旧等的税收优惠。除了专门针对科技型企业的优惠政策，企业所得税对于技术转让、研发费用扣除和固定资产折旧等也制定了优惠政策。

一是技术转让减免税政策。在一个纳税年度内，居民企业技术转让所得不超过 500 万元的部分，免征企业所得税；超过 500 万元的部分，减半征收企业所得税。

二是研发费用加计扣除。企业为开发新技术、新产品、新工艺发生的研究开发费用，未形成无形资产计入当期损益的，在按照规定据实扣除的基础上，按照研究开发费用的 50% 加计扣除；形成无形资产的，按照无形资产成本的 150% 摊销。

根据《企业研究开发费用税前扣除管理办法（试行）》（国税发［2008］116 号）规定，企业从事《国家重点支持的高新技术领域》和国家发改委等部门公布的《当前优先发展的高技术产业化重点领域指南（2007 年度)》规定项目的研究开发活动，其在一个纳税年度中实际发生的下列费用支出，允许在计算应纳税所得额时按照规定实行加计扣除。费用支出范围包括：新产品设计费、新工艺规程制定费以及与研发活动直接相关的技术图书资料费、资料翻译费；从事研发活动直接消耗的材料、燃料和动力费用；在职直接从事研发活动人员的工资、薪金、奖金、津贴、补贴；专门用于研发活动的仪器、设备的折旧费或租赁费；专门用于研发活动的软件、专利权、非专利技术等无形资产的摊销费用；专门用于中间试验和产品试制的模具、工艺装备开发及制造费；勘探开发技术的现场试验费；研发成果的论证、评审、验收费用。

根据《关于研究开发费用税前加计扣除有关政策问题的通知》（财税［2013］70 号）规定，企业从事研发活动发生的下列费用支出，可纳入税前加计扣除的研究开发费用范围：企业依照国务院有关主管部门或者省级人民政府规定的范围和标准为在职直接从事研发活动人员缴纳的基本养老保险费、基本医疗保险（放心保）费、失业保险费、工伤保险费、生育保险费和住房公积金；专门用于研发活动的仪器、设备的运行维护、调整、检验、维修等费用；不构成固定资产的样品、样机及一般测试手段购置费；新药研制的临床试验费；研发成果的鉴定费用。

三是固定资产加速折旧。企业的固定资产由于技术进步等原因，确需加速折旧的，可以缩短折旧年限或者采取加速折旧的方法。可采取缩短折旧年限或者采取加速折旧方法的固定资产包括：由于技术进步，产品更新换代较快的固定资产；常年处于强震动、高腐蚀状态的固定资产。采取缩短折旧年限方法的，最低折旧年限不得低于《中华人民共和国企业所得税法实施条例》第六十条规定折旧年限的 60%；采取加速折旧方法的，可采取双倍余额递减法或年数总和法。

根据国务院最新的固定资产加速折旧政策，对生物药品制造业，专用设备制造业，铁路、船舶、航空航天和其他运输设备制造业，计算机、通信和其他电子设备制造业，仪器仪表制造业，信息传输、软件和信息技术服务业等 6 个行业的企业 2014 年 1 月 1 日后新购进的固定资产，可缩短折旧年限或采取加速折旧的方法。上述 6 个行业的小型微利企业 2014 年 1 月 1 日后新购进的研发和生产经营共用的仪器、设备，单位价值不超过 100 万元的，允许一次性计入当期成本费用在计算应纳税所得额时扣除，不再分年度计算折旧；单位价值超过 100 万元的，可缩短折旧年限或采取加速折旧的方法；对所有行业企业 2014 年 1 月 1 日后新购进的专门用于研发的仪器、设备，单位价值不超过 100 万元的，允许一次性计入当期成本费用在计算应纳税所得额时扣除，不再分年度计算折旧；单位价值超过 100 万元的，可缩短折旧年限或采取加速折旧的方法；对所有行业企业持有的单位价值不超过 5 000 元的固定资产，允许一次性计入当期成本费用在计算应纳税所得额时扣除，不再分年度计算折旧。

（3）软件和集成电路生产企业的税收优惠。企业所得税对软件企业和集成电路生产企业还给予比一般高新技术企业更优惠的政策。

一是集成电路生产企业的"二免三减半"政策。集成电路线宽小于 0.8 微米（含）的集成电路生产企业，经认定后，在 2017 年 12 月 31 日前自获利年度起计算优惠期，第一年至第二年免征企业所得税，第三年至第五年按照 25% 的法定税率减半征收企业所得税，并享受至期满为止。

表 7 - 2　　企业所得税对技术转让、研发费用和折旧的优惠政策

序号	政策类型	优惠对象	优惠政策内容	政策文件
1	减免税	技术转让	在一个纳税年度内，居民企业技术转让所得不超过 500 万元的部分，免征企业所得税；超过 500 万元的部分，减半征收企业所得税。	《企业所得税法》；《企业所得税法实施条例》
2	加计扣除	研发费用	企业为开发新技术、新产品、新工艺发生的研究开发费用，未形成无形资产计入当期损益的，在按照规定据实扣除的基础上，按照研究开发费用的 50% 加计扣除；形成无形资产的，按照无形资产成本的 150% 摊销。	《企业所得税法》；《企业研究开发费用税前扣除管理办法（试行）》（国税发〔2008〕116 号）；《关于研究开发费用税前加计扣除有关政策问题的通知》（财税〔2013〕70 号）
3	加速折旧	固定资产	企业的固定资产由于技术进步等原因，确需加速折旧的，可以缩短折旧年限或者采取加速折旧的方法。可采取缩短折旧年限或者采取加速折旧方法的固定资产包括：由于技术进步，产品更新换代较快的固定资产；常年处于强震动、高腐蚀状态的固定资产。	《企业所得税法》；《企业所得税法实施条例》

续表

序号	政策类型	优惠对象	优惠政策内容	政策文件
3	加速折旧	固定资产	对生物药品制造业，专用设备制造业，铁路、船舶、航空航天和其他运输设备制造业，计算机、通信和其他电子设备制造业，仪器仪表制造业，信息传输、软件和信息技术服务业等 6 个行业的企业 2014 年 1 月 1 日后新购进的固定资产，可缩短折旧年限或采取加速折旧的方法。 对上述 6 个行业的小型微利企业 2014 年 1 月 1 日后新购进的研发和生产经营共用的仪器、设备，单位价值不超过 100 万元的，允许一次性计入当期成本费用在计算应纳税所得额时扣除，不再分年度计算折旧；单位价值超过 100 万元的，可缩短折旧年限或采取加速折旧的方法。 对所有行业企业 2014 年 1 月 1 日后新购进的专门用于研发的仪器、设备，单位价值不超过 100 万元的，允许一次性计入当期成本费用在计算应纳税所得额时扣除，不再分年度计算折旧；单位价值超过 100 万元的，可缩短折旧年限或采取加速折旧的方法；对所有行业企业持有的单位价值不超过 5 000 元的固定资产，允许一次性计入当期成本费用在计算应纳税所得额时扣除，不再分年度计算折旧。	《关于完善固定资产加速折旧企业所得税政策的通知》（财税〔2014〕75 号）

二是集成电路生产企业的优惠税率和"五免五减半"政策。集成电路线宽小于 0.25 微米或投资额超过 80 亿元的集成电路生产企业，经认定后，减按 15% 的税率征收企业所得税，其中经营期在 15 年以上的，在 2017 年 12 月 31 日前自获利年度起计算优惠期，第一年至第五年免征企业所得税，第六年至第十年按照 25% 的法定税率减半征收企业所得税，并享受至期满为止。

三是新办集成电路生产企业和软件企业的"二免三减半"政策。我国境内新办的集成电路设计企业和符合条件的软件企业，经认定后，在 2017 年 12 月 31 日前自获利年度起计算优惠期，第一年至第二年免征企业所得税，第三年至第五年按照 25% 的法定税率减半征收企业所得税，并享受至期满为止。

四是重点集成电路生产企业和软件企业的优惠税率。国家规划布局内的重点软件企业和集成电路设计企业，如当年未享受免税优惠的，可减按 10% 的税率征收企业所得税。

五是软件企业的不征税收入。符合条件的软件企业按照《财政部、国家税务总局关于软件产品增值税政策的通知》（财税〔2011〕100 号）规定取得的即征即退增值税款，由企业专项用于软件产品研发和扩大再生产并单独进行核算，可以作为不征税收入，在计算应纳税所得额时从收入总额中减除。

六是集成电路生产企业和软件企业的费用扣除政策。集成电路设计企业和符合条件软件企业的职工培训费用，应单独进行核算并按实际发生额在计算应纳税所得额时扣除。

七是外购软件的折旧或摊销政策。企业外购的软件，凡符合固定资产或无形资产确认条件的，可以按照固定资产或无形资产进行核算，其折旧或摊销年限可以适当缩短，最短可为 2 年（含）。

八是集成电路生产企业的固定资产折旧政策。集成电路生产企业的生产设备，其折旧年限可以适当缩短，最短可为 3 年（含）。

（4）自主创新示范区和实验区等的企业所得税优惠政策。为了推动科技税收政策的改革和完善，2010～2011 年期间，国家首先在中关村自主创新示范区进行了部分科技企业所得税政策的先行先试。2012～2014 年期间，又继续在中关村、东湖、张江国家自主创新示范区和合芜蚌自主创新综合试验区进行了相关政策的推广和新政策的先行先试。

一是对示范区和实验区内的科技创新创业企业发生的职工教育经费支出，不超过工资薪金总额 8% 的部分，准予在计算应纳税所得额时扣除，超过部分，准予在以后纳税年度结转扣除。

表 7 - 3　　企业所得税对软件和集成电路生产企业的优惠政策

序号	政策类型	优惠对象	优惠政策内容	政策文件
1	减免税	集成电路生产企业	集成电路线宽小于 0.8 微米（含）的集成电路生产企业，享受"二免三减半"的企业所得税政策。	《关于进一步鼓励软件产业和集成电路产业发展企业所得税政策的通知》（财税〔2012〕27 号）
2	优惠税率、减免税	集成电路生产企业	集成电路线宽小于 0.25 微米或投资额超过 80 亿元的集成电路生产企业，减按 15% 的税率征收企业所得税； 其中经营期在 15 年以上的，享受"五免五减半"的企业所得税政策。	
3	减免税	新办集成电路生产企业和软件企业	境内新办的集成电路设计企业和符合条件的软件企业，享受"二免三减半"的企业所得税政策。	
4	优惠税率	重点软件企业和集成电路设计企业	国家规划布局内的重点软件企业和集成电路设计企业，如当年未享受免税优惠的，可减按 10% 的税率征收企业所得税。	
5	不征税收入	即征即退增值税款	符合条件的软件企业取得的即征即退增值税款，由企业专项用于软件产品研发和扩大再生产并单独进行核算，可以作为不征税收入，在计算应纳税所得额时从收入总额中减除。	
6	费用扣除	职工培训费用	集成电路设计企业和符合条件软件企业的职工培训费用，应单独进行核算并按实际发生额在计算应纳税所得额时扣除。	

续表

序号	政策类型	优惠对象	优惠政策内容	政策文件
7	加速折旧或摊销	外购软件	企业外购的软件，凡符合固定资产或无形资产确认条件的，可以按照固定资产或无形资产进行核算，其折旧或摊销年限可以适当缩短，最短可为2年（含）。	
8	加速折旧	生产设备	集成电路生产企业的生产设备，其折旧年限可以适当缩短，最短可为3年（含）	

　　二是对中关村示范区高新技术企业认定条件上进行调整：对于示范区内注册满半年不足一年的企业可以参加认定；对核心自主知识产权的范畴进行了扩充；对符合战略性新兴产业及研发费占比达到10%的企业，允许以技术秘密作为知识产权。

　　三是在中关村将5年以上非独占许可使用权转让纳入技术转让所得税优惠政策试点，即一个纳税年度内技术转让所得不超过500万元的部分免征企业所得税，超过500万元的部分减半征收企业所得税。

　　四是对中关村示范区从事文化产业支撑技术等领域的企业，按规定认定为高新技术企业的，可减按15%的税率征收企业所得税。

表7-4　　　　自主创新示范区和实验区的企业所得税优惠政策

序号	政策类型	优惠对象	优惠政策内容	政策文件
1	费用扣除	职工教育经费支出	对示范区和实验区内的科技创新创业企业发生的职工教育经费支出，不超过工资薪金总额8%的部分，准予在计算应纳税所得额时扣除，超过部分，准予在以后纳税年度结转扣除。	《关于中关村、东湖、张江国家自主创新示范区和合芜蚌自主创新综合试验区有关职工教育经费税前扣除试点政策的通知》（财税〔2013〕14号）
2	资格认定	高新技术企业	对高新技术企业认定条件上进行调整：对于示范区内注册满半年不足一年的企业可以参加认定；对核心自主知识产权的范畴进行了扩充；对符合战略性新兴产业及研发费占比达到10%的企业，允许以技术秘密作为知识产权。	《关于延长中关村国家自主创新示范区高新技术企业认定管理试点工作期限的通知》（国科发火〔2013〕529号）
3	减免税	技术转让	在中关村将5年以上非独占许可使用权转让纳入技术转让所得税优惠政策试点，即一个纳税年度内技术转让所得不超过500万元的部分免征企业所得税，超过500万元的部分减半征收企业所得税。	《关于中关村国家自主创新示范区技术转让企业所得税试点政策的通知》（财税〔2013〕72号）

续表

序号	政策类型	优惠对象	优惠政策内容	政策文件
4	优惠税率	高新技术企业	对中关村示范区从事文化产业支撑技术等领域的企业，按规定认定为高新技术企业的，可减按15%的税率征收企业所得税。	《关于在中关村国家自主创新示范区开展高新技术企业认定中文化产业支撑技术等领域范围试点的通知》（国科发高〔2013〕595号）

　　（5）小型微利企业所得税优惠政策。对于小型微利企业，企业所得税给予了20%的优惠税率。自2010年起，对小型微利企业（不同时期对年应纳税所得额有不同的要求，包括3万元和6万元）又给予了所得减按50%计入应纳税所得额的政策。目前的最新优惠政策为：自2014年1月1日至2016年12月31日，对年应纳税所得额低于10万元（含10万元）的小型微利企业，其所得减按50%计入应纳税所得额，按20%的税率缴纳企业所得税。

表7-5　　　　　　　　　　　小型微利企业的所得税优惠政策

序号	政策类型	优惠对象	优惠政策内容	政策文件
1	税额优惠、优惠税率	小型微利企业	自2014年1月1日至2016年12月31日，对年应纳税所得额低于10万元（含10万元）的小型微利企业，其所得减按50%计入应纳税所得额，按20%的税率缴纳企业所得税。	《关于小型微利企业所得税优惠政策有关问题的通知》（财税〔2014〕34号）

　　2. 个人所得税

　　有关科技的个人所得税政策主要是对个人的科技奖金、科技成果转化等方面的优惠政策。

　　（1）科技等奖金的免税政策。省级人民政府、国务院部委和中国人民解放军军以上单位，以及外国组织、国际组织颁发的科学、教育、技术、文化、卫生、体育、环境保护等方面的奖金，免纳个人所得税。

　　（2）科技成果转化的个人所得税优惠政策。自1999年7月1日起，科研机构、高等学校转化职务科技成果以股份或出资比例等股权形式给予个人奖励，获奖人在取得股份、出资比例时，暂不缴纳个人所得税；取得按股份、出资比例分红或转让股权、出资比例所得时，应依法缴纳个人所得税。有关此项的具体操作规定，由国家税务总局另行制定。

　　科研机构、高等学校转化职务科技成果以股份或出资比例等股权形式给予科技人员个人奖励，经主管税务机关审核后，暂不征收个人所得税。科研机构是指按中央机构编制委员会和国家科学技术委员会《关于科研事业单位机构设置审批事项的通知》（中编办发［1997］14 号）的规定设置审批的自然科学研究事业单位机构。高等学校是指全日制普通高等学校（包括大学、专门学院和高等专科学校）。享受上述优惠政策的科技人员必须是科研机构和高等学校的在编正式职工。

（3）自主创新示范区的个人所得税优惠政策。对于中关村、东湖、张江国家自主创新示范区和合芜蚌自主创新综合试验区，在 2012～2014 年期间，进行有关个人所得税政策的先行先试。

一是对示范区和实验区内科技创新创业企业转化科技成果，以股份或出资比例等股权形式给予本企业相关技术人员的奖励，技术人员一次缴纳税款有困难的，经主管税务机关审核，可分期缴纳个人所得税，但最长不得超过 5 年。

二是对中关村中小高新技术企业以未分配利润、盈余公积、资本公积向个人股东转增股本有关个人所得税，可最长不超过 5 年分期缴纳。

表 7-6　　　　　　　　个人所得税的科技税收优惠政策

序号	政策类型	优惠对象	优惠政策内容	政策文件
1	免税	科学、教育、技术等奖金	省级人民政府、国务院部委和中国人民解放军军以上单位，以及外国组织、国际组织颁发的科学、教育、技术、文化、卫生、体育、环境保护等方面的奖金，免纳个人所得税。	《个人所得税法》
2	暂免征税	转化职务科技成果以股份或出资比例等股权形式给予个人奖励	自 1999 年 7 月 1 日起，科研机构、高等学校转化职务科技成果以股份或出资比例等股权形式给予个人奖励，获奖人在取得股份、出资比例时，暂不缴纳个人所得税；取得按股份、出资比例分红或转让股权、出资比例所得时，应依法缴纳个人所得税。	《关于促进科技成果转化有关税收政策的通知》（财税字［1999］45 号）；《关于促进科技成果转化有关个人所得税问题的通知》（国税发［1999］125 号）
3	延期纳税	以股份或出资比例等股权形式给予本企业相关技术人员的奖励	对示范区和实验区内科技创新创业企业转化科技成果，以股份或出资比例等股权形式给予本企业相关技术人员的奖励，技术人员一次缴纳税款有困难的，经主管税务机关审核，可分期缴纳个人所得税，但最长不得超过 5 年。	《关于中关村 东湖张江国家自主创新示范区和合芜蚌自主创新综合试验区有关股权奖励个人所得税一试点政策的通知》（财税［2013］14 号）
4	延期纳税	以未分配利润、盈余公积、资本公积向个人股东转增股本	对中关村中小高新技术企业以未分配利润、盈余公积、资本公积向个人股东转增股本有关个人所得税，可最长不超过 5 年分期缴纳。	《关于中关村国家自主创新示范区企业转增股本个人所得税试点政策的通知》（财税［2013］73 号）

　　3. 增值税和营业税

　　增值税对科技的优惠政策主要是针对科研仪器设备、科技转让收入、离岸服务外包业务、软件产品等方面。随着我国营改增试点改革的推进，原属于营业税的科技优惠政策基本都改为了增值税优惠政策。

　　（1）科研进口仪器设备的免税政策。根据《增值税暂行条例》规定，直接用于科学研究、科学试验和教学的进口仪器、设备，免征增值税。

　　（2）技术转让、技术开发等收入免税政策。试点纳税人提供技术转让、技术开发和与之相关的技术咨询、技术服务，免征增值税。

　　技术转让是指转让者将其拥有的专利和非专利技术的所有权或者使用权有偿转让他人的行为；技术开发是指开发者接受他人委托，就新技术、新产品、新工艺或者新材料及其系统进行研究开发的行为；技术咨询是指就特定技术项目提供可行性论证、技术预测、专题技术调查、分析评价报告等。与技术转让、技术开发相关的技术咨询、技术服务，是指转让方（或受托方）根据技术转让或开发合同的规定，为帮助受让方（或委托方）掌握所转让（或委托开发）的技术，而提供的技术咨询、技术服务业务，且这部分技术咨询、服务的价款与技术转让（或开发）的价款应当开在同一张发票上。

　　（3）离岸服务外包业务免税政策。自 2014 年 1 月 1 日至 2018 年 12 月 31 日，试点纳税人提供的离岸服务外包业务，免征增值税。

　　离岸服务外包业务是指试点纳税人根据境外单位与其签订的委托合同，由本企业或其直接转包的企业为境外提供信息技术外包服务（ITO）、技术性业务流程外包服务（BPO）或技术性知识流程外包服务（KPO）。

　　（4）境内的单位和个人向境外单位提供部分应税服务免税政策。境内的单位和个人向境外单位提供的下列应税服务免征增值税，但财政部和国家税务总局规定适用增值税零税率的除外：技术转让服务、技术咨询服务、合同能源管理服务、软件服务、电路设计及测试服务、信息系统服务、业务流程管理服务、商标著作权转让服务、知识产权服务、物流辅助服务（仓储服务、收派服务除外）、认证服务、鉴证服务、咨询服务、广播影视节目（作品）制作服务、期租服务、程租服务、湿租服务。但不包括：合同标的物在境内的合同能源管理服务，对境内货物或不动产的认证服务、鉴证服务和咨询服务。

　　（5）软件产品增值税即征即退等优惠政策。一是增值税一般纳税人销售其自行开发生产的软件产品，按 17% 税率征收增值税后，对其增值税实际税负超过 3% 的部分实行即征即退政策。二是增值税一般纳税人将进口软件产品进行本地化改造后对外销售，其销售的软件产品可享受上述规定的增值税即征即退政策。三是纳税人受托开发软件产品，著作权属于受托方的征收增值税，著作权属于委托方或属于双方共同拥有的不征收增值税；对经过国家版权局注册登记，纳税人在销售时一并转让著作权、所有权的，不征收增值税。

表 7 – 7 增值税和营业税的科技优惠政策

序号	政策类型	优惠对象	优惠政策内容	政策文件
1	免税	进口科研仪器、设备	直接用于科学研究、科学试验和教学的进口仪器、设备，免征增值税。	《增值税暂行条例》
2	免税	技术转让、技术开发和与之相关的技术咨询、技术服务	试点纳税人提供技术转让、技术开发和与之相关的技术咨询、技术服务，免征增值税。	《关于将铁路运输和邮政业纳入营业税改征增值税试点的通知》（财税〔2013〕106 号）
3	免税	离岸服务外包业务	自 2014 年 1 月 1 日至 2018 年 12 月 31 日，试点纳税人提供的离岸服务外包业务，免征增值税。	
4	免税	向境外单位提供的部分应税服务	境内的单位和个人提供的技术转让服务、技术咨询服务、合同能源管理服务、软件服务、电路设计及测试服务、信息系统服务等应税服务免征增值税。	
5	即征即退、不征收	软件产品	增值税一般纳税人销售其自行开发生产的软件产品，按 17% 税率征收增值税后，对其增值税实际税负超过 3% 的部分实行即征即退政策；增值税一般纳税人将进口软件产品进行本地化改造后对外销售，其销售的软件产品可享受上述规定的增值税即征即退政策；纳税人受托开发软件产品，著作权属于受托方的征收增值税，著作权属于委托方或属于双方共同拥有的不征收增值税；对经过国家版权局注册登记，纳税人在销售时一并转让著作权、所有权的，不征收增值税。	《关于软件产品增值税政策的通知》（财税〔2011〕100 号）
6	增值税期末留抵税额退税	集成电路重大项目企业	对国家批准的集成电路重大项目企业因购进设备形成的增值税期末留抵税额（以下称购进设备留抵税额）准予退还。	《关于退还集成电路企业采购设备增值税期末留抵税额的通知》（财税〔2011〕107 号）
7	不征税	技术投资入股	单位和个人以技术投资入股取得的收入，不征营业税。	《关于印发〈营业税税目注释〉（试行稿）的通知》（国税发〔1993〕149 号）

（6）集成电路企业采购设备增值税期末留抵税额退税政策。对国家批准的集成电路重大项目企业因购进设备形成的增值税期末留抵税额（以下称购进设备留抵税额）准予退还。购进的设备应属于《中华人民共和国增值税暂行条例实施细则》第二十一条第二款规定的固定资产范围。

（7）以技术投资入股收入营业税优惠政策。在实行营业税改征增值税后，原营业税有关技术转让等的优惠政策已改为增值税优惠政策，在尚未进行营改增的税目中的优惠政策为：单位和个人以技术投资入股以及取得的利润，不征营业税。

根据《关于印发〈营业税税目注释〉（试行稿）的通知》（国税发［1993］149号）规定："以无形资产投资入股，参与接受投资方的利润分配、共同承担投资风险的行为，不征收营业税"，以各种无形资产投资入股的行为，不属于转让行为，不属于营业税征税范围，即不征营业税。对双方分得的利润不征营业税。

4. 其他综合性优惠政策

除了上述针对科技型企业的优惠政策外，对于企业进口设备和技术、中小企业，以及为中小企业提供服务的公共服务示范平台、大学科技园和科技企业孵化器，也有相应的税收政策。

（1）企业进口设备和技术的进口税收优惠政策。一是对企业（包括外商投资企业、外国企业）为生产《国家高新技术产品目录》的产品而进口所需的自用设备及按照合同随设备进口的技术及配套件、备件，除《国内投资项目不予免税的进口商品目录》所列商品外，免征关税和进口环节增值税。二是企业引进属于《国家高新技术产品目录》所列的先进技术，按合同规定向境外支付的软件费，免征关税和进口环节增值税。三是对列入《中国高新技术商品出口目录》的产品，凡出口退税率未达到征税率的，经国家税务总局核准，产品出口后，可按征税率及现行出口退税管理规定办理退税。

（2）中小企业的部分税收优惠政策。一是中小企业投资国家鼓励类项目，除《国内投资项目不予免税的进口商品目录》所列商品外，所需的进口自用设备以及按照合同随设备进口的技术及配套件、备件，免征进口关税。二是中小企业缴纳城镇土地使用税确有困难的，可按有关规定向省级财税部门或省级人民政府提出减免税申请。三是中小企业因有特殊困难不能按期纳税的，可依法申请在三个月内延期缴纳。

表 7-8　　　　　　其他与科技型中小企业相关的税收优惠政策

序号	政策类型	优惠对象	优惠政策内容	政策文件
1	免征关税和进口环节增值税、出口退税	进口设备、技术及配套件、备件等；出口高新技术商品	（1）对企业（包括外商投资企业、外国企业）为生产《国家高新技术产品目录》的产品而进口所需的自用设备及按照合同随设备进口的技术及配套件、备件，除《国内投资项目不予免税的进口商品目录》所列商品外，免征关税和进口环节增值税。（2）企业引进属于《国家高新技术产品目录》所列的先进技术，按合同规定向境外支付的软件费，免征关税和进口环节增值税。（3）对列入《中国高新技术商品出口目录》的产品，凡出口退税率未达到征税率的，经国家税务总局核准，产品出口后，可按征税率及现行出口退税管理规定办理退税。	关于贯彻落实《中共中央国务院关于加强技术创新，发展高科技，实现产业化的决定》有关税收问题的通知（财税字［1999］273号）

续表

序号	政策类型	优惠对象	优惠政策内容	政策文件
2	免征进口关税、减免税、延期纳税	中小企业	（1）中小企业投资国家鼓励类项目，除《国内投资项目不予免税的进口商品目录》所列商品外，所需的进口自用设备以及按照合同随设备进口的技术及配套件、备件，免征进口关税。（2）中小企业缴纳城镇土地使用税确有困难的，可按有关规定向省级财税部门或省级人民政府提出减免税申请。（3）中小企业因有特殊困难不能按期纳税的，可依法申请在三个月内延期缴纳。	《国务院关于进一步促进中小企业发展的若干意见》（国发［2009］36号）
3	免征进口关税和进口环节增值税、消费税	国家中小企业公共服务示范平台（技术类服务平台）	对符合条件的国家中小企业公共服务示范平台中的技术类服务平台纳入现行科技开发用品进口税收优惠政策范围，对其在2015年12月31日前，在合理数量范围内进口国内不能生产或者国内产品性能尚不能满足需要的科技开发用品，免征进口关税和进口环节增值税、消费税。	《关于国家中小企业公共技术服务示范平台适用科技开发用品进口税收政策的通知》（财关税［2011］71号）
4	免征房产税、城镇土地使用税和营业税	科技园	自2013年1月1日至2015年12月31日，对符合条件的科技园自用以及无偿或通过出租等方式提供给孵化企业使用的房产、土地，免征房产税和城镇土地使用税；对其向孵化企业出租场地、房屋以及提供孵化服务的收入，免征营业税。	《关于国家大学科技园税收政策的通知》（财税［2013］118号）
5	免征房产税、城镇土地使用税和营业税	孵化器	自2013年1月1日至2015年12月31日，对符合条件的孵化器自用以及无偿或通过出租等方式提供给孵化企业使用的房产、土地，免征房产税和城镇土地使用税；对其向孵化企业出租场地、房屋以及提供孵化服务的收入，免征营业税。	《关于科技企业孵化器税收政策的通知》（财税［2013］117号）

（3）国家中小企业公共服务示范平台、大学科技园和科技企业孵化器的税收优惠政策。一是对符合条件的国家中小企业公共服务示范平台中的技术类服务平台纳入现行科技开发用品进口税收优惠政策范围，对其在2015年12月31日前，在合理数量范围内进口国内不能生产或者国内产品性能尚不能满足需要的科技开发用品，免征进口关税和进口环节增值税、消费税。二是自2013年1月1日至2015年12月31日，对符合条件的科技园自用以及无偿或通过出租等方式提供给孵化企业使用的房产、土地，免征房产税和城镇土地使用税；对其向孵化企业出租场地、房屋以及

提供孵化服务的收入，免征营业税。营业税改征增值税（以下简称营改增）后的营业税优惠政策处理问题由营改增试点过渡政策另行规定。三是自 2013 年 1 月 1 日至2015 年 12 月 31 日，对符合条件的孵化器自用以及无偿或通过出租等方式提供给孵化企业使用的房产、土地，免征房产税和城镇土地使用税；对其向孵化企业出租场地、房屋以及提供孵化服务的收入，免征营业税。营业税改征增值税（以下简称营改增）后的营业税优惠政策处理问题由营改增试点过渡政策另行规定。

（二）现行科技型中小企业税收政策存在的问题

在借鉴国外经验做法的基础上，结合我国科技企业发展的实际情况，经过多年的改革和完善，应该说，我国目前已经初步形成了有关科技创新和科技新企业的税收政策体系。税收政策在增加科技型中小企业的创新投资收益、降低创新投资成本和减少经营风险等方面发挥了重要的作用。但是，相对于我国科技型中小企业的发展需要看，现行税收优惠政策仍然存在一些问题，有待进一步完善。

1. 企业所得税政策存在的问题

科技型企业的所得税优惠政策目前制定较多且适用面较宽，但结合科技型中小企业的特点看，现行企业所得税的优惠政策还难以全面惠及科技型中小企业。

（1）部分科技型中小企业难以享受高新技术企业优惠政策。根据现行对高新技术企业的认定规定，目前部分科技型中小企业，尤其是初创期科技型中小企业，因为难以满足被认定为高新技术企业的认定条件和要求，从而无法享受到相关的税收优惠待遇。同时，小型微利企业的应纳税所得额低于 10 万元的要求较高，很多科技型小企业也难以享受该政策。

根据《关于完善中关村国家自主创新示范区高新技术企业认定管理试点工作的通知》（国科发火〔2011〕90 号），在中关村进行高新技术企业的认定条件改革的先行先试，调整内容包括对核心自主知识产权的范畴进行了扩充；对符合战略性新兴产业及研发费占比达到 10% 的企业，允许以技术秘密作为知识产权等。因此，有必要结合促进科技创新的要求和科技型中小企业的特点，合理确定相关认定条件。

（2）研发费用扣除政策的适用面偏窄。按照规定，对研发费用加计扣除的研发活动仅限于《国家重点支持的高新技术领域》和《当前优先发展的高技术产业化重点领域指南（2007 年度）》所规定的项目，该规定为科技型中小企业研发费用加计扣除的适用设定了较高门槛，优惠范围有限。不仅将大量创新企业排除在政策受益范围之外，也造成创新政策体系的功能缺失。同时，科技型中小企业的研发费用加计扣除额往往不高，优惠力度不大，而企业在申请优惠时还存在着一定的成本，申请积极性不足。

同时，研发费用的扣除范围目前已经进行了适当的扩大，但仍然有较多的限制。例如，在人员费用上，仅仅允许"在职直接从事研发活动人员"的合格费用加计扣除；而临时雇员、实习学生等"非在职"研发人员以及有关管理人员等"非直接"人员的费用不能加计扣除；在研发设备折旧费上，我国仅允许"专门用于研发活动的仪器、设备"折旧费可以加计扣除，"非专门"的设备和仪器不允许扣除。而国外多数国家，生产与研发共用的仪器设备在根据一定的分配原则下，用于属于研发的有关折旧费可以享受优惠。

（3）科技型中小企业实际享受的企业所得税优惠不足。对于常处于亏损和微利状态的初创期科技型中小企业来说，减免税优惠政策等可实际享受的优惠不足。由于亏损或微利，研发费用加计扣除将可能超过应纳税所得额。根据规定，当年不足抵扣的，可以在以后纳税年度结转抵扣，但结转期限仅有 5 年。

2. 个人所得税政策存在的问题

国内有关科技的个人所得税政策相对较少，且对科技成果转化等科技人员的个人所得税优惠力度偏弱，主要为：

（1）对科技奖励的个税优惠范围偏窄。按照《个人所得税法》，只有省级人民政府、国务院部委和中国人民解放军军以上单位及外国组织颁发的科学奖金免征个人所得税。而对省级以下政府及企业颁发的重大成就奖、科技进步奖不给予免税政策，不利于科技人员的技术创新，与鼓励科技创新的目标不符。

（2）对科技成果转化的个税优惠力度不足。根据现行规定，科研机构、高等学校转化科技成果以股份或出资比例等股权形式给予个人奖励，获奖人在取得股份、出资比例时，暂不缴纳个人所得税；且对于中关村等企业以股份或出资比例等股权形式给予本企业科技人员的奖励，可以分期纳税。总体来看，上述政策对于促进科技人员的创新和科技成果转化的激励不足，有必要给予更大的优惠力度。

3. 增值税政策存在的问题

现行增值税除涉及科研仪器设备、科技转让收入、离岸服务外包业务等一般性科技优惠政策外，对于企业的优惠政策主要是针对软件和集成电路生产企业。不可否认，这两个行业是国家重点支持的高新技术领域，但现行战略性新兴产业和其他高新技术领域，包括电子信息技术、生物与新医药技术、航空航天技术、新材料技术、高技术服务业、新能源及节能技术、资源与环境技术、高新技术改造传统产业等享受不到增值税优惠政策，对新兴产业发展的支持力度有待加强。

（三）政策建议

根据上述科技型中小企业税收优惠政策存在的问题，相关政策建议为：

1. 完善高新技术企业认定办法

建议根据中关村对高新技术企业认定条件改革的试点结果，进一步对高新技术企业认定条件的加以完善，包括根据实际情况调整《国家重点支持的高新技术领域》、核心自主知识产权范畴和其他规定条件等。同时，也需要对技术先进性服务企业和中关村试点的从事文化产业支撑技术等领域的企业所涉及领域范围和认定条件进行相应的改革。在完善政策的基础上将其尽快推广到全国范围，让更多的真正有助于国家科技创新的科技型中小企业能够享受企业所得税的优惠政策。

2. 完善和落实研发费用加计扣除政策

对研发费用加计扣除政策的完善建议为：

（1）允许扣除的研发费用不限于《国家重点支持的高新技术领域》和《当前优

先发展的高技术产业化重点领域指南（2007 年度）》规定项目的研究开发活动，建议制定不允许加计扣除的研究开发活动负面清单，除此之外的研发费用都允许扣除。

（2）扩大研发费用的项目扣除范围，建议参照国外多数国家的做法，在根据一定的分配原则下，对生产与研发共用的仪器设备，也允许扣除属于研发的有关折旧费。

（3）考虑初创期科技型中小企业自身研发能力不足的特点，应鼓励其利用学校和研究机构参与研发。建议对于科技型中小企业的产学研项目（研发外包），可考虑给予更大的优惠政策，如给予200%的加大加计扣除比例的方式。对于科技型中小企业产学研项目的确定，可要求企业研发项目的委托方必须是公共科研机构或高校，或者由科技部门负责审查委托项目的真实性，出具审核结果。

3. 对科技型中小企业应纳税所得额抵扣给予更多优惠

考虑初创期科技型中小企业由于亏损等原因的受惠力度不足，建议对其应纳税所得额不足抵扣的结转期限适度延长。同时，还可以进一步考虑在科技型中小企业应纳税所得额不足抵扣时，允许将不足抵扣部分返还给企业。通过上述办法，弥补激励性税收优惠政策对常处于亏损的中小企业激励不高的不足。

4. 完善对科技奖励和科技成果转化的个税优惠政策

（1）扩大科技奖励个税免税的范围。建议对省以下政府或企业颁发的符合规定的科技或科研等奖励收入，给予个人所得税的免税政策，以鼓励各类科技人才开展科研创新的积极性。

（2）将现行对示范区和实验区内科技创新创业企业转化科技成果，以股份或出资比例等股权形式给予本企业相关技术人员的奖励的个税分期纳税政策，尽快在全国范围内实施。同时，可进一步考虑加大优惠力度，对研究开发人员以技术入股取得的股权收益，包括红利和转让收入及股票期权转让收入，免征个人所得税，提高科技人员科技成果转化的积极性。

5. 扩大增值税对高科技行业的优惠范围

在现行对软件企业和集成电路生产企业之外，建议合理选择出确实需要进行支持的战略性新兴产业或高新技术领域，根据行业的实际情况，实施类似于软件企业的实际税率超过3%的部分的增值税即征即退政策，或者是对集成电路重大项目企业因购进设备形成的增值税期末留抵税额（购进设备留抵税额）的退还政策。

三、完善科技型中小企业金融服务的税收政策

（一）支持科技型中小企业金融服务的税收政策现状

我国目前科技型中小企业的金融服务主要可以分为两个方面：一是融资方面的金融服务，包括信贷融资、债券融资、股权融资、融资租赁和信用担保等方面；二是其他金融服务，包括科技保险、信息服务、知识产权交易等方面。在上述金融服务的税收政策中，国内专门制定的科技型中小企业金融服务的税收政策还很少，其

税收政策主要包括在中小企业或其他一般性的税收政策中，主要为：

1. 金融机构中小企业信贷业务的税收优惠政策

目前对金融机构在中小企业信贷业务方面的税收优惠政策主要为：

（1）对于金融机构与小微企业签订的借款合同，给予免征印花税的政策；

（2）对金融企业按照规定计提的中小企业贷款损失专项准备金，允许其在企业所得税税前扣除；

（3）将符合条件的农村金融机构金融保险收入减按3%征收营业税的政策，延长至2015年年底。

表7-9　　　　金融机构的中小企业信贷业务的税收优惠政策

序号	政策类型	优惠对象	优惠政策内容	政策文件
1	借款合同免征印花税政策	金融机构与小微企业签订的借款合同	自2014年11月1日至2017年12月31日，对金融机构与小型、微型企业签订的借款合同免征印花税。	《关于金融机构与小型微型企业签订借款合同免征印花税的通知》（财税〔2014〕78号）
2	贷款损失专项准备金的企业所得税税前扣除政策	金融企业符合条件的中小企业贷款损失专项准备金	自2014年1月1日起至2018年12月31日，金融企业根据《贷款风险分类指导原则》（银发〔2001〕416号），对其涉农贷款和中小企业贷款进行风险分类后，按照以下比例计提的贷款损失专项准备金，准予在计算应纳税所得额时扣除：（1）关注类贷款，计提比例为2%；（2）次级类贷款，计提比例为25%；（3）可疑类贷款，计提比例为50%；（4）损失类贷款，计提比例为100%。	《关于金融企业涉农贷款和中小企业贷款损失准备金税前扣除有关问题的通知》（财税〔2015〕3号）
3	小额贷款减免税政策	农户小额贷款的利息收入	自2014年1月1日至2016年12月31日，对金融机构农户小额贷款的利息收入，免征营业税；对金融机构农户小额贷款的利息收入，在计算应纳税所得额时，按90%计入收入总额。	《关于延续并完善支持农村金融发展有关税收政策的通知》（财税〔2014〕102号）
4	农村金融机构金融保险收入的营业税政策	农村金融机构金融保险收入	对农村信用社、村镇银行、农村资金互助社、由银行业机构全资发起设立的贷款公司、法人机构所在地在县（含县级市、区、旗）及县以下地区的农村合作银行和农村商业银行的金融保险业收入减按3%的税率征收营业税政策的执行期限延长至2015年12月31日。	《关于延长农村金融机构营业税政策执行期限的通知》（财税〔2011〕101号）

2. 中小企业信用担保机构的税收优惠政策

对中小企业信用担保机构为中小企业提供的信用担保业务，目前的税收优惠政策主要为：

（1）对于符合条件的非营利性中小企业信用担保、再担保机构，现行营业税给予其担保业务收入免征营业税的优惠政策。

表 7 - 10　　　　　中小企业信用担保机构的税收优惠政策

序号	政策类型	优惠对象	优惠政策内容	政策文件
1	中小企业信用担保机构营业税免税政策	中小企业信用担保（再担保）机构的担保业务收入	北京市中小企业信用再担保有限公司等 321 家中小企业信用担保（再担保）机构，按照其机构所在地地市级（含）以上人民政府规定标准取得的担保业务收入，自主管税务机关办理免税手续之日起，三年内免征营业税。	《关于公布中小企业信用担保机构免征营业税和取消免税资格名单的通知》（工信部联企业［2014］20 号）
2	中小企业信用担保机构准备金企业所得税税前扣除政策	中小企业信用担保机构的准备金	自 2007 年 1 月 1 日起至 2015 年 12 月 31 日止： （1）符合条件的中小企业信用担保机构按照不超过当年年末担保责任余额 1% 的比例计提的担保赔偿准备，允许在企业所得税税前扣除，同时将上年度计提的担保赔偿准备余额转为当期收入。 （2）符合条件的中小企业信用担保机构按照不超过当年担保费收入 50% 的比例计提的未到期责任准备，允许在企业所得税税前扣除，同时将上年度计提的未到期责任准备余额转为当期收入。 （3）中小企业信用担保机构实际发生的代偿损失，符合税收法律法规关于资产损失税前扣除政策规定的，应冲减已在税前扣除的担保赔偿准备，不足冲减部分据实在企业所得税税前扣除。	《关于中小企业信用担保机构有关准备金税前扣除问题的通知》（财税［2007］27 号）；《关于中小企业信用担保机构有关准备金税前扣除问题的通知》（财税［2009］62 号）；《关于中小企业信用担保机构有关准备金企业所得税税前扣除政策的通知》（财税［2012］25 号）

（2）2007~2015 年，符合条件的中小企业信用担保机构按照不超过当年年末担保责任余额 1% 的比例计提的担保赔偿准备，允许在企业所得税税前扣除；按照不超过当年担保费收入 50% 的比例计提的未到期责任准备，允许在企业所得税税前扣

除。中小企业信用担保机构实际发生的代偿损失，符合税收法律法规关于资产损失税前扣除政策规定的，应冲减已在税前扣除的担保赔偿准备，不足冲减部分据实在企业所得税税前扣除。

表7-11　　　　　　　　　　融资租赁企业的税收优惠政策

序号	政策类型	优惠对象	优惠政策内容	政策文件
1	融资租赁业务售后回租服务的增值税销售额确定政策	经批准从事融资租赁业务的企业	经中国人民银行、银监会或者商务部批准从事融资租赁业务的试点纳税人，提供有形动产融资性售后回租服务，以收取的全部价款和价外费用，扣除向承租方收取的有形动产价款本金，以及对外支付的借款利息（包括外汇借款和人民币借款利息）、发行债券利息后的余额为销售额。	《关于将铁路运输和邮政业纳入营业税改征增值税试点的通知》（财税〔2013〕106号）
2	融资租赁业务的增值税销售额确定政策	经批准从事融资租赁业务的企业	经中国人民银行、银监会或者商务部批准从事融资租赁业务的纳税人，提供除融资性售后回租以外的有形动产融资租赁服务，以收取的全部价款和价外费用，扣除支付的借款利息（包括外汇借款和人民币借款利息）、发行债券利息、保险费、安装费和车辆购置税后的余额为销售额。	《关于将铁路运输和邮政业纳入营业税改征增值税试点的通知》（财税〔2013〕106号）
3	融资租赁业务的增值税销售额确定政策	经批准从事融资租赁业务的企业	商务部授权的省级商务主管部门和国家经济技术开发区批准的从事融资租赁业务的试点纳税人，2013年12月31日前注册资本达到1.7亿元的，自2013年8月1日起，按照上述规定执行；2014年1月1日以后注册资本达到1.7亿元的，从达到该标准的次月起，按照上述规定执行。	《关于将铁路运输和邮政业纳入营业税改征增值税试点的通知》（财税〔2013〕106号）
4	融资租赁增值税税负超3%的即征即退政策	经批准从事融资租赁业务的企业	经中国人民银行、银监会或者商务部批准从事融资租赁业务的试点纳税人中的一般纳税人，提供有形动产融资租赁服务，在2015年12月31日前，对其增值税实际税负超过3%的部分实行增值税即征即退政策。商务部授权的省级商务主管部门和国家经济技术开发区批准的从事融资租赁业务的试点纳税人中的一般纳税人，2013年12月31日前注册资本达到1.7亿元的，自2013年8月1日起，按照上述规定执行；2014年1月1日以后注册资本达到1.7亿元的，从达到该标准的次月起，按照上述规定执行。	《关于将铁路运输和邮政业纳入营业税改征增值税试点的通知》（财税〔2013〕106号）

3. 融资租赁企业的税收优惠政策

在营改增之前，融资租赁业务方面的税收政策，区分是否为经人民银行等批准经营融资租赁业务的单位而有所不同。而根据《财政部、国家税务总局关于在全国开展交通运输业和部分现代服务业营业税改征增值税试点税收政策的通知》（财税〔2013〕37号）规定，目前国内已经在全国范围内（2013年8月1日开始）对交通运输业和部分现代服务业实施了营改增改革，其中包括有形动产的融资租赁。

按此规定，有形动产融资租赁也不再缴纳营业税，统一缴纳增值税，税率为17%。对经人民银行、银监会、商务部批准经营融资租赁业务的纳税人，以及商务部授权的省级商务主管部门和国家经济技术开发区批准的从事融资租赁业务的试点纳税人（注册资本达到1.7亿元），提供有形动产融资租赁服务，给予销售额确定上的扣除政策；同时，在2015年12月31日前，对其增值税实际税负超过3%的部分实行增值税即征即退政策。

4. 创业投资企业的税收优惠政策

在中小企业的股权融资方面，目前主要是对创投企业的税收优惠政策。主要政策为：

（1）创投企业采取股权投资方式投资于未上市的中小高新技术企业2年（24个月）以上的，可按照投资额的70%在股权持有满2年的当年抵扣该创业投资企业的应纳税所得额。

表7 -12　　　　　　　创业投资企业的税收优惠政策

序号	政策类型	优惠对象	优惠政策内容	政策文件
1	创业投资企业股权投资的企业所得税抵扣政策	投资未上市中小高新技术企业的创业投资企业	创业投资企业采取股权投资方式投资于未上市的中小高新技术企业2年（24个月）以上，凡符合条件的，可以按照其对中小高新技术企业投资额的70%，在股权持有满2年的当年抵扣该创业投资企业的应纳税所得额；当年不足抵扣的，可以在以后纳税年度结转抵扣。	《企业所得税法》；《企业所得税法实施条例》；《关于实施创业投资企业所得税优惠问题的通知》（国税发〔2009〕87号）
2	创业投资企业股权投资的企业所得税抵扣政策	有限合伙制创业投资企业	注册在中关村的有限合伙制创业投资企业采取股权投资方式，投资于未上市的中小高新技术企业2年以上，该有限合伙制创业投资企业的法人合伙人，可在有限合伙制创业投资企业持有未上市中小高新技术企业股权满2年的当年，按照该法人合伙人对该未上市企业投资额的70%，抵扣该法人合伙人从该有限合伙创业投资企业分得的应纳税所得额，当年不足抵扣的，可以在以后纳税年度结转抵扣。	《关于中关村国家自主创新示范区有限合伙制创业投资企业法人合伙人企业所得税试点政策的通知》（财税〔2013〕71号）

（2）注册在中关村的有限合伙制创业投资企业采取股权投资方式，投资于未上市的中小高新技术企业 2 年以上，该有限合伙制创业投资企业的法人合伙人，可在有限合伙制创业投资企业持有未上市中小高新技术企业股权满 2 年的当年，按照该法人合伙人对该未上市企业投资额的 70%，抵扣该法人合伙人从该有限合伙创业投资企业分得的应纳税所得额，当年不足抵扣的，可以在以后纳税年度结转抵扣。

5. 保险机构的科技保险税收优惠政策

在高新技术企业产品研发责任保险、关键研发设备保险、营业中断保险、出口信用保险、高管人员和关键研发人员团体健康保险和意外保险等科技保险方面。主要政策为：

（1）对出口信用保险，规定了境内保险机构为出口货物提供的保险产品免征营业税的政策。

（2）自 2009 年 1 月 1 日至 2013 年 12 月 31 日，对保险公司为种植业、养殖业提供保险业务取得的保费收入，在计算应纳税所得额时，按 90% 比例减计收入。

表 7 - 13　　　　　　　科技保险机构的税收优惠政策

序号	政策类型	优惠对象	优惠政策内容	政策文件
1	出口信用保险营业税政策	出口信用保险	境内保险机构为出口货物提供的保险产品免征营业税。	《营业税暂行条例》
2	种植业、养殖业保险企业所得税政策	种植业、养殖业保费收入	自 2014 年 1 月 1 日至 2016 年 12 月 31 日，对保险公司为种植业、养殖业提供保险业务取得的保费收入，在计算应纳税所得额时，按 90% 计入收入总额。	《关于延续并完善支持农村金融发展有关税收政策的通知》（财税〔2014〕102 号）

（二）现行科技型中小企业金融服务税收政策存在的问题

国内有关中小企业金融服务方面的税收优惠政策，配合其他相关政策，对于解决科技型中小企业的融资难等金融问题，起到了积极的作用。但我国现行科技型中小企业金融服务的税收政策，也存在着一定的问题和不足。

1. 适用的税收优惠政策较少，且缺乏专门性的优惠政策

（1）科技型中小企业金融服务适用的税收优惠政策较少。根据上述对国内中小企业金融服务税收优惠政策的情况总结，科技型中小企业各类金融服务可获得税收优惠政策支持的总体情况见表 7 - 14。可以看到，目前科技中小企业可以在信贷融资、信用担保和创业投资的股权融资等方面的金融服务享受相关优惠政策。但是，对于科技型中小企业的其他金融服务，对于金融机构为科技中小企业提供的知识产权质押贷款、保险机构为科技型中小企业提供的科技保险，以及科技金融服务平台和提供信息服务、信用评估等服务，现行优惠政策尚缺乏政策支持。

（2）缺乏专门针对科技型中小企业金融服务的优惠政策。在科技型中小企业能

够享受的不多的金融服务优惠政策中，只有创业投资企业对中小高新技术企业的股权投资的企业所得税优惠政策可以算得上是专门针对科技型中小企业融资方面的税收政策。其他金融服务税收政策中，大部分都是适用于全部中小企业，如中小企业的信贷、信用担保等，甚至部分税收政策是适用于全部类型的企业，如融资租赁和出口信用保险等。与一般性的中小企业相比，科技型中小企业更具有其特殊性，包括研发投入高、投资风险高等。相应地，为科技型中小企业提供的金融服务也具有一定的特殊性，为了更好地促进科技型中小企业金融服务的发展，拓展科技型中小企业的融资渠道，应制定专门针对科技型中小企业金融服务的税收优惠政策。同时，也缺乏对初创期企业融资的税收优惠。初创企业因盈利前景不明朗、风险大，融资非常困难，因此有必要利用特殊的税收优惠吸引天使投资和风险投资促进其创新创业。

表 7 – 14　　　　　　　　各类金融服务的税收优惠政策设置情况

序号	各类金融服务	税收优惠政策
1	信贷融资	(1) 中小企业借款合同免征印花税； (2) 中小企业贷款损失专项准备金企业所得税税前扣除。
2	债券融资	无
3	股权融资	(1) 创业投资企业股权投资未上市中小高新技术企业的企业所得税抵扣政策。
4	资产证券化	无
5	融资租赁业务	(1) 批准融资租赁单位提供有形动产融资租赁服务的增值税超3% 税负部分的即征即退政策。
6	信用担保	(1) 中小企业信用担保机构营业税免税政策； (2) 中小企业信用担保机构的准备金企业所得税税前扣除政策。
7	科技保险业务	(1) 保险机构为出口货物提供的保险产品免征营业税。
8	其他金融服务	无

资料来源：作者根据相关资料整理。

2. 税收优惠政策的支持力度不足，优惠政策有待完善

（1）优惠政策的支持力度不足。作为支持高新技术企业发展的机构，现行为科技型中小企业提供金融服务的机构并不能享受高科技企业的企业所得税优惠政策，同时，部分服务机构作为准金融机构也不能享受金融机构的优惠政策。一是小额贷款公司由于没有纳入金融企业范围，需要按照一般工商企业纳税，且专项准备金不允许税前扣除。二是根据《关于加强和改善对高新技术企业保险服务有关问题的通知》（保监发［2006］129 号）要求，目前有 6 个险种作为高新科技研发保险险种，其保费支出纳入企业技术开发费用，享受国家规定的税收优惠政策（企业所得税研发费用加计扣除的政策）。《财政部关于企业加强研发费用财务管理的若干意见》

（财企［2007］194 号）中也规定："企业研发费用，包括与研发活动直接相关的高新科技研发保险费用"。但根据《企业研究开发费用税前扣除管理办法（试行）》（国税发［2008］116 号）和《关于研究开发费用税前加计扣除有关政策问题的通知》（财税［2013］70 号）规定，"为进行研发活动发生的会议费、差旅费、办公费、外事费、研发人员培训费、培养费、专家咨询费、通讯费、专利申请维护费、高新科技研发保险费用等"，属于不得纳入研发费用加计扣除范围的费用项目。三是信用增进服务能够降低债务直接融资成本，是破解企业融资困局的一种新途径，在解决中小企业融资难问题、推动债券市场发展等方面都具有十分重要的意义。但是，信用增进机构目前还享受不到国家有关中小企业担保机构的营业税和企业所得税优惠政策。

（2）部分税收优惠政策有待完善。在现有科技型中小企业金融服务能够享受到的优惠政策中，部分优惠政策还有待进一步完善，加大支持力度。例如，现行中小企业信用担保机构能够享受一定年限的营业税免征政策和准备金的企业所得税税前扣除政策。而对比国外情况看，现行优惠政策力度偏弱。例如，德国对非营利担保机构的企业所得税给予免除；奥地利对担保机构的所得税、财产税、营业税、资本交易税等联邦法律规定的税收均给予免税。

再如，我国现行有关创业投资的企业所得税优惠政策主要是对通过创业投资（基金）企业间接从事创业投资提供优惠。国内经过备案的创投企业才能享受个人合伙人收益按股息红利征收个人所得税（税率为20%）的政策，否则其投资所得需要按照个体工商户的税率缴纳（最高边际税率为35%）。而美国近一半州政府对天使投资给予税收抵免政策，抵免额度15%（科罗拉多）至100%（夏威夷）；英国对于投资于创业投资领域的投资者采取低税率，并给予所得税减免；印度对长期资本的全部享受免税待遇且红利所得全部免税；台湾投资创业投资公司的股东持股达2年以上者，可按投资金额的20%抵免所得税。

此外，在现实中部分优惠政策的具体实施和落实上还存在一些问题，导致部分金融企业难以享受优惠，减弱了优惠政策的作用。

3. 税收优惠政策不稳定，缺乏长期性

目前科技型中小企业金融服务的主要税收优惠政策，包括信贷融资和信用担保优惠政策，基本上都是采取给予一定优惠期限的做法。例如，金融机构的小微企业借款合同免征印花税政策的优惠期限是 2011 年 11 月 1 日至 2014 年 10 月 31 日；中小企业贷款损失专项准备金的企业所得税税前扣除政策，第一次优惠政策期限是 2008 年 1 月 1 日至 2010 年 12 月 31 日，后又延长了期限，到 2013 年 12 月 31 日；中小企业信用担保机构准备金企业所得税税前扣除政策的政策期限为 2007 年至 2015 年。且在优惠期限的确定上，更多的是采取在给予 2～3 年短期优惠期后又进一步延期的做法。

上述情况实际上反映出科技型中小企业金融服务的税收优惠政策缺乏稳定性和长期性，既不利于形成对金融机构为科技型中小企业提供长期金融服务的激励，也不利于金融服务企业基于税收政策进行长期的经营管理决策。

（三）政策建议

在现行税收制度下，① 完善科技中小企业金融服务税收优惠政策的具体政策建议主要为：

1. 针对科技型中小企业不同金融服务，合理完善税收政策

根据科技型中小企业的各类金融服务方面的税收政策存在的问题和需求情况，完善现行税收政策或合理制定新的税收优惠政策。

（1）完善信贷融资服务的税收政策。一是完善对科技型中小企业借款合同的印花税政策。现行享受借款合同免征印花税政策的范围是小微企业（根据《关于印发中小企业划型标准规定的通知》工信部联企业〔2011〕300号，规定确定的小型和微型企业），可考虑将其范围进一步扩大到科技型中小企业。即对金融机构与科技型中小企业的借款合同免征印花税。二是完善金融机构计提中小企业贷款损失专项准备金的政策。现行允许金融企业按照规定计提的中小企业贷款损失专项准备金在企业所得税税前扣除的政策，已经可以覆盖到科技型中小企业，该优惠政策不需要调整。但有必要调整金融企业的范围，即将小额贷款公司等也应该纳入金融企业的范围，享受计提中小企业贷款损失专项准备金的政策。三是对金融机构科技型中小企业贷款的利息收入，给予一定的营业税和企业所得税优惠政策。具体看，对金融机构科技型中小企业贷款的利息收入，可减按3%的税率征收营业税（营改增后可考虑减半征收等优惠）；在计算应纳税所得额时，按90%计入收入总额。此外，在未能制订明确的科技型中小企业认定标准之前，可考虑将科技型中小企业贷款调整为知识产权质押贷款，其属于与科技型中小企业融资中具有特殊性质的贷款方式。

（2）完善信用担保服务的税收政策。一是对为中小企业或科技型中小企业提供信用增进服务的信用增进机构，该机构或提供为中小企业提供的增进业务，可比照中小企业信用担保机构享受营业税免税政策。二是在现行中小企业信用担保机构享受相关准备金企业所得税税前扣除政策的基础上，完善科技型中小企业信用担保机构的企业所得税政策。在一定期限内，对于主要为科技型中小企业提供信用担保的中小企业信用担保机构（可制定具体的认定标准，如非营利性；当年新增科技型中小企业信用担保和再担保业务收入占新增担保业务收入总额的70%以上），其对科技型中小企业的信用担保和再担保业务收入，在计算应纳税所得额时，按90%计入收入总额。

（3）完善创业投资的税收政策。一是在加强税收管理的前提下，建议修订《创业投资企业管理暂行办法》，无论创业投资企业是否备案，都可以享受企业所得税的投资抵扣政策。即创业投资企业采取股权投资方式投资于未上市的中小高新技术企业2年（24个月）以上，可按照其对中小高新技术企业投资额的70%，在股权持有满2年的当年抵扣该创业投资企业的应纳税所得额；当年不足抵扣的，可以在以后纳税年度结转抵扣。二是将目前在中关村试点的有限合伙制创业投资企业的股

---

① 在没有对金融机构实行"营改增"之前，金融服务机构涉及的流转税政策主要是营业税政策，在营改增之后，则应设计为增值税政策。

权投资的企业所得税抵扣政策推广到全国范围。同时，降低有限合伙企业自然人合伙人回报分成收入的税负，按照股息红利征收20%的个人所得税。三是可考虑给予天使投资企业更多的优惠力度。即对天使投资企业（包括有限合伙制企业）采取股权投资方式，投资于未上市的初创期的科技型中小企业2年以上，符合条件的，可以按照其对中小高新技术企业投资额的100%，在股权持有满2年的当年抵扣该创业投资企业的应纳税所得额；当年不足抵扣的，可以在以后纳税年度结转抵扣。

（4）融资租赁的税收政策。一是统一融资租赁企业的增值税税收优惠政策。营改增后，各类融资租赁企业（包括中国人民银行、银监会或者商务部，商务部授权的省级商务主管部门和国家经济技术开发区批准的融资租赁企业）基本上都能够享受到现行增值税的优惠政策。考虑到目前融资租赁企业增值税实际税负超过3%的部分实行增值税即征即退政策有一定的政策期限，在政策到期后建议延续该政策，并明确政策优惠对象是为科技型中小企业提供融资租赁服务的融资租赁企业。二是对为科技型中小企业提供融资租赁服务的融资租赁企业给予融资租赁加速折旧的企业所得税政策。

（5）科技保险服务的税收政策。一是给予科技保险业务营业税优惠政策。对于保险公司为科技型中小企业提供科技保险，除出口信用保险外的其他科技保险，包括高新技术企业产品研发责任保险、关键研发设备保险、首台（套）重大技术装备保险等的保费收入，给予免征营业税政策。在营改增后，应继续给予增值税免税政策。二是建议规定在一定期限内，对保险公司为科技型中小企业提供科技保险的保费收入，在计算应纳税所得额时，按90%比例减计收入。

（6）其他金融服务的税收政策。对于为科技型中小企业提供信息服务、信用评估等服务的科技金融服务平台和相关机构，也可以根据实际情况给予其营业税的免税政策等。

2. 统一相关政策范围界定，保障政策的贯彻实施

科技型中小企业金融服务税收优惠政策的制定，涉及多方面相关主体和政策范围的界定问题，有必要尽快制定和统一相关标准和范围，保障政策的有效实施。

（1）合理界定科技型中小企业和金融服务机构等范围。上述科技金融服务的税收优惠政策建议，很多方面涉及对科技型中小企业的具体界定问题，建议对于各税种有关科技金融服务的税收优惠政策中涉及科技型中小企业的界定进行统一，避免出现多重标准，便于税收优惠政策的有效落实。同时，还可以进一步界定初创期科技型中小企业的标准。例如，根据《新兴产业创投计划参股创业投资基金管理暂行办法》（财建［2011］668号）中的规定，明确初创期科技型中小企业的判定条件，以配合给予天使投资的优惠政策实施。此外，对于能够享受科技金融服务税收优惠政策的金融服务机构范围也进行统一，应明确为只要确实为科技型中小企业提供金融服务的机构，无论其注册或管理方式的不同，都应该能够享受到优惠政策。

（2）完善资格认定等相关配套措施。对于已经制定的税收优惠政策，应根据科技金融服务的发展和实际情况，定期修订和完善现有政策在金融机构适用条件方面的规定。同时，在加强管理的情况下，通过完善认定程序等相关配套措施，促使税收政策发挥更好的效果。

3. 合理设置优惠期限，保证税收政策的长期性和稳定性

根据国内经济社会形势和需要支持领域的发展情况，对税收优惠政策设置一定的优惠期限，是规范税收立法和合理设计优惠政策的要求之一，可避免优惠政策的过多过滥。但是，对于现行已经实施的中小企业金融服务的部分税收优惠政策，如中小企业信用担保机构的营业收入免税政策和相关准备金的企业所得税扣除政策，在通过实践已经证明其政策效果的情况下，应该根据我国科技型中小企业的发展需要，将金融服务相关税收优惠政策作为企业所得税或增值税等制度中的基本规定，从而使其固定下来成为一项长期的优惠政策。

即使不能够将科技型中小企业金融服务的优惠政策稳定化，基于我国科技创新的情况和科技型中小企业发展的阶段，也应该将为科技型中小企业提供金融服务的优惠政策期限适度延长。这样，一方面能够明确国家对科技型中小企业金融服务的中长期支持；另一方面，金融服务中介也能够形成良好的政策预期，避免政策的短期化带来的不利影响。

四、"营改增"税制改革背景下的科技金融税收政策完善

(一) 营改增改革进展及金融业增值税改革方向

我国未来的税制改革包括营业税改征增值税改革、消费税、资源税、环境税、个人所得税等，其中与科技型中小企业金融服务密切相关的改革主要是营改增，因为其既涉及营改增后科技型中小企业的税负变化，也涉及营改增对金融服务机构的影响问题。

1. 营改增的试点改革进展

我国现阶段的营改增试点改革大体上已经历了五个阶段：

(1) 上海市的试点改革。2011 年 11 月 17 日，财政部、国家税务总局正式发布了《营业税改征增值税试点方案》(财税〔2011〕110 号) 和《关于在上海市开展交通运输业和部分现代服务业营业税改征增值税试点的通知》(财税〔2011〕111 号)，明确了营改增的总体方案和上海市试点改革的具体内容。2012 年 1 月 1 日上海市率先拉开了营改增的序幕，此次试点改革的行业为，包括交通运输业和部分现代服务业 (研发和技术服务、信息技术服务、文化创意服务、物流辅助服务、有形动产租赁和鉴证咨询服务) 的 "1 + 6" 行业。

(2) 8 省市的扩大试点范围。根据《关于在北京等 8 省市开展交通运输业和部分现代服务业营业税改征增值税试点的通知》(财税〔2012〕71 号) 规定，北京市应于 2012 年 9 月 1 日，江苏省、安徽省于 10 月 1 日，福建省、广东省于 11 月 1 日，天津市、浙江省、湖北省于 12 月 1 日分别完成新旧税制转换。

(3) 试点行业的全国范围实施。根据《关于在全国开展交通运输业和部分现代服务业营业税改征增值税试点税收政策的通知》(财税〔2013〕37 号) 规定，自 2013 年 8 月 1 日起，将试点行业的营改增在全国范围内推开，行业试点范围在原有

"1+6"的试点行业基础上，在现代服务业中又进一步增加了广播影视服务（广播影视作品的制作、播映、发行等）。

（4）扩大试点行业范围。根据《关于将铁路运输和邮政业纳入营业税改征增值税试点的通知》（财税〔2013〕106号）规定，自2014年1月1日起，在全国范围内开展铁路运输和邮政业营改增试点。

（5）进一步扩大试点行业范围。根据《关于将电信业纳入营业税改征增值税试点的通知》（财税〔2014〕43号）规定，自2014年6月1日起，电信业纳入营业税改征增值税试点。

总体看，与其他税制改革相比，此次营改增试点范围扩大的速度较快。按照国务院力争"十二五"期间全面完成营改增改革的计划，在下一阶段的改革中，将会在全国范围对包括金融保险业在内的全部营业税行业推行营改增。

2. 金融保险业的增值税改革方向

现行国内的营改增试点改革还未能将金融保险业纳入改革范围，但金融保险业是未来税制改革的必然，且可能在"十二五"期间就能完成。对于营改增后的金融保险业的增值税制度设置，目前国内尚没有很明确的规定。但在《营业税改征增值税试点方案》（财税〔2011〕110号）的"改革试点的主要税制安排"规定中，在总体上对金融保险业的改革方向进行了明确。即金融保险业的计税方式原则上适用增值税简易计税方法。如果未来的改革按照该原则实施，这意味着金融保险业在总体上将基本保持与原有营业税类似的制度。

金融服务不同于具体的货物贸易和服务贸易，由于金融服务的特殊性，在理论上要对金融服务按照一般计税方式全面征收增值税显得比较困难，其难点主要体现在对金融中介服务和间接收费金融服务的难以确定增值额，以及增值额难以在服务接受方中分解。因此，实践中目前也没有哪个国家能够实现对金融服务进行完全的征税，一般采用对金融服务免征增值税或对金融服务适用零税率等特殊方法进行处理。

基于中国的实际情况，未来金融保险业的增值税改革建议采用如下的处理方法：

（1）对核心金融业务和间接收费的金融服务，如银行贷款业务、投资收入、担保收入、证券管理收入及投资收入、证券承销业务收入等，适用简易征税办法（可选择3%或5%的征收率）。同时，允许金融机构选择成为一般纳税人，使用正常的征管方式。

（2）对直接收费的金融服务，如安全保管、投资咨询等业务，应作为增值税的应税收入，纳入正常的增值税征收机制中；出口的金融服务则适用零税率。

（3）在保险业的增值税处理上，可借鉴国际通行做法，对人寿保险以免税为主，这也延续了我国现行的营业税免税的做法。对财产保险，则比照银行业的做法，实行简易征税。

（二）营改增对科技金融发展的影响

1. 营改增对科技型中小企业的影响

营改增对科技型中小企业的影响，可以区分小规模纳税人和一般纳税人来分析其税收负担的变化情况：

（1）对属于小规模纳税人的科技型中小企业影响。一是在试点改革前已征收增值税的科技型中小企业小规模纳税人，营改增后其仍然使用3%的征收率，对其税收负担没有影响；二是在试点改革后征收增值税的科技型中小企业小规模纳税人（主要为科技信息服务等），营改增改革后适用3%的征收率，相对于原5%的营业税税率，其税负下降幅度平均达40%。

（2）对属于一般纳税人的科技型中小企业影响。一是在试点改革前已征收增值税的科技型中小企业一般纳税人，营改增后企业购进应税服务的可抵扣进项税额增加，可获得较以前相比更多的进项税抵扣，税负将下降。且营改增改革范围越大，可获得的进项税抵扣越多，税负水平下降越多。尤其是科技型中小企业具有研发投入大而原材料消耗少的行业特点，在营改增后对转让专利权、转让非专利技术征收增值税，并允许外购专利权和非专利技术等无形资产时进行进项税抵扣，对降低科技型中小企业的增值税税负有很大的作用。二是在试点改革后征收增值税的科技型中小企业一般纳税人（主要为科技信息服务等），营改增改革后适用6%的税率（实际税率为5.66%），相对于原5%的营业税税率，由于企业还能够抵扣部分进项税，因而总体上企业的税收负担是下降的。企业的具体税负变化根据企业的成本结构、固定资产更新情况、取得增值税进项税发票的情况而有所不同。

2. 营改增对科技金融服务的影响

营改增对金融保险业及科技金融服务的影响，主要决定于营改增后金融保险业的增值税制度设计。

按照上面金融保险业增值税的改革建议，金融保险业的核心业务都采用简易征收的方式，这意味着与科技型中小企业相关的金融服务，包括信贷融资、债券融资、股权融资和信用担保和科技保险等，都将适用简易征收方式，该方式与原有营业税制度类似。

在对核心金融保险业务实施增值税简易征收方式的情况下，如果金融保险业适用现行3%的征收率，这意味着金融保险业在名义税率上由5%的营业税税率降低为3%（实际税率为2.91%），金融保险业实际税负有较大的下降，相当于科技金融服务能够享受到全面的税收优惠政策。而如果对金融保险业适用现行5%的征收率，则与营业税相比其名义税率保持不变，但实际税率为4.76%，实际税负也有所下降。

表7-15　　**金融服务业营改增后简易征收的可能税负变化情况**　　单位：%

原营业税税率	营改增后的征收率	营改增后的实际税负	税负变化
5	3	2.91	-2.09
5	5	4.76	-0.24

总体看，在金融保险业采用增值税简易征收方式的情况下，营改增后科技金融服务的实际税负是下降的，这对于促进科技金融的发展具有一定的促进作用。但值

得注意的是，金融服务业采用增值税简易征收方式，意味着接受金融服务的科技型中小企业等企业在金融服务方面不能获得增值税进项税抵扣，即增值税抵扣链条在金融服务方面仍然没有打通。

从打通增值税抵扣链条的角度出发，也有可能对金融服务采用增值税一般计税方式。以信贷业务为例，银行的主要收入来源于贷款利息收入，这要求在进项税方面实行特殊规定，即能够将支付其他银行的利息进行进项税额抵扣，也可以将银行支付给存款人的利息视同进项税额。营改增后银行信贷业务税负水平的变化，将取决于税率水平的设定和银行的可抵扣进项税的情况。如果将增值税税率设定为6%，且允许对银行支付利息进行进项抵扣，其税负水平将为降低；而考虑到允许对银行支付利息进行进项抵扣，已经是对存贷款利息差征税，再加上银行在其他固定资产方面的抵扣，营改增后的增值税税率水平将可能设置为11%。这种情况下，营改增后的税负变化取决于银行在一定时期内可取得的进项税情况，既可能税负增加也可能税负降低。对于其他金融服务机构营改增后税负的变化分析，与上述银行信贷业务基本类似。

（三）政策建议

在全面实施增值税制度的情况下，对于科技型中小企业金融服务税收优惠政策的完善，应该在现有税制下所提出的税收政策建议基础上，结合营改增的制度变化进行合理的调整。具体看，主要是明确营改增后金融服务适用的征收率，以及根据营改增后金融服务增值税制度适度调整相关税收优惠政策。

1. 增值税简易征收方式下的金融服务征收率选择

金融服务业在营改增后采用简易计税方式的情况下，影响其税收负担的关键在于征收率水平的确定。根据上面分析可知，在采用3%的征收率情况下，金融服务业有着较大幅度的货物劳务税税负降低。因此，从营改增后降低服务业税负水平和促进金融服务业发展的角度看，有必要采用3%的征收率水平；但从保障财政收入的角度看，还应采用5%的征收率水平。综合来看，笔者倾向于对金融服务业采用3%的征收率水平。或为进一步促进科技金融服务发展，建议对提供科技金融服务的增值税征收率确定为3%，而对提供其他金融服务的增值税征收率确定为5%。

2. 增值税简易征收方式下的金融服务税收优惠政策

无论营改增后金融保险业的增值税制度或名义税率水平如何设置，都应该继续保留和延续有关科技中小企业金融服务的相关税收优惠政策。同时，在简易征收方式下，原有和新制订的有关科技型中小企业金融服务的营业税优惠政策，可直接转变为增值税的优惠政策，并不需要做过多的制度调整。

3. 增值税一般征收方式下的金融服务税收优惠政策

在已实施的营改增改革中，已经对（有形动产）融资租赁改为征收增值税。对此，可以根据营改增前后的制度变化情况，重新设定相关优惠政策。例如，《关于将铁路运输和邮政业纳入营业税改征增值税试点的通知》（财税〔2013〕106号）

中对于融资租赁企业也给予了在 2015 年 12 月 31 日前实际税负超过 3% 的部分实行增值税即征即退政策。对于其他可能涉及采用增值税一般征收方式的金融服务，可以比照融资租赁的处理办法，继续保留给予金融服务相应的优惠政策。

第八章

促进科技型中小企业金融服务发展的金融政策建议

目前，科技与金融的有机结合是加快现阶段我国科技成果转换，增强自主创新能力、培育发展战略性新兴产业，支撑和引领经济发展方式转变，全面建设创新性国家的重要手段。为贯彻实施《国家中长期科学和技术发展规划纲要（2006—2020年)》及其配套政策，落实《国务院办公厅关于当前金融促进经济发展的若干意见》（国办发〔2008〕126号)、党的十八届三中全会精神和《中共中央国务院关于深化科技体制改革加快国家创新体系建设的意见》（中发〔2012〕6号)、《国务院办公厅关于金融支持小微企业发展的实施意见》（国办发〔2013〕87号）等中央文件精神，加强科技资源和金融资源的结合，进一步加大对科技型中小企业信贷支持，缓解科技型中小企业融资困难，促进科技产业的全面可持续发展，现从金融政策支持科技型中小金融服务发展总体思路、科技金融服务发展组织机构建设、科技型中小企业融资渠道建设以及区域性科技金融服务平台建设四个方面提出对促进我国科技型中小企业金融服务发展的金融政策建议。

一、金融政策支持科技型中小企业金融服务发展总体思路

结合我国现阶段科技型中小企业金融服务现状及金融政策环境，提出金融政策支持科技型中小企业金融服务发展的总体思路，包括以下几个方面：

1. 加快科技型中小企业金融服务方式创新

着力加快科技型中小企业金融服务方式创新，进一步引导金融机构增强科技金融服务理念，扩大业务范围，增强服务功能，针对不同类型、不同发展阶段科技型中小企业的特点，不断开发特色产品，为其提供量身定做的金融产品和服务。积极鼓励金融机构为科技型中小企业提供综合性金融服务，大力发展产业链融资和区域性集群融资，积极开展知识产权质押、应收账款质押、动产质押、股权质押、订单质押等抵质押贷款业务。鼓励保险机构创新资金运用安排，通过投资企业股权、基金、债权、资产支持计划等多种形式，为科技型中小企业发展提供资金支持。

2. 积极发展小型科技金融服务机构

积极发展小型科技金融服务机构，打通民间资本进入金融业的通道，建立广覆盖、差异化、高效率的科技金融服务组织机构体系。进一步丰富科技型中小企业金融服务机构种类，支持在科技型中小企业集中的地区设立科技银行、科技担保公司等小型金融机构，并尝试在这些金融机构中引入民间资本。

3. 大力发展多层次资本市场建设

加快发展多层次资本市场，是解决科技型中小企业直接融资比例过低、渠道过窄的必由之路。进一步优化中小企业板、创业板市场的制度安排，完善发行、定价、并购重组等方面的政策和措施。适当放宽创业板市场对创新型、成长型企业的财务准入标准，尽快启动上市企业再融资。建立完善全国中小企业股份转让系统（以下称"新三板"），加大产品创新力度，增加适合科技型中小企业的融资品种。进一步扩大中小企业私募债券试点，逐步扩大中小企业集合债券和小微企业增信集合债券发行规模，在创业板、"新三板"、公司债、私募债等市场建立小额、快速、灵活的融资机制。将区域性股权市场纳入多层次资本市场体系，促进科技型中小企业改制、挂牌、定向转让股份和融资，支持证券公司通过区域性股权市场为科技型中小企业提供挂牌公司推荐、股权代理买卖等服务。

4. 加快科技型中小企业信用体系建设

加快建立"小微企业—信息和增信服务机构—商业银行"利益共享、风险共担新机制，缓解科技型中小企业由于缺信息、缺信用而导致融资难问题。积极搭建科技型中小企业综合信息共享平台，加快建立科技型中小企业信用征集体系、评级发布制度和信息通报制度，建立针对科技型中小企业的信用评审机制。

5. 加快科技金融综合服务平台建设

政府应该充分发挥其在科技金融领域的引导作用，通过创新基金、科技成功转换基金等资金渠道拓宽科技型中小企业融资渠道，通过资金的间接引导作用，整合区域内科技金融资源，引导金融机构、中介机构、科技型中小企业等主体形成科技金融环境，搭建多方参与的科技金融服务平台，实现多方共赢的局面。

二、培育和发展促进科技型中小企业金融服务发展组织机构

中共中央、国务院《关于深化科技体制改革加快国家创新体系建设的意见》（中发〔2012〕6号）文件提出，要创新从事科技金融服务的金融组织形式，积极发展为科技创新服务的非银行金融机构和组织以及培育发展科技金融中介服务体系，从而为科技型中小企业提供有力的金融服务。

（一）推动服务科技型中小企业的科技支行建设

国内把专门为高科技企业提供融资服务的银行机构定义为"科技银行"，国外则被称为"风险银行"。科技银行贷款的主要对象为科研机构和科技型中小企业等，

其业务主要为节能环保、高端装备制造等战略性新兴产业及具有国际领先地位和广阔产业化市场前景的知识产权等科技创新企业提供产品服务，优先予以信贷支持。

从国际经验看，以硅谷银行（SVB）为代表的科技银行通过产品创新和商业模式创新，有效改善了科技贷款的风险收益结构，极大地促进了科技型中小企业的发展，并带动美国创业风险投资行业在 20 世纪 80 年代的蓬勃发展。硅谷银行主要为硅谷的创新型高科技企业提供借贷与股权相结合的多种融资服务和为风险投资提供金融服务，目标顾客定位于硅谷地区信息与电子技术行业、软件与网络服务行业、生命科学行业的高科技型中小企业，是创新金融手段服务科技型企业的典范。硅谷银行的成功主要来源于其不断创新支持科技型中小企业的方法，与一般商业银行相比，硅谷银行有独特的适合科技成果转化的商业模式。这一商业模式概括来说主要包括：风险投资机构合作机制、客户群体坚定的专注于高科技产业、经验丰富的专业金融服务团队、有效的风险控制手段，股权投资收益分享机制以及提供全方位综合金融服务能力。

从我国现状来看，自 2008 年以来，银监会相继颁布了《关于银行建立小企业金融服务专营机构的指导意见》（银监发［2008］82 号）、《关于进一步加大对科技型中小企业信贷支持的指导意见》（银监发［2009］37 号），鼓励设立专门经营机构支持中小企业。2011 年，银监会先后发布《关于支持商业银行进一步改进小企业金融服务的通知》（银监发［2011］59 号）和《关于支持商业银行进一步改进小企业金融服务的补充通知》（银监发［2011］94 号），明确提出鼓励小企业专营机构延伸服务网点，在有效控制风险的基础上，支持商业银行通过创新，积极与地方科技部门（国家高新区）合作建设一批主要为科技型中小企业提供信贷等金融服务的、符合国情的科技支行。2012 年，国务院《关于深化科技体制改革加快国家创新体系建设的意见》（中发［2012］6 号）文件再次提出鼓励银行业金融机构在高新技术产业开发区、国家高新技术产业化基地等科技资源集聚地区通过新设或改造部分分（支）行作为从事中小科技企业金融服务的专业分（支）行或特色分（支）行。对银行业金融机构新设或改造部分分（支）行从事科技金融服务的有关申请，优先受理和审核。鼓励银行业金融机构在财务资源、人力资源等方面给予专业分（支）行或特色分（支）行适当倾斜，加强业务指导和管理，提升服务科技创新的专业化水平。在科技银行监管方面，2013 年，陕西银监局在全国率先推出专门规范科技支行的《陕西银监局科技支行监督管理办法》。该办法专门针对科技支行制定了诸多监管政策，其特点主要体现在：明确服务主体，独立化经营；贷款投向明确，重点笃定；决策引智，确保科技支行贷款稳健有效；考核不受机构指标限制等。

目前，我国科技支行设立情况如表 8-1 所示。

表 8 - 1　　　　　　　　　　　各地科技支行设立情况

地　区	名　称	备　注
四川成都	成都银行科技支行	全国首批两家科技支行
	建设银行科技支行	
浙江杭州	杭州银行科技支行	中国东部首家科技支行
湖北武汉	汉口银行光谷支行	中国中部首家科技支行
	华夏银行光谷科技支行	
广东深圳	平安银行深圳科技支行	广东省首家科技支行
	杭州银行深圳科技支行	
江苏无锡	农业银行无锡科技支行	江苏省首家科技支行、中国农业银行首家科技支行
	江苏银行无锡科技支行	江苏银行首家科技支行
江苏苏州	交通银行苏州科技支行	苏州地区首家科技支行
江苏镇江	江苏银行镇江科技支行	镇江首家科技支行
	农业银行镇江新区科技支行	
江苏徐州	江苏银行徐州科技支行	苏北首家科技支行
江苏南通	南通农商行新城科技支行	南通首家科技支行
	农业银行南通科技支行	南通第二家科技支行
江苏盐城	农行盐城开发区科技支行	盐城首家科技支行
江苏南京	南京银行南京科技支行	南京首批七家科技支行
	江苏银行南京科技支行	
	中国银行南京科技支行	
	建设银行南京科技支行	
	工商银行南京科技支行	
	交通银行南京科技支行	
	农业银行南京科技支行	
湖南长沙	长沙银行科技支行	湖南首家科技支行
	长沙先导农商行科技支行	
	建设银行长沙麓谷科技支行	
浙江宁波	中国银行宁波科技支行	宁波首家科技支行
云南昆明	中信银行昆明科技支行	云南首家科技支行
广西南宁	柳州银行南宁高新科技支行	广西首家科技支行
上海	上海农商行张江科技支行	

地 区	名 称	备 注
天津	浦发银行天津科技支行	
陕西西安	长安银行西安高新科技支行	
海南	建设银行老城开发区科技支行	

如表 8-1 所示，截至 2013 年，我国至少有 12 个省市设立了三十余个科技银行。国内科技银行针对科技型中小企业特点，结合自身定位，进行了多种形式的创新。通过总结科技银行特点，为更好的促进银政合作提高科技资金流转效率，政府应该在以下方面发挥其引导作用。

政府部门可以在科技企业资源聚集以及金融创新活跃的区域牵头组织各级政府、科技银行、创投机构、担保公司和科技园区有效联动，优化科技金融生态环境。

2. 积极转变财政投入方式，以间接支持方式提高财政投入管理效率

考虑到政府财力的有限性和金融机构在网点零售服务和信息搜寻方面比政府更具优势，因此财政借助政策性担保机构、创业投资引导基金、科技支行等金融中介力量，以间接投入方式支持科技型中小企业。这样做一方面有利于发挥政策效力，扩大政策惠及范围；另一方面有利于拓宽银行等金融中介的发展空间，逐步建立财政引导，科技与金融良性互动的局面。

3. 积极打通信息通道，降低信息获取和沟通成本

政府可以考虑牵头建立科技型中小企业信息服务平台，借助网络化平台受理、审核、批准科技型中小企业的支持申请，并与科技支行等金融中介保持信息通畅，对相关财政支持资金的使用信息保持公开透明。这样做一方面降低了信息获取和沟通成本，有利于促进政府部门之间相互配合、相互监督地高效运用财政资金；另一方面也为科技型中小企业和科技支行等金融中介提供了便利，有利于提高财政管理和融资服务的效率。

4. 财政支持金融机构的方式宜简便易行，重点发挥引导作用和"定心丸"效果

财政对科技银行的支持方式可以采取贴息和风险池的模式，尤其是风险池模式，目前受到政府、银行、企业、担保机构等各方的普遍欢迎和广泛认可。无论是前者还是后者，财政资金的投入管理都较为简便，而且都有止损线，不会带来或有负债等财政风险，因此，这些模式更容易推广，便于财政部门接受。财政资金对科技型中小企业的金融服务支持并不是全方位的，主要是针对市场失灵或缺口部分从边际上进行支持，侧重发挥"定心丸"作用，并实现"四两拨千斤"的政策效力。

在政府发挥其基础性作用和引导作用的同时，为更好的服务于科技型中小企业，银行也应该在以下方面加快科技金融创新。

（1）不断创新银行资金支持科技企业的金融产品和服务。科技银行除了要建立一套特有的运营模式外，还应该针对科技型中小企业发展特征创新银行金融产品和服务。特别是针对初创型企业、小企业的资产结构特点，开展股权、知识产权、订

单合同、库存等资产的银行信贷业务，充分整合多种金融实体优势资源，实现银行资金与保险、创业风险投资、信托等的金融产品和服务集成创新。

（2）在各科技金融主体互动的基础上进行科技金融产品创新。科技银行应加强与担保机构、保险公司、VC 及 PE，租赁公司和政府等科技金融主体之间的互动，在互动的基础上进行改善风险收益结构的科技金融产品创新。

（二）推动服务科技型中小企业的科技小额贷款公司建设

为更好的服务"中小企业"和"三农"，2008 年，中国银监会、中国人民银行颁布了《关于小额贷款公司试点的指导意见》（银监发〔2008〕23 号），标志小额贷款公司在我国的试点开始全面铺开。据中国人民银行发布的报告显示，截至 2013 年 9 月末，全国共有小额贷款公司 7 398 家，贷款余额 7 535 亿元。其中以公司数量排名来看，前三名分别是江苏省、辽宁省以及内蒙古自治区；以贷款余额排名来看，前三名是江苏省、浙江省和四川省。随着小额贷款公司的蓬勃发展，以及对中小企业发展的积极作用日渐明显，专门针对科技型中小企业服务的科技小额贷款公司也应运而生。2009 年，由天津市科委所属单位为主发起人，联合 7 家股东成立了全国首家科技小额贷款公司。2010 年，江苏省发布《关于开展科技小额贷款公司试点的意见》（苏政办发〔2010〕103 号），随后由苏州创投集团作为主发起人，联合苏州工业园区内多家民营企业共同发起设立苏州融达科技小额贷款公司，成为江苏首家科技小额贷款公司。我国科技小额贷款公司主要两类模式：天津模式和江苏模式也就由此而来。

天津模式科技小贷公司是以科技型中小企业为目标客户的小额贷款公司，其业务范围和资金来源等都完全符合《中国银行业监督管理委员会中国人民银行关于小额贷款公司试点的指导意见》和《中国人民银行、中国银行业监督管理委员会关于村镇银行、贷款公司、农村资金互助社、小额贷款公司有关政策的通知》。可以说，不管是制度创新还是商业模式创新方面，天津模式的创新性都十分有限。因此，真正实践于科技型中小企业的主要指的是江苏模式。概况而言，江苏模式的创新主要体现为以下几个方面：一是科技小贷公司以不高于资本净额的 30% 从事创业投资业务；二是科技小额贷款公司可通过向不超过两个银行业金融机构融入资金、经过批准的股东借款、科技小额贷款公司之间资金调剂拆借等方式，融入不超过资本净额 100% 的资金；三是科技小额贷款公司从银行业金融机构获得融入资金的余额，不得超过资本净额的 50%；四是不设置单笔贷款额的绝对额限制，单户贷款的最高余额不超过资本净额的 5%；五是在符合国家有关法律法规的前提下，贷款利率由借贷双方自主约定。

目前，科技小贷公司对较早期或规模较小科技型中小企业的支持力度更大，科技小贷公司开展科技型中小企业贷款业务的积极性更高且提供的融资总量更大。但是，相对于科技型中小企业全生命周期融资需求而言，科技小贷公司获取信息成本高、财务负担重、资金留不住、利率高等一系列问题也就更加凸显。为更好的优化科技小贷公司服务科技型中小企业的作用，提出如下建议：

第一，进一步推进区域科技小贷公司试点工作，并将科技小贷公司成功模式逐步推广到科技金融基础较好的区域，如北京、上海、深圳、成都和武汉等地。

第二，放宽科技小贷公司的举债上限，合理提高科技小贷公司的杠杆率，增强科技小贷公司对科技型中小企业融资的供应能力。

第三，制定并落实科技小贷公司营业税及所得税税收优惠政策，以税收优惠补偿其较高的资金使用成本，同时适当下调科技小贷公司的贷款利率上限，以降低科技型中小企业贷款的利息。此外，也可以考虑以财政贴息的方式降低企业贷款成本。

第四，鼓励符合条件的小额贷款公司通过开展资产证券化、发行债券等方式融资，扩充资本金。

（三）推动服务科技型中小企业的科技担保机构建设

近年来，在融资性担保监管部际联席会议的推动下，国内融资性担保行业平稳运行并稳步发展，为支持中小企业融资和地方经济发挥了积极作用。截至 2012 年年末，全国融资性担保行业共有法人机构 8 590 家，机构增速理性放缓，较 2011 年年末增加 188 家，增长 2.2%，同比减少 37 个百分点；担保业务规模保持较快增长，在保余额 21 704 亿元，同比增加 2 584 亿元，增长 13.5%；其中，融资性担保在保余额 18 955 亿元，同比增加 2 408 亿元，增长 14.6%。从业人员 125 726 人，同比增加 4 464 人，增长 3.7%。担保行业资本和拨备持续增长，整体实力稳步增强，截至 2012 年年末，实收资本共计 8 282 亿元，同比增加 904 亿元，增长 12.3%；银担业务合作继续扩大，支持中小企业融资的作用进一步增强，截至 2012 年年末，与融资性担保机构开展业务合作的银行业金融机构总计 15 414 家，较年初增长 10.3%。[①] 可以说，融资性担保机构在一定程度上缓解了中小企业融资难的问题。

此外，在各地方政府的积极推动下，各地科技局、高新区也先后出资成立了一些科技担保公司。根据科技部对北京、天津、江苏等 27 个省、直辖市、自治区科技部门和国家高新区的抽样调查，目前国内科技担保机构大约 200 家，其中，由各级科技部门设立的科技担保机构共有 44 家，注册资金 35.5 亿元，担保科技型中小企业共 8 014 家，担保金额合计 198.5 亿元；平均每家机构为 182 家企业提供过担保服务，每家企业平均担保金额为 248 万元，担保资金放大倍数是 5.58。由国家高新区内设立的担保机构共 70 家，注册资金合计 93.6 亿元，担保科技型中小企业共 10 641 家，担保金额合计 685.2 亿元；平均每家机构为 152 家企业提供过担保服务，每家企业平均担保金额为 644 万元，担保资金放大倍数是 7.31。这些科技担保公司进行了多种形式的担保业务创新，有效支持了地方科技型中小企业的发展。国内主要的科技担保机构如表 8-2 所示。

---

① 资料来源：《关于 2012 年度融资性担保行业发展与监管情况的通报》。

表 8 - 2　　　　　　　　　　　**主要科技担保机构概况**

企业名称	累计担保金额（亿元）	累计担保企业（家）	累计担保科技型中小企业（家）	累计担保科技型中小企业金额（亿元）
北京首创投资担保有限责任公司	750	8 000	5 500	500
北京中关村科技担保有限公司	407	8 500	7 200	320
杭州高科技担保有限公司	10	360	360	10
苏州融创担保投资有限公司	37.5	513	177	11.5
成都高投融资担保有限公司	46	720	630	40
重庆科技融资担保有限公司	2	30	14	20
厦门火炬集团科技担保有限公司	3	60	60	3
武汉科技担保有限公司	40	800	650	33

　　资料来源：促进科技和金融结合试点工作部际协调指导小组秘书处主编：《中国科技金融发展报告（2012）》，经济管理出版社 2013 年版。

　　目前，我国科技担保公司主要呈现"小、少、散、弱"的特点，为科技型中小企业提供融资需求的能力较弱，具体体现在：一是科技担保机构主要集中在东部沿海和经济发达地区，其分布不均匀、地域性较强的现状，直接限制了其为科技型中小企业提供服务的能力；二是国内科技型中小企业大都面临资本金不足、机构规模较小的问题，资本金注入多为各级地方财政一次性投资，缺乏后续补偿机制，导致其发展壮大；三是国内担保机构由于规模较小，与银行议价能力较低，导致许多银行都将中小企业的贷款风险转嫁给了担保机构，不少担保机构被迫需要承担高额信贷风险，大大高于国际平均水平；四是国内担保物流转渠道不通畅，担保物变现能力差，间接增加了担保机构的风险；五是国内担保也整体资信水平较低，缺少全国性的担保机构为地方担保机构提供信用支撑和增信服务，无法推动和引导全国性信用担保体系和担保网络渠道的建设；六是由于目前国内的科技担保机构主要是由政府独资或者合资设立的，受到国有机构监管部门的增值考核要求，科技担保机构在支持科技型中小企业时会比较保守，而在金融创新时，又受到国家关于担保机构投资比例的限制，无法充分发挥其职能。

　　基于科技担保机构的现状及存在的问题，为更好的发挥科技担保机构在科技型中小企业融资中的作用，提出如下政策建议。

　　1. 政府牵头优化科技担保持续发展环境

　　中央和地方的各级科技、财政、税务、金融等有关部门要充分认识到科技担保公司在构建科技型中小企业的贷款通道，解决企业发展壮大过程中的资金短缺问题的重要作用，并要对政府在促进科技担保机构发展中的主导作用达成共识；同时，要制定有利于科技担保机构持续发展的环境，解决国有科技担保公司的资产保值和从事高风险业务之间的矛盾，解决地方科技担保机构的国有资金补充资本金问题，简化专利等担保物的质押登记流程，放宽科技担保公司的自有资金投资比例，降低风险准备金的提取比例，为科技担保公司持续发展营造良好的外部环境。

2. 政府牵头设立科技担保专项资金，调整现有财政科技资金结构，扩大担保额

基于现阶段科技担保公司资本金不足，担保能力有限、缺少后续资金来源的现状，政府部门可以考虑牵头设立科技担保资金，与地方政府合作对科技担保机构采用直接投资资本金，以及如保费补贴和损失补偿的间接补偿机制，提高科技担保机构抗风险能力。另外，可以鼓励科技担保机构加强与银行和风险投资机构合作，做到信息互通，推动产品创新，降低担保成本，更好的满足融资需求。

3. 设立区域性科技担保龙头企业，带动区域科技担保发展

各地科技参照北京市做法由北京市政府牵头，北京首创集团、中国投资担保公司等6家股东出资组建首创投资担保有限公司，充分发挥国有担保机构在支持区域内科技型企业信贷融资上的引领和示范作用，并以点带面，逐步打造网络化、信息化、规范化和专业化的科技担保体系。

三、拓宽科技型中小企业多元化融资渠道

基于我国商业银行融资的选择偏好，科技型中小企业要快速发展，其整个过程都离不开直接融资的支持。科技型中小企业在发展初期有着非常大的融资压力，往往需要来自于创业投资的资金支持，从其发展脉络来看，又分别需要种子资本、导入资本、发展资本和风险并购资本等方式来支持。因为种子资本和导入资本主要依赖于创业者自身和政府等相关部门的支持，当然也有一部分来自于创业投资的支持，但基于资本市场的特殊性，我们在这里需要重点讨论的是发展资本和风险并购资本。可以说，在科技型中小企业发展中后期，发展资本和风险并购资本需要来自于不同层次的资本市场，因为这些企业往往属于轻资产、高负债、财务数据不稳定等特点，因此在实施科技企业进入资本市场的过程中，应该以创业板、中小板为重点，通过对此类企业进行培育、改制、辅导，并最终上市形成直接融资平台的程序，推动科技型企业进行股份制改造，建立现代企业制度，加快科技企业上市步伐。在这个进程中，若有可能可以由地方各级政府推动设立科技金融合作示范区，并在有条件的地区建立科技企业上市补贴资金和科技企业股份制改造专项补贴资金。集成各类科技计划和地方上市补贴资金，加大对科技企业中小板、创业板上市支持力度，对承担国家和省重大科技项目、高成长性的科技企业上市开辟绿色通道，并支持已上市科技企业进行再融资和市场化并购重组。

科技型中小企业在成长过程中要经历不同的阶段，每一阶段融资条件、额度、融资标的又不尽相同，因此迫切需要建立多层次的资本市场，再基于这些企业一步进入全国性的融资平台比较困难，可以考虑先期建立区域性多层次的资本市场。从创业投资支持科技型中小企业发展开始，再到支持其在股权交易代办系统挂牌并进行股份公开转让（新三板），直至合规企业达到IPO（首次公开发行股票）的条件而转板至中小板或创业板，当然不排除这里的一些优质企业未来持续发展进入大型

科技企业的可能。这个过程的重要节点是股权交易代办系统的发展，这就要推动各类国家级高新园区按要求做好符合条件企业的股份制改造、尽职调查等工作，并依托各类产权交易所，加快建设市场化运行的综合性产权交易中心，统一交易标准和程序，加强技术产权所联盟和统一信息披露系统建设，开展科技企业资质审核、科技企业股权登记托管、科技无形资产评估、科技企业股权转让见证、科技企业股权转让确认等支撑系统。在此基础上，还要深入研究代办系统上的企业如果达到 IPO 的条件后如何转板、如何进行重大资产重组而实现股份自由流通以及公开发行、或公开增发股票的具体落实。

（一）推动多层次资本市场建设，鼓励科技型中小企业上市融资

1. 多层次资本市场的介绍

主板市场是上海 A 股和深圳 A 股中小企业板的总称，是证券发行、上市及交易的主要场所。主板市场是资本市场中最重要的组成部分，在一定程度上能够反映经济发展状况与财政、货币政策导向，有"晴雨表"之称。主板市场对发行人的营业期限、股本大小、盈利水平、最低市值等方面的要求标准较高，上市企业多为大型成熟企业，具有较大的资本规模以及稳定的盈利能力。股份公司在国内主板上市要求的规定具体如下：最近 3 个会计年度净利润均为正数且累计超过人民币 3 000 万元，净利润以扣除非经常性损益前后较低者为计算依据；最近 3 个会计年度经营活动产生的现金流量净额累计超过人民币 5 000 万元；或者最近 3 个会计年度营业收入累计超过人民币 3 亿元；发行前股本总额不少于人民币 3 000 万元；最近一期末无形资产占净资产的比例不高于 20%；最近一期末不存在未弥补亏损。但实际上在主板上报材料并最终通过审核的企业都比这个要求要高得多，这个要求可以理解为最低准入条件。已经明确的中小企业板的服务对象明确为中小企业，为其搭建直接融资的平台，有效解决其融资难的问题，从而为中小企业，尤其是高新技术企业的发展拓展空间。中小企业板已经使我国沪深两个证券交易所第一次有相对明确的功能定位，即上海证券交易所侧重于大型企业，发行股本在 1 亿股以上，深圳证券交易所侧重于中小企业，发行股本在 1 亿股以下。

创业板市场指交易所主板市场以外的专为未满足主板上市条件的中小企业，特别是科技型中小企业提供融资途径和成长空间的另一个证券市场。创业板交易场所为深圳证券交易所，其主要目的是为新兴公司提供集资途径，助其发展和扩展业务。在创业板市场上市的公司大多从事高科技业务，具有较高的成长性，但往往成立时间较短，规模较小。到创业板上市的企业应当是依法设立且持续经营三年以上的股份有限公司，最近两年连续盈利，最近两年净利润累计不少于 1 000 万元，且持续增长；或者最近一年盈利，且净利润不少于 500 万元，最近一年营业收入不少于 5 000 万元，最近两年营业收入增长率均不低于 30%；并要求企业发行后的股本总额不少于 3 000 万元。这里要强调的是，创业板的推荐原则是"三高六新"，即高成长性、高科技、高附加值；新经济、新服务、新农村、新能源、新材料、新商业模式。在证监会受理的首批申请创业板上市材料的企业中，高新科技公司占到了受理

总数的近50%，农业类公司占受理总数的10%，服务类公司占受理总数的11%，新材料公司占受理总数的8%，新能源公司占受理总数的3%。

"新三板"是专门为国家级高新区非上市高科技公司提供的代办股份转让平台，由中国证监会、国家科技部设立，中关村科技园区非上市股份公司从2006年1月开始可以进入代办转让系统进行股份报价转让试点。"新三板"实行柜台交易，由买卖双方协商交易价格，经保荐机构进行撮合实现交易。在"新三板"可以方便挂牌公司定向融资，并为投资者提供退出渠道，具备主板或创业板上市条件的"新三板"公司，还可以直接向交易所申请转板上市。新三板市场的交易平台在深圳证券交易所。建设新三板市场是实施国家"十一五科技发展规划纲要"，建设创新型国家的具体实践，是实施建设多层次资本市场的一项重要内容。新三板市场的搭建对发展高新技术，特别是对国家高新技术产业开发区的发展，具有重大的战略意义。新三板的目标是有效解决科技型中小企业融资难的问题，为中小科技型企业在资本市场上融资开辟了一个通道。可以说新三板市场是国家专为高新区量身打造的，是继高新区高新技术企业优惠政策由区域政策调整为产业政策以后，国家赋予国家级高新区的另一项影响较大的优惠政策，新三板市场设立将为科技型中小企业的发展带来新的机遇。

经过几年的发展，截至2013年6月底，已有世纪瑞尔、指南针等244家企业在全国中小企业股份转让系统挂牌，据行业内预测，到2014年年底登录新三板的企业数目已快速增长至1 572家，远高于2013年年底的356家，代办股份转让系统的试点企业已初具规模。该系统的价值发现功能和高效低成本按需融资的优势也初步显现。与二级市场定增逐步趋冷相反，新三板定向增发近来呈现不断活跃趋势。截至2012年5月，除去6家已转板企业，新三板挂牌的116家企业中，有26家已实施定向增发，在已实施定增的26家挂牌企业中，20家引入了创业投资，涉及创业投资机构27家，投资总额达3.57亿元人民币。投资新三板的创业投资机构不乏复星创富、中科招商、天堂硅谷、东方汇富、启迪创投等知名创业投资机构。此外，德同资本、卡贝基金资本两家外资PE机构也涉足新三板。行业方面，创业投资机构参与定增的新三板企业主要分布在IT、机械制造、电子及光电设备、清洁技术、生物技术/医疗健康、互联网六大行业，而其中不少都是从科技型中小企业成长、发展起来的。在这些企业转板之后也给创投带来了不菲的投资回报，北陆药业、世纪瑞尔等三板企业先后通过IPO转板深圳中小板和创业板，北京科技风投、盈富泰克、国投高科、启迪创投几家机构为此收获颇丰，其中，投资于北陆药业的北京科技风投账面回报水平曾高达19.49倍。可以预计，在新三板扩容改革中，创业投资机构届时将获得更多投资标的及资本退出渠道。另外，目前已有多家新三板企业排队等候上市，一旦转板成功，企业价值将被重估，创业投资机构还将获得被投企业转板上市的价差收益。

2. 新三板及其基本特征

STAQ系统全称为全国证券交易自助报价系统（Scurities Trading Automated Quotations System，简称为STAQ），NET系统全称为全国电子交易系统（National Electronic Trading System，简称为 NET），两者分别由中国证券市场研究中心和中国证券交易系统有限公司先后在北京开办，前者于 1992 年 7 月开始试运行，后者于 1993 年 4 月 28 日投入试运行。2000 年为解决主板市场退市公司与 NET（"代办股份转让系统"）、STAQ（地方产权交易市场）系统（1999 年停止交易）挂牌公司的股份转让问题，由中国证券业协会协调部分证券公司设立了"代办股份转让系统"，被称之为"三板"。

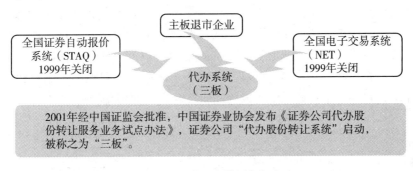

图 8 – 1　"三板"的由来

而目前正在热议的"新三板"市场特指中关村科技园区非上市股份有限公司进入代办股份系统进行转让试点（2006 年开始试点），因为挂牌企业均为高科技企业而不同于原转让系统内的退市企业及原 STAQ、NET 系统挂牌公司，故形象地称为"新三板"。随着中关村科技园区"新三板"试点的不断深化，2013 年"新三板"扩容试点即将推出，将进一步完善全国性场外交易市场，为中小企业提供融资新渠道。

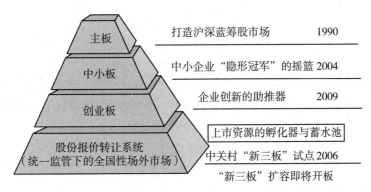

图 8 – 2　"新三板"在多层次资本市场中的地位

主板市场以深沪交易所为核心，主要为大型、成熟企业的融资和转让提供服务；中小板市场为处于高速成长期的中小企业提供融资渠道，除发行股本比主板要求低外，与主板的上市要求没有区别，主要为发展已具一定规模的传统行业中小型企业提供融资和转让服务；创业板市场为处于高成长、高收益、高风险中小科技企业提供融资和转让服务，但上市门槛逐步提高，实际上已把广大科技型中小企业拒之门外；只有新三板市场的核心定位是为具有高成长性、高风险性，处于初创期、成长期的科技型、创意型企业提供股份转让和融资服务，仅只要求有相应的产品和稳定的盈利模式，这里面不乏科技型中小企业。

因此，解决科技型中小企业的快速发展，"新三板"优势突出，是中小企业走向资本市场的开始，能够满足初创期、成长期企业的融资需求，是中小板、创业板的孵化器。而吸引企业进入"新三板"的过程中又有诸多作用，有利于企业吸收风险资本，引入战略投资者，进行资产并购与重组等资本运作；有利于建立现代企业制度，规范企业运作、完善法人治理结构，促进企业健康发展；有利于建立归属清晰、权责明确、保护严格、流转顺畅的现代产权制度，增强企业自主创新能力；有利于企业树立品牌，改善企业形象，更有效地开拓市场；并且，通过规范运作、适度信息披露、相关部门监管等，可以促进试点企业尽快达到中小企业板和主板上市公司的要求，代办股份转让系统将成为高新技术企业的孵化器。

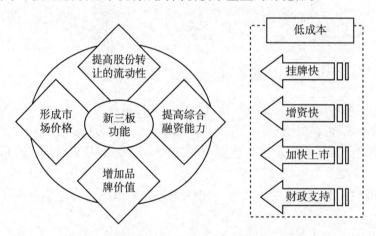

图 8-3　新三板功能

3. 新三板的制度革新

首先，对企业进入新三板的过程中需要给予奖励政策，毕竟这个市场不具备直接公开发行股票融资的资格，要促进科技型中小企业进入的过程中，需要给予支持。一般而言，应给予以下支持：

（1）这些企业在进行股份制改造并完成后，就应给予 50 万～100 万元（人民币，下同）的奖励，因为这些企业在股改过程中需要支付一定的费用，而规范化又意味着此后税收征管的合规准入；

（2）对于接轨国际一流产业，并已经拥有技术基础的企业，应提供厂房、设备购置补贴、贷款担保等重要的支持政策，使得这些企业能够顺利存活下来；

（3）对在新三板挂牌的科技型中小企业，应给予 50 万～200 万元不等的现金奖励，此项奖励应直接给予企业，计入收益相关科目，而不是直接给个人，这样可以化解一部分应挂牌而产生的费用，也能够激发其他相关企业的挂牌热情；

（4）对于申请转板并获得 IPO 成功的企业，应给予企业 500 万～1 000 万元不等的现金奖励，这部分资助同时也应该入企业受益，不同于发行的部分入实收资本，这些资金可以化解企业上市过程中的费用负担，能够优化科技型中小企业上市过程中的财务结构；

（5）对在新三板挂牌的科技型中小企业中带有国有成分的企业，应推进其实施股权激励，并简化相关部门对其股权激励的审批程序。

其次，需要继续完善新三板的挂牌标准。新三板"门槛低"，为广大有意进入资本市场却不符合主板、中小板和创业板条件的，或虽符合条件但需漫长等待的公司提供了机会，目前其与其他层次资本市场的挂牌标准相比区别较为明显，新三板挂牌快，从券商进场至公司挂牌新三板，仅需6个月左右。股改难度大的企业则需延长时间，相比创业板、中小板等2至3年的周期而言，新三板挂牌便捷。

最后，要从新三板已挂牌企业入手，把这个市场做好，在市场扩容的同时，应首先对投资者扩容，并同时建立做市商制度，还要建立、健全转板制度。

投资者扩容方面，对投资经验满2年，资金50万元以上的个人投资者开放；交易门槛降低，最小交易单位由3万股降低至1000股；允许券商直投，券商直接持股比例上限可以放宽至10%。

还应大力推行做市商制度，券商不断向公众投资者报出股票的买卖价格（即双向价格），投资者以券商为交易对手买卖股票，引进做市商制度，增加交易活跃性和流动性，同时能够对挂牌股票有合理的定价；还要建立、完善转板制度，建立绿色通道，优先让成熟新三板企业转板进入创业板、中小板，使其真正实现公开市场的直接融资路径。

新三版	创业版	主板和中小板
备案制（协会） 财务指标： a）挂牌前总股本不小于500万； b）无其他硬性财务指标要求。	核准制（证监会） 财务指标： a）最近两年连续盈利，最近两年净利润累计不少于1 000万元，且持续增长；或者最近一年盈利，且净利润不少于500万元，最近一年营业收入不少于5 000万元，最近两年营业收入增长率均不低于30%； b）最近一期末净资本不少于2 000万元，且不存在未弥补亏损； c）发行后股本总额不少于3 000万元。	核准制（证监会） 财务指标： a）最近3个会计年度净利润均为正且累计超过3 000万元； b）最近3个会计年度经营的现金流量净额累计超过5 000万元；或者最近3个会计年度营业收入累计超过3亿元； c）发行前股本总额不少于人民币3 000万元； d）最近一期末无形资产占净资产的比例不高于20%； e）最近一期末不存在未弥补亏损。
低门槛	实际操作中上市前一年净利润不少于2 000万元	实际操作中上市前一年净利润不少于3 000万元； 中小板和主板除发行股本不同外，企业要求基本一致。

图8-4　新三板、创业板、主板和中小板对比

（二）推动创业投资发展壮大，加快科技成果转化

国内目前对科技型中小企业的支持机构普遍描述不够统一，大致归结为创业投资（venture capital）与风险投资（risk capital）两大类，但实际上二者之间区别还是较为明显的，我国对科技型中小企业的商业化融资支持机构应凸显创业投资的作用。

创业投资指人们对较有意义的冒险创新活动或冒险创新事业予以资本支持，这里的 venture 有一种主动的意思。与此相对应，风险投资指人们在投资活动中承担不可预测又不可避免的不确定性，以期获报酬，这里的 risk 没有主动的成分。从历史发展上来看，创业投资概念起源于 15 世纪。当时英国等国家的一些富商纷纷投资于开拓与发现新殖民地和商业机会的远洋探险，首次出现"venture capital"这个词。19 世纪，美国一些商人投资于油田开发、铁路建设等创业企业，"venture capital"一词广为流传。而 risk capital 则是随着股票市场和期货市场的发展，在各种投资工具层出不穷的基础上发展起来的。因而国外学术界倾向于将创业投资与风险投资加以严格区分："创业投资"（venture capital）特指投资于创业企业的资本形态，与"非创业投资"（non-venture capital）即投资于相对成熟企业的资本形态相对应；"风险投资"（risk capital）则泛指所有未做留置或抵押担保的投资形态，与"安全投资"（security capital）即已做留置或抵押担保的资本形态相对应。

1. 支持科技型中小企业，首先需要扩大创业投资规模

应大力吸引境内外资本到设立创业投资企业或分支机构，加快引进一批知名创业投资企业，充分发挥新兴产业创业投资引导基金的作用，通过阶段参股、跟进投资、投资保障和风险补助等方式，推进地方设立引导资金，吸引社会资本共同设立创业投资企业，吸引境内外股权投资基金、社保基金、保险公司等投资机构开展创业投资业务。有些地区已取得明显收获，以江苏省为例，到 2013 年，13 个市及省级以上高新园区均设立创业投资引导资金，加快建设南京鼓楼区、无锡新区、常州科教城及苏州沙湖创投中心、苏州高新区财富广场等创业投资集聚区，放大示范带动效应。

2. 政府支持，推动创业投资企业的快速发展

推动国有创业投资企业加大对初创期科技型中小企业的投资力度，简化国有创业投资企业股权投资和退出审核程序，国有创业投资企业股权经批准可以通过协议转让的方式退出，提高国有创投运作效率；国有创业投资机构和国有创业投资引导资金投资于未上市中小企业，符合条件的，可申请豁免国有股转持义务；改革国有创业投资企业绩效考核方式，对其考核区别于一般经营性企业。引导和鼓励骨干创业投资企业与国内外知名创业投资企业、金融机构开展合作，到"十二五"期末，培育一批具有国际影响力的创业投资企业。

3. 加大对初创期科技企业的扶持力度

研究制定相关政策措施，促进天使投资支持种子期、初创期科技型中小企业发展壮大。发挥科技型中小企业创业投资引导资金的带动作用，推动地方研究制定支

持创业投资机构投资初创期科技企业的风险补贴激励政策。引导和鼓励创业投资基金对其委托的项目管理公司通过延长存续期和分类考核等办法，促使其增加对初创期科技企业的投入。探索科技项目与创业投资的对接机制，引导金融资本进入工业、现代农业、民生等领域。切实提升科技企业孵化器创业抚育能力。这方面江苏也走在前列，到 2013 年，省级以上科技金融合作示范区内的省级以上科技企业孵化器均设立"种子基金"，其他地区 70% 以上的省级以上科技企业孵化器设立"种子基金"。

专栏 8-1　来自天津的经验

滨海新区通过科技小巨人企业成长计划等一系列举措，加大对科技型中小企业实施快速推进发展战略。

滨海高新区旨在通过实施小巨人成长计划，积极打造适应科技型中小企业创新发展、快速成长的良好产业生态环境，促进企业不断增强自主创新能力和核心竞争力。2013 年滨海高新区小巨人成长计划，创新发展思路，打破已有格局，将小巨人成长计划向两极有序拓展，实现"三个一批"的培育企业梯队，即：培育一批国内行业排名领先、技术水平领先、发展潜力巨大的科技小巨人领军企业；培育一批技术创新能力强、品牌优势明显、市场占有率高、发展迅速的科技小巨人企业；培育一批成长速度快、市场潜力大、创新活跃、具有新型业态的科技创新企业。以不断成长的小巨人企业为标兵，引领带动区内科技型中小企业快速成长。

2013 年，小巨人成长计划将通过重点搭建"创新综合服务平台"、"高端培训服务平台"、"科技金融综合服务平台"、"星企中心新型载体服务平台"四个专业性企业培育平台，继续为企业提供高端化、专业化的服务。多年来，滨海高新区重视科技型中小企业创新发展，以小巨人成长计划企业为抓手，最大范围聚集高新区内科技型中小企业，形成企业互助、互动与交流平台，树立小巨人成长计划企业的优秀典型，推广优秀企业成长经验，以此带动高新区内科技型中小企业整体水平的提升。

塘沽加大力度支持科技型中小企业知识产权工作。

为增强科技型中小企业知识产权创造、运用和保护能力，近日，塘沽科技局对辖区内的 17 家专利试点示范企业、118 家企业申请的 650 件专利、授权的 7 项发明专利及 26 项软件著作权、1 项国际专利申请等均给予了资助，资助金额达 67.9 万元，进一步激发了科技型中小企业开展知识产权工作的热情。2013 年，塘沽科技局将从加大知识产权经费投入、加强与代理机构合作、推动知识产权实施与保护、与天津大学共建专利池和知识产权中心四个方面加强对塘沽区域内科技型中小企业自主创新扶持力度。力争 2013 年申请专利达到 2 500 件，组织申报创造类试点企业 30 家，运用类试点企业 1 家，保护类试点企业 1 家。帮助 20 家重点企业建立专利制度、制定知识产权战略、建立专利数据库，促进专利技术的实施和产业化。

资料来源：作者根据相关资料整理。

　　总之，对科技型中小企业进行支持，就要利用多层次资本市场，解决"各地有亮点，整个是个烂滩子"的科技型中小企业金融服务困境，避免政策的短视化问题，致力于推进制度化体系的建设；同时还应促进科技型中小企业的市场化融资主体——创业投资的快速发展，在经济发展过程中拿出来显著的一块来支持创业投资机构的发展，从而带动科技型中小企业步入发展的快车道。

表 8-3　　　　　　各地高新园区新三板挂牌优惠政策汇总

园区名称	财政补贴金额	财政补贴发放时间	财政补贴发放办法	税收优惠政策	税收优惠实施办法	备注
成都高新区	100万元	改制结束补贴50万元，挂牌成功补贴50万元	完成后由财政发放，若企业需要提前获得，由高新区下属盈创动力对企业进行有偿贷款（10%），企业完成项目有再将补贴用于还贷。	企业改制过程中整体变更产生的个人所得税，高新区留存部分全部返还（约为税费的25%）。	先征后返	无
深圳高新区	180万元	挂牌成功后补贴	拟挂牌企业根据深圳高新区的补贴办法提交相关文件获取资格认定。待挂牌成功后，依据相关票据实报实销，不超过180万元上限。	无	无	深圳高新区管委会资格认定关于拟挂牌企业净利润的条件为：最近一个会计年度净利润为300万元以上
苏州工业园区	200万元	分企业改制结束、正式递交申请代办股份转让材料和代办股份系统正式挂牌交易三阶段，按50万元、50万元、100万元的比例分步兑现。	按照各步骤完成情况，由财政发放。	无	无	无

园区名称	财政补贴金额	财政补贴发放时间	财政补贴发放办法	税收优惠政策	税收优惠实施办法	备注
东莞松山湖高新区	200万元	拿到股份公司营业执照的资助100万元，前10名资助150万元；通过券商内核的，资助50万元；成功挂牌的，资助50万元，前10名资助100万元。总资助金额为200万元，前10名资助300万元。	对于成功改制并成立股份有限公司的企业，松山湖高新区管委会给予100万元人民币资金资助。对前10家完成改制并成立股份有限公司的企业，资助金额最高上浮50%。改制完成时间以股份有限公司营业执照的登记日期为准。对于成功通过券商备案和进入新三板挂牌的企业，松山湖高新区将予以资助：(1)对完成股份制改造，通过主办券商内核的企业，给予50万元的资金资助；(2)对国家证券管理部门正式受理挂牌备案材料，并成功在新三板挂牌的企业，给予50万元的资金资助。前10家成功挂牌的企业，资助资金最高上浮100%。	无	无	企业成功挂牌后，连续两年给予补助，补助额度以挂牌企业对园区地方经济贡献增加额度为主要指标，年度补助额度不超过1 000万元。

园区名称	财政补贴金额	财政补贴发放时间	财政补贴发放办法	税收优惠政策	税收优惠实施办法	备注
青岛高新区	70万元	挂牌成功后补贴。	对高新区管委和市发展改革委确认的进入拟上新三板企业，按不超过实际发生费用的70%给予补助，每个企业最高补助金额不超过70万元。其中，完成股份制改造并经券商审核但尚未获得推荐进入代办股份报价转让系统的企业，最高补助金额不超过40万元；已完成改制并通过券商内核推荐挂牌的企业，最高补助金额不超过70万元。	无	无	无
杭州高新区	90万元	改制结束奖励30万元，挂牌成功后给予60万元补贴。	完成后由财政一次性发放奖励。	企业改制过程中整体变更产生的个人所得税，高新区留存部分返还50%。	先征后返	无
厦门高新区	130万元	改制结束补贴30万元，挂牌成功补贴50万元，返还挂牌当年以及第二年与上一年比较的新增财政贡献（不超过50万元）。	改制、挂牌后由企业填写园区相关申请表格，财政发放。	无	无	无

续表

园区名称	财政补贴金额	财政补贴发放时间	财政补贴发放办法	税收优惠政策	税收优惠实施办法	备注
包头稀土高新区	100 万元	改制结束补贴 20 万元，完成主办券商内核补贴 20 万元，挂牌成功补贴 60 万元。	依照《补助资金管理办法》，按工作阶段由区财政发放。	企业改制过程中产生的增值税、营业税、所得税，高新区留存部分全部返还。	先征后返	在创业板、主板上市后一次性补贴 50 万元。
南宁高新区	170 万元	签订财务顾问协议即发放 20 万元，开始股改即发放 30 万元，申请备案即发放 50 万元，挂牌成功发放 50 万元。（以上合计 150 万元为高新区政府补贴。另企业挂牌成功，南宁市政府另行补贴 20 万元。）	按阶段由企业根据相关文件提出申请后分批发放，如最终挂牌不成功，已发放款项不收缴。	无	无	南宁高新区管委会在企业与证券公司签署协议的同时，也要求与企业签署相关协议，对企业的挂牌过程进行监督。
柳州高新区	150 万元	改制奖励：每家企业按实际发生费用最高奖励 40 万元；正式挂牌奖励：给予企业 90 万元奖励，给予主办券商 20 万元奖励。	下一年度第一季度末，相关企业向高新区科技局提交奖励资金申请。	无	无	柳州市《关于申报第一批"新三板"挂牌企业的通知》。
桂林高新区						尚未取得相关政策文件。
武汉东湖高新区	175 万元+50 万元	改制成功给予 5 万元奖励，申请获得受理给予 20 万元，挂牌成功补贴 150 万元，首批挂牌成功额外给予 50 万元。				

园区名称	财政补贴金额	财政补贴发放时间	财政补贴发放办法	税收优惠政策	税收优惠实施办法	备注
重庆高新区	上限100万元，补贴费用的50%	改制结束在重庆OTC挂牌补贴50万元，新三板挂牌成功补贴50万元。	拟挂牌企业依据重庆市财政局及金融办补贴办法提交财务顾问协议，每年3月1日及9月1日两次补贴。	企业改制过程中整体变更产生的净资产增值部分所缴营业税，市财务部分留存返回85%。	先征后返	
杭州高新区	90万元	改制结束奖励30万元，挂牌成功后给予60万元补贴。	完成后由财政一次性发放奖励。	企业改制过程中整体变更产生的个人所得税，高新区留存部分返还50%。	先征后返	无
绵阳高新区	80万元	改制结束补贴30万元，挂牌成功补贴50万元。	改制或挂牌成功结束后三个月内，企业向区科技局提出申请，由区财政局会同区监察局进行复审后，报区管委会审批。区财政局依据审批结果办理资金预算，安排支付。	还在考虑中，如果有优惠政策，单独发文。	无	无
佛山高新区	70万~90万元	改制成功补贴30万元，挂牌成功补贴30万元，挂牌后按融资额补贴10万~30万元。	企业提出奖励申请后，由区上市主管部门会企业所在园区管理局（园区管委）初审，经区政府报市政府批准。奖励资金经市政府批准后，市财政部门将属市财政承担部分划入区财政部门，由区财政部门将市、区财政承担的奖励资金统一拨付给企业。	无	无	无

续表

园区名称	财政补贴金额	财政补贴发放时间	财政补贴发放办法	税收优惠政策	税收优惠实施办法	备注
肇庆高新区	130万元	改制结束补贴30万元，过券商内核50万元，挂牌成功补贴50万元。				
北京中关村科技园区	90万~140万元	改制后和挂牌后。	改制后中关村园区管委会一次性补贴30万元，成功挂牌后一次性补贴60万元；另外中关村海淀园区额外一次性补贴50万元，石景山园区额外一次性补贴30万元。	无	无	无
沈阳高新区	130万元	挂牌上市后发放。	企业垫付，财政后返。	1. 进驻高新区孵化器的高新技术企业，通过高新技术企业认定后所得税按15%的税率征收；经认定的软件企业，享受实际增值税率3%的优惠。 2. 新创办的软件企业经认定后，自获利年度起，享受所得税"两免三减半"的政策。	无	无

园区 名称	财政 补贴 金额	财政补贴 发放时间	财政补贴 发放办法	税收优惠 政策	税收优惠 实施办法	备注
鞍山 高新区	240 万元	分阶段四次发放补贴。	企业垫付，财政后返。	1. 对于新办入区的生产性企业，经营期 10 年以上，自纳税之日起，以其上缴的增值税、营业税区财政留成部分为计算依据，第一、第二年给予 50% 财政补贴，第 3 至第 5 年减按 25% 给予财政补贴支持。对于非生产性企业，第一年按 50% 给予财政补贴，第二至第三年减按 25% 给予财政补贴。对技术含量高、自主创新力度大和对区财政有突出贡献的重点企业，财政扶持的期限和比例可另行商定。 2. 免收区内行政事业性收费。	无	最近刚刚提高，原来补贴 170 万元
辽阳 高新区	暂无					
西安 高新区	80 万元	向协会报送文件补贴 30 万元，挂牌成功后补贴 50 万元。	由分管领导召集金融办、党工委办（审计部）、财政局、经贸局、发策局等有关部门召开专题会审核，审核结果报管委会主任办公会审定后由财政发放。	无	无	有效期截至 2011 年 12 月 31 日

续表

园区名称	财政补贴金额	财政补贴发放时间	财政补贴发放办法	税收优惠政策	税收优惠实施办法	备注
石家庄高新区	100万元	改制结束、券商内核结束后补贴50万元，挂牌成功补贴50万元。	具体发放办法还未出台。	无	无	无
惠州高新区	50万元	签订改制协议后补贴20万元，成功挂牌后补贴30万元。	拟挂牌企业提出书面申请，经审核后，由区财政部办理奖励资金拨付手续。	无	无	无
大连高新区	290万元	市政府补贴140万元，高新区补贴150万元，分签约、改制、挂牌三阶段补贴。	市政府补贴采取实报实销，半年一申报，签约、改制、挂牌分别为40万元、40万元、60万元，高新区采取季度申报，分别10万元、40万元、100万元。	无	无	无
广州高新区			广州市：成功挂牌新三板的前30名企业，奖励30万元；园区（一区五园）： 1. 萝岗区科学城：前1~5名，奖励100万元；6~10名，奖励80万元；其后50万元。 2. 天河科技园、黄花岗科技园：改制完成，奖励50万元。 3. 民营科技园、南沙信息港：不明确。	无	无	无

资料来源：作者根据相关资料整理。

（三）推动债券市场金融创新，发挥政府间接引导作用

债券市场发展对科技型中小企业的融资有着重要的推动作用，这主要表现在已经越过了初创期的企业，通过自身的权益性融资已经无法满足企业的发展，抑或不愿再以权益性融资的方式获取资金，发行债券则正当其时。

1. 企业债券的基本概况

企业债券，简称"公司债"，是指由公司发行并按约定的条件（如期限、方式等）还本付息的债券，是与国债、股票相并列的证券，是企业融资的重要渠道和资本市场的重要组成部分，发展企业债券市场对于完善企业资本结构、健全资本市场具有极其重要的作用。但长期以来，我国的公司债券市场极不发展，不仅严重影响了企业的资产运作、投资选择和市场竞争力的提高，也严重影响了银行等金融机构的资产优化、投融资体制改革和证券市场的规范化建设，对于高风险的中小型高科技企业来讲，在目前的金融环境下发展企业债券融资尤为困难。

目前，只有银行间债券市场发展较快。其参与者呈现出几何级递增的趋势；成员范围从商业银行扩展到财务公司、保险公司、证券公司、证券投资基金以及外资银行在华分行等各类金融机构；企业通过结算代理行也可以在债券市场进行现券买卖和逆回购交易。

2. 科技型中小企业发行债券融资的障碍

企业高度依赖以银行贷款为主的间接融资，已经成为我国金融业发展迫切需要解决的问题之一，对于科技型中小企业，虽然可以通过资本市场融资，但在其发展的早期，资本市场也难以满足多数企业的大额融资。① 发展债券市场是深化金融结构改革的重要内容，也是完善中央银行宏观调控、推动利率市场化改革的基础，自然也是发展支持高科技企业发展的多层次的金融市场体系的主要内容之一。而目前我国债券市场存在着债券供给不足、发展不平衡、流动性有待提高、评级体系滞后、基础设施建设亟待加强等问题。

从总体上讲，我国的证券市场不仅总量规模不能适应经济发展的需要，市场体系结构方面同样存在着严重不均衡问题。主要表现为债券市场发展大大落后于股票市场、企业债券市场发展明显滞后于政府债券市场。而在发达市场经济国家，公司债券发行额远大于股票发行额。国外公司债券融资一般约为股票融资的 10 倍，而我国企业债券融资规模仅为股票市场融资的十几分之一。我国企业债券市场虽然起步比较早，但发展比较缓慢，远远不能适应经济发展的需要，作为市场弱势的科技型中小企业，发行债券难度就更大了，从信用评级、财务结构、融资对象的观念等各方面都存在诸多的制约因素。

3. 科技型中小企业发行债券融资的建议

基于科技型中小企业发行债券存在着诸多制度障碍，首先是要解决债券市场的

---

① 笔者按：这个大额是以千万元或亿元人民币为单位，是针对科技型中小企业而言，对大中小企业则可能被定义为偏小额。

体制创新问题。因此，今后要进一步沟通银行间市场和交易所市场之间的联系，交易主体可以在遵守规则的前提下，根据需要自由地选择交易场所和交易方式，资金可以自由地在不同的市场间流动。从国外经验来看，债券市场一般是证券市场的最重要组成部分，加快债券市场尤其是企业债券市场发展是推动证券市场体系创新、健全完善资本市场体系的重要任务。

而且，要改善债券市场条件，提高二级市场流动性。进一步完善做市商制度，推动债券经纪业务的开展，适时推出债券衍生产品。要建立债券评级体系。为了满足非政府机构特别是商业机构发行债券的需要，建立规范、透明、公正的信用评级体系十分必要。同时要完善债券托管和结算体系，尽快实现债券交易结算的券款兑付方式；借鉴国际先进经验，通过匿名报价、匿名点击成交等技术安排，开发、改造电子交易系统，增加电子交易的经纪功能；尽快连通债券交易和结算系统，提高债券市场的交易效率。

此外，还可以专门考虑设计针对科技型中小企业债券发行的市场。目前的集合债发行对财务报表的要求较高，而且传统评级机构的指标体系和权重设计对科技型中小企业不太有利，因此这些企业往往因为信用级别较低、财务数据较差而无法获得债券市场的融资。如果能够根据科技型中小企业的特点，设计一个有针对性的债券市场，并辅以相对应的评级体系，则将会从很大意义上促进科技型中小企业的大额融资市场发展。

（四）借力互联网金融，提高科技型中小企业融资效率

互联网金融与科技型中小企业之间本就存在着诸多交集，一些互联网金融企业本就是科技型中小企业，也有众多的科技型中小企业正在向互联网金融企业靠拢。目前诸如融360、有利网、拍拍贷等互联网金融企业都已经通过资本市场进行了风险融资，正在给予科技型中小企业更多的融资支持。

互联网金融是传统金融与以互联网（目前主要是 Web2.0，以创造、交互及分享为特征的实时网络）为代表的现代信息科技相结合的新兴领域。互联网的公立性和公益性决定了其在互联网金融中的中介性和平台性，通过互联网实现信息的匹配、增强风险控制能力，促进金融市场和金融机构的创新，很大程度上改造、完善金融模式和服务等。互联网对金融构成五要素（对象、方式、机构、市场及制度和调控机制）进行重塑，但不会改变金融的核心特征（货币流通、信用、持续效用），互联网金融遵守的还是金融规则，本质上互联网金融和传统金融无区别。互联网金融兴起源于用户需求和技术发展。传统金融服务借助互联网大幅减低顾客时间和费用成本，降低实体店服务数量进而降低运营成本，而以互联网为代表的民间机构介入有助于解决部分传统金融业由于运营成本、业务触角等导致的金融服务盲区和低效率业务需求。此外，互联网普及和网上金融消费习惯形成奠定了客户群体基础，而搜索引擎、数据挖掘及云计算等发展能将社交网络发布、传递和共享的广泛、全面、冗余的个人或机构信息筛选、再加工及组织形成针对性、标准性、动态连续的金融信息，为互联网金融的发展提供了强大技术支持。互联网金融分为传统金融业务在

线化、基于互联网的新金融形式和基于电子商务、广告等平台的互联网金融生态圈三种形态，在此，探讨了发展较为迅速且具有代表性的网上银行、手机银行/移动支付（近场支付和远程支付）、网络证券及网络贷款（P2P 网贷、平安陆金所、阿里量化小贷）、基金网销和保险网销等细分子类，我们认为未来互联网金融发展，金融类企业仍是绝对主导方，互联网会抢占部分市场份额进而迫使金融企业加大网络方面的投入或收购但不足以到分庭抗礼的程度。互联网企业做金融，不如做金融服务（移动支付、基金代销等），不如做与互联网金融相关的网络设施（服务器、存储、软件、集成、信息安全等）、搜索引擎、数据挖掘及云计算等相关的配套服务。①

1. 金融机构的互联网创新模式

在"2010 年度金融机构十大 IT 创新案例"中，多家银行或非银行金融机构入围，这些机构在此后几年中不断创新，不仅仅扩大了业务范围，还给客户提供了全方位的金融服务。

（1）国有大型商业银行的流程创新——建设银行。中国建设银行股份有限公司推出了网络银行"e 贷通"、和"e 单通"服务，通过与网络交易平台合作，引入网络信用记录作为重要的评价依据，实现贷款全流程的线上操作，客户从而得到简单、快捷、高效的金融服务，比如"e 单通"指中国建设银行与金银岛、中国远洋物流有限公司三方系统对接合作，向金银岛网络交易商办理全流程网上操作的、在一定额度内可循环使用的网络融资服务。网络银行"e 单通"业务目前包括网络仓单融资和网络订单融资两个产品。

此外，为了提高网络银行的交易安全，建设银行个人网银推出"E 路护航"安全组件，为网银交易提供安全、可靠的电子签名服务，创造性地采用了"所输即所签"技术，兼容绝大部分主流浏览器，包括 IE、Firefox、MyIE、Maxthon 等，其中Firefox 版开创了国内网上银行全面支持第三方浏览器的先河，有效防范截屏、键盘钩子、木马、远程控制、报文截取等黑客手段，集成了多种实用的安全工具，具备"一键检测"和"一键恢复"功能，支持多语言版本操作系统，满足了不同客户的个性化需求。

建设银行还推出了手机银行推出向任意手机号转账功能，该功能以客户使用体验为导向，颠覆传统转账模式，实现转账流程重大创新与突破。以往传统银行转账模式，不论是在柜台还是在电子渠道，都需要客户输入收款方银行账号、姓名、收款行等信息，操作繁琐也不便于记忆；在显示界面相对较小的手机上输入这些复杂的信息，更加不方便。建行新推出的向任意手机号转账功能，克服了手机渠道实现转账业务的技术限制，同时满足了客户便捷操作的体验要求。使用该功能，客户在该行手机银行转账，不用输入冗长难记的收款方银行账号信息，取而代之的是输入简短易记的收款方手机号码。当收款方为该行手机银行签约客户时，自动显示转入户名，经核对确认后款项立刻到账；当收款方还不是该行手机银行客户时，建行将

---

① 国金证券：《互联网金融行业专题报告：金融遇上互联网》，载于《行业研究》2013 年 7 月。

自动发送短信通知收款方，收款方通过短信回复在该行开立的收款账号，系统自动校验户名一致后将款项转至收款人名下的账户。

（2）股份制商业银行的业务创新——民生银行。民生银行推出了民生"U宝"系列网银专属理财产品，生肖版"U宝"使客户足不出户就可以购买多种理财产品，民生银行以此为开端，陆续发售网银专属理财产品，客户只需拥有民生银行借记卡、开通个人网银，即可登录个人网银点击"理财产品服务"在线购买，操作非常简单。现有个人网银的大众版、浏览器证书版和"U宝"均可使用。民生银行还推出了个人网上银行贵宾客户单KEY版"U宝"，采用数字认证证书，并将其存储在硬件设备上，有效避免了数字证书被删除、篡改、盗用，有力保障了客户交易的安全性；为进一步提升客户体验，减少客户使用"U宝"的中间环节，民生银行又相继推出了预制证书七彩"U宝"和第十一届全运会纪念版七彩"U宝"，预先将数字证书下载到"U宝"中，先后提供七彩颜色和纪念版"U宝"任由客户选择，客户在柜台办理领取"U宝"后，无须安装驱动程序和数字证书，还能享受专业人员一对一的操作指导，直接使用"U宝"登录网银，更安全更快捷地办理业务。数字证书的预先下载大幅减少了客户使用网银的中间操作环节，"U宝"的安全性、便捷性全面提升；七彩"U宝"的推出满足了不同颜色偏好的客户需求；纪念版七彩"U宝"印制了第十一届全运会标识，使民生"U宝"的个性化服务品质进一步提升，赢得了客户的热捧和第三方机构的赞赏。

（3）非银行金融机构的业务创新。中信控股有限责任公司推出了短信支付业务，在综合利用多种技术和业务手段保证安全性基础上，通过手机广泛支持的简单的短信指令收发操作方式能够完成资金划转等操作，解决了某些企业在货物配送过程中遇到的资金回收问题，并创造了基于代收代付服务的新配送模式。通过短信发送订单、付款金额和支付结果等信息，使货物配送流程的每一个步骤都在企业的控制之下，避免了配送司机的操作风险，使企业的资金流和物流相互分离，增加了交易安全性，大大提高了销售回款速度，提高了企业的管理水平。根据目前短信支付的应用情况粗略统计，短信支付业务每天能够为银行增加近千万的日均存款，每月带来将近亿元的新增资金，该业务在为企业经营管理提供便利服务的同时也为自身业务发展提供了支持。

齐鲁证券有限公司推出了客户资产服务支持体系，该体系突破传统客户分类的理论，从金融工程管理的角度研究、确立客户分类属性体系，实现客户的动态分类及适当性服务的精确定位，为提升客户服务水平和服务质量、全面实现对客户资产支持服务奠定了理论基础，并将数据挖掘、神经网络和人工智能的方法融入特征属性体系中。本体系主要融合了投资者特征属性体系、服务支持工作平台与投资者金融服务终端，主要实现了基于投资者特征属性体系的资讯产品客户精确识别及动态产品配送，金融产品定义及精确客户识别配送，动态服务角色与被服务对象之间精确服务关系建立及维护等功能。

2. 产业链的互联网模式创新

如果说金融机构的互联网服务创新给客户带来了更多的交易体验和方便，那么电子商务中广泛地引入互联网金融则造成了产业更迭，以及人们生活模式的重大变革。而随着大数据时代的到来，企业的供应链系统与物流监管、银行等系统的实时数据交互、流程衔接更为紧密，从亚马逊书店到阿里巴巴，互联网金融不断进行着产业交易模式的创新，并且深刻地改变着人们的生活。

互联网金融正在彻底改造着传统的产业运营模式，这要从供应链说起，相比传统供应链金融业务主要依靠电话、传真及人工传递的方式，网上供应链金融业务在便利性与节约成本上不仅与企业的管理目标高度契合，而且在支付结算和融资领域有很大的拓展空间。

2013 年夏，阿里巴巴宣布即将推出虚拟信用卡，客户可以在没有任何实体信用卡的情况下，由支付宝根据其交易历史，在一定模型计算基础上，给出具体的信用额度，还款期限 38 天。淘宝网的"信用支付"卖家签约功能已经上线，目前已有 134.1 万家店铺默认开通。据支付宝官方网页披露，符合"信用支付"要求的买家已经达到 8 000 万。虚拟信用卡不仅受到买卖双方的青睐，对金融行业也引起了大量关注，这种模式是否将会颠覆传统的信用货币体系，一旦具备转移支付功能是否会替代货币，都在热烈地讨论着。

几乎同时，中国联通的手机支付产品"沃刷"个人版手机刷卡器已经正式商用，目前正处于全国推广阶段。据悉，此款手机刷卡器支持银行卡余额查询、信用卡还款、转账汇款、话费充值、游戏点卡充值、水/电/燃气缴费等便民支付业务。用户可通过手机下载"沃刷客户端"搭配音频口刷卡硬件一起使用，无须对已有银行卡开通网银即可享受便利支付业务。该产品支持银联标识的借记卡及信用卡。此前，中国联通已先后发布了多款支付产品，包括网银网关、快捷支付、无卡支付、移动收银台、POS 收单、银行卡代扣、代理商资金归集、手机公交、手机银行等。此次最新推出的"沃刷"手机刷卡器主要面向合适的产品绑定客户、集团优质客户及高端客户，为其提供安全便捷的支付服务。

此外还有一些机构推出了移动支付、网络证券和基金代销等业务。移动支付作为个人网银的主要入口，将加速我国个人网银及手机银行的发展，相关支付方案提供方及设备制造商将会与实体经济有更多的交易机会，如 NFCSIM 卡（如恒宝股份、天喻信息、东信和平等）、NFCPOSE（如南天信息、证通电子、顺络电子等）和电子数据取证（美亚柏科）等；网络证券牌照的准入会促使纯粹网络证券经纪公司大量涌现，如专业财经资讯类网站平台（东方财富）、金融信息和证券软件提供商（同花顺、大智慧）、依托综合门户起家（腾讯控股）和后台系统提供商（金证股份、恒生电子）；基金网销将带动网上基金超市的盛行及独立第三方销售机构的占比快速提升，形成高度专业分工的基金销售体系，财经资讯类网站企业转型的东方财富就是比较典型的案例。

3. P2P 与第三方支付对传统金融模式的颠覆

以互联网为代表的现代信息科技，特别是移动支付、云计算、社交网络和搜索引擎等，将对人类金融模式产生根本影响。可能出现一个既不同于商业银行间接融资、也不同于资本市场直接融资的第三种金融融资模式，我称之为"互联网直接融资市场"或"互联网金融模式"。① 可见，如果在产业发展中全面对接互联网金融的模式，那么商业银行、证券交易所、投资银行等中介机构都不再重要，股票和债券的发行、交易，银行的存贷款业务都不需要再经过物理载体而直接通过网络进行交易，这种模式似乎可以降低交易费用直至为零，实现金融交易的最佳帕累托改进，从而促进市场经济极大发展。

随着搜索网络、大数据、云计算、移动支付、社交网络等信息技术的不断发展，这些技术已经开始改变着人们的交易习惯，并有可能形成一个独立于目前商业体系的交易体系，这个体系将直接将资金的供给方、需求方放在一个平台上直接进行交易，这个平台由于信息畅通而形成了传统产业资本运行中不可能形成的交易成本大幅度降低直至消失的局面，交易双方在风险分担、资金需求和期限选择等诸多方面都易于进行而成本极低，进而形成一个不需要银行等中介机构的，通过无线通信技术，以移动通信设备等为基础的互联网金融模式。

典型的例子很多，比如人人贷（peer‐to‐peer lender）；2006 年成立的美国 Prosper 公司有 125 万会员，促成了 3.07 亿美元的会员间贷款；2007 年成立的美国"Lending Club"公司，以 Facebook 为平台做会员贷款业务，到 2011 年已经贷款 5.9 亿美元，利息收入 5 100 万美元，摩根斯坦利前董事长马克于 2012 年 4 月 12 日参加了此公司的董事会（见《金融时报》英文版 2012 年 4 月 13 日第一版）；2004 年，Google 在 IPO 时采用了在线荷兰式拍卖方法，而不是通常的投资银行路演和询价方式。未来可能的情景是：贷款、股票、债券等的发行和交易在社交网络上进行。而在 Facebook 这个平台上，有 8 亿网民，可以发行自己的货币，网民之间的商品、股票、贷款、债券的发行和交易均可以通过网络处理，同时保留完整的信用违约记录（"淘宝网"、"腾讯"已经有类似做法），形成最优价格。② 在这个交易模式下，由于供给方和需求方的信息易于对称，对于小微金融的各类交易方，就更加易于形成交易，并易于在交易前辨识风险。

在中国，互联网金融作为一种新兴的经济模式，刚刚起步但发展速度并不慢。根据易观智库的调查，2011 年，中国网上银行市场全年交易额达到 780.94 万亿元；截至 2011 年年底，网银注册用户数更是达到 4.34 亿户。4.34 亿的注册用户相当于日本总人口的 3.4 倍，也是美国总人口的 1.4 倍；780.94 万亿元的规模则相当于中国 2011 年 47 万亿元 GDP 的 16.5 倍。目前，互联网企业、金融机构从各自优势领域出发，从两头切入：第三方支付企业、P2P 贷款公司利用互联网平台介入金融服务业；银行为代表的金融业，则利用互联网技术，推出网上银行、电子银行乃至电子商务平台，掀起渠道的电子化革命。③ 互联网金融的社会影响力和市场空间是显而易见的。截至 2013 年 1 月 6 日，央行公布了第六批 27 张第三方支付牌照，自 2011 年 5 月以来，央行已经发放了 233 家企业获得了不同类型的支付许可证，这些

---

①② 谢平：《互联网金融模式 20 年后成形》，在中国金融 40 人论坛上的演讲，2012 年 10 月 24 日。

③ 聂伟柱：《金融互联网化的支付冲击波：渠道革命只是开始》，载于《第一财经日报》2012 年 7 月 6 日。

牌照涵盖了互联网支付、货币汇兑、固定电话支付、移动电话支付、数字电视支付、受理和银行卡收单与预付卡发行等业务板块。

　　根据易观智库的调查，2011 年中国第三方互联网支付市场交易额规模达到 2.16 万亿元人民币，较 2010 年增长 99%。更重要的是，2010 年年底以来，多数支付公司都推出各自的快捷支付产品。通过快捷支付，用户无须开通网银，可以直接输入卡面信息快速地完成支付，换句话说，整个支付链条绕开了商业银行的网银。如果说，类似于互联网支付、移动电话支付等业务，银行与支付企业之间还能达成某种程度的双赢格局的话，在收单业务方面，双方则是实实在在的竞争。根据现有行业惯例，银行卡收单业务的主要收入来源为手续费收入。根据行业不同，费率分别为 0.5%～4% 不等。手续费分成一般遵循 7∶2∶1 的比例：7 归发卡行所有，2 由收单方所有，1 则为银联所有。在支付企业进入之前，收单业务市场上，主要为银联商务和各家商业银行占据。收单业务收入是银行重要的中间业务收入之一，甚至很多银行的卡中心都设立了收单业务部室。但第三方支付企业进入这个市场之后，多家支付公司都将收单业务视为战略重点之一。① 由此，第三方支付业务与商业银行之间的竞争拉开序幕。尤为引人瞩目的是，互联网金融已经进入了融资领域，以宜信为例，经过多年的创业和发展，已成为中国目前最大的独立金融服务供应商之一，拥有 5 000 多名员工，形成了集信用风险评估与管理、财富管理、信用数据整合服务、小微借款咨询服务与交易促成、小额贷款行业投资、公益理财助农平台服务等业务于一体的综合性现代服务业企业。目前已经在 100 多个城市和 20 多个农村地区建立起强大的全国协同服务网络，为客户提供全方位、个性化的普惠金融与财富管理服务。

　　如果支付公司与 P2P 规模足够大，且双方合作足够深入的话，这对于商业银行而言将是致命的，虽然这种趋势尚未出现。但用爆炸式的增长来形容快捷支付用户量的激增毫不为过。截至 2012 年上半年末，支付宝快捷支付用户数量达 7 500 万户，而仅仅在 2012 年年初，这一数字还只有 4 000 万户左右。紧随其后，包括银联在线支付、财付通等一大批第三方支付企业均推出了自己的快捷支付产品。粗略估算，当前各家支付企业的快捷支付用户数已超过 1 亿户。② 艾瑞咨询近日发布的《2011—2012 年中国互联网支付用户行为研究报告》显示，目前，快捷支付已经超过网银成为账户余额支付之外使用频率最高的支付方式。截至目前，包括快钱、银联在线支付、财付通等多数第三方支付公司都推出了快捷支付这一产品。这些第三方支付企业所拥有的快捷支付用户数超过 1 亿户。而来自于第三方支付的最新数据是由第一财经与宜信联合发布的首份 P2P 行业白皮书显示，截至 2012 年年末，已经有超过 200 家 P2P 贷款服务平台，线上与线下模式的总规模已经达到 500 亿～600 亿元，年增长率达到了 300% 以上。

　　2013 年 8 月 14 日，中国政府发布了《关于促进信息消费扩大内需的若干意

　　①②　聂伟柱：《金融互联网化的支付冲击波：渠道革命只是开始》，载于《第一财经日报》2012 年 7 月 6 日。

见》，提出我国 2015 年的信息消费规模超过 3.2 万亿元，年均增长 20% 以上，带动相关行业新增产出超过 1.2 万亿元；鼓励创新型、成长型互联网企业在创业板等上市，稳步扩大企业债、公司债、中期票据和中小企业私募债券发行。可以说，该意见的出台，对互联网金融及相关环节又将会产生巨大的政策推动作用。随着各类互联网金融机构的快速发展，科技型中小企业的融资路径将会更为畅通、快捷。

（五）创新适合科技型中小企业的科技保险产品和服务

科技型中小企业所面临的风险多种多样，有可能是生产经营中资金缺乏的问题，有可能是关键研发环节或研发责任的问题，也有可能是研发人员的问题，这些问题单纯通过银行、创业投资乃至资本市场融资都是无法解决的。近年来，科技保险为科技型中小企业发展过程中的融资和避险起到了积极的扶持作用。

1. 科技保险的主要险种

科技保险是指为了规避科研开发过程中由于存在诸多不确定的外部影响而导致科研开发项目失败、中止、达不到预期的风险而设置的保险。该险种是由中国保监会和科技部共同分批组织开发并确定的，第一批险种包括高新技术企业产品研发责任保险、关键研发设备保险、营业中断保险、出口信用保险、高管人员和关键研发人员团体健康保险和意外保险等 6 个险种。

高新技术企业产品研发责任保险采用索赔发生制承保方式，同时提供事故追溯期和 30 天延长报告期；高新技术企业关键研发设备物质损失险，以及物质损失一切险则是针对投保标的均为研发设备的特点，物质损失险和物质损失一切险综合了传统财产险和机损险的保险保障范围，实现了与国际接轨，有利于科技企业全面的转嫁风险；高新技术企业研发营业中断险指的是针对研发工作的持续过程，研发资金是逐步投入的，并且资金使用随着项目进展是动态的，所以研发中断保险的保险期间采用了工期制设计，便于保险金额的确定和提供充足的保障；出口信用保险是针对出口企业在经营出口业务过程中由于境外的商业风险或政治风险而遭受损失的一种特殊保险，在限额审批方面，同等条件下实行限额优先，在保险费率方面，给予公司规定的最高优惠；高新技术企业高管人员和关键研发人员住院医疗费用团体保险的保险金额的设置可由投保人灵活确定，又具体分为不同险种；高新技术企业高管人员和关键研发人员团体人身意外伤害保险的被保险人员年龄上限（70 岁）较普通意外险要高，能够满足科技企业老年科研人员的保险需求；放低了参保人数的限制。

2. 科技保险的政策扶持机理

政府对科技保险的激励政策主要有两个方面：其一，对保险费用给予税收优惠和补贴；其二，鼓励科技保险中介机构的设立和发展。在推动科技保险运行方面，急需解决的是因政府财政补贴资金有限，而引起的"僧多粥少"问题。面对该问题，各科技保险试点城市可结合自身特点，采用分类定率、逐批递减和总额控制的手段对企业进行合理财政补贴，力求使参与科技保险的企业达到效用最大化。分类定率即有意识地将部分科技保险险种的补贴标准提高，使之得以重点推行。例如，对高新技术企业产品研发责任保险、关键研发设备保险、营业中断保险的补贴标准可略高于出口信用保险、高管人员和关键研发人员团体健康保险和意外保险的补贴标准，促进企业在科技研发过程中的技术投入。逐批递减即根据各单位申请情况，试点期间分批审批科技保险费用补贴资金，补贴比率按批次递减，各保险产品的首单，原则上给予最高比率的科技保险费补贴。总额控制即根据科技企业投保年份上一年的高新技术产业产值规模控制补贴资金最高限额。

表 8 – 4   科技保险的三类政策比较

措施	依据	目的	优点
分类定率	险种的激励权重	必要性高的险种重点激励	促进企业优先选择购买必要性高的险种
逐批递减	企业购买科技保险的积极程度（以企业购买的先后次序体现）	提高激励效果，促使企业迅速参与	加快科技保险推广的进程，节省推广时间，使科技保险快速发挥作用
总额控制	高科技企业的规模	按前分配，降低不必要的补贴，控制企业盲目购买，增大补助面	提高补贴资金使用的合理性及使用效率

以上三种措施对科技保险的推行中既相互联系又各自独立，应在扶持科技型中小企业的过程中有效发挥其优势效能。

3. 科技保险扶持科技型中小企业运行模式介绍

现阶段我国科技保险运行普遍采取的是"投保—理赔"型模式，但由于科技保险投保金额巨大，也相对较高，但"担保"型、"半参与"型和"全参与"型科技保险运行模式则是科技型中小企业可以有所借鉴的。

"投保—理赔"型是一种相对传统的保险运行方式，即科技企业以投保方身份向保险公司缴纳保险金，若发生风险损失，则由保险公司负责赔偿投保方损失。科技保险的这种运行方式与大多数保险类似，科技企业投保方与保险公司以符合承保条件的标的物为中心签订保险合同，建立保险关系。整个过程可分为投保和理赔两个流程，对于科技型中小企业完全可以在投保和理赔两个环节予以优化、简化流程，以促进行业发展。

"担保"型是一种改进的科技保险运行模式，它的特点在于将信贷保险引入科技保险体系，即保险公司为科技成果转化提供信贷担保，科研开发者根据担保额和项目风险大小向保险公司缴纳担保费，若因合同中规定的保险责任原因而造成科技开发者无力归还科技贷款，则由承担担保责任的保险公司代为归还部分贷款。在我国大力推行自主创新战略的今天，企业不应成为科技创新的唯一主体和承担者，而必须整合各类创新资源，建立科技创新体系，科技保险"担保"型运行模式正是顺应这一理念提出的有效途径。这种科技保险主要适用于企业科技成果转化为生产的过程中，这个过程由于存在种种不确定的风险因素，企业需要寻求保险公司来共同分担，同时企业在此阶段需要大量资金支持，而向银行贷款的过程中，需要其他法人单位提供担保，企业可以通过向保险公司缴纳担保费，由保险公司为企业贷款提供担保服务，因此非常适合科技型中小企业的融资和避险需求。

"半参与"型模式是保险公司在科研开发项目发生风险损失的情况下要向投保人支付赔偿费，而当科研开发项目获得成功而且收益超过某一标准时，保险公司可以较小的比例参与收益分成。在该模式下，投保科技企业不缴纳保险金，而是出让部分收益权，在项目发生风险时，保险公司负责赔偿保险合同中约定的赔偿额度，而当项目获得一定数额的收益后，保险公司可以行使受益权获取规定比例的收益分成。这种模式实际上是将保险金转化为受益权，即将现金转化为一种权益，省略了保险公司利用保险金再投资的过程。

"全参与"型模式是指保险公司以风险投资者身份直接介入科研开发活动，并与企业或其他投资者实现利益共享、风险共担。在该模式下，保险公司不向企业收取保险费，同时向企业注入部分资金作为风险投资，派出专人参与监督和协助整个项目运作，帮助企业完成项目。在项目完成之后企业与保险公司对全部收益进行分成。从该模式的定义看，其核心主要是利益共享和风险共担，即企业与保险公司完全分摊科技风险并共享利益。这种模式一般在企业没有足够资金和能力完成项目，并且项目本身具有较强的可赢利性情况下实施。保险公司在实施"全参与"型模式时应十分注重项目的风险评估和盈利能力，同时必须让拥有相关知识和能力的人员参与监督和控制该项目，以同步监控项目的风险。保险公司应注意通过再保险对项目实施风险分摊，以降低项目失败给保险公司带来的损失。对于科技型中小企业，在初始投资、研发、试验、推广的全流程都可以尝试用这种方式。

实际上，早在 2006 年，《国务院关于保险业改革发展的若干意见》就已明确指出，要发展高科技保险，为自主创新提供风险保障，同年中国保监会和国家科技部联合下发《关于加强和改善对高新技术企业保险服务有关问题的通知》。这些年来政府各级机构和保险公司都在科技保险的实施和创新方面采取了多项措施，也有一些典型案例，但由于这种避险融资工具仍属于新生事物，所以还需要大家有一个了解、适应的过程；而保险机构中研究、操作科技保险的人才缺乏也是行业发展缓慢的原因之一；此外，还应加大政策扶持力度，对科技保险予以后续的政府补贴及相关救助服务，只有政策配套跟上了，科技型中小企业运用科技保险的积极性才会有所提高，也有利于科技保险行业的快速、稳定发展。

（六）推动科技型中小企业融资租赁发展

近年来，科技型中小企业的发展有一个典型的趋势，就是一方面轻资产，另一方面重研发重投资，因此在发展过程中来自于商业银行、担保、小额贷款公司的资金扶持也有限，能够得到创业投资支持的企业和支持的金额也有限，尤其是在需要大额设备融资时，往往无法在常见的各类融资渠道中取得资金。从理论上讲，这时融资租赁的方式往往可以起到意想不到的效果。

根据中国租赁联盟发布的《2014 年第一季度中国融资租赁业发展报告》，该行业已恢复了快速发展的态势。截至 2014 年 3 月底，全国融资租赁企业总数约为 1 137 家，比上年年底的 1026 家增加 111 家，其中外资租赁企业增速较快，总数达到 990 家，新增约 110 家，企业总数增长 10.8%。同期全国融资租赁合同余额约 23 500 亿元人民币，比 2013 年 12 月底的 21 000 亿元增加 2 500 亿元，增长幅度为 11.9%，其中金融租赁合同余额约 9 500 亿元，增长 10.5%，内资租赁合同余额约 7 600 亿元，增长 10.1%，外商租赁合同余额约 6 400 亿元，增长 16.4%。另据《2014—2020 年中国融资租赁行业发展趋势与投资决策分析报告》预测，融资租赁在应用的主要领域都具有良好的发展空间。到 2014 年，这些细分领域将为我国融资租赁行业创造 8 556 亿元的市场容量；到 2020 年，这些细分领域将为我国融资租赁行业创造 30 122 亿元的市场容量。仅从这些主要细分领域市场容量增长情况来看，2014~2020 年，医疗设备领域融资租赁容量年均增速最快，平均增长速度有望达到 32.45%，而印刷设备领域融资租赁容量年均增速最慢，年均增长速度只有 11.76%。在前瞻网的融资租赁研究报告中，市场容量相对占比的比较中，2014~2020 年，船舶领域融资租赁市场容量相对占比上升幅度最大，达到了 4.32 个百分点，相对占比从 11.27% 增长到 15.59%；飞机领域融资租赁市场容量相对占比下降幅度最大，达到了 3.70 个百分点，相对占比从 9.29% 下降到 5.59%。而基础设施融资租赁市场容量相对占比下降幅度也比较大，达到了 2.75 个百分点。这些数据一方面体现了融资租赁行业再次步入发展的快车道，另一方面也体现了融资租赁作为我国融资领域的重要途径之一，已吻合经济结构转型而转向了，从转向的产业来看，非常有利于科技型中小企业的融资拓展。

1. 融资租赁的基本概况

融资租赁是集融资与融物、贸易与技术更新于一体的新型金融工具。一般情况下是有意购买设备的企业由于各种原因无法或不愿以自有资金购买，通过向租赁公司提出申请，自行选定设备的品种、规格、型号、交货条件后，由租赁公司审查认可后代为融资购买设备，租赁给承租人使用并收取租金，在租赁期满后可以选择承租人购买残值而拥有设备的所有权。融资租赁一般期限较长，和设备的使用寿命相当，在整个租赁期间，租赁物的所有权属于出租人，而使用权属于承租人，且承租人必须承担设备维修保养义务。

实际上，融资租赁是非常适合于中小企业的融资途径，可以把金融、贸易、生产三者紧密结合，将银行信用、商业信用、消费信用有效叠加，这是实现资源优化配置的重要方式，因此在发达国家是仅次于银行信贷的金融工具，目前全球近 1/3 的投资是通过这种方式完成的。

融资租赁有两个相关的合同（融资租赁合同和租赁物购货合同）。租赁合同确定融资收益，购货合同确定融资成本。两个合同牵制了三方当事人的权利和义务；由于租赁物的所有权只是出租人为了控制承租人偿还租金的风险而采取的一种形式所有权，在合同结束时最终有可能转移给承租人，因此租赁物的购买由承租人选择，维修保养也由承租人负责，出租人只提供金融服务。

2. 中小企业融资租赁的优势和风险

多数中小企业因为资产较轻、资信一般、利润一般，比较难从银行取得贷款。融资租赁由于有轻松回收、轻松处理以及参与经营等银行不能经营的活动范围，因此对承租企业的资信要求不是很高，主要看项目的现金流量是否充足。融资租赁对项目的担保要求不是很高，易于填补中小企业通过银行贷款融资的空白。因此融资租赁有着其他租赁方式不可比拟的优势。

第一，融资租赁对企业的信用要求较低，使大多数中小企业都能通过该方式进行设备更新和技术改造。中小企业自身资本少、信用度低，利用银行信用购买设备，其中的一些附加性限制条件，比如补偿性余额、定期等额偿还等，致使借款的中小企业不能得到百分之百的融资额。而融资租赁不同，因为购物价款由租赁公司全额支付，企业只分期偿还租金，因而企业拥有百分之百的融资额。

第二，融资租赁方式灵活多样。在经济快速发展中，企业需要资金时，它能充分发挥融资功能；而在经济萧条时，企业需要促进投资和消费需求时，又可以充分发挥它的促销功能。因此融资租赁可以根据宏观经济形势的波动相机抉择，来安排自己的业务取向。而且，各国对相互之间贸易都有一定的限制，通过融资"租赁"，可以避免"直接购买"的限制，从而突破贸易壁垒，迂回进入。另外通过融资转租赁的方式还可以打破一些国家的金融管制，将"贷款"改为融资"租赁"可以避免直接融资的限制。

第三，融资租赁可以优化财务结构。首先，可以加大中小企业的现金流，中小企业若从银行贷款购买设备，其贷款期限通常比该设备的使用寿命短得多，而租赁同类型的设备则不然，它可以接近这项资产的使用寿命期限，因而其成本可以在较长的时期内分摊，这对于资金紧缺的中小企业来说，不仅仅保持了企业合适的现金流，使现金支付与企业运营相匹配，还能在资产的全部使用寿命期间分摊现金流，使企业营运资本更密切地同企业营业收入相配比，这既可以避免引进设备大量耗用资金而造成的资金周转困难，又带来了较高的投资收益。其次，融资租赁对资产大量固化、沉淀的企业实现了资产结构的优化，企业可以将自己的设备按双方约定的价格出售给融资租赁公司，然后再从租赁公司将设备租回来使用，并可与融资租赁公司共同分享税收优惠带来的好处，通过回租可以将物化资本转变为货币资本，将不良资产变为流动资金，改善了企业的现金流，盘活了存量资产，还不影响企业对财产继续使用。

第四，融资租赁可以节省项目建设周期。融资租赁将融资和采购两个程序合成一个，因此可以提高项目建设的工作效率。由于租赁本身的灵活性和抗风险能力，也减少了许多项目建设过程中不必要的繁杂手续，可以使企业早投产，早见效益，抓住机遇，抢占市场。也正是因为这样，租赁设备的手续通常比正常贸易简便、快捷，而且管理工作简单，尤其是进口租赁中，租赁公司可代签进口合同，利用其专业优势，这会大大地缩短进口时间。

第五，融资费用总体较低。按照正常的财务费用核算，融资租赁的租金比银行贷款利息要高。但因为融资租赁是组合服务，租金中包含了项目评估和设备选型等前期工作产生的费用，也包括设备采购与服务所产生的费用。而且，国家为了鼓励投资，专为融资租赁提供了税收优惠，通过融资租赁的项目可以加速租赁物的折旧。实际上把一些应税收入用来偿还租金，加速了设备的更新改造。考虑到租赁项目可以享受加速折旧和税收优惠的财务成本筹划，其资金成本整体上看要低于单纯的银行贷款。

第六，融资租赁还可以避免受到汇率、利率及市场因素变化等多种因素的影响。如果从国外使用外汇采购租赁物，融资租赁可以将外汇折算成人民币后，以人民币计价租赁，可以使承租企业避免因人民币贬值而带来的汇率风险。又由于融资租赁在开始时就采用固定利率，承租企业还可以避免利率波动带来的利率风险。而且，一般在通货膨胀时期，早采购比晚采购费用要低，采用融资租赁可以先得到设备，再用设备产生的效益去还钱，在通货膨胀货币贬值的情况下，设备的价格不断上涨，而融资租赁的租金是根据租赁签约时的设备价格而定，在租赁期间几乎是不变的，企业不必付出更多的资本成本。

也正是因为融资租赁利于中小企业实现快速、贴近企业经营状况的融资，其金融属性也导致其风险管理贯穿于生产经营的整个环节。对于出租人来说，最大的风险是承租人还租能力，它直接影响租赁公司的经营和生存，还租风险从项目立项就已经开始出现。此外，由于租赁公司给企业的利率结构与自身融资的利率结构不相符，也会出现利率风险。如果融资租赁合同使用的是外币，又有可能产生一定汇率风险，特别是使用非美元硬通货，双重汇率的风险有时会使企业的融资成本翻番。此外，在货币支付过程中，特别是在国际支付中，支付方式、支付日期、时间、汇款渠道和支付手段选择不当，都会加大风险。

融资租赁的核心避险思路是经营规范化，这一切都从租赁合同开始。除此之外，有些风险是可以避免的，比如汇率风险可以采取用本币结算租金的方法、使用远期汇率或汇率调期的方法来避免。融资租赁还可以采用租金偿还担保来规避风险，因为出租人在融资租赁业务活动中承担的风险最大，几乎每个租赁合同都附有一个对出租人有利的担保函，这是租赁业务的基本保证。在以外币做租赁的合同中，还可以通过汇率，利率调期把利率风险大的债务转化为风险小的债务。在购置设备等贸易行为中，用信用证方式支付货款，把商业信誉转变为银行信誉，也可以减少贸易风险。最后，还应在财务管理上储备一些呆账准备金等一旦发生损失，应立即控制损失的扩大，用准备基金补偿损失，也可以通过保险等方式来补救风险损失。

3. 科技型中小企业融资租赁的业务创新

首先，可以考虑由政府专门设立与科技型中小企业融资租赁相关的规则，如果科技型中小企业采取融资租赁方式实现了融资，则应获得财政、信贷、税收等诸多方面的综合支持。还应放松对融资租赁业的金融管制，准许银行经营融资租赁业务或向融资租赁公司参股，使银行的资金能得到充分的利用从而扩充租赁公司资金来源，发展我国的融资租赁市场。但同时，为了规避风险，也应该由政府设立负责审查科技型中小企业资信与合规情况的部门，甚至可以以此部门为基础建立融资租赁公司与科技型中小企业之间交流平台，彼此提供更系统、全面、及时、有效的信息。

一方面帮助科技型中小企业寻找合适的融资租赁来源，另一方面积极推动发展科技型融资租赁业务的租赁机构，帮助融资租赁公司确定科技型中小企业的融资额度、租金率、租金支付方式等。

其次，可以设立专门的科技型融资租赁公司。目前我国的融资租赁公司职能过多，有金融贸易双重职能，以致使经营成本大、经营风险高。但我国的租赁市场不发达，因此我国的融资租赁公司应设计出一些业务范围更窄的专业性公司，比如科技型中小企业融资租赁公司，一方面通过政府各类政策扶持积极发展，另一方面有利于这些租赁公司降低经营成本和经营风险，提高专业化经营水平，逐渐形成规模经济。而且，随着市场经济的发展及中小企业对租赁产品需求的日益增加，租赁结构应适应市场变化，还应不断开发和提供多样化的租赁产品，如杠杆租赁、租赁、转售后租回等业务，为各种急需资金技术的中小企业拓宽融资渠道。适时创新、灵活经营也是租赁业蓬勃发展的助推器。

最后，还应帮助科技型中小企业逐步接受、参与、推动科技型中小企业融资租赁业务的发展。融资租赁业在我国引进较晚，科技型中小企业对融资的观念多停留在只靠银行、民间借贷解决有融资问题的观念的束缚等原因，致使融资租赁业在科技型中小企业融资过程中发挥的作用较小。因此应通过科技型中心企业的相关主管部门，如工信部门或科技部门，通过这些部门建立科技型中小企业名录，并根据这些企业的特殊性建立档案管理，对符合要求的企业，积极地推荐给相应的机构实施融资租赁，这一方面有利于科技型中小企业培育融资租赁的意识，另一方面也有利于科技型中小企业融资业务的稳步、快速发展。

四、加快区域性科技金融服务平台建设

近年来，在科技部和"一行三会"的推动下，促进科技和金融结合已成为科技界与金融界的共识，并迅速发展。各地在科技金融组织形式、服务模式等方面开展了大量创新实践。加快整合区域科技资源，打造区域性科技金融服务平台，促进科技型中小企业和金融资本的高效对接，已经逐渐被摆至解决科技型中小企业融资难问题的战略高度。

(一) 建设区域性科技金融服务平台建设总体思路

区域性科技金融服务平台主要是指以区域经济为基础，由政府引导组建的包括银行机构、风险投资机构、担保公司、行业协会、科技园区以及专业融资中介机构组成的集合体，为区域内的高新技术企业提供风险投资、贷款担保、资金融通、引进战略投资者(PE)、上市融资等系列化的专业融资服务，解决高新技术企业融资难问题，促进区域内科技与金融的有效结合，最终实现相关区域经济社会的全面发展（如图8-5）。

区域性科技金融服务平台需要有专门的金融机构作为中介以及政府的参与与支持才能形成一个完整的市场体系。

综上所述，建设区域性科技金融服务平台的总体思路包括以下几个方面：

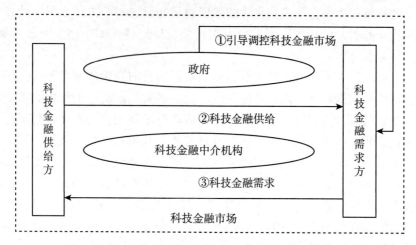

图 8 - 5　科技金融服务平台参与主体

　　首先，应建立科技型中小企业的信用评级体系。这是提供科技金融服务的基础性工作及必要环节，并以此为基础建立中小企业信用信息平台，搭建金融机构、投资者与企业间有效沟通的桥梁。这是一个金融机构了解企业的窗口，针对客户需求，为企业量身定做最适合的融资方式；在评级过程中，还充分运用专业优势、人才优势、信息优势，发现企业经营环境、基本经营和市场竞争地位、管理与战略、财务状况等各方面存在的风险。主动帮助企业提供一对一的咨询和解决方案。

　　其次，建立科技型中小企业的综合融资体系。应匹配多家金融机构或相关的金融服务机构，为科技型中小企业提供贷款；吸引战略投资者，对有潜力上市或正在培育上市的成长型公司进行投资，提升企业价值，促使企业持续发展壮大；对具备巨大竞争潜力的刚刚起步或尚未起步的高技术企业或高技术产品，通过引入天使投资等机构，提供长期股权资本和增值服务，培育企业快速成长，提升竞争地位；针对不同发展阶段的优质非上市科技型中小企业提供如风险投资等私募股权资金，以及创业投资等成长基金的权益性投资；还应针对自有资金不足但需进行产品结构调整、设备升级改造的优质企业提供直接融资租赁，可根据承租人对设备的特定要求及供货人的选择，由融资租赁公司购买并租给承租人使用；此外，信托资金可以多种方式为符合条件的科技型中小企业提供信托贷款、股权投资等多种融资服务。

　　再次，构建科技型中小企业深度服务体系。为具备上市潜力的科技型中小企业提供 IPO 服务（包括境内主板、中小板、创业板以及香港主板、创业板等各类资本市场的拓展及相关服务）；为符合发行条件的科技型中小企业提供企业债券（公司债券）、短期融资券、中小企业集合债券等融资服务；针对企业需求，提供改制、收购兼并、重组、股权转让等金融服务；为科技型中小企业提供重大项目投资风险评估、重大交易顾问、尽职调查服务、估值服务、行业投资风险评估等；为企业提供内控风险识别、重点业务循环再造等服务，制定风险管理策略及风险解决方案，提升企业内部控制管理水平。

　　最后，还应设计科技型中小企业的准入认定及代理服务体系。应依照国家有关高新技术企业认定管理办法，不受地域限制为符合高新技术企业认定条件的科技型中小企业提供一对一的专业申报代理服务，制定最合适的申报方案模板，建立企业知识产权体系、科技立项项目体系、高新技术产品收入及研发投入归集体系，协助企业完成高新技术企业认定工作；为条件尚未成熟的科技型企业提供辅导期专业指导，规范企业技术创新和财务统筹，为企业量身定制申报方案；为企业提供科技型中小企业技术创新基金、科技成果鉴定、科技查新、高新技术产品认定等科技业务项目的培训、咨询和代理服务，并根据企业自主创新能力及行业领域发展，结合国家及省级科技项目申报政策，为企业筹划三年以上的项目持续申报方案。

（二）建设区域性科技金融服务平台需考虑的因素

基于科技金融服务平台建设现状，结合各地实践经验，建设，建设区域性金融服务平台需着重考虑以下因素：

1. 强调政府在平台建设中的作用，充分发挥市场的决定性作用

政府在区域性科技金融服务平台建设充分调动银行、风投机构、证券公司、担保公司、行业协会、高科技园区、中介机构以及企业等各方面资源，积极参与平台整合与建设。政府部门在适当的政策引导基础上，应主动将区域性科技金融服务平台的运行在政府引导下运行主体应让位于市场，尽力减少行政对市场的干预力度，使各类社会资金的交易坚持市场原则，从而提高科技金融服务平台的运行效率。

2. 努力实现资源共享，坚持制度先行的原则

区域性科技金融服务平台构建应着力打破各类资金的条块分割现状，提高社会存量和增量资本的利用效率，以资源共享为核心，打破资源分散、封闭和垄断的状况，积极探索新的管理体制和运行机制。此外，建设区域性科技金融平台需加快推进制定和修改有关法律、法规、规章及标准，理顺各种关系，积极探索社会资本协作共享的激励机制和良性发展的运行机制，形成资源共享、互联互动的外部环境。

3. 结合科技型中小企业各生命周期特点，实现分阶段支持

针对科技型中小企业在种子期、初创期、成长期和成熟期等不同成长阶段所对应的不同层次、不同功能的融资需求，充分发挥政府的引导作用和市场的纽带功能，通过债权融资、股权融资、上市融资等多种方式，破解科技型中小企业融资难题。

（三）区域性科技金融服务平台模型构想

区域性科技金融服务平台模型的构建需要实现政府、企业、金融机构和中介机构的良性互动，以及资金供给方和资金需求方的有效对接，进而解决科技型中小企业融资问题。其模型构想如图8-6所示。

如图8-6所示科技金融服务体系构成要素主要包括政府、金融机构、中介机构和科技型中小企业等。其中，政府部门主要通过资金流动体系和服务运作体系的构建，将各主体串联起来，以形成完整的支持科技企业发展的科技金融服务体系。具体分析如下：

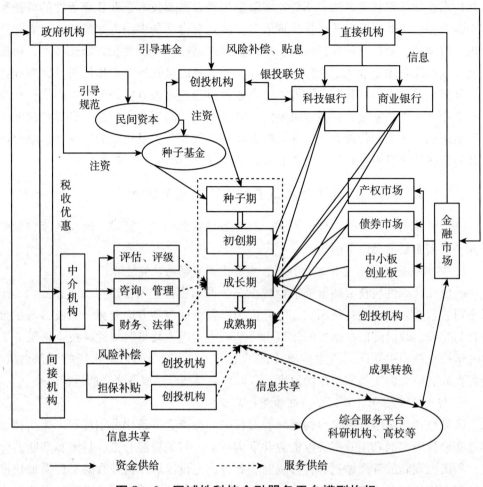

图 8 - 6　区域性科技金融服务平台模型构想

1. 资金流动体系

该体系通过将政府资金与社会资金有机结合，形成科技金融服务体系的资金供给链条。政府资金的支持形式可分为税收优惠、知识产权质押贷款贴息、政府引导基金等形式。税收优惠惠及担保、保险和资产评估等机构，可以提高整个科技金融体系的运作协调性，为各周期的科技企业融资提供完备的服务支持。知识产权质押贷款贴息主要依托科技银行或中小商业银行等机构，可有效减轻初创期和成长期企业的质押贷款利息负担。引导基金可以分摊或补偿银行、风险投资机构的科技金融业务风险，引导和激励该类机构的业务范围向初创期、成长期的科技型中小企业扩展。

科技型中小企业生命周期不同，科技金融服务体系的运作机制也有所不同。企业成长阶段企业种子期科技企业是指处于酝酿阶段或者在孵阶段的科技项目。处于这一阶段的企业主要通过种子基金和风险投资获取资金支持，种子基金吸纳了天使基金和孵化基金。初创期企业一般因缺乏成熟技术、管理和业绩的支撑，信用状况较差。处于这一阶段的企业主要通过科技银行、风险投资或中小板、创业板获取资金。成长期企业已有一定的资金基础，管理重心是实现企业的正常运营并保持较高的增长速度。企业的融资渠道较为多元化，可以通过科技银行、商业银行、产权市场、中小板、创业板和发行集合债券等进行融资。处于成熟期的企业，无论是技术还是管理都逐步趋于完善，企业盈利能力较强，融资能力自然水涨船高，企业完全可以通过主板市场进行融资。

2. 服务运作体系

科技金融服务机制通过优化政府职能、整合机构业务，从而形成科技金融运作体系服务链。具体体现在：

（1）政府部门对内设立专门的科技金融工作小组，协商决策，统筹科技金融政策的制定，优化资源配置；对外鼓励中介服务机构的发展，建立综合信息发布平台，积极推进政产融研四位一体化合作。

（2）中介服务机构可为科技型中小企业提供评估、担保、保险、咨询、法律和财务等服务，其中资产评估、信用评级机构在政府基金和金融机构资金的供给过程中起着不可或缺的衔接作用：资产评估服务和信用评级服务可为政府基金供给提供规范化的数值参考。

（3）在间接机构中，科技保险和科技担保不仅能够放大金融机构的资金供给量，还可以为企业基础项目和应用项目的研发提供必要的承保服务，分摊企业资金投入风险。

（4）综合式服务平台能够促进经济主体之间的信息流通，为企业提供及时全面的信息服务及个性化金融服务。

区域式科技金融服务平台的建立能够将政策制定、服务供给、资金供给和市场需求连成一个整体，形成一体化运作模式，最终形成政府、金融机构、中介机构和科技型中小企业四方受益的多赢局面。

第九章

促进科技型中小企业金融服务
发展的科技政策建议

一、顶层设计：促进科技型中小企业金融服务发展的战略支持

"科学技术是第一生产力"。我国促进科技型中小企业金融服务的发展，必然是建立在我国科技工作的总体地位基础之上，若没有科技工作在我国总体发展布局中重中之重的地位，如此短时高效地步入探讨促进科技型中小企业金融服务发展等前沿专题是无从实现的。我国政府十分重视科学技术的建设与发展，曾针对不同的发展阶段制定了一系列科学技术政策，在提高我国生产力、增强综合国力、提高人民生活水平、加快全社会科技进步的过程中发挥了重要意义。毫无疑问，我国科技工作的顶层设计，是促进科技型中小企业金融服务发展的战略支持。

就目前我国科技工作的开展情况来看，相关科技政策散落在综合、科研机构改革、科技计划管理、科技经费与财务、基础研究与科研基地、企业技术进步与高新技术产业化、农村科技与社会发展、科技人才、科技中介服务、科技条件与标准、科技金融与税收、科技成果与知识产权、科学技术普及、科技奖励、国际科技合作等方方面面，但这些科技政策并非零散琐碎，而是系统地分布在我国科技工作通盘设计之下。

我国科技发展规划是由一系列规划构成的规划体系，按照时间长短分为长期规划和中期规划。其中，长期规划一般是 10 ~ 15 年，侧重于科技长期发展设想，更加注重对科技工作的指导性，而中期规划则一般是 5 年，与我国 5 年经济发展计划并行，核心是配合经济发展需要制定国家重点科技项目。从实践情况来看，我国于1956 年发布了《1956—1967 年科学技术发展远景规划纲要（草案）》，于 1963 年发布了《1963—1972 年科学技术发展规划纲要》，于 1978 年发布了《1978—1985 年科学技术发展规划纲要》，于 1986 年发布了《1986—2000 年全国科学技术发展规划纲要（草案）》等。从近期情况来看，我国于 2006 年发布了《国家中长期科学和技

术发展规划纲要（2006—2020）》，这一发展规划作为我国科技工作的顶层设计，与我国每个五年计划并行的国家重点科技项目一起，共同构成我国科技工作的顶层设计。一方面，在这种科学合理的顶层设计之下，我国科技金融工作中促进科技型中小企业金融服务发展的相关研究和讨论才能够得以展开；另一方面，这种科学合理的顶层设计也为我国科技型中小企业金融服务的发展提供了战略导向和战略支持。

二、体制改革：促进科技型中小企业金融服务发展的制度支持

与顶层设计直接联通的是制度方面的支持。具体到我国科技工作而言，深化科技体制改革和创新型国家建设实际上切实为推动我国科技型中小企业金融服务提供了最为重要的制度支持，也可以说是我国科技型中小企业金融服务得以开展的制度保障。我国深化科技体制改革的指导思想要求"建立企业为主体、产学研结合的技术创新体系为突破口，全面推进中国特色国家创新体系建设"，而科技型中小企业作为企业数量中的绝大多数者和企业群体中具有绝对优势的创新力量，自然而然成为发展的重点之所在。加快科技型中小企业的发展，需要各地各部门的紧密配合，需要产学研和大中小企业的紧密协同，要特别注重发挥高等院校、科研院所在创建、培育、发展和服务中小企业中的特殊作用，促进科研机构的知识外溢、资源共享，支持青年科技人才创新创业。具体而言，深化科技体制改革和创新型国家建设为促进我国科技型中小企业金融服务发展所带来的制度支持主要表现在以下几个方面。

（一）"支持鼓励企业成为技术创新主体"为科技型中小企业确立重要地位

"科技型中小企业是最具活力、最具潜力、最具成长性的创新群体，在创新发展中具有重要的带动作用"，全国政协副主席、科技部部长万钢日前在接受《瞭望》新闻周刊专访时，一连用三个"最"表达了科技型中小企业的突出特点和作用。市场竞争是技术创新的重要动力，技术创新是企业提高竞争力的根本途径。随着改革开放的深入，我国企业在技术创新中发挥着越来越重要的作用。

"支持鼓励企业成为技术创新主题"的科技政策致力于：第一，本着切实增强企业技术创新的动力和活力，科技政策通过发挥导向作用使企业成为研究开发投入的主体，加快完善统一、开放、竞争、有序的市场经济环境，通过财税、金融等政策，引导企业增加研究开发投入，相关的一系列政策方向实际上为科技型中小企业确立了重要地位。第二，通过改革科技计划支持方式来支持企业承担国家研究开发任务的相关政策，国家科技计划要更多地反映企业重大科技需求并更多地吸纳企业参与，更是切实从需求和供给的角度为科技型企业开拓了市场，有助于科技型企业的成长和发展。第三，通过将技术要素参与分配作为高新技术企业产权制度改革的重要内容等举措，来实现加快现代企业制度建设和增强企业技术创新的内在动力，

鼓励了科技型中小企业的成长与发展。第四，除以上普惠政策之外，特别针对中小企业的技术创新活动，有针对性地进行扶持。在市场准入、反不正当竞争等方面，起草和制定了有利于中小企业发展的相关法律、政策；积极发展支持中小企业的科技投融资体系和创业风险投资机制；加快科技中介服务机构建设，为中小企业技术创新提供服务。

（二）科技体制改革孕育了科技型中小企业

科技体制改革孕育、催生了科技型中小企业。20世纪80年代初，中关村迎来第一批创业者。1988年，中办调研组提出了兴办中关村新技术开发试验区的建议。20世纪90年代初，国家高新区建设启动。从中关村到我国第一个高新区，再到科技型中小企业和高新技术产业集群的蓬勃发展，科技体制改革始终是强大的动力。

（三）孵化器、大学科技园等培育了科技型中小企业

目前，全国已发展了86家国家大学科技园，科技企业孵化器达到896家。优秀毕业企业2万多家，在孵企业5万多家；创业团队人数近118万人，吸引留学回国人员1.6万余人。

（四）高新区等聚集、壮大了科技型中小企业

中小企业需要创新集群提供局部优化的发展环境，高新区的发展也需要大批具有旺盛活力的中小企业。二者相辅相成、相得益彰。目前，国家高新区内的科技型中小企业达到5.2万家，占区内企业总数的94%；2011年88家国家高新区实现营业总收入13.16万亿元，工业增加值达2.74万亿元、增加值占全国第二产业增加值的12.4%；国家高新区万元GDP能耗仅为全国的50%。

（五）"产学研"、"大中小"两个"结合"

集群化是科技型中小企业发展的一个重大趋势。这也是科技型中小企业发展的一个重要规律。现在生产一个产品、发展一个产业，不像过去那样，要建立一个大而全的工厂去进行加工，现在所需的零部件都可通过采购的方式得到。

大中小企业的有机结合，有利于加快产品的形成和产业的发展。产品研发的一项重点工作就是创新产品性能、构建技术路线、划分功能模块、协调验证各模块研发并使之成为整体，每个模块中很多具体的工作都是委托中小企业完成的。实际上，在当今的市场竞争条件下，一个企业要独自承担一个复杂产品所有模块、部件或所有领域的技术研发，是不可能的，也无法承受相应的经济成本。小企业做精做专和大企业求新求快相辅相成，有利于共同发展，形成协同创新的联合体。系统设计的能力对于一个企业来讲是十分重要的。国内不少的企业，表面上具有生产整机的能力，但在很多核心部件上要依赖国外。一个重要的原因就在于缺乏系统设计的能力，在产品研发初期不能将整机有效地区分、细化成功能模块，也就没有办法有效地建立起独具特色的创新链和产业链，从而形成路径依赖。

加强产学研、大中小企业的结合，通过大企业的发展带动中小企业的发展，对大企业而言不仅是责任和义务，是大企业自身发展的需要。只有通过产学研、大中小企业的有机结合，形成完整、成熟的创新链，才可能形成自主的创新链和产业链，才有自主发展空间和路径。这对于大中小企业，都是至关重要的。

三、政策措施：促进科技型中小企业金融服务发展的配套体系

顶层设计下，与体制机制改革相连的就是具有针对性的科技政策措施，这些政策措施是针对当前主要矛盾和突出问题而制定的，对促进科技型中小企业金融服务发展提供了重要的政策支持。

（一）配套之一：实施激励企业技术创新的财税政策

鼓励企业增加研究开发投入，增强技术创新能力。加快实施消费型增值税，将企业购置的设备已征税款纳入增值税抵扣范围。除了落实国家关于促进技术创新、加速科技成果转化以及设备更新等各项税收优惠政策以外，还积极鼓励和支持企业开发新产品、新工艺和新技术，加大企业研究开发投入的税前扣除等激励政策的力度，实施促进高新技术企业发展的税收优惠政策。结合企业所得税和企业财务制度改革，鼓励企业建立技术研究开发专项资金制度。允许企业加速研究开发仪器设备的折旧。对购买先进科学研究仪器和设备给予必要税收扶持政策。加大对企业设立海外研究开发机构的外汇和融资支持力度，提供对外投资便利和优质服务。

全面贯彻落实《中华人民共和国中小企业促进法》，支持创办各种性质的中小企业，充分发挥中小企业技术创新的活力。鼓励和支持中小企业采取联合出资、共同委托等方式进行合作研究开发，对加快创新成果转化给予政策扶持。制定扶持中小企业技术创新的税收优惠政策。

（二）配套之二：实施促进自主创新的政府采购

通过建立政府采购自主创新产品协调机制，对国内企业开发的具有自主知识产权的重要高新技术装备和产品，鼓励政府实施首购政策。对企业采购国产高新技术设备提供政策支持。通过政府采购，支持形成技术标准。这一系列政府采购政策切实为科技型企业产品的产业化拓宽了市场，为供求双方打开了局面。

（三）配套之三：实施促进创新创业的金融政策

建立和完善创业风险投资机制，积极推进创业板市场建设，建立加速科技产业化的多层次资本市场体系。科技政策鼓励有条件的高科技企业在国内主板和中小企业板上市，并且致力于努力为高科技中小企业在海外上市创造便利条件，并为高科技创业风险投资企业跨境资金运作创造更加宽松的金融、外汇政策环境。在国家高新技术产业开发区内，开展对未上市高新技术企业股权流通的试点工作。逐步建立

技术产权交易市场。探索以政府财政资金为引导，政策性金融、商业性金融资金投入为主的方式，采取积极措施，促进更多资本进入创业风险投资市场。建立全国性的科技创业风险投资行业自律组织。鼓励金融机构对国家重大科技产业化项目、科技成果转化项目等给予优惠的信贷支持，建立健全鼓励中小企业技术创新的知识产权信用担保制度和其他信用担保制度，为中小企业融资创造良好条件。搭建多种形式的科技金融合作平台，政府引导各类金融机构和民间资金参与科技开发。鼓励金融机构改善和加强对高新技术企业，特别是对科技型中小企业的金融服务。鼓励保险公司加大产品和服务创新力度，为科技创新提供全面的风险保障。

（四）配套之四：加速高新技术产业化和先进适用技术的推广

把推进高新技术产业化作为调整经济结构、转变经济增长方式的一个重点。积极发展对经济增长有突破性重大带动作用的高新技术产业。

优化高新技术产业化环境。继续加强国家高新技术产业开发区等产业化基地建设。制定有利于促进国家高新技术产业开发区发展并带动周边地区发展的政策。构建技术交流与技术交易信息平台，对国家大学科技园、科技企业孵化基地、生产力促进中心、技术转移中心等科技中介服务机构开展的技术开发与服务活动给予政策扶持。

加大对农业技术推广的支持力度。建立面向农村推广先进适用技术的新机制。把农业科技推广成就作为科技奖励的重要内容，建立农业技术推广人员的职业资格认证制度，激励科技人员以多种形式深入农业生产第一线开展技术推广活动。设立农业科技成果转化和推广专项资金，促进农村先进适用技术的推广，支持农村各类人才的技术革新和发明创造。国家对农业科技推广实行分类指导，分类支持，鼓励和支持多种模式的、社会化的农业技术推广组织的发展，建立多元化的农业技术推广体系。

支持面向行业的关键、共性技术的推广应用。制定有效的政策措施，支持产业竞争前技术的研究开发和推广应用，重点加大电子信息、生物、制造业信息化、新材料、环保、节能等关键技术的推广应用，促进传统产业的改造升级。加强技术工程化平台、产业化示范基地和中间试验基地建设。

（五）配套之五：提高全民族科学文化素质，营造有利于科技创新的社会环境

实施全民科学素质行动计划。以促进人的全面发展为目标，提高全民科学文化素质。在全社会大力弘扬科学精神，宣传科学思想，推广科学方法，普及科学知识。加强农村科普工作，逐步建立提高农民技术和职业技能的培训体系。组织开展多种形式和系统性的校内外科学探索和科学体验活动，加强创新教育，培养青少年创新意识和能力。加强各级干部和公务员的科技培训。

加强国家科普能力建设。合理布局并切实加强科普场馆建设，提高科普场馆运营质量。建立科研院所、大学定期向社会公众开放制度。在科技计划项目实施中加

强与公众沟通交流。繁荣科普创作，打造优秀科普品牌。鼓励著名科学家及其他专家学者参与科普创作。制定重大科普作品选题规划，扶持原创性科普作品。在高校设立科技传播专业，加强对科普的基础性理论研究，培养专业化科普人才。

建立科普事业的良性运行机制。加强政府部门、社会团体、大型企业等各方面的优势集成，促进科技界、教育界和大众媒体之间的协作。鼓励经营性科普文化产业发展，放宽民间和海外资金发展科普产业的准入限制，制定优惠政策，形成科普事业的多元化投入机制。推进公益性科普事业体制与机制改革，激发活力，提高服务意识，增强可持续发展能力。

四、投入和平台：促进科技型中小企业金融服务发展的必要保障

科技投入和科技基础条件平台，是科技创新的物质基础，是科技持续发展的重要前提和根本保障。

（一）"建立多元化、多渠道的科技投入体系"是科技型中小企业金融服务发展的资金源

科技政策要求充分发挥政府在投入中的引导作用，通过财政直接投入、税收优惠等多种财政投入方式，增强政府投入调动全社会科技资源配置的能力。科技型中小企业金融服务发展的相关研究，正是基于国家对科技的投入，试图研究和摸索更为行之有效并能够在更大程度上发挥作用的科技投入方式和路径。科技政策还要求在国家加强和切实保障重大科技基础设施建设投入的基础上，强化企业科技投入主体的地位。由此可见，"建立多元化、多渠道的科技投入体系"这一科技政策要求，正是构成科技型中小企业金融服务启动资金的源头所在，无论是投入结构和路径怎样选择，这一撬动的原始资金始终都要严格遵循我国科技规划和政策体系布局，并为我国科技工作的发展服务。

（二）"加强科技基础条件平台建设"是科技型中小企业金融服务发展的支撑体系

科技基础条件平台是在信息、网络等技术支撑下，由研究实验基地、大型科学设施和仪器装备、科学数据与信息、自然科技资源等组成，通过有效配置和共享，服务于全社会科技创新的支撑体系。在科技基础条件平台建设中，除了根据国家重大战略需求所建立的国家研究实验基地、研究科学仪器与设备等大型科学工程和设施的实验基地等侧重点以外，还致力于科学数据与信息平台，自然科技资源服务平台，国家标准、计量和检测技术体系等平台建设。

企业金融服务的开展，尤其是科技型中小企业金融服务的开展，特别需要以可供参考和使用的各种平台和统一标准作为基础，以此来推动科学技术成果的评估等工作，并有利于金融服务的开展，适应市场化需求。因此，可以说"加强科技基础

条件平台建设"等相关的科技政策，构成了科技型中小企业金融服务发展的支撑体系。

（三）"建立科技基础条件平台的共享机制"有助于科技型中小企业金融服务的继续深化

建立有效的共享制度和机制是科技基础条件平台建设取得成效的关键和前提。根据"整合、共享、完善、提高"的原则，借鉴国外成功经验，制定各类科技资源的标准规范，建立促进科技资源共享的政策法规体系。针对不同类型科技条件资源的特点，采用灵活多样的共享模式，打破当前条块分割、相互封闭、重复分散的格局。

五、针对性政策：四大维度构成的促进科技型中小企业金融服务发展的政策体系

（一）维度一：投融资方面

目前，我国的科技政策是在投融资方面把科技型中小企业作为突破口，并将培育发展战略性新兴产业作为主攻方向。这就势必要求加快金融组织、产品和服务模式创新，通过中小企业成长路线图、科技金融等工作，进一步推进种子基金、天使基金、创业投资基金、贷款担保（质押担保）、非上市公司场外交易、创业板等的发展，加强科技型中小企业成长壮大全过程的投融资支持，努力把社会资金投入的积极性引导到科技创新上来。

（二）维度二：研发资助方面

在研发资助方面，科技政策强调加强财政资金的引导，用好国家科技计划这个杠杆。火炬、星火、新产品研发、中小企业创新基金、科技成果转化基金等政策引导类科技计划，要重点针对研发、中试和成果转化等环节加强支持，带动社会资金的投入。这实际上为科技型中小企业金融服务提出了明确要求，那就是带动社会资金的投入，通过国家科技计划资金这一杠杆撬动更多的资金投入。

（三）维度三：孵化体系和创新集群建设方面

在孵化体系和创新集群建设方面，科技政策强调建立健全科技型中小企业孵化体系，包括大学科技园、孵化器等。大力发展创新集群，包括高新技术产业开发区、新兴产业基地等。加强公共技术服务平台建设，促进科技资源共享。孵化体系和创新集群的建设，有助于科技型中小企业的成长和发展，并有助于推动和发挥我国科技型中小企业金融服务发展的规模效应。

（四）维度四：市场环境建设方面

在市场环境建设方面，科技政策要求积极推动规范企业间的商业行为，加强企

业的诚信体系建设，使中小企业自身提高产品和服务诚信、供应期的保障诚信等。诚信体系建设可以构成科技型中小企业金融服务发展的支撑体系，通过信用与金融服务挂钩的形式达到更好地为中小企业服务的目的。

第十章

促进科技型中小企业金融服务
发展的其他政策建议

科技型中小企业获取金融服务难是学界、企业和政府部门的一个基本共识，造成这一难题除了金融市场自身不够完善外，针对科技型中小企业的信用评价机制、知识产权评价机制的缺失等也是重要原因。这些制度机制的缺失之所以会对科技型中小企业获取金融服务造成影响，我们认为是由于相关机制的缺失导致了金融服务市场存在严重的信息不对称。而信息不对称的存在不仅使得科技型中小企业金融服务市场的无效，甚至是严重的信息不对称还造成金融市场不能够充分建立和有效完善，所以科技型中小企业缺失有效的金融服务就不奇怪。下面我们就以信息不对称为主线，分析科技型中小企业获取金融服务中如何产生信息不对称，信息不对称又如何制约了各种促进科技型中小企业金融服务发展的政策效应发挥，最后从克服信息不对称的角度提出除财税金融外促进科技型中小企业金融服务发展的其他政策建议。

一、科技型中小企业金融服务发展中的信息不对称问题

从信息传递的角度来看，市场中信息要能有效传递和交流涉及三个方面的内容：一是信息的提供方必须要能够顺利提供信息和保证信息的真正有效；二是市场中存在有效的信息传递通道和信息的甄别机制；三是信息需求方能够有效接收和评价信息。从科技型中小企业金融服务市场这三个方面的情况看，都存在着相应的问题：一是科技型中小企业存在不能有效提供信息等问题；二是金融服务提供机构不足及不能有效评估信息的问题；三是市场中缺乏信息渠道和甄别机制的问题。并且三个方面的问题不仅各自都影响科技型中小企业金融服务的有效，并且他们能够相互影响，加强了各方的影响效果，最终导致了科技型中小企业缺失有效金融服务的难题。

(一) 企业信息的问题——信息发送方

从信息传递链条的角度来看，科技型中小企业自身是市场中信息传递的发送方，

处于整个信息传递链条的最前端。信息发送方如果不能有效提供信息的话，整个市场的信息传递将不能有效进行，从而使得市场不能有效配置资源，甚至是不能有效形成市场本身。从我国的现实情况看，在科技型中小企业金融服务市场中，科技型中小企业自身的确存在相应问题。

1. 财务信息提供不充分

科技型中小企业一般由科技开发人员等自筹资金建立、具有规模小、成立时间短等特征，这些特征不仅使得科技型中小企业在财务相关信息上披露不充分，而是在自身内容掌握信息上就不充分。

科技型中小企业都由掌握技术的科研人员创立，他们了解项目研发，但不是很了解企业管理等。在科技型中小企业成立发展初期，往往重视的是科技项目的研发而不注重管理制度、财务制度等的建立，因此财务制度较为不健全；另外，科技型中小企业一般规模较小，自身资源有限，企业，在企业初期更重视项目研发成功与否的情况下，即使企业管理人员重视财务、经营、管理方面的信息收集，也很难有足够的资源来完成充分的财务信息收集，如较难有资金聘请专门的高级人才来进行财务审查等；科技型中小企业成立时间较短，即使是企业负责人重视并有了一定的能力进行财务信息的收集和制度建立，但企业经营发展方面的财务数据有限，尚不能够很好反映企业的发展状况和未来的趋势。

同科技型中小企业财务信息有限和不足形成显著矛盾的是，金融机构特别是银行等信贷机构对于财务信息的要求是很严格的，不能提供完备的财务信息的科技型中小企业将会被排除在提供金融服务的范围之外。另外，由于财务信息的不足，科技型中小企业经营发展状况经常被低估，这样即使能够获取金融服务，也不足取得与其企业状况相衬的服务内容，如贷款金额不足、相关担保费用较高等。

2. 提供失真信息

由于金融服务机构和科技型中小企业掌握的科研项目的信息是不对称的，因此科技型中小企业有提供非真实有效信息的倾向和行为。

相比于其他企业，科技型中小企业在发展中的一个显著特征是企业的核心是科技项目的研发和创新。科研活动具有很强的独特性，这决定了关于科研信息也是独特的。这种信息的独特性会造成获取真实信息的困难，即是金融服务机构很难从别的渠道获取科技型中小企业从事的科研活动的信息，只能依靠企业自身进行信息暴露。在信息难以甄别的情况下，企业会倾向低估风险而高估项目价值的非真实信息。

这种非真实信息的在市场中的传递会带来两个影响：一是这种非有效信息的传递使得市场出现逆向选择；二是科技型中小企业发展的整体金融服务力度下降。如果市场中没有能甄别出非有效信息的机制，越是低估风险而高估项目价值的企业将越能够取得金融服务，而提供真实信息的企业获取金融服务的机会较小，这样必然的结果就是该市场的逆向选择。相比于逆向选择问题，对于科技型中小企业金融服务支持力度下降才是更为重要的方面。由于无法有效辨识科技型中小企业科研发展的状况，金融机构在这样一个信息不对称市场，如果在经过几轮的投资、贷款等相关服务失败后，会倾向于选择减少对于科技型中小企业的服务，甚至是退出该市场，从而进一步加剧了科技型中小企业缺失有效金融服务的难题。

3. 对于政策不了解

一般获得政府优惠政策或资金等支持的科技型中小企业在市场中获取金融服务的成功可能性更高，这是因为政府的各项支持措施的选择过程实际上发挥了披露科技型中小企业的信息和信息甄别的作用，而获取这些支持的企业相当于获得了政府的背书。如国家科技创新基金的情况是，要达到相关的经营状况的科技型中小企业才能申请国家的科技创新基金支持，并且政府在接收到申请后不仅要审查企业提供的资料，还要组织相关人员在申请企业中进行比较，筛选合适企业进行支持。从信息传递的角度来看，创新基金的申请条件、政府对企业审查和筛选形成企业信息充分暴露和信息甄别的机制，市场中的金融机构能够从国家创新基金支持的名单，判断哪些企业是发展前景较好的企业。

现实中，许多科技型中小企业并不了解国家的相关政策，没有积极参与国家的各种项目支持申请，这不仅使得企业没有享受到政策的优惠，也使得企业的信息没有得到暴露。

（二）金融服务机构的问题——信息需求方

从信息传递的角度看，金融服务机构处于信息链的末端，属于信息的需求方和使用方。金融机构需要依据获取的信息来做出经营服务决策，科技型中小企业金融服务市场是否能有效运行取决于金融机构能否有效获取信息和评估信息。如果作为信息使用方的金融机构不能够有效评估信息，将带来市场供给不足、缺乏效率等问题。

1. 信贷评估制度缺陷

信息能够有效传递到金融机构，但如果金融机构不能有效评估这些企业信息，也将带来金融服务支持不足的问题。以我国现在的金融服务体系来看，银行贷款是科技型中小企业获取资金支持的主要渠道。科技型中小企业由于可抵用资产较少，多倾向于向银行申请信用贷款。银行对于科技型中小企业的信用评价采用的是与大企业、其他一般企业相同的传统财务量化评价指标，没有考虑到反映科技中小企业特点的信息，如科技创新特殊性、企业的未来发展的高成长性、企业在供应链合作中的地位等，从而导致科技型中小企业的信用评价普遍偏低，直接制约企业的融资。

从信息评价的角度看，这相当于没有将企业的优势信息排除在评价体系外，而主要考察的是企业相对劣势的信息。这样的结果必然导致，科技型中小企业在金融服务市场中处于劣势地位，获取金融服务的可能低于其他企业，最终整体的结果就是科技型中小企业普遍缺失有效金融服务。

2. 区域性中小金融服务机构有限

信息传递除了依靠"正式"的渠道进行外，还可以依靠"非正式"的渠道进行。这里使用正式和非正式是借用制度经济学中使用的正式的制度和非正式制度的概念，前者指的是社会征信机制、专业机构评估等获取信息的渠道，而后者指的是朋友介绍、地区商会交流等传递信息的渠道。

　　显然，在获取科技型中小企业的信息上，区域性的中小金融机构是有明显优势的。因为区域性的中小金融机构专门从事有限范围内的金融服务，同当地或周边的企业有较好的联系和业务往来，使得中小金融机构能够建立起各种非正式的获取信息的渠道，并且这些非正式的信息渠道传递信息的效率和信息提供的准确度一般比正式的信息渠道要高。比其他金融机构，区域性中小金融机构无疑拥有信息优势。基于这些信息，区域性中小金融机构能够更好、更快捷地为当地的科技型中小企业提供金融服务。并且从信息传递的角度来讲，发展区域性中小机构意义不仅在于提供直接的金融服务，其重要意义还在于充分利用非正规的信息渠道将科技型中小企业发展的状况的信息有效暴露和传递出来。这样的话，大型的金融机构就可以通过参考中小金融机构的选择，对科技型中小企业进行甄别，或者是直接为企业提供服务，或者是同中小金融展开深度合作，为科技型中小企业构建多层次的金融服务体系。

　　近年来，我国的中小型金融机构发展快速，特色小额贷款公司，但是从总体情况看，区域性的中小金融机构还较缺乏，中小金融机构可以使用的资源也较为有限。在正式的信息传递渠道不畅的情况下，拥有信息优势的金融机构数量不足、能力有限，不仅使得科技型中小企业能获取的金融服务资源稀少，而且阻碍了科技型中小企业经营发展信息的暴露，两个效应最终导致的是科技型中小企业缺失合意的金融服务。

　　3. 专业金融服务机构较少

　　不同于进行一般经营的企业，科技型中小企业的未来发展的信息较为专业，因此金融机构是否能有效识别和筛选这些信息至关重要。但显然，一般性金融机构面对的服务客户涉及行业领域众多，其没有这么广泛的专业能力识别各个科技型中小企业的信息。而针对科技创新的专业金融服务机构专业经营科技创新业务，对于该领域的情况较为了解，因此其能够具有识别和筛选科技型中小企业有效信息的能力。因此，专业金融机构的存在将能够有效为科技型中小企业提供金融服务。

　　但从我国现在的情况看，专业型的银行刚开始出现，发展还需要一定时间和过程。而针对科技型企业的投资机构和团队也已经出现，为科技园区企业专业服务的金融机构也有一定发展。但就总体情况来看，我国的针对科技型中小企业的专业金融服务机构仍然不足，专业程度也还有待提高，所以对于科技型中小企业的金融服务支持不足。

　　4. 多层次的金融服务体系尚需发展

　　这里需要说明，严格来讲，前面谈到的中小金融机构也属于多层次的金融服务体系的内容之一，但是考虑到中小金融机构获取信息的方式有别于其他机构，所以将其单独列出进行分析。下面探讨除中小金融机构外的其他方面内容。

　　从获取信息和对信息进行有效评估的情况看，风险投资机构、天使基金、证券机构、科技保险公司等都有相应专业部门和人员对行业和企业进行研究，具有一定的信息获取和信息识别的优势。基于这些信息优势，其能够有效地甄别科技型中小企业，选择合适的企业进行投资、提供服务，这样科技型中小企业就能得到同其发展状况相适应的金融服务支持。

但我国现状是风险投资、天使投资、证券直投、科技保险业务发展相对滞后，同科技型中小企业的大量金融服务需求尚不相匹配，大多数科技型中小企业都没有得到过来自这些金融机构的服务。虽说科技型中小企业需要不同层次的金融机构和不同类型的金融服务来进行支持，但如果是银行等贷款服务能够有效覆盖并满足了科技型中小企业金融服务需求，也不失为一套有特色的金融服务体系。但我国现状是贷款业务不足满足科技型中小企业发展需求，并且企业在获取贷款服务方面还有很多困难。在这样的情况下，多层次的金融服务体系发展又相对滞后，不足为科技型中小企业提供有效服务。那么我国科技型中小企业面临缺失有效金融服务的情况就不是一个难以理解的问题了。当然，不同层次的金融服务机构不足、自身发展滞后，这是其行业本身的问题，但同时这也同我国整个信息传递系统、信息传递渠道、甄别机制不足有关。因为信息传递渠道和甄别机制的缺失，会阻碍金融服务机构的发展。

（三）传递渠道和甄别机制的问题——信息通道

市场要有效运行，信息的传递十分重要。信息通道和信息甄别的重要性，从各领域中广泛存在中介及信用评级机构就可见一斑。在市场参与各方都愿意提供有效信息并接受信息方有能力识别信息的情况下，缺失能够有效传递这些信息的渠道和对这些信息进行甄别的机制，整个市场仍然不能有效运行。信息传递渠道和甄别可以说是整个市场信息有效提供中最重要的，因为如果缺失信息传递渠道和甄别，会带来涉及信息供给方和信息需求方的两个方面的效应。首先是对于科技型中小企业来说，由于信息不会被甄别和有效传递，其将更不重视信息的收集和提供，并更倾向于提供不实的信息；其次是对于作为信息需求方的金融机构，由于信息不能有效传递，它们将因为风险与收益不能识别而不愿意进入科技型中小企业金融服务的领域，或者是在其中的选择退出市场，这样结果是科技型中小企业金融服务供给将十分有限。可以说，信息渠道和信息甄别机制是科技型中小企业金融服务信息服务机制的关键，也是破解科技中小企业金融服务信息不对称的关键。具体看我国科技型中小企业金融服务领域，存在着缺失有效的传递信息渠道和甄别机制的问题，这严重影响了金融服务市场对我国科技中小企业的有效支持。

1. 缺失征信机制

征信（Credit Checking 或 Credit Investigation）指的是对他人的资信状况进行系统调查和评估。从发达的市场经济体的运行情况看，成熟、有效的市场经济运行都需要完善的社会信用体系作为基础的。显然，金融服务市场的有效运行也需要征信机制发挥作用。

从信息传递有效的角度看，征信机制的缺失意味着信息传递机制的缺失，希望获取信息的主体无法有效获取信息，而希望发出信息的主体，不能将信息有效传递出去。显然，这些信息传递的失效就会带来典型的信息不对称市场。从我国的情况看，整个社会的征信机制尚不健全，征信机构较少、整体专业度不高、信用数据的封闭等问题都很突出，这使社会对于企业生产经营状况较难了解，特别是从事科技创新这种具有比较独特性的科技型中小企业的发展状况很难获取。这就使得科技型中小企业金融服务市场具有严重的信息不对称。具体来说，征信机制的不完善带来两个方面的问题，一是企业没有足够的动力和约束提供真实的信息；二是金融机构无法有效获取服务对象的信用信息，基于风险规避，其要求较高的风险补偿才能对企业提供金融服务，在一些情况下，金融机构甚至不对科技型中小企业提供金融服务。

从科技型中小企业获取资金的主要信贷市场看，科技型中小企业缺失可供抵押的有效资产，对于贷款的需求主要依靠信用贷款。但在信用贷款方面，由于征信机制的缺失，银行等金融机构不能够低成本地共享企业的信用信息，这些金融机构要获取企业的信用状况，需要依靠自己去收集相关数据，这样在提供贷款时就要求较高的费率。另外，社会征信机制的缺失使得银行等金融机构不能有效把握企业的信息状况，不能有效根据信息等级将企业进行区分。这种情况下，金融机构为了规避风险只能将企业的信息风险预设为较高的等级，因此会要求较高的风险补偿，即较高的资金利率。在更严重的信息不对称情况下，没有社会征信机制，金融机构不能够识别科技型中小企业的信用风险，基于保险的策略，将不对科技型中小企业提供服务。

因此可以看出，征信机制的缺失使得企业信用信息失去了有效传递渠道，信息渠道的缺失使得金融服务市场存在严重的信息不对称，从而使得该市场不能有效或者是以合理的价格将资源配置到需要的企业处，造成了整体上科技型中小企业缺失有效金融服务。

2. 缺失知识产权评估的权威机构和交易市场

从信息传递的角度看，知识产权评估价值和知识产权交易市场中对于知识产权的估价是一种企业知识产权的信号，而知识产权的评估机构和交易市场就是传递这种信息的渠道。

从科技型中小企业的资产结构的情况看，企业主要的资产是其拥有的知识产权，如何能应用好知识产权这一资产来获取金融服务对于科技型中小企业具有重要的意义。但是我国现实的情况是缺失知识产权评估的权威机构和知识产权交易的市场，这意味着科技型中小企业缺失了将企业的资产（知识产权）价值有效披露和传递给金融机构的渠道，从而造成了企业和金融机构之间的信息不对称。这种信息不对称的存在，使得科技型中小企业的知识产权得不到金融机构的充分认可，即是使得科技型中小企业的该项资产不能体现其应有价值，从而企业不能够通过对这项资产的合理应用取得合意的金融服务。

具体来看，在信贷市场中，由于缺失对于知识产权进行评估的权威机构，银行等金融机构对于科技型中小企业知识产权的认可将大打折扣。另外，知识产权交易市场的不完善，知识产权不能有效地进行交易，因而对于该资产的市场价值不能够得到有效体现。这样一来，金融机构不能获取知识产权的真实价值，因而在提供知识产权质押贷款或担保等服务时，一是对于知识产权会给予低估，二是知识产权质押比例一般比较小。所以，在关于知识产权价值的信息不能够有效传递的情况下，科技型中小企业将不能获得与其资产价值相当的金融服务支持。

3. 缺失项目评价的专业机构

科技型中小企业的核心是科技创新活动，企业未来发展同科研活动密切相关。而未来发展的状况，是金融服务机构是否对科技型中小企业进行投资、给予基金支持、提供科技保险、金融租赁和项目贷款等金融服务的主要考察内容。从信息传递的角度看，科研创新活动的信息反映的是企业未来发展状况的信号，该信号能否顺利传递和被有效甄别对于科技型中小企业获取金融服务至关重要。

各个科技型中小企业的科研内容都不相同，从整体上看，涉及的领域十分广泛，金融机构不可能具有涉及这么多领域的专业评估能力，因此金融机构和科技型中小企业之间存在着信息不对称的情况。从成熟的金融市场看，市场中有着专业的评估机构对科技型中小企业科研项目进行评价，专业机构发挥了信息甄别和传递的作用，从而降低或是消除了信息不对称。金融机构在专业评估的基础上，再进行是否为科技型中小企业提供金融服务的决策，这样金融服务市场将能有效提供金融服务。但我国目前尚缺乏能够对于科技型中小企业的科研项目进行评估的专业机构，这意味着科技型中小企业未来发展的信息不能够有效传递。这对于科技型中小企业获取金融服务是十分不利的，因为科技型中小企业重要的特征就在于其高成长性，即预期未来的发展状况较好。

总的来看，信息不对称的产生在于科技型中小企业的信息在发送、传递和甄别及接受并识别三个方面都存在问题。并且这个三个方面的问题不仅是各自影响了市场信息的有效传递，而且它们之间能相互影响、共同作用，最终造成了科技型中小企业难以获得有效金融服务。

二、信用不对称对于科技型中小企业金融服务发展的影响

信息不对称不仅导致科技型中小企业难以获取有效金融服务，而且还会影响一些其他促进科技型中小企业金融服务发展的政策发挥应有效应。

（一）增加了科技型中小企业获取金融服务的难度

1. 导致金融服务价格变高

信息不对称的存在使得金融机构获取和掌握科技型中小企业科研发展、财务信用等信息较少，这样的情况下，金融机构一般会高估科技型中小企业的经营和项目风险，而低估其经营发展状况。在加之由于金融机构服务科技型中小企业的单位资金相对于大企业要高，因此在为科技型中小企业提供金融服务时，金融机构倾向于要求更高的服务价格，如贷款利率、担保费用较高等。

2. 导致整体金融服务支持力度下降

由于信息不对称的存在，金融机构无法有效辨识科技型中小企业科研发展、财务信用等状况，致使金融机构不能够判断科技型中小企业是否有足够的能力为金融

服务支付费用和带来回报收益。在这样的信息不对称情况下，为了资金安全，金融机构一般对科技型中小企业给予较高的风险评价。这使得其在为科技型中小企业提供服务时，会要求更多的价格。较高价格使得大多数成本承受能力有限的科技型中小企业不能够获取金融服务。整体来看，金融服务对于科技型中小企业的支持力度不足。而更糟糕的是如果金融机构在经过几轮的投资、贷款等相关服务失败后，会倾向于选择减少对于科技型中小企业的服务，甚至是退出该市场，这进一步使得科技型中小企业金融服务支持力度下降。

（二）制约促进科技型中小企业金融服务发展政策的作用发挥

1. 商业银行中设立专门的科技型中小企业信贷部门

针对科技型中小企业信贷获取不足，有政策建议提出，我国的商业银行应该设立专门的科技型中小企业贷款部门，并由政府给予该类贷款相应的利息优惠等政策，促进商业银行增加对于科技型中小企业的贷款投放。

大型商业银行业务面广，并不具备甄别科技型中小企业专业能力，也就是说商业银行在服务科技型中小企业时存在信息不对称问题。信息不对称的存在，使得大型银行在进行贷款时，不能有效地将贷款风险与贷款收益进行较好的匹配；并且相比于为大型企业或项目提供贷款业务，商业银行为科技型中小企业提供贷款的单位交易成本是比较高的，这样大型银行就没有向科技型中小企发放贷款的激励。在这样的情况下，要求银行增加对科技型中小企业的贷款只会造成银行的政策性负担。如果在要求商业银行必须有一定比例贷款投放给科技型中小企业的情况下，相当于要求银行放弃别的方面的贷款，而让其投入银行不具备信息优势的领域。这不仅会使得该贷款的不能有效投放给优质的科技型中小企业，使得信贷业务对于科技型中小企业整体支持效率不高，而还在一定程度上挤占了别的领域的信贷资源，对于整个社会的福利改进可能会有负面的影响。因此，信息不对称的存在，影响了商业银行中设立专门的科技型中小企业信贷部门对于促进科技型中小企业金融服务的作用。

2. 政府参与设立贷款担保机构

在科技型中小企业缺乏有效抵押物的情况下，市场中的担保机构不愿意为科技型中小企业提供担保，或者是要求的担保费用和条件过高，这样就使得科技型中小企业难以获得贷款支持。针对这一情况，政府参与设立贷款担保机构是必要之举。政府参与设立的担保机构能够发挥信息传递的作用，企业获取政府的贷款担保是一种信号发布，这对于市场中的金融机构识别科技型中小企业来说是有作用的。

但是我们需要注意到政府参与设立的担保机构，也可能由于信息不对称的影响，而影响其作用发挥。因为如果该类担保公司没有获取科技型中小企业的信息优势，不能很好的对企业信息进行甄别，那么提供担保的后果仅仅是将市场金融机构的风险转嫁给担保机构，使得信息不对称带来的风险将集中于政府和担保机构，造成担保机构自身运行出现困难。最终影响了政府参与设立担保公司这一政策的作用发挥，导致其不能较好促进科技型中小企业金融服务发展。

3. 政策性金融体系

科技型中小企业从事的科技创新活动一般具有正外部性，在对社会有正外部性的领域，政府采取支持措施是世界的通行做法。更进一步来说，科技型中小企业领域存在着对于社会有重大作用，而市场金融机构又不愿意提供服务的企业，这就需要政策性的金融体系发挥作用。基于这样的判断，我们需要构建政策性金融体系来解决科技型中小企业的金融服务难题，促进科技金融服务发展。一般地，一切带有特定政策性意向的政策性贷款、存款、投资、担保、贴现、信用保险、存款保险、利息补贴等一系列特殊性资金融通行为都属于政策性金融体系。所以，严格讲上文论述的政府参与设立贷款担保机构属于政策性担保的范畴，但是考虑到各地政府参与设立贷款担保机构的做法较为普遍，因此单独提出进行介绍。

政策性金融的根本目的在于实现国家的特定战略目标，如扶持农业、促进产业结构升级、完善市场建设和对市场机制形成补充。科技型中小企业对于构建我国自主创新体系有重要的作用，因此应用政策性金融体系来改善科技型中小企业金融服务状况有其必要性。政策性金融体系加入对科技型中小企业金融服务的领域，意味着给科技型中小企业带来了新的可获取的金融资源，这对于解决科技型中小企业缺失有效金融服务的问题是有一定作用的。但是由于存在信息不对称的问题，政策性金融机构并不比商业性金融机构能够具有信息优势和更具专业的信息甄别能力。在这样的情况下，政策性金融体系促进科技型中小企业金融服务发展的作用将大打折扣。单纯的增加金融资源供给的行为不仅不能提高科技型中小企业金融服务支持效率，反而还可能因为增加了不具竞争力的科技型中小企业获取了金融服务的概率，而使得整个金融服务促进科技性中小企业成长的效率降低。

总的看来，信息不对称的存在，使得科技型中小企业获取金融服务更加困难，同时也使得一些促进科技型中小企业金融服务发展的政策发挥作用受限，阻碍了科技型中小企业金融服务市场的发展和完善，这反过来进一步增大了科技型中小企业获取金融服务的难度。

三、改善信息不对称，促进科技型中小企业金融发展的政策建议

目前，从我国科技型中小企业、金融服务机构和信息传递和甄别机制上都存在不足，从而导致了信息不对称的问题。信息不对称对于科技型中小企业获取金融服务有严重的影响，因此要促进科技型中小企业金融服务发展，改善信息不对称状况是必要的举措。

（一）改善信息不对称要实现的目标状态

1. 现实情况

如前文说述，由于信息传递的失效，使得科技型中小企业不能被有效甄别并分类，所以金融机构就不能有效地针对企业的状况提供服务，甚至是不提供服务（见

图 10 – 1）。

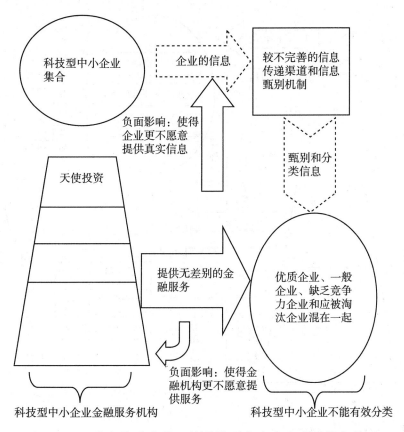

图 10 – 1 信息传递失效下的科技型中小企业金融服务状况

如图 10 – 1 中所示，从科技型中小企业集合向信息渠道和甄别机制输入的信息有限（信息有限用虚线表示），并且信息渠道不足和甄别机制有待完善，所以造成科技型中小企业不能很好地被识别和分类，因此科技型中小企业的金融服务机构不能有效地为科技型中小企业提供服务（用交错的曲线表示），并且混乱的金融服务状况对于企业的信息披露和金融机构的发展都有负面的影响，主要表现在使得企业更不愿意提供真实信息和使得金融机构更不愿意为科技型中小企业提供服务。该图表示了我国现在科技型中小企业金融服务的状况，这里主要强调和表示了信息不对称造成市场无效率的情况。

2. 目标状态

我们希望的科技型中小企业金融服务的目标状况应该是没有信息不对称或者是尽量减小信息不对称的状态。这样就需要企业能够充分将信息披露，并且信息渠道充分和甄别机制完善，这样科技型中小企业就能有效地被识别和分类。在这样的情况下，金融服务机构就能根据科技型中小企业的分类信息，根据科技型中小企业的不同情况，有效地选择企业，并针对企业的需求，提供个性化的金融服务方案。只有这样才能有效地为科技型中小企业提供合意的金融服务，并且保证社会整体的金融资源应用效率（见图 10 - 2）。

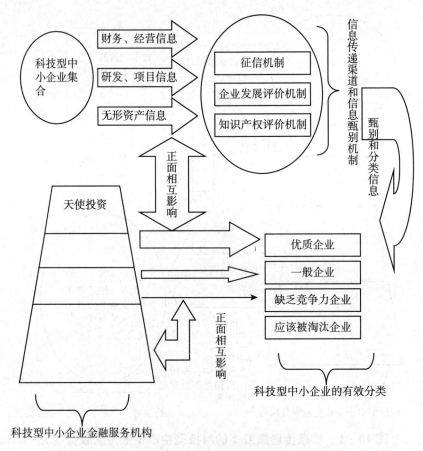

图 10 - 2　科技型中小企业金融服务的目标状况

如图 10 - 2 中所示，从科技型中小企业集合能够有效地将各类信息向信息渠道和甄别机制输入（信息充足用实线图形表示），并且信息渠道畅通和甄别机制完善（有层次的规则图形形状表示），所以科技型中小企业能很好地被识别和分类。因此科技型中小企业的金融服务机构能有效、有序地为科技型中小企业提供服务（用有序的有向线表示），其中线的粗细表示对于企业的支持力度，这里表示越是优质的企业获得的金融服务支持越是充分。另外有序的金融服务状况和企业的信息披露和金融机构的发展都有正面的相互影响。因为有效的金融服务状况让企业认识到要想获取金融服务，需要尽量提供和披露自身的信息，以让金融机构对其进行识别。而企业的信息越充分，金融机构的服务越规范有序。另外，有效的金融服务状况避免了金融机构因承担的风险不能得到有效的收益补偿而退出市场，从而金融服务体系能健康发展。而金融服务体系的发展，反过来进一步促进了金融服务的有效、有序进行。该图表示了我国现在科技型中小企业金融服务的目标状况，强调信息有效传递的重要性。

现状和目标的差别，反映了解决或缓解信息不对称对于改善科技型中小企业金融服务难题的重要性。因此，政策措施的重点和方向就应该集中于解决信息不对称的问题。

（二）完善科技型中小企业的信息收集和披露制度

严格规范科技型中小企业的信息收集和披露的行为，建立和完善科技型中小企业的信息收集和披露制度，这涉及科技型中小企业和国家监管机构等几方面的内容。

1. 进一步完善科技型中小企业的划分标准

要严格要求科技型中小企业进行信息收集和披露，首先要弄清楚哪些企业是科技型中小企业，才能保障政策要求落实到位。

尽管我国一些地方已经开始综合依据中小企业和科技型企业的界定标准来认定当地的科技型中小企业。从可行收集到的情况看，黑龙江和贵州在省级层面给出了该省的认定标准，苏州市在地市级层次给出了该市的认定标准。但目前，我国还没有专门的规定给出科技型中小企业的定义，中央和地方政府对于科技型中小企业的界定主要引用国家科技部在《科技型中小企业技术创新基金管理暂行办法》（国科发计字〔2005〕60号）中关于科技型中小企业的界定。但该界定并不是我国明确的中小企业和科技型企业定义的交集。这些界定的差异和不统一给研究制定促进科技型中小企业金融服务发展的政策带来了相应麻烦。国家需要研究出台具体的科技型中小企业划定标准，建立针对科技型中小企业的统计口径。这样不仅能够让国家管理部门了解科技型中小企业的发展状况，方便国家制定促进科技型中小企业金融服务的政策，也能够让金融服务机构能够对科技型中小企业整体金融服务状况进行研究分析，从而能更好为科技型中小企业提供个性化服务。

2. 统一科技型中小企业金融服务监测的统计口径

科技型中小企业的划分标准的作用对象是企业，其从科技型中小企业的角度来获取企业得到金融服务的信息。除了从这一角度外，我们还需要从金融服务机构的角度来了解，它们对于科技型中小企业支持和服务的情况。国家需要研究发布科技型中小企业金融服务的内容、范围的标准，明确科技型中小企业贷款、科技型中小企业投资基金等的统计口径。基于这些信息，政策才能有针对性地促进金融服务机构为科技型中小企业提供服务。

3. 建立科技型中小企业相关信息披露机制

建立科技型中小企业的信息披露机制，从政策性金融引导的作用出发，要求申请政策性金融支持的企业，必须披露企业的信用和发展等方面的信息。要求科技型中小企业完善内部的信息收集和管理机制，规范科技型中小企业信息披露内容，为向政府的相关机构、银行和其他金融机构提供有关财务状况、资信等级等信息的报告。

（三）构建和完善社会化信息传递渠道和甄别机制

构建和完善社会化信息传递渠道和信息甄别机制对于缓解甚至解决信息不对称问题，并且还能有效促进科技型中小企业的信息披露和金融市场的发展，所以其是破解科技型中小企业金融服务难题的关键。具体来看，需要从科技型中小企业社会征信机制、发展评价机制的建立和以无形资产价值评估机制三个方面做出努力。

1. 建立社会征信机制

社会的信用体系对于社会经济发展是至关重要的，因为从信息不对称的角度看，信用体系是一种信息披露和信息传递的有效方式，将社会各主体的信用信息展示出来，从而避免信息不对称带来的资源错配，提供整个社会的资源应用效率。造成当前我国科技型中小企业金融服务难题的一个重要原因就在于我国的社会信息体系尚不完全，银行体系的信用信息共享不足，而单个金融机构获取科技型中小企业信用信息的成本较高。显然，从解决信息不对称的角度看，科技型中小企业征信机制和评估系统的建立对于改善科技型中小企业金融服务中的信息不对称问题是有效的。因为科技型中小企业的征信和评估系统发挥了信息传递通道的作用，其能够让金融服务机构便捷地获取科技型中小企业的信用信息。科技型中小企业的信用信息能够被方便的获取，可以带来两个显著的效应：一是对于现有从事科技型中小企业金融服务的机构来说，能有效避免因信息不对称、不能甄别科技型中小企业而带来的金融资源配置不当，从而改变金融资源对于科技型中小企业的支持效率较低的局面；二是便捷获取信息的基础上，金融机构的金融资源配置效率得到提高，从而对于科技型中小企业的金融服务收益相应增加，这能够吸引更多的、不同层次和类型的金融机构进入科技型中小企业的金融服务市场，从而构建其多层次的、完备的支持科技型中小企业发展的金融服务体系。

我国自 2013 年 3 月 15 日起，开始施行《征信业管理条例》。《征信业管理条例》的实施为征信业的规范发展奠定了法律基础，为建立科技型中小企业金融服务业统一征信平台、跨部门协调机制、征信信息披露等提供了法律依据。接下来，我国还需要在以下几个方面进一步完善征信体系的建设：一是增强科技型中小企业信用记录信息的及时性、完整性和全面性；二是加快完善企业信息的评分体系，并针对科技型中小企业的特点，采用企业与企业经营法人代表个人信用相结合的信息评估方法，为科技型中小企业金融服务的发展与创新提供良好的信用信息基础；三是扩大征信系统的接入机构范围，将为科技型中小企业为提供服务的机构纳入征信系统的接入范围，如融资租赁公司、科技型中小企业担保机构、小额贷款机构。这方面浙江、安徽、江西等省已经开始尝试，它们将小额贷款公司接入了人民银行的征信系统；四是应用征信系统的构建促进科技型中小企业有效信息的提供。充分发挥征信信息在科技型中小企业金融服务中的作用，降低企业金融服务因信息不对称导致的风险，从而提高科技型中小企业提供真实信息的积极性；五是完善中小金融机构的结算系统和让其接入国家的征信系统，使中小金融机构能够充分参与到银行业的竞争中，充分发挥中小金融机构在科技型中小企业金融服务体系中的作用。

2. 企业发展评价机制

反映科技型中小企业的未来发展状况的是其主要进行的研发创新活动的信息，但该信息具体很强的独特性，不易获取也较难评估。现在能获取这类信息并有专业能力进行读解的机构，主要是专业的风险投资机构。但是风险投资机构的这类信息不可能进行社会共享，并不是一种社会化的评估机制，所以在企业发展情况评估方面信息不对称问题严重。而对于从事该研发创新活动的细分行业内部来说，细分领域中的企业和从事该领域的研究专家能够具有获取并读解及评估企业的研究发展项目情况的专业能力，所以结合细分行业协会和从事该领域专家的基础上，是可以建立起科技型中小企业发展评价机制的。即便不能准确评估科技型中小企业发展状况，但至少是可以对现有从事该领域研发的企业进行比较排名或者是给予等级评估。因此，笔者建议国家应该考虑建立对于科技型中小企业发展进行评价的机制，将科技型中小企业的核心信息披露出来，为科技型中小企业金融服务提供企业发展评价的信息基础。

当然，具体如何建立该评估机制，是通过建立政府公益性的机构来开展本项工作，还是政府提供资金和专家资源，依托行业协会来进行行业内评估，这还需要进一步的研究。但是从现在的情况看，建立科技型中小企业发展的评估机制是具有可行性的。尽管可能最终的信息评估并不准确，但同现在缺失这类信息的社会共享情况相比，无疑还是在一定程度上缓解了信息不对称的问题，对于完善科技型中小企业的信息传递和甄别还是很大的进步。

3. 无形资产价值评估机制

无形资产是科技型中小企业的重要资产甚至是主要资产，如何能够帮助科技型中小企业应用无形资产获取金融服务对于破解科技型中小企业金融服务难题十分重要。其中的关键在于建立以知识产权评估和交易为核心的无形资产价值评估的社会化机制，来缓解企业与金融服务机构间的信息不对称问题。

无论是在知识产权质押贷款市场，还是在金融租赁和知识产权交易市场，作为科技型中小企业的主要资产的知识产权的价值没有得到金融机构的充分承认，主要原因在于知识产权价值的信息不能够被金融机构充分识别。显然，市场中的专业知识产权评估机构和便捷的知识产权交易平台，能够充当传递知识产权的信息的渠道。通过评估机构的评估报告和交易市场中的估价，科技型中小企业拥有的知识产权的价值就能够充分披露，这就解决了金融机构和科技型中小企业在知识产权方面的信息不对称问题。在拥有知识产权信息的基础上，金融机构自然能够有效地根据企业的无形资产价值，为企业提供相应的金融服务，这就在一定程度上解决了科技型中小企业缺失有效金融服务的问题。具体来说，需要从以下这几个方面进行努力：

第一，完善知识产权保护法律法规和政策。探索制定科技创新领域新产品、新技术等的专利保护政策，完善相关领域的专利审查标准。

第二，规范知识产权评估机构及评估制度。一是要完善知识产权评估准则体系。建议有关行业协会在现行无形资产评估准则的总体框架下，根据专利、商标、著作权的各自特点分别制定各自的价值评估指南和操作规范，细化评估标准和依据，以减少评估的随意性，提高评估的科学性和准确性。二是要切实提高知识产权评估机构的执业水平。评估机构首先应调整优化人员结构，除必不可少的资产评估师、会计师、律师外，还要吸纳商标、专利、著作权领域的专家学者加入，同时还应加强对评估人才的培养，提高评估人员的专业化水平，大力培育一批市场公信力高、评估价值市场认可度强的评估机构。三是要完善价值评估技术。评估机构必须掌握先进的技术与理念，根据宏观经济、行业和知识产权变化情况，考虑交易条件、交易时间和影响价值的其他各种因素的差异，调整确定评估值。

第三，加强无形资产评估服务体系建设。实施无形资产服务机构培育项目，开展无形资产分析研究机构和管理咨询机构的培育工作，培育一批能够支撑审议和有效评估无形资产价值的机构。

第四，加快建立知识产权交易平台，完善知识产权交易市场。我国现有各类产权交易机构 200 多家，但从事知识产权交易的则是凤毛麟角，因此政府应充分发挥"制定政策、搭建平台、营造环境"的职能，以其公信力作为支撑，大力推动建立知识产权交易市场，制定知识产权交易和流转的各项配套制度，建立便捷的交易方式，同时进一步扩大市场信息范围，建立全国联网，实现网上交易，有效解决知识产权变现难题。

（四）打破信息不对称障碍，探索发掘科技企业资产价值

科技企业一般具有轻资产的特征，因此其没有有形资产可以盘活，其融资没有有形资产作为抵押等。科技企业拥有的更多是科学技术形成的知识产权，如专利、专用技术权、著作权、植物新品种等，其可以利用的也主要是科技力量和依靠科技力量获取的相关项目。由于具有很强专业性，并为相关企业所专有，无形资产和企业拥有的项目价值信息存在不对称情况，因而相应的价值不易被外界所认识，难以依靠科技力量和科研项目获取金融服务。如何改善科技力量和科技项目价值的信息不对称问题，盘活无形资产价值，对于科技企业发展具有重要意义。

1. 探索以 PPP 模式推动科技项目证券化

随着信用理念在金融活动中的不断深入，建立在固定资产基础上的金融工具不断创新，出现资产证券化，金融活动开始由货币市场延伸到资本市场。证券是一种拥有资产所有权和收益索取权的凭证，凡根据一国政府有关法律法规发行的证券都具有法律效力。广义的证券包括证据证券、凭证证券和有价证券；狭义的证券指有价证券，如股票、债券和基金等。固定资产是有价证券的基础，资产证券化赋予了现代金融新内涵。科技企业融资借用科技金融手段以科技项目替代传统的固定资产，在货币市场进行信用化融资以及在资本市场进行证券化融资。

其科技项目一般交易流程主要是：（1）科技项目的所有者企业，将科技项目未来一定期限的现金收入权利转让给特定目的机构（SPV）；（2）SPV 根据内部信用评级的结果和科技项目所有者的融资需求，对科技项目进行信用增级，提高证券的信用级别；（3）SPV 再次聘请信用评级机构进行发行信用评级，确定债券的资信等级；（4）SPV 向投资者发行债券，以发行收入向科技项目所有者支付科技项目未来现金收入权利的购买价款；（5）科技项目服务机构向科技项目所有者收取合同规定的现金收入，并将款项存入 SPV 指定的收款账户，由托管人负责管理；（6）托管人按期对投资者还本付息或支付股利，并对中介机构等付费。

科技项目证券化在我国才刚刚起步，由于科技项目专业性太强，拥有项目的科

技企业同外部金融机构存在严重信息不对称问题，金融机构为了规避风险，会大大低估这些科技项目的价值，这样降低了科技企业应用科技项目获取有效金融服务的可能。面临这样的情况，探索以 PPP 模式推进科技项目证券化将是一个较为可行路径。政府部门同所要支持的科技企业成立的特定目的机构（SPV）签订未来采购合同，以政府采购资金作为科技项目未来收益保障，从而相当于政府资金为科技项目提供了相应担保，为科技项目增信。

2. 鼓励进行技术资产信用化

科技企业融资主要基于由科学技术形成的知识产权，如专利、专用技术权、著作权、植物新品种等。除此之外，一些与技术相关的其他因素，如与技术相关的称号都起着重要作用。目前学界的最新研究成果，将企业拥有并控制，可为企业筹集资金，主要由科学技术形成的无形资产称为技术资产。科技企业资产的核心是技术资产，引用好技术资产将对科技企业发展具有重要意义。

技术资产信用化是指科技企业以其拥有的技术资产为信用基础资产进行债权融资，融资途径具体表现为科技贷款、科技担保等。技术资产在信用化过程中需要做好以下几个方面：第一，大力构建专业的贷款机构或部门，如科技支行和小贷公司，并实行专门的运营机制，对技术资产实行更为专业的价值评估和风险评估，解决收益与风险不对称问题。如北京银行中关村支行专门为科技企业量身定做了"小巨人发展计划"、"创融通"、"及时予"、"信保贷"、"助业桥"等系列金融产品，内含文化创意企业贷款、知识产权质押贷款、"融信宝"信用贷款、中国节能减排融资项目贷款、小额担保贷款等 49 种融资航母产品，全面解决了处于创业、成长、成熟期等各阶段科技企业的融资需求；第二，发展专业的第三方担保或再担保机构，由于技术资产质押风险较大，需要寻求专业的第三方担保机构，通过其专业性分散风险，如中关村科技担保公司就是一家专为科技企业融资提供担保的金融机构；第三，实行联合贷款互保或联保机制，即同一技术领域的几家企业共同贷款并且相互之间进行互保或联保，解决科技企业融资规模小，融资成本高的问题，以及由于技术资产专属性带来的交易问题。

3. 大力推进知识产权质押贷款

在技术资产信用化方面，比较重要的是知识产权质押贷款，其是科技型企业取得资金支持的重要方式。但就目前情况看，知识产权质押贷款存在评估难和处置变现难两大问题。特别是处置变现难，是阻碍银行开展该项业务的主要因素。因此，需要进一步调整完善相关政策，促进知识产权质押贷款发展。

首先，在基础平台方面，要建立统一质押登记程序和规则。针对目前知识产权质押登记分散在不同部门，且手续较为繁琐的问题，建议尽快建立全国统一的电子登记公示系统，统一规则，简化程序，合理制定收费标准，在确保质押登记合法有效的同时，提高登记效率。

其次，构建多种风险分散机制，提高金融机构的积极性。第一，帮助行业协会建立信用联保机制，将同行业信誉度较高、发展前景良好的科技型企业纳入其中。第二，借鉴发达地区的做法，在知识产权质押贷款中，由当事人投保来进行风险分散，政府加强与保险机构的联系，并对保费补贴，增加中介和科技企业投保的积极性。第三，推动商业银行在各省建立一批科技支行，采取单独的产品体系、准入体系、评审体系、授权体系、考核体系和信贷规模，也可以采取担保与反担保共存的模式，即企业向银行贷款时由担保机构对其担保，担保机构再要求企业以知识产权向其进行反担保。政府每年安排一定的资金投入上述的银行和担保机构。为减轻银行的调查和管理成本，政府应提前对有知识产权质押贷款需求的企业进行筛选。在各政府部门的配合下，推荐出优质的、信用等级高、经济效益好的企业给银行，减轻银行的调查成本。并建立黑名单制度，为营造当地企业的诚信环境，防止企业填报虚假信息。

不同部门，且手续较为繁琐的问题，建议尽快建立全国统一的电子登记公示系统，统一规则，简化程序，合理制定收费标准，在确保质押登记合法有效的同时，提高登记效率。

第十一章

科技金融服务模式研究

一、背景与概况

近年来，科技和金融结合已成为社会各界关注的焦点。促进科技和金融结合，服务自主创新国家战略，已经成为中央多部门共同推动的重要工作。国家"十二五"科学和技术发展规划提出"加快发展服务科技创新的新型金融服务机构，积极探索支持科技创新的融资方式"的战略目标，科技金融服务模式的不断发展创新有利于促进科技和金融结合，加快科技成果转化，培育发展战略性新兴产业，支撑和引领经济发展方式转变。

（一）科技金融服务模式发展背景

1. 国家对科技金融服务模式发展的高度重视

2010年，为加快实施《国家中长期科学和技术发展规划纲要（2006—2020年)》及其配套政策，落实"搭建多种形式的科技金融合作平台，政府引导各类金融机构和民间资金参与科技开发"的要求，科技部、中国人民银行、中国银监会、中国证监会、中国保监会决定联合开展"促进科技和金融结合试点"工作，推动地方建立科技金融服务平台。

2011年，科技部与"一行三会"确定中关村国家自主创新示范区、天津市、上海市、江苏省、浙江省"杭温湖甬"地区、安徽省合芜蚌自主创新综合实验区、武汉市、长沙高新区、广东省"广佛莞"地区、重庆市、成都高新区、绵阳市、关中—天水经济区（陕西）、大连市、青岛市、深圳市等16个地区为首批促进科技和金融结合试点地区。近三年来，各试点地区注重发挥各类金融机构以及民间资本的积极性，不断创新科技金融服务，打造形成科技型中小企业与金融机构和民间资本融资对接合作的各类服务模式。

2. 解决科技型中小企业融资难的现实需求

科技型中小企业是技术创新的重要载体，但融资难问题一直困扰着科技型中小企业的发展。据统计，科技型中小企业发展资金主要来源于自筹资金，自筹、国家投资和银行贷款大约分别占 83%、8%、9% 左右，90% 以上的科技型中小企业缺乏资金，外源性融资难对科技型中小企业的经营和发展产生了重大影响，使科技型中小企业持续创新能力受到抑制，企业难以做大做强，高新技术成果难以真正产业化，经济发展潜力得不到充分发挥。

科技型中小企业融资难与其自身高风险、轻资产等特性相关，尤其是信息不对称加大了科技型中小企业的贷款成本。科技金融服务机构的重要功能就是识别科技资源的潜在价值和风险，并通过财税、金融、信用工具等的组合运用和模式创新，达成科技资源与金融资源的有效对接，这种服务机构的出现，为那些难以达到传统金融机构服务门槛的科技资源提供了融资机会和发展机遇，有利于支持科技型中小企业发展，促进科技成果转化，培育和发展战略性新兴产业。

（二）科技金融服务模式概述

目前我国存在数量众多、种类丰富的科技金融服务模式，按照发起主体，可以将其分为政府投资的科技金融服务模式、与政府合作的科技金融服务模式、新型民营科技金融服务模式。

第一类模式具有政府投资背景，主要包括事业单位和国有企业两类发起主体。前者一般挂靠在地方科技部门或者生产力促进中心，如贵阳市科技金融服务中心为贵阳市科技局直属事业机构，此类模式掌握政府财政资源，管理财政科技金融专项资金；后者主要由各类国有投资机构或投融资中介服务机构发起设立，拥有丰富的投资经验，如成都盈创动力科技金融服务平台、中关村发展集团等。

第二类模式是与政府合作、接受政府委托的支持科技金融发展业务，包括银行和非银行两类。银行类模式，如湖北省汉口银行科技金融服务中心，一方面通过独立运作提高针对科技型中小企业的扶持力度，另一方面通过"银政"、"银投"、"银保"等多机构合作来降低业务风险。非银行类模式，如中新力合，通过整合多方资源，平衡风险收益结构，搭建信息平台等措施，实现了集成式、结构化科技金融创新。

第三类模式基于互联网应用和大数据、云计算技术等发展迅速的新元素，根据发起主体是否直接提供融资可以分为信息平台模式和电商信贷模式，前者原则上只为资金需求方和资金供给方提供对方需要的信息，如融资城、全球网等，而后者则是通过电商平台上积累的海量数据对资金需求方进行信用评价，直接对其发放贷款，如阿里金融。

二、政府投资的科技金融服务模式研究

所谓政府投资的科技金融服务模式，是指这种科技金融服务模式具有政府投资

背景，政府在科技金融的资源配置过程中起主导作用，主要通过贷款贴息、信用担保以及直接提供资金进行融资等形式对科技企业予以支持。

（一）实践分析：基本情况、主要成效与存在的问题

1. 基本情况

依据运作主体不同，政府投资的科技金融服务模式又可细分为两类：政府部门主导型和国有企业主导型。所谓政府部门主导型，是指科技金融服务平台挂靠地方科技部门或生产力促进中心，一般属于地方政府下属的事业单位，履行政府的职责；所谓国有企业主导型，是指科技金融服务平台由政府（一般是高新区）下属的国有独资公司创立并运营。这两类模式都具有政府投资的背景。

（1）政府部门主导型科技金融服务平台。自2009年以来，由政府资金投入并主导的地方科技金融服务平台陆续建成，如成都科技金融服务平台、贵阳科技金融服务中心、江苏省科技金融信息服务平台、武汉科技金融服务平台、深圳科技金融服务平台、苏州市科技服务平台等。这些平台主要是由政府主导构建，挂靠在本区域科技部门或生产力促进中心，并与本区域的金融机构和中介机构建立合作关系，运用政府引导基金为本区域的科技型中小企业提供融资服务。

以成都科技金融服务平台为例。成都科技金融服务平台是由成都市科技局、成都生产力促进中心承办的首个政府型科技金融服务平台。该平台由政府资金引导，与银行、保险公司、担保公司、创业投资公司等建立合作关系，为中小微科技企业提供融资、孵化、培训等综合服务。该平台一方面聚集中小企业形成集合融资并建立融资企业信用体系，另一方面通过政府引导资金开发复合金融产品，为成都市的科技型中小企业提供"一站式、个性化"的融资服务。从功能上看，该平台的主要作用有：一是提供政府引导资金，二是提供各类辅佐服务。政府引导资金分为三个部分：第一部分是风险投资专项资金，用于科技企业实施成果转化和产业化的风险投资，其投资方式包括股权投资、债权投资、融资担保、组建创业投资基金等。第二部分是风险补偿专项资金，专项用于科技金融环境建设，包括对科技型企业的风险补偿和科技金融服务平台的建设补助。第三部分是创新创业种子资金，是为处于种子期和初创期的科技型企业提供股权投资、融资担保和融资补贴等金融服务的资金。而辅佐服务则有四类：政策资讯、融资产品、中介服务和信息服务。其中，政策资讯服务提供关于创业、投资、金融、科技保险等方面的法律和政策讯息；融资产品服务是指创业种子资金、风险补偿专项资金、创业投资、知识产权质押融资、科技保险补贴、大学生创业孵化投资等六项；中介服务则负责提供融资辅导、融资培训和大学生创业支持，特别是在融资辅导后，平台会向金融机构推荐企业，或是协助企业申请政府资金；信息服务则提供科技型企业名录、投融资机构名录、中介服务机构名录和项目信息库（见图11-1）。

（2）国有企业主导型科技金融服务平台。国有企业主导型科技金融服务平台，是由政府下属的国有企业发起和运作的科技金融服务中介，其特点是拥有庞大的企业数据库，服务更专业化。以成都高新区的盈创动力科技金融服务平台为例（以下

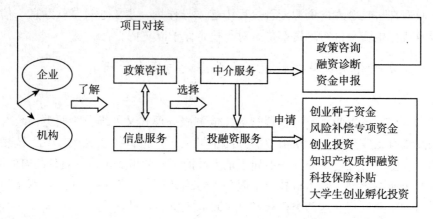

图 11－1　政府部门主导型科技金融服务模式（以成都市科技服务平台为例）

简称"盈创动力"）。该平台由成都高新区管委会下属国有独资公司创立运营，通过
数据挖掘和数据再造，为中小科技型企业提供政府财政投资、创业投资、科技贷款、
科技担保及资本市场融资等服务。盈创动力的核心是"天府之星"企业数据库，数
据库不断挖掘和更新政府部门、金融机构及各种中介机构的相关信息和资源，而科
技企业和金融机构则借助该数据库进行供需匹配。具体来说，盈创动力提供三类服
务：一是债权融资服务，包括统借统还平台货款、中小企业融资担保和中小企业小
额贷款；二是股权融资服务，包括各种创业投资基金、私募投资基金和政府引导基
金；三是增值服务，提供咨询、对接、培训等（见图 11－2）。在实际运作中，科技
企业和投融资机构通过盈创动力提供的在线沟通交流方式达成初步合作意向，再由
盈创动力组织线下交流，最终达成合作协议。

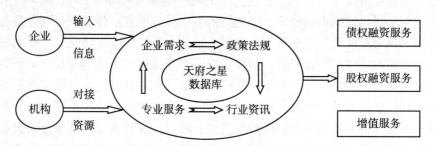

图 11－2　国有企业主导型科技金融模式（以盈创动力为例）

2. 主要成效

政府投资型科技金融服务平台的作用，主要是利用财政资金作为引导基金，将
各种金融机构的科技金融业务，以及零星繁多的中小科技企业项目凝聚起来，帮助
科技金融供给者寻找具有较高预期收益的科技金融需求者，尤其是为处于种子期、
初创期的科技企业寻求高效的科技金融供给者，从而搭建起科技金融需求者与科技
金融供给者的合作桥梁。政府投资型科技金融服务平台作为具有政府投资背景的综
合性中介，一方面可以提高科技与金融结合的效率，另一方面能够促进科技与金融
合作的良性循环。更重要的是，由政府引导基金所提供的融资担保和融资补偿可以

为企业吸引更多的融资机会，并大幅减少科技金融的运行成本，实现科技金融供给者和科技金融需求者的双赢。

3. 存在的问题

（1）政府对于早期科技型企业的投资适应性引导不足。科技型企业的资金需求往往在早期会呈现"短、频、急"特点，即单次融资量小，但是频度高、时间急。其后随着企业发展，资金需求量增大，但融资渠道增加，风险降低。为满足不同企业或者同一企业不同发展阶段的资金需求，必须完善多元化的投融资体系。因为只有完备的渠道才能保障资金在不同阶段投入的可能性，其中，已经在进行运作的天使投资、风险投资、科技贷款、新三板、科技保险、科技租赁等投融资载体，都是地方政府推进科技金融结合的重要着力点。但可能性并不代表适应性，特别是在对早期科技企业投资过程中，如果大量追求"短、频、快"或者风险承受能力偏低的资金进入，不仅无法有效支持企业发展，反而会让整个市场趋于混乱。因此，完善投融资体系的同时，政府应引导投资者深入了解自身风险偏好及各类投资形式的潜在风险和运行模式，降低盲目性。目前，政府对于投资者的引导性不足。

（2）政府对于各投资机构和各增值服务的整合不够。科技型企业在发展过程中，除资金短缺外，还面临其他很多问题，比如产品不稳定、发展战略模糊、市场推广受阻、财务管理混乱以及核心人才缺乏等。因而，为科技型企业提供急需资金仅是政府部门主导型科技金融的一个方面，在实际运作过程中还应充分重视资本背后的增值服务，具体表现为为企业提供发展战略规划、投资、融资、市场营销、管理顾问、财务、法律咨询等一系列的综合服务。政府投资型科技金融模式具备这样的优势，但目前尚未在这些增值服务中发挥应有的功能。此外，各投资机构如银行、信托、创投等在各自服务领域均可有所作为，但往往难以形成合力，如服务能力跟不上投资规模，且相互间的协同能力还难以为新兴产业发展提供全面的、高效的金融支持。而政府投资型的科技金融平台可以将各个投资机构的优势整合起来，将企业在各个发展阶段的融资进行有效衔接。目前，政府在这方面的作用发挥也不甚明显。

（3）政府对于投资市场的选择和市场信息的监管不够有效。在科技创新中，高风险和高失败率引致的资本浪费不可避免，但资本的不合理配置现象亟待改善。如不少上市公司将募集资金用于委托贷款而非研发投入；有些龙头企业，尽管出现投资失误、内部管理混乱等问题，却能够一而再、再而三得到资金支持。这就出现了"容易融资的企业不务正业，很多有创新能力的小企业却举步维艰"的现象。其背后反映出投资市场还是一个基于企业规模而非技术优势的竞争淘汰机制，仍然关注的是重点企业而非产业态势。可见，政府在这个过程中对于市场的监管和披露做得不够，尚未形成一个有序的产业整合及资本市场的优胜劣汰机制。

（4）政府对于社会资本参与科技创新的带动作用不够明显。良好的金融生态是吸引资本流入的重要前提，在这个过程中除完善区域信用体系外，政府还应充分利用自有资金和信用，通过加快推进科技计划和科技经费管理制度改革，综合运用无偿资助、偿还性资助、创业投资引导、风险补偿、贷款贴息以及后补助等方式，引导和带动社会资本参与科技创新。目前，政府在此方面的作用发挥不够明显。

（二）理论分析：作用原理与特点、优劣分析

政府投资型科技金融，作为一种重要的科技金融模式，无论是政府部门主导型还是国有企业主导型的科技金融，其特点均是基于政府投资背景的、政府扶持型的科技金融服务平台。

1. 政府部门主导型模式的作用原理与特点、优劣分析

（1）作用原理与特点。政府部门主导型科技金融服务平台，一般由政府下属的事业单位具体运作，其运作方式是"企业申请→政府审核→机构合作"，即政府部门通过审批企业、金融机构的申请，或建立项目对接的方式来完成融资活动。在运作之初，通过财政投资，设立投资引导基金，放大政府资金的作用，充分发挥财政资金的"乘数效应"，以"四两拨千斤"的方式，推动和促进本地区科技产业的发展。投资引导基金往往以参股创投企业、贷款、担保、共同投资等方式进行运作。运作过程中，引导基金一般不参与其所支持的创业投资机构的具体投资决策，也不直接与创业企业发生联系。在利益分配环节，引导基金一般会对民间资本让出部分利益，以此吸引民间资本的积极性。在投资风险的承担上，在一国或地区创业投资发展的初期阶段，政府投资设立的引导基金往往会在让利于民的同时承担更多的投资风险，而随着市场的逐步发展和成熟，引导基金会趋向于追求自身的可持续发展，在让利于民的同时也相应降低投资风险。

（2）优劣分析。政府部门主导型的科技金融服务平台的优势体现在，一是对于企业而言，这类平台既是融资渠道，也是信息窗口，不仅可以了解相关的政策法规和优惠措施，还可以获取金融机构、企业名录、项目名录等信息。二是政府部门主导型的科技金融服务平台，对于处于种子期和初创期的科技型中小企业的帮助较大，原因是由政府引导基金所提供的融资担保和融资补偿可以为企业吸引更多的融资机会，因此属于一种扶持型的科技金融服务平台，其最重要的优势是具有政府信用背景和科技优势，具备公平性。

但该类型平台的服务对象一般仅限于所属行政区域的企业，政策辅助性过强，对于企业的发展可能有较强的束缚。且该类型平台主要面向处于种子期和初创期的企业有较大吸引力，而对于发展期和成熟期的企业则帮助相对较弱。

2. 国有企业主导型模式的作用原理与特点、优劣分析

（1）作用原理与特点。国有企业主导型科技金融服务平台，是由政府所属的国有独资公司具体运作，同样具备政府投资背景。特点在于，一方面拥有庞大的企业数据库，且能够不断优化数据库信息、整合资源，从而增强协同效应和知识溢出效应、促进科技融资活动；另一方面可解决科技金融需求者与供给者之间的信息不对称问题，提高科技金融服务的效率。

（2）优劣分析。国有企业主导型的科技金融服务平台，能够为科技型中小企业提供较为完善的融资信息，并为企业量身订制融资方案，有益于科技资源和金融资源的合理配置。不足之处是平台运行的资金来源不稳定，数据库的使用和相关咨询

费用是平台的主要收入来源，这将制约平台运营企业的可持续发展。此外，其在信用体系构建和融资管理服务方面也相对欠缺。

（三）未来的可持续性及对策建议

促进科技与金融结合，是提高自主创新能力和建设创新型国家的战略选择，是现代经济社会发展的必然趋势。现代经济中，技术创新更加依赖于良好的金融支持，而金融也在持续推动科技进步，同时，现代金融业也越来越依靠科技进步创新来拓展发展空间。就全球产业革命而言，每一次产业革命的兴起无不源于科技创新，成于金融创新。实践证明，通过科技创新和金融创新紧密结合，实现科技资源与金融资源的有效结合和同步增值，是社会变革生产方式和生活方式的重要引擎。政府投资型科技金融服务平台，作为一种重要的科技金融模式，依托政府优势和资源，必将成为促进科技型企业发展的重要方式，实现金融体系对科技创新的有效支持。

1. 充分重视投资者风险偏好及投资适应性

政府投资型科技金融服务平台，应充分发挥政府的资源优势和统筹功能，在完善投融资体系的同时，积极引导投资者深入了解自身风险偏好及各类投资形式的潜在风险和运行模式，提高适应性，降低盲目性。特别是在对早期科技企业投资过程中，避免大量追求"短、频、快"或者风险承受能力偏低的资金进入，有效支持企业发展。

2. 强化投资机构的协作意识和服务能力

政府投资型科技金融模式的主要优势体现在其具有政府投资背景，因此，应充分发挥其统筹功能，整合银行、保荐、信托、创投、担保和保险等机构的资源，更多利用"团队赛"和"接力赛"方式，做好企业在各个发展阶段的融资衔接工作；并利用自身关系和资源，整合政府、律师、会计、咨询、上下游企业等产业资源，形成对企业的全方位服务网络，将一个个企业从初创期培育成长乃至上市成为产业龙头。

3. 发挥政府对于投资市场的选择和市场信息的监管作用

青木昌彦将硅谷模式归纳为"创业资本协调下的信息封闭体制"，在创投机构的协调下，科技型企业以"背对背"方式开展竞争，那些能够设计出有用模块，并推动产业演进的科技型企业和创业者将会得到极大激励，反之则被投资者无情抛弃。可以说，资本以"用脚投票"方式实现了对产业的有效整合。政府在这个过程中更要做的是，加强市场监管和披露，尤其是完善资本市场的优胜劣汰机制，加快资本流动而非影响资本的直接投向。

4. 同步优化金融生态和科技产业基础，有效发挥政府对于社会资本的带动作用

要推动科技和金融的深度结合，不可忽视金融服务与产业的适用性以及本地产业的科技支撑基础。一方面，应根据本地产业特性，筛选具有相关产业服务背景的投资机构，充分利用其经验和资源服务本地企业，同时也使得政府财政资金投资的质量和效益更有保障；另一方面，鼓励投资机构投资科技企业的同时，还应充分利用政府投入或信用，引导社会资本参与科技基础设施建设和科技人才培养等工作，

加强科技产业配套。在大数据背景下，政府还要鼓励中介体系有效利用信息资源，依托产业链建设特色产业数据库，聚合众多金融需求和金融供给的同时，强化产业分析能力，为企业发展和金融投资提供专业服务。

三、与政府合作的科技金融服务模式研究

与政府合作的科技金融服务，是指银行类和非银行类金融机构，通过与政府合作或接受政府委托的方式，提供科技金融服务。政府是促进科技金融结合的重要引导者，通过制定政策、投入资金、参与搭建平台、构建风险防控机制等，可以吸引更广泛的市场主体包括银行、各类中介机构等共同促进科技资源与金融资源的结合。完善与政府合作的科技金融服务模式，有利于充分运用财政、金融等手段支持科技创新和实体经济发展，特别是对于扶持最具科学技术创新潜力、在就业和国民经济中起重要战略作用的科技型中小企业来说，具有十分重要的意义。

（一）实践分析：基本情况、主要成效与存在的问题

目前，与政府合作的科技金融市场主体主要包括：一是银行类，包括一般性商业银行、政策性银行等；二是非银行金融中介机构类，包括担保公司、小额贷款公司、风险投资机构、创投机构、证券公司以及其他中介机构等。

1. 基本情况

（1）一般性商业银行与政府合作，成立科技支行，提供科技金融服务。主要是面向科技创新型企业、科研院所、研发中心、创投机构、产学研联盟以及高端科技人才等建立的专业化的科技银行，重点服务处于初创期及成长初期具有高成长、高风险、高技术特点的科技型中小企业。自 2009 年 1 月成都设立全国首批两家科技支行（科技银行雏形）以来，杭州、武汉、深圳、无锡和苏州等地紧随其后。截至 2014 年 7 月，仅浙江省就已设立包括杭州银行科技支行在内的 9 家科技支行。以杭州科技支行为例，科技支行坚持专业专注的理念，确立以"三不搞、一专注"为业务指引的基本立行准则，即"不搞政府融资平台、不做房地产业务、不经营传统行业贷款，专注服务于科技型中小企业"，重点向高新技术企业、创投企业和大学生创业企业等提供金融服务。政府通过给予银行基准利率 20% 的贴息补贴，以鼓励科技支行按照基准利率给科技型中小企业放贷；并整合现有的科技投入资金，创新投入方式，将原本拨付用于企业技改、项目研发的财政扶持资金，存入科技支行；通过设立信贷风险补偿基金的方式，地方政府、担保公司与科技支行分别按照 4：4：2 的池内风险损失补偿比例，有力地支持杭州科技型中小企业的信贷融资。

（2）国家开发银行、中国进出口银行等政策性银行与政府等合作，搭建统贷平台，提供科技金融服务。例如 2005 年，国家开发银行、科学技术部联合出台《关于推动科技型中小企业融资工作有关问题的通知》，提出建立"借、用、还"一体的有效机制，面向符合社会、经济和科技发展方向的科技型中小企业，建设科技投融

资体制，引导社会资金，加大对种子期、初创期和成长期科技型中小企业的融资支持力度，提高自主创新能力。在运行过程中，国家开发银行向有借款资格和承贷能力的企事业法人（统借统还借款人，以下简称"指定借款人"）发放中小企业贷款，指定借款人运用国家开发银行贷款资金，以委托贷款等合法有效的资产运作方式，向中小企业提供资金支持。例如，武汉市东湖高新区是国务院批复的国家自主创新示范区，在高新区管委会的主导下，国家开发银行湖北分行、武汉光谷风险投资基金有限公司、武汉东湖新技术开发区生产力促进中心（以下简称"东湖中心"），以及其他投资机构、律师事务所、会计师事务所等中介服务机构共同搭建了高新区集合贷款科技金融服务平台。高新区政府专门出台了《武汉东湖新技术开发区中小企业集合贷款实施细则》，按照"政府牵头、统一组织、分散放款、市场运作"的模式，从贷款申报与担保、贷款评审及审批、贷款发放及管理、风险补偿基金和补偿机制等各环节进行了规范。东湖中心作为东湖高新区集合贷款服务的借款主体，负责集合贷款的组织申报、贷款担保及用款监管。集合贷款采取"集零为整、集中申报、集中评审、政府增信、市场运作"的操作模式进行市场运作。包括统贷模式和直贷模式。统贷模式中：东湖中心作为集合贷款平台借款主体，负责集合贷款的统借统还，担保公司为集合贷款提供担保。各用款企业作为最终用款人使用并偿还贷款利息，高新区管委会补贴部分贷款利息和中介费用。直贷模式中：经集合贷款平台增信后，商业银行可采取向用款企业之间贷款的方式，担保公司为其提供担保。

（3）非银行金融中介机构与政府合作，提供科技金融服务。主要是通过产品设计将政府组织、信托、银行机构、风险投资商以及担保机构在中小微企业金融服务过程中进行资源整合配置，形成信贷市场与资本市场的合力效应。例如，中新力合股份有限公司（以下简称"中新力合"）系一家集金融、信息与网络为一体的综合金融服务机构，成立于2004年5月，注册资本4.5亿元人民币。为更好地为科技型中小企业提供金融服务，中新力合联合浙江省各地科技部门，由浙江省科技厅牵头、各市县科技局支持，吸纳浙江省科技风险投资有限公司，发起成立了浙江中新力合科技金融服务有限责任公司。该公司依托于浙江省内各地政府的大力支持与丰富的市场资源，专注于科技型中小企业融资问题解决的创新思路，通过整合股权投资机构、银行、小额贷款公司及担保公司等多层面的优势资源，根据科技创新面临的金融服务变革的实际情况，结合市场引导、政府支持，在符合市场化运作规律的基础上，形成立体的金融服务体系，有系统、有层次地为科技型中小企业提供全方位的金融服务。

在具体的实践上，中新力合科金公司充分利用省级科技型中小企业综合金融服务平台，紧紧围绕科技型中小企业的投融资链进行有效创新：既在"安全性"维度上充分利用和进一步开发来自以银行信贷为代表的间接融资渠道拓展和资金供给，又在"成长性"维度上作考量，设立和引进不同投资偏好、针对科技企业发展不同阶段特征的股权基金资源，整合多方力量，保障科技投入、促进成果转化，还在为营造"科技型企业融资积聚效应"，设计、开发和应用具有市场培育和扶持性的融资支持与保障手段，如专利资产化等；最终形成投贷联动，债权先行、股权跟进，科技创新要素持续金融化的科技金融服务平台。

围绕科技型中小企业不同的融资需求和特征，在自身所打造的中小企业（特别是针对科技型企业）的综合化金融服务平台上，中新力合近年来持续推出了若干创新金融产品，主要包括天使债、小企业集合债、基于科技型企业不同成长阶段融资匹配的股权投资组合基金产品、知识产权风险基金等。天使债是基于中新力合"桥隧模式"的运作机理，引入风险第四方的角色（包括风险投资者和上下游企业），债权先行、股权跟进，为大量具有价值型融资特征的科技型中小企业设计出债权融资产品，包括雏鹰融、专利融、投贷通、税贷通等。"小企业集合债系列产品"的具体运作思路为：中新力合通过设计信托产品或成立有限合伙制基金，政府以引导基金认购一部分份额（一般在25%左右），风险投资机构认购风险劣后部分（一般在5%左右），剩余的份额则由银行或社会资金参与认购（一般在70%左右）。在资金的收益、风险匹配方面，风险投资机构享受高收益，同时承担高风险；政府引导基金只要求本金安全，不索取收益，担保公司对除去风险劣后部分的资金提供全额担保（见图11-3）。中新力合利用结构化的产品设计，整合了政府引导资金（财政扶持资金）、银行、担保机构、风险投资机构等多方资源，实现多方共赢，风险收益匹配。

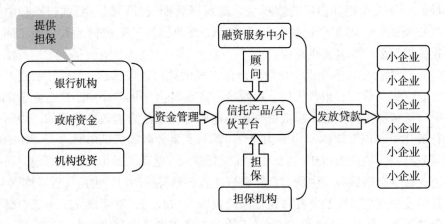

图 11-3　小企业集合债产品运作机制图

2. 主要成效

各地金融机构根据实际情况与政府合作开展科技金融服务以来，取得了较大成效，在很大程度上促进了科技型中小企业的发展。仍以上述单位为例：

截止到 2012 年年末，杭州银行科技支行全行科技金融企业贷款余额 80.31 亿元，服务科技型中小企业 549 户，其中 180 余家首次获得银行贷款支持，户均贷款 500 万元左右。同时，通过科技支行的穿针引线，40 余家投资机构为科技企业引入投资 30 多亿元；目前已有 2 家企业成功上市，近 20 家客户成长为国内细分行业的龙头企业，有力扶持了一批处于创业期和成长期的科技型中小企业。

在国发行统贷平台的引导下，统贷平台在湖北不断发展壮大。目前已形成由国开行、浦发银行、兴业银行、汉口银行和交通银行等 5 家银行，光谷基金、三峡担保公司、武汉市科技担保公司等多家担保机构共同参与的新模式、新格局。东湖中心作为平台"统借统还借款人"，已通过平台累计辅导企业365个，支持企业51家，支持金额达10.18亿元。根据截止到2011年年底接受科技金融服务的企业审计报告的跟踪调查统计：接受东湖中心科技金融服务后，企业的社会效益和经济效益均有较大幅度提高：资产规模平均增长90%，收入平均增长84%，利润平均增长199%，税收累计增长1.88亿元，劳动就业人数增长55%。

中新力合已成功发行科技金融服务系列产品15支，整体融资规模超8亿元，有超过400家的小企业直接受益，其中有超过35%的企业是首次获得贷款，使大部分轻资产的科技型中小企业能够在纯信用的条件下享受到价格低廉的贷款。同时，政府资金从以往消耗性的资金投入模式，变成了资金循环利用的市场化模式，提高了财政资金使用效益，发挥了"四两拨千斤"的政府资金引导作用。最后，通过引入担保、社会资本及风险投资，利用金融杠杆，建立了激励机制和风险防范机制，使各方获得了共赢。

3. 目前存在的问题

（1）科技支行数量有限，制度有待完善。截至2011年12月，全国有7个省份设立了24家科技支行，其中2/3在江苏。科技支行基本设在全国科技和金融结合试点地区及科技与金融较为活跃的地区，数量有限，分布不均，基本处于刚刚兴起，星星之火之势。科技支行是商业银行为科技型企业尤其是科技型中小微企业、科研院所等提供金融服务而设立的，具有科技金融服务特色，在经营决策、财务核算、风险管理、激励约束等方面享有一定独立性的专业化经营支行。但科技支行属于银行的分支机构，独立性不强，制度有待进一步完善。一些商业银行在计划管理、资源配置、考核评价、激励约束等方面对科技支行的倾斜政策有限，或者受银行内部制度限制，如资金来源、产品设计、经营收益模式、风险控制等，以及其他一些制度障碍，致使科技支行履行科技金融服务职能的潜力还有很大释放空间。科技支行总体数量偏少，加之制度不完善等因素，影响了其提供科技金融服务的范围和数量，难以满足为数众多的科技型中小企业的融资需求。

（2）统贷平台模式有待进一步推广和完善。统贷平台重在合作，赢在管理。各地虽然结合实际建立了一些统贷统还平台，取得了一定成效，但是由于各地实际情况不一样，政府、银行、企业谈判成本较高、合作关系较为复杂，以及项目筛选、风险防范、监督管理、信息公开等方面还存在不足。还需要进一步加强机制建设，推广统贷平台应用，更好发挥统贷平台的示范效应及其对其他机构和资本的引领带动作用。

（3）风险防范机制还不健全。科技型中小企业具有研发成本高、投入大、市场培育周期长、推广难度大等特点，而科技支行、统贷平台、以及担保、创投等非银行金融中介机构等科技金融市场主体需要服务的科技中小企业数量多、贷款分散、情况复杂，一旦有个别科技型中小企业因研发失败、市场推广难等原因无法还贷，将产生较大风险，给科技金融市场主体造成一定损失，也对科技金融服务有较大影响。但是，目前很多地方的风险防范机制还不完善，政府、银行、其他中介机构等尚未在风险防范等方面明晰各自担当，建立稳定的风险防范机制。因此，科技金融服务必须进一步完善风险防范机制。

（4）财政投入方式有待创新。财政投入是政府支持科技金融的重要举措。传统的财政投入，一般都采用直接投入方式，即采用"先投入"的办法，直接投入到支持企业或单位。这样能起到直接的扶持作用，但扶持范围和力度相对有限。浙江等地在科技金融结合实践中，政府财政资金改直接投入为间接投入，诸如通过建立风险池资金、建立基金的方式，通过市场化的运作模式，采用政策性金融的机理，既实现了政策意图，又避免了直接扶持诸多企业容易引起的国际争议；既提高了资金的使用效益，又发挥了财政资金的"乘数效应"、"四两拨千斤"的作用，引导了民间资金的流向。但是这种间接投入使用方式和规模还较为有限。而且，政府对采用市场化运作模式的信心，以及市场化运作主体的可信度及其营运水平，都有待进一步提升和培育。

（二）理论分析：作用原理与特点、优劣分析

1. 作用原理与特点

随着我国改革不断深入与市场经济体制日趋完善，市场在资源配置中开始从"基础性作用"向"决定性作用"转变，对政府如何更好发挥宏观调控作用提出新的更高的要求。

与政府合作科技金融服务作用原理，一是在政府支持和政策引导下，面向科技型中小企业，通过创新财政投入方式，创新金融产品，促进财政资金和金融手段相结合；二是发挥财政资金示范和引导效应，广泛吸引民间资本参与；三是发挥政府与市场优势力量，施展各主体正能量，按照市场化运作模式，实行收益共享、风险共担、收益与风险相匹配，提高政府与市场合作效率。

2. 优劣分析

从世界范围看，很多国家有中小企业融资难问题，但对于科技型中小企业而言，融资问题不是普遍存在的问题，越是经济发达国家与科技创新能力强的国家，科技型中小企业越能够较容易地取得金融服务，这与政府对科技型中小企业的供给管理、政策支持相关。

通过加强政府为科技型中小企业提供融资支持和推进科技金融体系建设的制度供给，能够积极营造鼓励科技创新、支持科技型中小企业发展的政策环境，提高政府支持科技金融发展的示范效应。同时，促进缓解科技型中小企业融资难题，鼓励科技型中小企业不断发展壮大、实现技术创新、创造和稳定就业、获得更大价值。

但是，由于科技型中小企业具有"轻资产、重技术、高风险"等特征，构建政府与金融机构、金融服务中介机构合作的科技金融服务体系需要经历一个不断完善、提高的发展历程，很多因素影响到政府引导和示范作用的发挥，如银行、非银行中介机构积极性以及管理部门之间配合等。

（三）未来的可持续性及对策建议

1. 创新财政科技投入方式

财政对科技型中小企业的金融支持不宜也不必太直接，应转变策略，逐步加大从直接投入方式转向间接投入方式，按照市场运作方式引领民间资金，最广泛地带动市场主体的作用，充分发挥"四两拨千斤"的作用。因为政府直接投入资金及效率是有限的，金融机构在服务和营运方面较政府更具优势，而且财政以间接投入方式支持科技型中小企业，可以借助金融中介力量，放大财政资金支持效果，扩大政策惠及范围，发挥市场主体作用，破解中小企业的融资问题。

而且，财政还可以考虑通过财政"奖励"或"后补助"的方式，对扶持科技型中小企业的金融机构给予一定的支持。这种方式属于事后补助、事后扶持，即对于已投贷给中小企业的金融机构，根据其业绩，给予一定的资金支持或利率利息支持等。这有利于从根本上防止腐败现象发生，减少各用款单位"寻租"，又可以激励金融机构，加大对科技型中小企业的支持力度。

此外，目前财政对科技支行等金融机构采取的支持方式主要包括贴息和风险池，其中风险池模式受到了政府、银行、企业、担保机构等方面的普遍欢迎。风险池资金看似风险很大，但实际上，政府财政资金起到了"定心丸"的作用，通过建立风险金，让更多的金融机构主体愿意参加到科技型中小企业的融资中来，而且通过风险承担比例的设立，以及项目遴选评审等机制的完善，风险池资金起到的扶持作用、发挥的效益很大，风险较低。

2. 建立可持续的合作机制，实现多方共赢

要加强政府与金融机构等各方的合作，形成科技金融服务合力，从根本上是要考虑各方利益，实现各方共赢。对银行，要减成本，还要配合风险防控、有担保、有未来的期权和股权激励；对企业，要能实现融资，而且成本要尽可能低，起码低于高利贷；对中介机构、平台，要有必要的开支能满足持续经营，如提取管理费、经费，以及引入更多投资方的激励机制；对政府，要利用信用和风险防范，以及建立监督机制，实现政府意图，扶持产业发展，提高资金使用效益。多方共赢的焦点在于风险与收益匹配，为此应创新政府、一般商业银行、政策性银行、科技型中小企业、中介机构、风投机构等相关方的合作模式，建立多方合作、服务科技型中小企业的长效机制。大胆探索建立激励约束机制，如债权、股权、期权的综合使用，管理费、咨询服务费的收取，风险金、赔偿金和差异容忍度等的提取、分担和认可等。只有各方共赢，才能实现机制的可持续性。

3. 鼓励平台式建设发展，提高规模效益

一是要加强科技投融资平台建设。政府相关部门应为科技金融服务主体搭建营销平台，集合银行、担保、保险、风险投资、产权交易等多层次的融资服务机构资金优势；积极推动各地区建设科技投融资信息服务平台，设立重点科技企业、科技项目数据库，定期向银行、金融机构发布信息。结合科技型中小企业资金需求，通过定期组织银证、银企洽谈会以及项目推介会、金融产品展示会等活动，促进政、

银、企等多方无缝对接，为科技型中小企业提供服务。

二是要加强统贷平台建设。发挥政策性银行优势，体现政府扶持意图，将银行资金批量引入科技领域，弥补银行人员不足及对高科技领域了解不够的缺陷，促进科技成果转化，促进中小企业业务扩张，增强其市场竞争力。同时发挥政府尤其是基层政府信息、信用和组织优势，通过政府对中小企业的组织增信措施，提高科技型中小企业信用水平，提高担保能力，促进科技型中小企业融资。

4. 鼓励科技金融服务中介机构发展

解决为数众多的科技型中小企业的融资问题，单靠某一部门或机构、某一方式或模式是根本不够的，必须重视和促进各类中介机构的发展，通过众多中介机构及其与政府、金融机构、企业等各界优势资源的合作，才能终成星星之火，可以燎原之势。因此，可以采取必要的财税、金融优惠政策支持，鼓励包括民间金融中介机构在内的各类金融服务中介机构发展，这样才能更好地借助众多的中介力量，促进科技与金融结合。

5. 建立风险防范机制

在风险资金投入和风险承担比例上，政府可参照杭州市政府经验做法，整合现有的科技投入资金，将原本拨付用于企业技改、项目研发的财政扶持资金，存入科技支行，地方政府、担保公司与科技支行按照池内风险损失补偿比例设立信贷风险补偿基金。三方确定一定的客户范围和准入条件，科技支行按风险补偿基金的一定倍数发放贷款，用于定向扶持一批科技型企业。贷款发生损失后按照风险补偿基金承担比例承担相应偿付责任。

在项目遴选上，可以建立包括产业政策专家、政府相关部门、银行和非银行金融机构、创投机构专业人员等各利益相关方代表的科技项目专家联合评审组，对科技贷款进行联合专业评审，评审与各方利益直接相关，从源头上防控风险。

四、新型民营科技金融服务模式

随着互联网的普及应用和大数据、云计算等技术的不断成熟，互联网金融应运而生，这种新型民营科技金融服务模式冲破了传统金融机构对科技金融业务的垄断，丰富了科技金融服务的供给形式和内容，为科技型中小企业融资提供了多元化、多层次的渠道，为科技成果转化提供了更广阔的平台。

（一）实践分析：基本情况、主要成效、存在的问题

1. 基本情况

新型民营科技金融服务模式主要表现为金融对互联网信息技术的工具性应用和金融本身对互联网商业环境的适应，前者起到为资金供需双方提供融资信息的平台作用，没有突破互联网的工具性范畴，后者则是借助电子商务平台上的交易数据建立信用评级系统，直接为客户提供融资服务，据此可以将新型民营科技金融服务模式分为信息平台模式和电商信贷模式。

（1）信息平台模式。信息平台模式由网络公司搭建信息平台，服务资金需求方和供给方，资金需求方分为个人和企业两类，资金供给方分为个人、银行、其他金融机构或其组合，其中P2P借贷和众筹是较为典型的两种模式。

P2P借贷（peer to peer lending）模式意指个人对个人借贷的金融交易，2006年开始P2P借贷平台陆续在国内出现并快速发展。拍拍贷是国内第一家注册成立的P2P借贷公司，同期还有宜信、红岭创投等平台相继出现。2010年后，随着利率市场化、银行脱媒以及民间借贷的发展，P2P借贷的发展呈现爆发态势，大量P2P借贷平台涌现，同时各种劣质产品也涌向市场。由于缺少必要的监管和法规约束，2012年多家P2P借贷公司接连发生恶性事件，市场也因此重新审视P2P借贷行业的发展，对行业的期待开始回归理性，企业数量增速放缓。

众筹（crowd funding）模式意为大众筹资，主要指发起人通过互联网和社交网络等方式发布筹资项目向公众募集资金，同时用产品、股权等形式作为投资者回报。国内专业众筹融资网站出现于2011年，目前比较有规模的是众筹网、点名时间网、拍梦网等。众筹模式是对传统证券业务进行股权融资模式的一种突破，其通过搭建网络平台让有创造力的人和企业面对公众展示自己的项目和创意，由于融资来自于大众，而不再局限于风投等机构，每一位普通人都有可能通过这种模式来获得从事某项创作或活动的资金。

（2）电商信贷模式。在这种模式下，拥有海量数据的电子商务企业，依据大数据收集和分析，挖掘客户的交易、消费和信用等信息，批量发放小额贷款，典型代表有阿里金融、苏宁易购和京东商城供应链等。

阿里金融通过互联网数据化运营模式，为阿里巴巴、淘宝网、天猫网等电子商务平台上的小微企业、个人创业者提供以小额贷款业务为主的快捷、可持续的电子商务金融服务，包括以订单充当抵押物的订单贷款和以信用为抵押的信用贷款等小额信贷产品。订单贷款是指淘宝（天猫）卖家用店铺中处于"卖家已发货"状态的订单申请贷款，系统对订单评估，在满足条件的订单总金额范围内计算出可申请的最高贷款金额。信用贷款是阿里金融模式中使用最多的产品，毫无抵押物的小微企业可以利用其在阿里巴巴平台上沉淀下来的交易数据申请贷款，系统在综合评价申请人的资信状况、授信风险和信用需求等因素后自动核定授信额度。阿里金融的贷款方式都是在线操作、即时到账，如同组合成一台"贷款ATM"，金额通常在100万元以内，对信誉较高的客户，通过申请和人工审核可获得不超过1 000万元的超额贷款。

2. 主要成效

科技型中小企业由于轻资产、抵押担保难的特征，不易从传统金融体系满足资金需求，新型民营科技金融服务模式恰好补充了这部分融资缺口。近年来，P2P借贷平台、众筹、阿里金融等新型民营科技金融服务模式蓬勃发展，拓宽了科技型中小企业融资渠道，为其进一步发展提供了极大的资金支持。

以中关村为发展背景、业内具有代表性的股权众筹类企业"天使汇"成立于2011年，注册资本仅3万元。截至2014年2月下旬，"天使汇"累计已有14 000多个创业项目，47 500 位创业者注册，1 750 多家挂牌企业，1 000 多位认证投资人，130 多家企业通过该平台完成融资，总融资额达到 3 亿多元人民币。

截至 2014 年 6 月，P2P 借贷平台数量达到 1 263 家，半年成交金额近 1 000 亿元人民币，接近 2013 年全年成交金额。2014 年具有金融背景和大型集团背景的投资人进入 P2P，网贷投资人规模、成交金额有巨大发展，目前成交额超过 1 亿元的 P2P 平台有 30 家，成交量超过 70 亿元，占总成交量的 52% 左右。

截至 2013 年上半年，淘宝平台共有 800 万家店铺，其中有 400 万家已通过淘宝贷款平台对贷款资格的审核，并且，已有 25 万家店铺成功申请到淘宝贷款。截至 2013 年年底，阿里金融累计客户数超过了 65 万家，累计投放贷款超过 1 600 亿元；户均贷款余额不足 4 万元，户均授信约 13 万元，不良贷款率控制在 1% 以下。

3. 存在的问题

作为新生事物，新型民营科技金融服务模式的发展必定要经历逐步完善的过程，现阶段该模式存在的问题主要有以下几个方面。

（1）信用环境不佳导致发展异化。目前，由于我国的信用建设体系尚不健全，信用环境并不成熟，信息平台模式出现了所谓的"线上模式"和"线下模式"。"线上模式"是指贷款人和借款人通过 P2P 网络借贷平台自由选择，贷款申请、投标、风险审核、贷款发放都在线上进行，双方直接签订合同，无须网贷平台的介入。"线下模式"是指 P2P 网络借贷平台自己构建一个理财平台，从投资者处募集资金并支付一定的利息，同时将募集的资金出借给借款人，而自己收取一定的管理费和利息差，投资人和借款人并不直接发生联系，贷款审核和发放等流程均在线下完成。"线上模式"是 P2P 网贷行业的本意，照搬西方良好信用环境下的运行方式和规则，是居间交易，但由于我国目前信用环境不佳，网贷平台风险控制能力较弱，"线上模式"在整个网贷行业的份额只占 1% ~2% 左右。

（2）法律风险大，易卷入非法金融活动。早在 2011 年 8 月，银监会下发的《关于人人贷有关风险提示的通知》明确指出，网贷中介服务行业门槛低，外部监管缺失，网贷公司有可能突破资金不进账户的底线，演变为吸收存款、发放贷款的非法金融机构，甚至变成非法集资。近期，宜信重庆等五家网贷公司就因为涉嫌非法集资和非法从事金融业务被清退。这五家公司以 P2P 借贷的名义在实际经营中将债权包装成理财产品，通过网络和实体门店向社会公众销售，公众资金直接进入公司账户或法定代表人个人账户，已向非法集资演变，突破了传统意义上 P2P 的范畴。

（3）投资门槛降低导致欺诈现象时有发生。新型民营科技金融服务模式在便利科技型中小企业融资的同时，由于投资门槛的降低很有可能成为投资诈骗的新温床。与传统的 VC 和天使投资不同，在网贷平台上，投资者之间一般没有个人联系，对拟投资的项目或企业也往往缺乏实际的了解，募资者与投资者的地理分隔也使得投资者难以监督所投项目的业务运营状况，大大增加了诈骗的风险。近期国内已出现多起众筹欺诈事件。2011 年 9 月，一家名为"贝尔创投"的网络借贷公司因其法人代表涉嫌在其他多个网络借贷平台恶意拖欠多笔债务，成为国内首家被公安机关调查的网贷平台。2011年10月，网贷公司"天使计划"网页突然不能登录，65位出借人高达550万元的本金随创立者一同消失，至今未能追回损失。

（二）理论分析：作用原理与特点、优劣分析

1. 信息平台模式的作用原理与特点、优劣分析

（1）作用原理与特点。信息平台模式的实质是运用互联网技术把民间借贷网络化，通过搭建一个资金的需求与供给信息发布并匹配的网络平台，促使资金供需的双方无须银行、券商等第三方中介机构，可以直接联系，从而为用户提供直接的投、融资服务。

根据P2P贷款的运作流程，可以将我国P2P贷款分为四个具体的运作模式。模式一是传统模式，P2P平台为筹资人和投资人搭建网站提供信息，借贷双方不受地域限制，直接在线上撮合，是最正规的P2P贷款平台。模式二是债权转让模式，P2P平台搭建网站供筹资人提出资金需求，并在线下向筹资人提供贷款，再将债权转售给投资人，赚取利差。模式三是担保模式，P2P平台在线上撮合筹资人和投资人时引入保险公司或小贷公司，为交易双方提供担保，此模式可保障资金安全，适合中国人的投资理念，但涉及关联方过多，如果P2P平台不够强势，会失去定价权。模式四是代销模式，P2P平台与机构投资者达成合作，其自身既没有资产，也没有寻找资产的团队，而是向筹资人代销投资者的资产，赚取代销费用。

众筹模式的运行依赖于开放的网络社区和大众筛选机制。越多人参与众筹就会有越多高质量的项目出现，筹资者也就越有可能找到足够的投资人和投资金额。大众通过众筹平台了解筹资的信息和金额，并通过平台与筹资人进行沟通，一个拥有足够庞大用户群的众筹平台能够为融资人，或者投资人找到自己最满意的交易伙伴。

众筹的商业模式依据其运行的复杂程度，以及涉及的利益相关者的数量和法律环境，可划分为三种模式。模式一是捐赠与赞助模式，该模式是无偿的投资模式，大众可以通过网站直接选择捐赠或者赞助小额的现金。模式二是预售模式，该模式是在我国应用最多的模式。首先，筹资人发起筹资，把筹资项目的内容（产品或服务）发布到网站上吸引投资者。每个项目必须在发起人预设的时间内获得超过目标金额的投资，否则会被下架并且不能获得任何资金。投资者选择自己感兴趣的项目，并投资小额的现金。项目成功后，网站将监督项目发起人执行项目，并确保项目完成后筹资人在规定的时间内向投资人发放实物报酬，报酬必须是非现金或者非股权式的，大多为实物回报或者服务承诺。比如在一个智能手表的筹资项目中，投资人以各种智能设计的手表实物为报酬。模式三是股权投资模式，该模式与预售模式有许多相同之处，根本上的不同是回报方式，即一旦达到筹资目标，投资人会根据投资金额获得企业的股权。

（2）优劣分析。

①信息平台模式的优势包括三个方面：第一，资金来源广泛。虽然市场中风险

投资的团队和资金很多，但是相对于庞大的中小型科技企业创新项目仍显不足。信息平台模式不受时间、空间的限制，能够联合各地的金融机构、第三方服务机构，为处于不同区域的科技型中小企业提供融资服务。第二，信息传播途径扩大。信息平台模式能够直接触碰到最广泛的大众，创业企业富有创意的项目通过互联网直观的表现，更容易获得大众的支持，大众可能会处于非经济利益的动因会去支持这些项目。同时可以依靠大众对筹资企业进行有效的信息披露，在一定程度上颠覆了借贷双方间信息不对称的格局使得社会信用在企业融资中发挥更为巨大的作用。第三，分散投资风险。由于科技型中小企业往往经营前景不明朗，银行等金融机构一般持保守态度，不愿意承担较大的投资风险，利用众筹融资等新型民营科技金融服务模式可以在一定程度上避免这个问题，即使对某些企业的投资风险较大，但由于每个大众投资人的投资额度非常小，投资的风险被众多的投资人分散，投资者个体还是在一定范围内可以接受风险。

② 信息平台模式的劣势包括两个方面：第一，投资者风险意识弱，保护难度大。信息平台模式在形式、风险点方面都与传统融资模式不同，大部分投资者对其没有充分的认识，甚至缺乏对融资项目质量好坏的判断力，容易在借贷利率的诱惑下，做出错误的选择。第二，平台易堆积风险。国内目前几乎所有的 P2P 网贷都提供本金担保服务，即使是号称不承诺保障本金的拍拍贷，其实也制定了本金担保计划。众筹平台运营过程中，"本金担保"或"先行赔付"也是交易不可或缺的媒介，这些都使得本来属于双向自行的交易成为运营方一手主导的交易，本来应该属于直接融资的概念，反而又演变成了间接融资，风险不断堆积在中间方，成为金融系统中的风险积聚源。

2. 电商信贷模式的作用原理与特点、优劣分析

（1）作用原理与特点。电商信贷模式通过积累在电子商务平台上的大数据，包括客户信用数据和行为数据等，运用云计算等技术对企业和个人进行信用评价，据此进行批量发放小额贷款。具体来说：第一，"草根"征信系统获取海量数据。阿里巴巴 B2B 已运行 12 年，全国 4 200 万小微企业中，超过 800 万家在阿里巴巴平台上进行买卖。支付宝沉淀了庞大的后台数据，可以进行 360 度全方位客户评级，能更深入全面了解小微企业业主信用等级水平，极大降低了小贷信用风险。第二，云计算技术核定真实性。通过与阿里云的合作，阿里金融使用大规模的数据计算和统一的数据存储来确定订单的真实性、买家和卖家之间的关联度、是否炒作信用，判断风险概率大小、交易集中度等问题，使阿里金融对整个运营成本有了很好的控制，能够以合理的利率水平向客户提供贷款产品。

（2）优劣分析。

① 电商信贷模式的优势包括两个方面：第一，风险评估全面。以阿里金融为例，在对客户进行风险评估时，阿里金融与阿里巴巴、淘宝网、支付宝底层数据完全打通，客户在阿里巴巴、淘宝店主在淘宝网上经营的信用记录、发生交易的状况、投诉纠纷情况等一百多项指标信息都将在风险评估系统中计算分析，从模型计算的结果可以掌控其涉嫌欺诈的可能性，从网站的活跃度可以判断客户的融资需求，从

网站的投入情况可以判断其经营态势，综合这些网站行为数据和企业电子商务经营情况，就能够对客户的风险做出全面判断。第二，成本低廉。电商信贷模式从电子商务平台可以很容易找到活跃网商，经过技术处理后台数据，找到最需要贷款、最有可能获得贷款的客户，做较为精确的定向营销，并结合客户的供应链管理情况做出预期授信的判断，直接进行点对点的营销工作，节约了成本。

② 电商信贷模式的劣势包括两个方面：第一，资本规模有限，后续资金不足。电商信贷模式一般是以企业法人身份在工商部门登记注册的小额贷款公司，小额贷款公司不得向内部、外部集资或变相吸收公众存款，这一规定限制了电商信贷模式的融资渠道，使其无法获得低成本的社会闲散资金，导致了后续营运资金不足，资金周转率、利润率低。第二，管理有待规范。电商信贷模式的经营者虽然从事银行业务性质的金融业务，但却不能取得金融许可证，得不到《商业银行法》法律体系的覆盖，因此不能税前提取风险准备，也不能按"银行间同业拆借利率"从银行系统获得资金支持，无法纳入央行结算系统，也无法取得央行征信系统中的信息。同时，在财务监督、抵押手续、纳税管理等其他方面也存在很多操作问题有待规范。

（三）未来的可持续性及对策建议

党的十八届三中全会的报告《中共中央关于全面深化改革若干重大问题的决定》中正式提出"发展普惠金融，鼓励金融创新，丰富金融市场层次和产品"。新型民营科技金融服务模式正是"普惠金融"理念下最具代表性的金融创新，P2P借贷、众筹、阿里金融等模式改变了传统金融行业的格局，使科技金融能够在更大范围、更深层次上服务科技型中小企业融资，促进科技成果转化，同时相比于传统金融，新型民营科技金融服务模式节省了成本，提高了效率，促进了资本流通和资源优化。但同时应注意到作为新生事物，新型民营科技金融服务模式在法律体系建设、监管、风险控制等方面还有很多需要进一步完善的方面。

1. 加强相关法律的体系化建设

我国虽然已经初步形成金融法律体系，但新型民营科技金融服务模式依托互联网、云计算等技术，有自身特性，因此需要进一步修订和完善当前的金融法律法规体系。另外，与新型民营科技金融服务模式密切相关的基本法律法规体系尚存不足。虽然我国已经出台了《全国人大关于网络信息保护的决定》、《征信业管理条例》等法律法规，但每类业务细分中涉及的机制尚未一一确立，如业务的准入、监测、退出、企业的责任义务、个人信息保护、用户权益保护、违规罚责等。我国应尽快制定专门对众筹、P2P借贷等新型民营科技金融服务模式进行监管的专门法律，详细制定关于批准设立、业务经营范围许可、资金风险控制、利率浮动、担保、资金池的监管细则，避免个别公司违规经营，甚至触碰"非法吸收公众存款"、"非法集资"的底线。

2. 明确监管主体，加强行业管理

作为金融与互联网结合的新产物，新型民营科技金融服务模式涉及监管部门多，存在监管职责交叉的情况，有的问题没有部门管，有的问题又有多个部门制定不同政策，不利于行业的健康发展。我国应尽快明确现有监管部门对新型民营科技金融服务模式的监管职责，同时因新型民营科技金融服务模式具有明显的跨行业跨市场的特征，各个部门必须建立良好的协调机制。

美国在互联网金融监管方面的经验是值得借鉴的，既不抑制行业创新，又能提高金融产品的透明度。在其监管体系中，证券与交易员（SEC）对于特定的证券，通过信息披露要求和反欺诈条款对消费者进行保护；联邦贸易委员会（FTC）对非银行金融服务提供商进行调查；金融稳定监督委员会（FSOC）负责金融风险识别，维护市场稳定；互联网金融监管的主要机构消费者金融保护局（CFPB）对金融产品和金融消费进行监管，保障消费者权益。这样的机构设置从宏观稳定、信息披露、行为监管、消费者权益保护方面都有所考虑，值得我国借鉴。

3. 加快征信体系建设

新型民营科技金融服务模式依托互联网媒介、云计算等信息化技术服务筹资人和投资人，难以建立抵押物担保机制，借贷合约对借款人缺乏约束力，这是大量违约事件出现的重要原因之一。另外，互联网的人际关系属于虚拟关系，容易出现信息的不对性和逆向选择问题。解决以上问题的重要对策之一是加快社会信用体系建设，健全企业和个人信用体系，大力发展信用中介机构。此外，我们还应建立多层次的风险预警机制，利用数据采集和模型分析等手段，分析平台上的中小企业累积的信用及行为数据，对企业的还款能力和还款意愿进行准确的评估。

4. 对投资者进行全方位风险教育

监管部门需要加强投资者教育，普及互联网金融的融资知识，充分揭示市场风险，引导投资者树立正确的投资理念，增强风险意识和自我保护能力。不仅如此，新型民营科技金融服务模式的提供者也有义务开展全方位多角度的金融消费者教育活动，可以通过与媒体的沟通合作，充分利用报刊、广播、电视、网络等各种媒体资源对消费者进行金融风险知识的宣传，告知消费者在享受便捷投资的同时，也面临着风险。

五、总结与提炼

（一）科技金融服务模式异同点比较

各类科技金融服务平台的目的都是解决科技型中小企业融资难的问题，实现各相关机构的协同运作。但由于构建方式不同，这些平台在具体运作上呈现出各自不同的特点。对各类平台的比较可从服务内容、载体、平台角色和运作方式四个维度进行。

1. 服务内容不同

政府投资和与政府合作的科技金融服务平台，一般是将保险、担保、银行以及资本市场都纳入到平台中，形成较为完整的融资服务链条，按科技型企业所处的阶段细分融资产品，特别为处于种子期、初创期的科技型中小企业提供政府引导基金。而基于"互联网"的新型民营模式，只提供与融资活动相关的信用管理、风险管理和订单管理，并不介入具体的融资流程中。

2. 运作载体不同

政府投资和与政府合作的科技金融服务平台，一般以物理平台为载体，信息平台为辅助，平台只能服务于区域内企业。而新型民营科技金融模式则以信息平台为主、物理平台为辅，试图将与融资相关的活动都通过网络来完成，通过互联网完成企业与金融机构、第三方服务机构的合作和协作。由于不受地点、时间的限制，全国的金融机构都可以通过网络展示其产品，企业也可以在更大范围内选择能够满足其融资需求的产品。

3. 平台角色不同

政府投资和与政府合作的科技金融服务平台，构建者的角色是双重的，既是中介服务提供者，也是融资服务提供者。比如政府部门主导型和金融机构主导型的科技金融服务平台，由于政府、金融机构本身提供了政策或资金支持，平台实际上参与了融资过程。同样，在国有企业主导型的科技金融服务平台中，平台运营企业不仅提供数据支持，也介入资金融通过程。而新型民营模式则完全脱离具体融资过程，仅负责搭建交易市场，充当幕后管理者的角色。

4. 运作方式不同

政府投资和与政府合作的科技金融服务平台，通常是政府或国有企业、国有银行实施的金融创新，其运作方式是企业申请→政府审核→机构合作，实际上是一种B2G（Business to Government）模式。国有企业主导型、金融机构主导型科技金融服务平台虽然也倾向于市场化运作，但较新型民营模式更依赖政府扶持，很大程度上受到政府引导。而基于"互联网"的新型民营模式运作则是基于彻底的市场交易规则，供求各方自发完成交易，平台仅提供中介服务、收取管理费用，政府在其中的作用并不明显，实际上是 B2B（Business to Business）、B2C（Business to Customer）或 P2P（Peer to Peer Lending）的模式（见表11-1）。

表 11-1   科技金融服务模式异同点比较

		政府投资型		与政府合作型（金融机构主导型）	新型民营（互联网）
		政府部门主导型	国有企业主导型		
相同点	目标	"一站式"融资服务中心，聚集本区域中小企业，构建信用体系	提供"一站式"融资服务，聚集本区域中小企业，实现金融机构、中介机构集成化	为更多优质科技型中小企业提供专题融资服务	解决科技型中小企业融资难问题，构建专业融资交易平台
	服务对象	科技型中小企业			科技型中小企业及各种金融机构

续表

不同点		政府投资型		与政府合作型 （金融机构主导型）	新型民营 （互联网）
		政府部门主导型	国有企业主导型		
	服务 内容	1. 政府引导基金； 2. 融资咨询； 3. 项目对接。	1. 数据库信息； 2. 融资咨询； 3. 项目对接及政 府资金申请。	1. 融资解决方案； 2. 资产管理； 3. 直接融资服务。	1. 融资咨询； 2. 信用管理； 3. 订单管理； 4. 风险管理。
	载体	物理平台为主，信息平台为辅			信息平台为主，物 理平台为辅
	角色	融资中介；融资提供者		融资提供者	独立的"第三方" 中介
	运作 方式	申请→审批；政 府资金引导	政府独资公司； 商业化运作	与政府合作；商 业化运作	商业化运作；政府 监督

（二）科技金融服务模式的优劣比较

相较而言，政府部门主导型的科技金融服务平台，对于处于种子期和初创期的科技型中小企业的帮助可能更大，原因是由政府引导基金所提供的融资担保和融资补偿可以为企业吸引更多的融资机会。但该平台的服务对象仅限于所属行政区域的企业，且政策辅助性过强，对于企业的发展可能有较强的束缚。国有企业主导型的科技金融服务平台能够为科技型中小企业提供较为完善的融资信息，并为企业量身订制融资方案，有益于科技资源和金融资源的合理配置，但在信用体系构建和融资管理服务方面相对欠缺。与政府合作的金融机构主导型的科技金融服务平台则是以银行或非银行金融机构为运作主体，以优质科技型中小企业为服务对象，提供专业的融资方案和服务，对处于中期和扩张期的科技型企业作用更大。基于"互联网"的新型民营模式以提供完全市场竞争、促进金融机构与企业交易为目标，利用互联网技术解除融资活动的空间限制和时间限制，缩短融资活动周期，并建立公开的信用评价体系以解决信息不对称问题。但是，对处于种子期和创初期的科技型中小企业而言，基于"互联网"的新型民营模式也许不如"传统"模式帮助大。此外"互联网"模式还存在交易安全的风险。具体而言，可从融资可行性、融资公平性、融资效率、融资透明度、融资便利度和独立性等六个维度来评价各模式的优劣（见表 11－2）。

表 11－2　　　　　科技金融服务平台模式的优劣比较

	政府投资型		与政府合作型 （金融机构主导型）	新型民营 （互联网）
	政府部门主导型	国有企业主导型		
融资可行性	较好	一般	好	好
融资公平性	好	一般	差	较差

续表

	政府投资型		与政府合作型 （金融机构主导型）	新型民营 （互联网）
	政府部门主导型	国有企业主导型		
融资效率	较差	一般	好	好
融资透明度	差	较差	一般	较好
融资便利度	较差	一般	一般	好
独立性	较差	较好	较好	好

　　科技金融服务平台构建的目的是帮助科技型中小企业解决融资问题，三种模式各有优劣利弊。政府主导的平台主要面向处于种子期和初创期的企业，是一种扶持型的科技金融服务平台，其最重要的优势是公平性。与政府合作的金融机构主导型服务平台融资效率较高，但融资公平性不足。而国有企业主导型服务平台则以提供融资信息为主，旨在解决融资供给和融资需求之间的信息不对称问题，其增值服务较多，但在促成融资合作方面则较为薄弱。基于"互联网"的新型民营模式的功能是提供一个完整、公开的市场平台，实现交易各方的自愿匹配，平台仅负责基本的交易管理，不参与实际交易过程。总的来看，越是接近政府的模式，在可行性、公平性上表现越好，但在效率、透明度、便利度和独立性上则相对较差；反之，越是倾向市场的模式，则拥有相对较高的效率和透明度，在融资便利性和独立性方面也较好，但不能保证可行，公平程度也较差。

（三）科技金融服务模式未来发展趋势

　　实施创新驱动发展战略是党的十八大做出的重大部署。科学技术是第一生产力，金融是现代市场经济的核心，科技与金融双轮驱动，共同推动了现代社会的发展，这已为当今社会所公认。随着科技金融市场的逐渐成熟，科技金融必将发展成为一种现代化的服务模式，助力科技型中小企业发展。与成熟的市场经济国家尤其是发达国家相比，我国科技金融起步较晚，目前尚处于探索阶段。政府投资型、与政府合作型和新型民营模式，在我国科技金融发展初期，都是对科技金融服务模式的有益探索，其目的都是为了帮助科技型中小企业解决融资问题。这三种模式运作方式不同，服务内容不同，各有优劣。从长远发展来看，这几种模式将随着经济社会和信息技术的发展而发生整合和逐步规范。基于"互联网"的新型民营模式应是科技金融服务平台未来的发展趋势。与此对应，"移动化、电商化、自金融"也将是今后发展的方向。此外，由于现存大量处于种子期和初创期的科技型中小微企业，政府投资型模式将长期存在。与政府合作的金融机构主导型模式基于其专业化的融资方式也将在一定时期内存在并逐步规范。

（四）科技金融服务模式的创新与发展，必将有助于形成促进科技金融服务业发展的新兴业态

科技金融服务的根本宗旨和目的是促进科技资源与金融资源相结合，科技与金融二者互为目的，互为手段，最终实现深度融合，即充分发挥科技与金融二者的优势力量，打造创新创业产业发展与强大资金支持的平台，创造出巨大的市场空间和发展潜力，同时，也将对我国长期的经济结构调整和产业发展带来根本性转变。因此，一方面，要把金融作为服务实体经济、服务产业、服务创新的工具，把金融资源和真正创新的科技资源紧密地对接在一起。即以科技资源为服务目标，实现巨大的金融资源的整合。这需要调动政府、市场包括银行、民间机构、个人等主体投入资金的积极性，将这些资金投向科技创新的方向上去。另一方面，通过利用科技手段，包括互联网技术、云计算技术、数据库技术等手段，促进金融资源服务科技创新创业，包括草根和小微企业的创新创业。

科技金融服务模式是科技金融服务业的具体运行载体或方式。随着科技金融服务模式的创新、丰富与发展，必将有助于形成促进科技金融服务业发展的新兴业态。解决科技型企业尤其是科技型中小企业的融资难题，仅靠一个模式、一个主体是远远不够的。任何一个模式、一个主体其资金力量有限、辐射范围有限、管理能力有限、外部条件有限，必须实现百花齐放，形成科技金融服务业的行业业态，才能更广范围的解决科技企业融资难题，促进创新驱动战略的实施。这就需要通过机制设计，调动各个主体的参与积极性，例如政府通过改进和创新财政投入方式，发挥引导带动作用；通过信贷、债权、股权的有机结合，最大范围的吸引和激励银行、民间主体参与；再通过建立风险防控机制，使激励与风险防范相结合。只有不断创新和发展科技金融服务模式，才能逐步推动形成科技金融服务业的业态，建立科技金融的一条龙、多条龙式的综合服务体系，激活市场活力，促进国家战略的实现。

第十二章

科技金融培训服务模式研究

科技金融培训服务是全面贯彻实施国家科技金融战略的关键环节，对于普及科技金融知识，指导各级政府部门、科技企业及金融机构准确把握国家的科技金融政策，有效提升科技企业运用资本市场的能力，促进金融资源向科技领域配置，具有重要的作用。本报告紧密结合科技金融培训工作的实际，对几种主要培训模式进行介绍和分析，并提出有针对性的建议，希望能对我国科技金融培训工作起到一定的借鉴作用。

一、加强科技金融培训服务的重要意义

党的十八大以来，中央高度关注科技创新在国家发展中的重要地位，强调要加快从要素驱动发展为主向创新驱动发展转变，由科技实力的提升带动经济实力的提升，最终实现综合国力的提升。加强新时期科技金融培训服务工作，是落实好创新驱动发展战略、解决好科技与经济社会发展的深度融合的一项重要抓手。科技金融培训服务实际上是为各层级的科技行政管理部门，银行、证券、保险等金融管理部门和机构，以及科技型企业特别是科技型小微企业三方搭建一个相互沟通和交流的平台，在这个平台上各方能够相互了解熟悉，寻找到科技与金融相结合的切入点，并以此为基础为科技创新和产业化提供金融资本支持，为金融体系健康发展拓展空间。

（一）让科技了解金融创新

金融创新是经济发展不可阻挡的潮流，对转型期的中国尤其如此。金融创新对完善金融体系功能、提升金融效率、降低金融交易成本都有着极其深远的重要意义。随着金融全球化进程的不断深入，我国的金融创新的步伐也明显加快，突出的表现在产品、技术、观念、管理等多个层面。金融产品创新，包括金融衍生产品、资产证券化、金融理财等；技术创新，金融电子化和信息化的发展大大提升了金融业务的运作效率；观念创新，新技术的应用与新产品的推出对传统金融理念提出了更大

挑战；管理创新，为应对产品和技术创新，金融机构必须创新服务，满足持续创新的需要。金融创新并非一朝一夕就能够完成，金融创新也不是对传统金融的彻底革除，但是金融创新引领金融改革的大趋势。通过科技金融培训就是让科技领域的相关主体能够洞察到金融创新的方向，熟悉金融创新的产品，运用金融创新的理念来服务科技创新，树立科技型企业自觉跟踪科技创新意识，进而实现科技与金融深度融合。

（二）让金融支持科技创新

现代市场经济秩序下，"低风险、高收益"成为金融业务的最终目标，对于那些高风险的项目或业务，金融机构大多避而远之。这一点与科技创新属性有些格格不入。当今科学技术日益发达，科技创新的难度越来越大，投入越来越多，风险也越来越高。如何让具有"经济人"角色的金融机构支持科技创新企业，特别是具有成长性的科技型小微企业，解决科技创新微观主体的融资困境，其中的一个关键是打通金融机构与科技创新型企业之间的信息壁垒，让现代金融机构了解并熟悉科技过程，发现并支持具有潜质的科技创新。这就是科技金融培训平台的另一个战略作用，在金融机构与创新型企业之间牵线搭桥，最大程度降低因为信息不对称导致的资本流动壁垒风险。长远来看，信息沟通也只是科技金融培训起始阶段的重要功能，随着培训平台的做大做强，科技金融培训还可以承担起价值发现和点对点服务的功能。

（三）让企业了解科技金融

市场经济的充分竞争对企业生产经营乃至生存提出了更高的要求，要在激烈的市场竞争中屹立不倒，必须要占得先机，立足科技创新是企业生存、成长的基础。对为数众多科技型小微企业，其创始人多是业务出身，手里拥有的技术尚不知道是否能够被市场所接受，思考更多的是如何进一步改进技术满足市场要求。在创业之初，当出现资金或资本短缺问题时基本能够想到的都是传统的银行借贷，对现代金融发展了解较少。发展科技金融培训可以把这类有融资需求的科技型企业聚集起来，为他们开展现代金融、科技金融等方面的培训，增强这些企业的融资能力。从而深刻理解现代金融和科技创新，以此利用好现有科技金融扶持政策，满足自身的融资需求。

二、科技金融培训服务模式之一：基于院校的培训

科技金融培训服务涉及基础理论知识、政策法规、业务操作等多个层面，具有专业性、政策性、应用性强的特点。在我国科技金融发展的初期阶段，政府管理部门、科技企业和金融机构尚未形成清晰的认识之前，通过对高层管理者的培训和引导，促使他们理清思路，形成正确的战略理念，就显得尤为重要。以院校为平台的培训服务，优势在于各类专家力量较为集中，在基础理论教学和案例研究方面具有

丰富的经验，有利于展开深层次的教学与交流。当前，各大学院校大都有较为成熟的培训机构，在承担培训服务方面经验较为丰富，可作为科技金融培训基地。

（一）认定条件

承担科技金融培训服务的院校应具备以下几个方面的条件：一是应在金融学科领域有一定的知名度，具有较强的师资力量，能够在本校范围内聘请到水平较高的专家，减少外聘专家的比重，从而保障各期培训班教师队伍的相对稳定。二是应具备经验丰富的培训组织团队。院校培训机构应具有教育部认可的培训资质，能够按照培训要求，保障培训流程的规范有序，并且有相对稳定的外部专家资源，能够按照培训内容要求聘请的高水平专家，满足培训内容的要求。三是应当具有系统完善的培训管理制度，内容应当涵盖从培训前期的调研准备，到培训的具体实施运作，再到培训结束后的跟踪反馈的整个过程，以及相应的财务管理制度、应急处理机制等。四是应具备相对独立的培训教学环境和食宿设施，与在校生教学区相对隔离，保障培训不受学校日常教学活动的影响。五是公共交通设施便利，尽可能辐射到较大的地理区域，减少学员往返的交通和时间成本。

（二）培训对象

相对于其他培训平台模式，为保障教学质量，院校培训的单期培训班规模一般较小，要求受训者进行短期的脱产封闭学习，并聘请教学经验和实际工作经验丰富的专家授课，培训的费用和时间成本较高。因此，院校培训的对象应主要面向政府、科技企业和金融机构的高层管理人员。

（三）培训方式

1. 培训的组织管理

院校培训模式中，科技部及各级科技管理部门主要负责培训的总体规划和年度培训计划的制定，院校培训机构负责具体实施。即由科技管理部门于每年年初根据当年科技金融工作的总体思路，并对相关培训对象进行需求分析后，确定当年科技金融培训的重点方向、各类培训班的主要内容、培训的批次和规模；各院校培训机构根据科技管理部门的年度培训计划，结合自身师资力量，设计并拟定培训课程，提交科技管理部门审核通过后，按照规范流程开展培训。其中，涉及中央、省级科技管理部门，全国性金融机构及重点科技企业的培训，主要由科技部直接组织；省以下科技管理部门、地方金融机构及其他科技企业的培训，由科技部授权各级科技管理部门组织，并在科技部认定的院校培训机构开展培训。

2. 培训计划的安排

制定培训计划应充分考虑培训内容和培训对象的差异性，主要应关注以下几个方面。（1）针对培训对象的差异安排不同内容的培训。由于科技金融所涉及的主体（如政府管理人员、科技企业高管、金融机构高管）在培训需求上有明显的差异，应针对培训对象的差异性，分别安排相应的培训。（2）针对培训目的的不同，合理确定培训周期。培训时间可以是相对集中的短期脱产封闭学习，一般 5 ~ 15 天左右，也可以利用每周六日非工作日时间，持续 1 ~ 2 个月，或是持续 1 ~ 1 年半的长期学习，每两个月利用平时或者周末时间集中到学校学习 3 ~ 5 天左右。如培训侧重于科技金融知识的全面性、系统性，则一般应采取每月固定授课时间的方式，培训周期可适当延长；如培训内容单一，则采取短训班形式。

3. 培训课程设计

由于院校培训的对象主要为高层管理人员，培训的内容应侧重对科技金融的战略性思维，因此，在培训课程设计和授课方式选择上，应更多地采取引导、启发式教学，提高讨论和互动交流在教学比重，重点使学员准确把握科技金融发展形势，深入了解科技金融的在企业发展中的推动作用和战略价值，构建符合企业发展需要的战略规划。

（四）队伍建设

院校培训的师资队伍应主要包括科技界、金融界、企业界、学术界的专家和学者。院校培训要求授课者不仅要具备丰富、扎实的专业知识和相关的实践经验及阅历，同时要具有较强的语言表达能力和"以受训人员为中心"的服务理念。要建立一支高素质的科技金融培训队伍，院校培训机构一方面应加强与相关领域专家的联系，建立起动态的师资人才库，并引入遴选机制，在培训过程中逐步发现、选拔出一批优秀的授课专家队伍。另一方面，应与师资队伍建立长期联络沟通机制，及时向授课专家传递科技金融培训形势的变化和学员的需求，以便授课专家及时更新授课内容，改进授课方式，不断提升培训的效果。

（五）培训效果评估机制

培训效果评估是指对培训计划制定、培训项目设计、培训实施过程以及培训效果进行全面、综合的评价，是培训运作系统的最后一个环节，可以为新的培训活动提供借鉴和支持。在遴选并建立院校培训基地的基础上，要建立合理的准入和退出机制，对院校的年度培训效果进行评估考核，做到优胜劣汰。科技金融培训效果评估可以借鉴柯氏四级评估模型，即通过反应评估、学习评估、行为评估、成果评估等四个维度评价培训效果。

反应评估。用来评估受训者的满意程度，一般是在培训项目结束时，通过问卷调查的方式来收集受训者对培训的意见或建议。内容包括：（1）受训者是否喜欢该课程；（2）课程对受训者是否有用；（3）对培训讲师和培训设施是否有意见；（4）受训者在课堂上反应是否积极。

学习评估。用来测定受训者的学习获得程度。学习评估通过书面考试和评估表等方法了解受训人员在培训前后知识以及技能方面有多大程度的提高，内容包括：（1）受训者在培训项目中学到了什么？（2）受训者在培训前后，知识和技能有多大程度的提高；（3）受训者是否达到相关培训目标。

行为评估。用来考察受训者对知识的运用程度，是在培训结束后的一段时间里，借助一系列的评估表考察受训者的行为在培训前后是否发生变化，是否在工作中运用了培训中学到的知识，借以判断所学知识、技能对实际工作的影响。内容包括：（1）受训者在学习的基础上有没有改变行为；（2）受训者在工作中是否用到了所学的知识；（3）受训者培训前后工作方式是否发生改变；（4）受训者培训前后的绩效是否有所改善。

成果评估。用来考察培训所创造的经济和社会效益，这一评估由个人层面上升到组织层面，通过一系列绩效考核指标来完成。内容包括：（1）受训者行为的改变对企业科技金融发展是否带来积极影响；（2）通过开展科技金融活动，为企业带来的收益；（3）企业科技金融活动所产生的社会效益（对其他企业的影响）。

三、科技金融培训服务模式之二：基于产业园区的培训

科技产业园区是我国中小型科技企业的主要聚集区，以产业园区为平台的培训，其优势在于：一是最大限度地减少了受训者的交通成本和时间成本，可以有效地组织区内各层次管理人员，扩大培训人员的范围和规模。二是产业园区能够对企业的培训需求进行全面了解，使培训计划安排更具有系统性和针对性。三是培训场所安排在科技园区，不仅能够使授课人在培训中为企业提供更加有针对性的辅导和咨询，又能加深授课人对科技企业发展实际的了解，形成双向促进，带动区域内科技金融水平的整体提升，实现以点带面，促进科技金融在全国的开展。

（一）认定条件

承担科技金融培训基地任务的产业园区应具备以下几方面的条件。一是应主要依托国家级产业园区。由于这类园区科技型企业较多，创新能力较强，同时区域金融发育较为完备，容易使培训产生明显的效果。二是科技中小企业相对密集且处于创立和成长期，对科技金融需求度高，有利于提高受训者参与的主动性，提高培训效果。三是园区管委会能够积极配合，并建立起专门的培训组织团队。与院校及网络等其他培训方式相比，产业园区的培训应带有更强的针对性，这要求园区管委会在组织培训前进行充分的准备工作，如了解企业的培训需求，安排有针对性的课程计划，这是保障培训组织规范有序的前提。

（二）培训对象

科技金融的推进不仅需要政府、企业、金融机构等多方面的参与，更需要科技企业内部不同管理层次和岗位人员的协调与配合，因此，培训应当是多方面、多层次的。培训场所设在产业园区内，交通因素和时间成本对受训者的影响最小，可以有效覆盖区内的所有科技型企业与科技金融相关的管理人员，从而实现长期性、系统性的培训，弥补院校培训规模过小的缺陷。因此，基于产业园区的培训，应针对不同的培训层次和内容，确定不同的受训群体，以改善当地科技企业开展科技金融活动的外部环境和企业的资本运作能力。

（三）培训方式

产业园区培训直接面对企业的多样化需求，相应地，培训可以多种方式展开。一是长短结合，既可以制定长期的培训计划，进行系统性的科技金融培训，也可以针对某一专题进行短期的培训。二是多教学形式结合，既可以采取传统的课堂讲授形式，也可以针对企业的实际需要，走进企业，进行现场咨询形式的培训，解决企业面临的实际问题。三是多层次教学结合。针对企业不同管理层次的需求，设计不同的培训内容，既满足高级管理人员对科技金融战略方面的知识的需求，也可以满足中层和基层管理人员在具体操作层面的知识需求。

（四）队伍建设

产业园区培训要取得好的效果，关键是培训内容要紧密结合园区的实际，因此在授课教师的选择上应与院校培训有所区别。一是要注重选择、培养本地区域内行业管理部门、院校、金融机构的授课专家，以帮助学员更准确地把握当地的科技金融发展形势。二是应重点建立科技金融操作性方面的讲师群体，帮助企业了解和把握科技金融业务开展中的具体环节和问题。三是注重在园区内科技金融示范企业中培养讲师队伍，利用企业自身的运作案例进行教学，以提升教学效果。

（五）培训效果评估

产业园区的培训可以采用柯氏评估模型，但应更加注重对行为和成果的评估，即培训对企业行为和业绩的实际影响。评估方法可采用问卷评估法、访谈评估法，由科技部或产业园区管委会进行调查评估。问卷评估法可以通过用一系列标准化的问题了解受训者对培训或培训内容的观点、意见，其优点在于成本低，可以快速地在大范围内搜集有关培训服务质量的信息，缺点在于可能出现被调查人填写问卷过于随意、填写不完整，有时问卷的回收率低，同时对问卷中问题的设计水平要求较高。访谈评估法指访谈者通过与一人或多人进行交谈，以了解培训的成效，其优点在于能够深入了解受训者的学习感受及对个人和企业的影响，缺点是成本较高，需要花费较多的人力，而且对访谈者的沟通能力要求较高，需要根据不同企业及培训者的具体情况进行交流，以尽可能掌握全面的信息。

四、科技金融培训服务模式之三：基于网络的培训

网络培训即通过应用信息科技和互联网技术进行知识传播和快速学习的方法。与传统的培训方式相比，在线学习具有时间上的灵活性、空间上的便利性、成本上的经济性、接受上的平等性等优势，因此，在线培训教育呈现出快速发展的趋势。随着科技金融在全国范围内的开展，传统的课堂式培训将无法承载巨大的知识量，培训对象的数量也将受到很大限制，大力发展网络培训，是加快科技金融知识普及最有效的途径。具体来看，网络培训的优势在于：（1）资源利用最大化。网络跨越

了空间距离的限制，可以通过开放式教育，把最优秀的教师、最好的教学成果通过网络传播到四面八方。（2）学习行为自主化。网络技术应用于远程教育，可以在任何时间、任何地点、从任何章节开始、学习任何课程。在学习模式上最直接体现了主动学习的特点。（3）学习形式交互化。教师与学生、学生与学生之间，通过网络进行全方位的交流，拉近了教师与学生的心理距离，增加教师与学生的交流机会和范围。并且通过计算机对学员提问类型、人数、次数等进行的统计分析，使教师了解学员在学习中遇到的疑点、难点和主要问题，更加有针对性地进行指导。（4）教学形式个性化。网络教育中，运用计算机网络所特有的信息数据库管理技术和双向交互功能，一方面，系统对每个网络学员的个性资料、学习过程和阶段情况等可以实现完整的系统跟踪记录；另一方面，教学和学习服务系统可根据系统记录的个人资料，针对不同学员提出个性化学习建议。（5）教学管理自动化。计算机网络的教学管理平台具有自动管理和远程互动处理功能，被应用于网络教育的教学管理中。远程学生的咨询、报名、交费、选课、查询、学籍管理、作业与考试管理等，都可以通过网络远程交互的方式完成，最大限度地节省培训管理成本。

（一）认定条件

网络培训可由科技部自行组织力量建设维护和进行教学管理，或采取外包形式，由拥有合法网络牌照，具有丰富网络培训经验的社会培训机构进行网站建设和教学管理。由于网络培训对网络硬件条件和IT专业人员要求较高，而且科技金融培训面向全国，培训对象的数量较大，从长远来看，为提高网络培训效果，降低运营费用，应尽量采取服务外包形式，由科技部指定专门的网络培训机构承担培训网站建设和教学管理任务。在选择网络培训机构时，应重点关注以下几个方面：（1）培训机构是否具有国家教育部审批的网络培训资质；（2）培训机构的网络硬件设施条件；（3）培训机构的网络教育平台基础软件的先进程度；（4）培训机构的网站设计和维护能力；（5）培训机构能否聘请较为专业的科技和金融方面的专家制作课件，并对网站教学内容和教学模式进行审核和改进；（6）培训机构能否聘请合格的培训师对学员提出的专业问题做出及时的答复；（7）培训机构的财务管理规范化程度。

（二）培训对象

由于网络培训模式具有培训成本低、学员自主化程度高的特点，可以满足科技企业、政府部门、金融机构、研究人员等多层次人群的需求。网络培训中，可以针对培训的对象的不同，设计不同的教学计划和课程组合，供学员选择。

（三）培训方式

网络培训可分为e-learning、多媒体远程培训两种方式。e-learning中，学员学习与教师的交流一般是非实时的，所学的课程与资料经编排后发布到培训网站，学员可以下载或在线查看，并通过邮件或讨论区与教师及其他学员交流。其优点在于学员可相对自由地安排学习时间，减少与工作的冲突；缺点在于缺乏实时沟通，教学的现场感较差。多媒体远程培训则为实时在线培训，通过网络技术将声音、图像实时传递到各教学点，同时可以实现多边互动。但由于多媒体教学对设备、网络要求较高，而且要求教师掌握在线教学的技巧，一般授课人员难以适应这种教学方式。从科技金融培训的需求分析，网络培训服务开展的初期，应以当前较为成熟的 e-learning 教学模式为主，将教学课件和政策、案例等参考资料制作成音像或电子文档格式，供学员学习，同时安排专门教学人员对学员提交的作业进行评判，在线或离线回答学员提出的问题。随着网络培训服务的开展，可以在特定范围内，根据需求开展多媒体教学试点。

（四）队伍建设

网络培训队伍建设与传统的课堂式教学方式不同，相关培训人员队伍的构成也区别于传统教学方式。主要包括：（1）网络培训课件的教学人员。可以根据指定的授课内容，在全国范围内聘请专家或讲师承担。（2）网络培训辅导教师。由网络培训机构负责组织部分专家或教学人员，负责审查学员的作业，并针对学员提出的问题进行答复和反馈。（3）培训网站的后台信息资料收集人员。由网络培训机构负责组织相关人员进行相关信息资料的收集和整理，以充实网站页面的公开信息和教学辅助资料。

（五）培训效果评估机制

对网络培训效果的评估，可以在传统授课形式评估的基础上，增加针对网络教学特点的评估。包括：（1）培训界面设计方面，学习界面的设计是否科学合理、协调美观、易于使用和操作、课件制作效果是否能够满足学习需要；（2）技术支持方面，网络运行和各项功能是否稳定；（3）培训监督方面，是否具备有效的监督功能，保障学员完成全部的学习和考核任务；（4）教学辅导方面，网络教学辅导人员能否及时准确地对学员的问题和要求进行答复。

五、科技金融培训服务模式之四：基于企业的培训

基于企业的科技金融培训有两个层次的含义：其一，是把科技金融培训作为第三产业中培训服务的一个类别，政府的科技部门从具体的培训组织与管理事物中解脱出来，把这项工作交给有资质的培训企业，走规范化的企业培训之路；其二，是依托培训企业自身科技产业化发展道路，培养创业科技型企业的科技金融意识，帮助科技型企业在孵化和成长过程中实现科技与金融的有效对接。前者强调的是科技金融培训服务提供企业要有开展培训的组织能力，后者是指提供培训服务的企业全程介入培训的课程组织过程，依托自身的创业经验开展培训。相比而言，后者开展的科技金融培训更有深度，也更贴近科技型企业培训需求，所以，后者是更高层次的基于企业的科技金融培训。

（一）认定条件

由企业来主导开展科技金融培训，提供培训服务的企业应该具备以下三个方面的条件。第一，具有政府认可的培训资质。开展科技金融培训是面对为数众多的科技型企业，提供培训服务的企业必须是合法、合规、合质的企业。在政府相关部门没有开展资质审核之前，建议以曾经与政府科技主管部门有过培训服务合作的企业为依托，逐步拓展培训主体范围。第二，具有市场相对认可的成功创业经验。成功的科技创业企业是经过市场激烈竞争洗礼后成长壮大的，对科技型小微企业发展有着深刻的理解和认识。以此为基础进行的课程组织也就有可能引起受训企业"当家人"的共鸣。对这一认定条件的把握，最好是近三年在境内外上市融资的企业。第三，具有较强的投资能力和投资意愿。从现阶段基于企业的科技培训成功案例来看，企业组织的科技金融培训服务多伴生风险投资。比如，中国科学院与联想集团合作推出的联想之星，在培训过程中就融入了对科技型小微企业的天使投资。

（二）培训对象

培训的对象应该立足科技型企业，同时可以向前拓展到那些在科研单位、高等院校工作的具有"一技之长"并有创业意愿的科技工作者。科技型企业中以科技型小微企业为主，因为小微企业在创业之初对资本的需求程度要远远高于相对成型的大中型科技型企业，相对而言科技型小微企业是科技金融最主要的受益群体。在培训对象选择过程中，不应该以是否有融资需求作为受训的唯一标准，相反，对于那些尚未遇到融资瓶颈的科技型企业，仍然需要本着树立现代科技金融理念的出发点来组织培训。也就是说，科技金融培训并不是一个对科技型企业融资的应急措施，而是应该把科技金融培训视为提高企业现代金融意识的业务平台。

（三）培训方式

科技金融培训是联系科技主管部门、金融机构和受训企业的桥梁，对促进科技型小微企业发展具有不可替代的作用。把科技金融培训理解为对受训企业简单的、孤立的培训，是政府科技主管部门的一项工作任务，这是对科技金融培训的一个误解。应该立足于更高的层次理解和认识科技金融培训。基于企业的科技金融培训在实施方式上需要注意如下四点：

第一，在培训组织结构方面，尽量安排体量相近的企业搭配培训。大企业实施的培训可以兼顾中型和小微企业，中小型企业实施的培训可以专门负责小微企业培训。

第二，在培训实施方式方面，尽可能增强培训的灵活性。科技金融培训是有较强实用性指向的，在具体的培训开展过程中应该不拘泥于传统的培训形式，最大限度地尊重受训群体的需求。比如，在一对多培训方式的基础上，还可以围绕一些小微企业融资的特殊需求开展"一对一"的专门培训。再比如，培训可以采用课堂讲授形式，也可以深入实地熟悉案例融资过程。

第三，在培训课程组织方面，采取针对性更强的分类培训方式。在科技型小微企业集中度较强的电子信息、材料工程、机械制造等领域，分类开展科技金融培训。针对性不同行业的资本密集程度，有的放矢地提升小微企业融资能力。课程设置也尽量避免过于理论性的知识普及，将培训的重点落到实践操作层面，让企业学有所用。

第四，在培训经费安排方面，在非盈利性导向下主要由财政补助支持完成。科技金融培训应坚持非盈利导向，作为一项公益服务免费提供给企业。

（四）队伍建设

队伍建设的责任在政府科技主管部门，单个企业没有能力组织实施科技金融培训这一系统工程。尽管科技培训是基于企业开展的，但是诸多基础性的培训组织工作还是要由政府部门来完成。

第一，在政府层面，中央和省级科技主管部门需要配合其他培训模式，组建培训企业名录库。在此基础上，相关政府部门应该对入库企业建立一整套审核、培训、考评机制，其中尤其要对企业组织的培训课程进行预审，确保企业实施的科技金融培训方向正确、方案可行。

第二，在企业层面，围绕国家中长期科技发展规划，在战略性新兴产业等科技型企业集中的产业中建立重点企业培训备选库，并根据企业成长的不同阶段、对资本需求的不同程度、对科技金融理解的不同深度以及企业发展的不同前景分类建立相关备选企业培训数据库。

（五）效果评估

效果评估包含两个环节：

第一，授课效果评估。这个环节主要是对受训企业相关负责人在培训期间对所学内容的理解和掌握程度进行测评。测评的方式可以根据培训时间的长短，在培训期间设置一次或两次封闭式考试，测试题目由政府科技主管部门组织实施。

第二，后续跟踪评估。培训不是目的，培训最终是要让小微型科技企业成长过程中通过现代金融理念迈过融资门槛，学以致用是培训的最终目的，所以培训后续跟踪评估至关重要。建议后续跟踪评估可以通过购买服务的方式委托给第三方中介服务组织，建立长期跟踪评估机制，并把长期跟踪评估结果反馈到培训一线，适时调整培训的重点。

六、科技金融培训服务模式之五：境外培训

世界经济一体化背景下的金融全球化已经成为时代发展的大势所趋，能够更多、更好、更快地吸收国际先进金融管理与创新理念并为我所用，是未来国内金融机构激烈市场竞争的先机所在。国内金融机构的业务与管理创新如此，科技型小微企业利用现代金融理念跨越式发展也是如此。事实上，在一些发达国家，科技金融创新

依托各自国情已经有了不同发展模式的探索与尝试，这些科技与金融的融合方式都对我国的科技金融发展有很好的参考借鉴意义。

（一）认定条件

境外培训机构可以下面三类为主：

第一类是国际金融组织，比如世界银行、国际货币基金组织、亚洲开发银行等。这类机构并不是普通意义上的金融机构，他们是全世界发展中国家获得资金与技术援助的一个重要来源。以世界银行为例。世界银行成立于1944年，世行向发展中国家提供低息贷款、无息贷款和赠款等金融产品，用于支持对教育、卫生、公共管理、基础设施、金融和私营部门发展、农业以及环境和自然资源管理等诸多领域的投资。除此之外，世行通过政策建议、分析研究和技术援助等方式向发展中国家提供智力支持。通过世行的研究为广大发展中国家自己的投资活动提供借鉴。同时，世行还主办或者广泛参与讨论各种发展议题的会议、论坛和培训，这些活动往往是与合作伙伴共同举办的。世界银行下设世界银行学院，通过培训的方式帮助发展中国家经济增长过程中存在的现实问题。

第二类是发达国家对外援助机构，比如英国国际发展部（Department For International Development 简称 DFID），德国技术合作公司（GTZ）等。这类机构是一些西方发达国家对外援助的窗口，他们进入中国已有较长时间，对中国的国情也有深刻的了解，同时也有丰富的培训经历和经验。英国国际发展部是在原英外交部海外发展署基础上于1997年成立的。英国国际发展部的工作宗旨是：通过实施2015年"千年发展目标"实现全球减贫，促进可持续发展。该部的主要工作目标是消除极端贫困和饥饿；实现普遍的初级教育；促进性别平等和妇女权益；提高环保水平；开展全球发展合作。德国技术合作公司（GTZ）创建于1975年，是德国政府所有的一家推动国际合作的服务性企业，主要接受德国经济合作与发展部（BMZ）等德国政府部门以及别国政府委托，支持德国伙伴国的发展和改革。GTZ 在职业技术教育和培训领域在中国已经有近20年的经历，且执行了数十个技术合作项目。GTZ 建有天津中德培训中心。

第三类是与中国科技型企业有金融业务往来的西方跨国金融机构。这类机构需要有与中国科技型企业业务往来和熟悉科技金融两个认定条件。可以从西方商业银行、出口信贷保险机构以及政策性金融机构中重点选取。

（二）培训对象

科技金融境外培训可以有两类培训对象：

第一，境内开展科技金融业务的相关金融机构。通过培训，让相关的金融机构了解西方国家科技金融在现代金融秩序下的生存之道，把发达国家不同运作模式下相对成熟的科技金融经验引入国内，并结合我国的金融生态进行适应性改造，切实推动国内科技金融发展。

第二，外向型的科技企业。请这类企业参加境外培训，不仅仅是为了让这些企业的"当家人"了解外部科技金融的发展现状，同时在培训过程中努力让这些企业能够在境外找到适合与自己发展的外国金融机构或科技金融业务。让科技金融培训与企业外向型业务紧密联系起来，增强境外培训的效能。

（三）培训方式

根据不同的培训机构，境外培训可以分为以下三种方式：

第一，依托世行、国际货币基金组织等国际金融机构，可以聘请有丰富经验的国际专家团队开展有针对性的科技金融创新培训。这些国际金融机构大多在内部下设有培训职能的分支机构，同时在金融领域拥有丰富的专家资源储备。依托这些机构的培训，可以在科技金融的理论层面、国别分析层面以及案例分析层面等方面拓展培训的广度和深度。

第二，依托发达国家对外援助机构，设立相关国际合作项目开展培训。这些援助机构培训是不以盈利为目的，更为贴近科技金融培训的本质属性。这种培训方式的特点是一般会依托相关的培训合作项目，所以，这种方式实施的前提应该是政府科技管理部门与其有过或已经谈判成功的合作项目。外援机构主导的境外培训的优点是可以充分利用境外的优质师资队伍、专业化的管理团队、系列化的培训课程以及现代化的教学手段，提升境外培训的绩效。

第三，依托与中国科技型企业有金融业务往来的国外大型金融机构开展点对点业务培训。这类金融机构培训可以在科技金融运行理念、产品设计、风险防范等方面给予更为具有操作性的业务指导。由于选取的培训机构是与国内科技型企业有业务往来的经验，所以培训会更加贴近中国的现实金融生态。

（四）效果评估

境外培训的效果评估不如境内培训实施的便利，评估的时效性相对较差。对于境外培训的效果评估应该把握好三点：

第一，境外培训是否有不规范行为，比如明令禁止的公款旅游问题，这是需要严格杜绝的。所以，境外培训的规模不宜过大，培训的时间不宜过长，也不宜在著名的风景名胜和历史名胜城市举办培训。

第二，境外培训是否实现了预期的培训目的。境外培训成行前都应该有详细的培训计划，特别是要明确出去学习什么。如果只是在境外进行了一些科技金融方面基础理论知识普及，这肯定是与设置境外培训的初衷背道而驰。对培训目的的考评是境外培训效果评估的重点。

第三，境外培训效果评估应该立足问题导向。如果说学习内容是考核的一个方面，如何学以致用则是效果评估的另一个重点。境外学习的大都是其他国家的模式，学习别人的经验需要更好的消化吸收，为我所用。所以，境外培训效果评估不应该脱离国内科技金融发展的现实问题，应该把问题导向作为评估的一把标尺，建立效果评估的"一票否决"制度。

七、政策建议

（一）科技金融培训模式选择建议从传统模式起步，逐步实现培训模式多元化

本报告罗列了五种科技金融培训的备选模式，其中有些模式是传统的培训模式，多数行业培训多起步于此，比如基于院校的培训模式；有些模式是伴随着社会经济发展新生的培训模式，比如互联网培训模式等。我们认为，科技金融培训作为一项崭新的培训项目在其起步阶段应该借鉴传统培训模式的"稳"，通过基于院校培训方式快速建立起科技金融培训网络。在有了一定社会认知度和影响力后，可以探索多元化的科技金融培训模式，比如引入基于互联网的培训模式、基于企业的培训模式、境外培训模式等，充分发挥多种模式的优势，取长补短，进一步完善科技金融培训机制。

（二）培训成本补偿建议从以财政无偿补助逐步过渡到市场化成本补偿

培训成本补偿是科技金融培训工作开展不可回避的一个关键问题。我们认为，在科技与金融缺乏有效融合、社会认知程度不足的现实情况下，推进科技金融培训具有明显的公益属性，其成本支出属于公共财政的支出保障范围，应该在科技金融培训起步阶段通过财政无偿补助的形式支持其快速发展。无论是科技，还是金融，还是科技金融都具有市场属性，在科技与金融能够自发有效融合的阶段，科技金融培训的成本补偿应该逐步过渡到市场化方式解决。科技金融培训业回归其本来的市场属性。

（三）培训工作应该树立问题导向理念，全方位贴近实际、多角度解决问题

科技金融培训不能落入俗套，不能只是培训一些基本理念、普及一些理论知识，培训工作的起点就应该树立问题导向。当前科技与金融深度融合面临哪些问题，这些问题的根源在哪里，从科技型企业和金融机构的角度如何才能够实现中长期的可持续的有效契合。这是设计科技金融培训必须正视且需要认真对待的关键性问题。我们建议整个培训工作应该立足这些实际工作中的关键问题，全方位贴近实际，最终多角度解决问题。

（四）培训工作开展建议以归属、行业和规模三个维度分类实施

我们认为科技金融培训作为一个新生事物，开展起来需要"有章可循"。建议培训可以先从行业和规模两个维度搞起。从归属角度看，对于园区内的科技型企业可以集中到发达地区的科技园区进行封闭式培训，对于分散的科技型企业可以集中

到科研院所开展培训，对于地处偏远省份的科技型企业可以通过网络培训等方式低成本开展培训。从行业角度看，可以把科技型企业按照科技产业链的不同产业分别设计，比如航空航天产业、新材料产业、新能源应用产业等，这样可以使得培训更加有的放矢，针对性更强，也更容易引起行业内的共鸣。从规模角度看，按照资产规模设置中型、小型、微型三个档次，让资本构成相近的科技型企业聚集在一起培训，这更加符合各个规模企业的融资特点和需求。

（五）培训对象选择建议科技型企业与金融机构并重，双向打通科技与金融融合壁垒

现阶段，科技与金融缺乏深度、有效融合的原因是多方面的，其中既有来自科技型企业方面的原因，也有来自金融机构方面的原因，也正是因为产生的根源具有复杂性，也导致解决问题也有相当的难度。我们建议破解这一难题应该多点击破，从科技型企业培训和金融机构培训双向打通科技与金融的有效融合壁垒，这就要求科技金融培训对象的选择应该坚持科技型企业与金融机构并重，针对企业的培训模式与针对金融机构的培训模式并存，对科技型企业培训与金融机构培训并进。通过双向运动，让科技不被金融所边缘，让金融不被科技所轻视，实现两个市场主体自发融合。

（六）充分发挥各类培训模式的协同作用，实现教学资源的共享

在科技金融培训工作中，应充分发挥各类培训载体的特点和优势，共同围绕科技金融工作的总体目标，展开多层次、多角度的培训。一是在各类培训的定位上，要形成以院校培训重科技金融理论和战略、产业园区培训重实际操作、网络培训重知识普及的多位一体的相互促进、相互补充的培训体系。二是在师资力量的调配上，可以建立师资库，把院校师资、校外专家、产业园区的企业管理人员等师资力量进行统一调配，相互补充，建立全国科技金融培训一盘棋的培训团队，以最大限度地发挥优秀培训师的作用，提升培训的质量。三是在教学资源的使用上，可以逐步筛选出优秀的教学视频、教材及讲义，在网络培训中使用，或作为其他模式培训的辅助教学资料，以最大限度地发挥教学资源的作用。

附件1　　　　　　　　　不同培训方式的特点比较

培训类型	传统培训	计算机辅助培训	e-learning	多媒体远程培训
跨地域性	无	无	应用地域范围广	可在多地同时进行
信息流动	双向	通常为单向	通常为单向	多向
组织形式	正规	松散	松散	一定的正规性
安全性	有交通危险	无	无	无

续表

培训类型	传统培训	计算机辅助培训	e-learning	多媒体远程培训
培训内容	会滞后	及时	及时	及时
技术设备要求	低	中	高	极高
对讲师要求	中等	自适应学习，教师仅负责回答和咨询	负责回答和咨询	高，同时面对多个培训点和不同培训对象
学员准备性	低	中等	高	高
学员主动性	一般	高	高	高

附件2　　　　　　　　　　**课程教学质量评估表**

培训课程名称（代码）：

培训时间：

教师姓名：

评估总分：＿＿＿＿＿

评估内容	评估指标	评估等级				
		很满意	满意	较满意	一般	不满意
		9~10分	8~9分	7~8分	6~7分	6分以下
教学水平	教学态度					
	语言表达					
	调动学员参与度					
教学内容	与培训目标的一致性					
	针对性、前沿性					
	理论联系实际					
	信息量					
教学方法	多样性、有效性					
教学效果	对推动工作帮助程度					
	对个人成长帮助程度					
意见建议						

注：请在评估等级所对应的单元格内打分。

主要参考文献

［1］安信证券：P2P 网贷：《繁芜丛生》，2012 年 12 月。

［2］巴曙松：《层次资本市场与经济体制改革》，载于《证券时报》，2003 年第 10 期。

［3］卞薇：《美国科技型中小企业风险投资退出机制的发展及其对中国的借鉴》，载于《知识经济》2010 年第 3 期。

［4］财政部财政科学研究所课题组：《财税支持中小企业自主创新的问题及对策》，载于《中国财政》2011 年第 3 期。

［5］长城证券：《模式日趋成熟，成长空间巨大—P2P 借贷与人人贷专题报告之调研总结篇》2013 年第 6 期。

［6］陈恩才、牛刚：《欧盟中小企业互助担保的制度模式及启示》，载于《中国流通经济》2009 年第 4 期。

［7］陈红、卫建业：《科技型中小企业：成长特征，影响因素，扶持政策——基于太原高新区科技型中小企业调研的分析》，载于《中北大学学报（社会科学版）》2009 年第 4 期。

［8］陈佳贵、郭朝先：《构筑我国小企业金融支持体系的思考》，载于《财贸经济》1999 年第 5 期。

［9］成蓉：《美国、日本中小企业融资支持政策的演进》，载于《生产力研究》2011 年第 7 期。

［10］程昆、刘仁和、刘英：《风险投资对我国技术创新的作用研究》，载于《经济问题探索》2006 年第 10 期。

［11］迟建新：《创业板呼唤政府对初创期科技中小企业的引导》，载于《财政研究》2010 年第 3 期。

［12］促进科技和金融结合试点工作部际协调指导小组秘书处主编：《中国科技金融发展报告（2012）》，经济管理出版社 2013 年版。

［13］戴国庆：《构建我国扶持科技型中小企业的政策体系》，载于《财政研究》2006 年第 3 期。

［14］邓乐平、孙从海：《技术创新与资本市场》，载于《金融研究》2001 年第 9 期。

［15］邓天佐、占俊芳：《关于我国科技金融发展的几点思考》，载于《证券市场导报》2012 年第 12 期。

[16] 邓天佐：《科技金融发展思考》，载于《科技创新与生产力》2012 年第 7 期。

[17] 邓彦：《发达国家的科技型中小企业融资政策对我国的启示》，载于《中国管理信息化（综合版）》2007 年。

[18] 第一财经金融研究中心：《中国 P2P 借贷服务行业白皮书》，中国经济出版社 2013 年版。

[19] 丁文丽：《基于最优规划模型的风险投资与技术创新关系的时间序列分析（英文）》，载于《云南民族大学学报（自然科学版）》2004 年第 13 期。

[20] 段世德、徐璇：《科技金融支撑战略性新兴产业发展研究》，载于《科技进步与对策》2011 年第 14 期。

[21] 房汉廷：《关于科技金融理论、实践与政策的思考》，载于《中国科技论坛》2011 年第 11 期。

[22] 费腾：《中、美、日科技型中小企业融资结构比较研究》，东北师范大学博士论文，2012 年。

[23] 付剑峰、朱鸿鸣、郭戎、沈文京：《科技银行中国化的探索——以杭州银行科技支行为例》，载于《中国科技投资》2011 年第 11 期。

[24] 付剑峰、郭戎、沈文京、朱鸿鸣：《如何发展我国的科技银行—基于杭州银行科技支行的案例研究》，载于《中国科技论坛》2013 年第 4 期。

[25] 傅博娜：《科技型中小企业融资的制约因素及对策》，载于《科技与管理》2009 年第 1 期。

[26] 高蕾：《世界各国科技金融发展对我国的启示》，载于《现代金融》2011 年第 11 期。

[27] 高松、庄晖、陈子健：《上海科技型中小企业融资困境及对策研究》，载于《上海经济研究》2011 年第 3 期。

[28] 高松、庄晖、牛盼强：《科技型中小企业政府资助效应提升研究——基于企业生命周期的观点》，载于《中国工业经济》2011 年第 7 期。

[29] 高松、庄晖、王莹：《科技型中小企业生命周期各阶段经营特征研究》，载于《科研管理》2011 年第 12 期。

[30] 公共财政与中小企业编委会：《公共财政与中小企业》，经济科学出版社 2005 年版。

[31] 郭斌、刘曼路：《民间金融与中小企业发展：对温州的实证分析》，载于《经济研究》2002 年第 10 期。

[32] 郭戎：《中国的科技投资：理论、现状与创新》，载于《中国科技论坛》2012 年第 1 期。

[33] 国家税务总局税收科学研究所课题组：《科技型中小企业税收优惠问题研究》，载于《税务研究》2005 年第 11 期。

[34] 国金证券：《互联网金融行业专题报告：金融遇上互联网》，载于《行业研究》2013 年第 7 期。

［35］《庐江农村商业银行为县域经济服务的金融主力军》（源自《合肥日报》），合肥在线，http：//news. hf365. com/system/2012/11/23/012757547. shtml. 2012 – 11 – 23。

［36］洪银兴：《科技金融及其培育》，载于《经济学家》2011 年第 6 期。

［37］侯东德、李俏丽：《多层次资本市场间转板对接机制探析》，载于《上海金融》2013 年第 12 期。

［38］胡苏迪、蒋伏心：《科技金融理论研究的进展及其政策含义》，载于《科技与经济》2012 年第 6 期。

［39］胡涛：《民间 P2P 网络借贷平台的现状及规范化发展路径研究》，载于《中国证券期货》2013 年第 2 期。

［40］胡喜保：《国有银行支持中小科技企业发展研究》，载于《财经理论与实践》2000 年第 21 期。

［41］湖北日报：《知识产权质押贷款试点 4 年部分银行没贷一笔》（源自湖北日报），新华网，http：//www. hb. xinhuanet. com/2013 – 04/23/c_115497102. htm. 2013 – 04 – 23。

［42］湖南省财政科学研究所课题组：《完善财政政策体系破解中小企业融资难题》，载于《工作研究》2013 年第 15 期。

［43］黄曼远、孟艳、许文：《欧洲投资基金管理运作模式及对我国政府创业投资引导基金的借鉴》，载于《财政部财政科学研究所研究报告》2014 年第 150 期。

［44］黄茂兴、李军军、叶琪、林寿富、王珍珍：《国家创新竞争力研究》，中国社会科学出版社 2012 年版。

［45］黄卫华：《中小科技企业融资方式及其创新》，载于《学术交流》2003 年第 11 期。

［46］黄元宰：《澳大利亚的 BEC 模式及其启示》，载于《企业改革与管理》2011 年第 6 期。

［47］黄蕴洁、刘建秋：《科技型中小企业财务风险评价探析》，载于《财经问题研究》2009 年第 6 期。

［48］黄震：《P2P 网贷行业的发展现状与未来趋势》，载于《经济导刊》2012 年第 23 期。

［49］惠晓峰、张振威、胡伟：《拓宽中小科技企业直接融资渠道研究》，载于《中国软科学》2002 年第 3 期。

［50］贾康、孟艳、赵雅敬：《"珍珠项链"模式、科技金融生态创新与新供给管理——基于浙江中新力合公司调研》，载于《经济研究参考》2014 年第 25 期。

［51］贾康：《建设政策性金融发展的体制机制：破解中小企业融资难题的有效探索》，载于《宁波经济（三江论坛）》2011 年第 9 期。

［52］贾康：《新供给：经济学理论的中国创新》，中国经济出版社 2013 年版。

［53］贾康：《中国政策性金融向何处去》，中国经济出版社 2010 年版。

［54］贾康：《中小微企业融资两难 ［EB/OL］》，新浪财经，http：//finance.

sina. com. cn/review/hgds/20120829/174612991044. shtml，2012 – 08 – 29。

[55] 蒋玉洁、徐荣贞：《自主创新型企业的金融支持体系研究》，载于《经济问题探索》2007 年第 11 期。

[56] 金雪军、陈杭生等：《从桥隧模式到路衢模式——解决中小企业融资难问题的新探索》，浙江大学出版社 2009 年版。

[57] 卡洛塔·佩雷兹（Carlota Perez）著，田方萌等译：《技术革命与金融资本》，人民大学出版社 2007 年版。

[58] 科技部：《中国科技统计年鉴》，中国统计出版社 2012 年版。

[59] 课题组：《杭州市科技型中小企业融资难的调查分析》，载于《杭州科技》2011 年第 2 期。

[60] 兰邦华：《打造科技型中小企业融资金融支持体系——全国各地中小企业投融资服务链建设经验综述》，载于《中国高新区》2009 年第 8 期。

[61] 雷蒙德·W·戈德史密斯：《金融结构与金融发展》，上海三联书店 1990 年版。

[62] 黎海波：《美国政府扶持科技型中小企业技术创新的经验》，载于《国际技术经济研究》2005 年第 4 期。

[63] 李长江、潘孝珍：《政府财政支持企业技术创新的经济学阐释》，载于《数理统计与管理》2010 年第 1 期。

[64] 李成、吕博：《中小企业界定标准的国际比较及启示》，载于《企业发展》2009 年第 6 期。

[65] 李建伟：《技术创新的金融支持》，上海财经大学出版社 2005 年版。

[66] 李钧：《P2P 借贷：性质、风险与监管》，载于《金融发展评论》2013 年第 3 期。

[67] 李全：《小微金融机构融资模式概述》，载于《中小企业融资高层参考》2014 年第 1 期。

[68] 李全：《中国小微金融》，经济科学出版社 2013 年版。

[69] 李威：《以色列科技创新的成功经验与启示》，载于《环渤海经济瞭望》2012 年第 11 期。

[70] 李新春：《单位化企业的经济性质》，载于《经济研究》2001 年第 7 期。

[71] 李兴伟：《中关村科技金融创新的举措、问题及对策》，载于《证券市场导报》2011 年第 1 期。

[72] 李兴伟：《中关村国家示范区科技金融创新分析与趋势预测》，载于《科技进步与对策》2011 年第 9 期。

[73] 《李子彬会长在中国中小企业协会第二届常务理事会第一次会议上的报告[EB/OL]》，中国中小企业协会网站，http：//www. ca-sme. org/content. asp? id = 29017. 2012 – 07 – 02。

[74] 理财周报：《138 亿集合票据解渴中小企业融资成本最高达 12%》（源自《理财周报》），金融界，http：//trust. jrj. com. cn/2012/02/27063912344437. shtml. 2012 –

2－27。

[75] 廖伟径:《俄罗斯:多元措施扶持中小企业》,载于《经济日报》2012 年
8 月 18 日。

[76] 林伟光:《完善广东科技型中小企业融资服务体系研究》,载于《财政研
究》2011 年第 9 期。

[77] 林毅夫、李永军:《中小金融机构发展与中小企业融资》,载于《经济研
究》2001 年第 1 期。

[78] 林毅夫、孙希芳:《信息、非正规金融与中小企业融资》,载于《经济研
究》2005 年第 7 期,第 35～44 页。

[79] 林源:《欧盟发达国家中小企业融资体系及经验借鉴——以英、法、德、
意为例》,载于《开发研究》2008 年第 6 期。

[80] 刘栋伟:《财政支持中小企业融资的思考》,载于《北方经济》2012 年第
4 期。

[81] 刘降斌、李艳梅:《区域科技型中小企业自主创新金融支持体系研究——
基于面板数据单位根和协整的分析》,载于《金融研究》2008 年第 12 期。

[82] 刘莉:《地方高校产学研合作问题研究》,载于《中国高校科技与产业
化》2010 年第 8 期,第 38～39 页。

[83] 刘敏、丁德科:《创新我国中小企业贷款模式的对策研究》,载于《管理
世界》2010 年第 8 期,第 1～6 页。

[84] 刘小川:《论我国对科技型中小企业的财政政策扶持体系》,载于《南京
师大学报(社会科学版)》2006 年第 6 期。

[85] 龙超、邓琨:《中小企业融资与社区银行发展——美国社区银行发展的启
示》,载于《经济学动态》2011 年第 8 期,第 150～153 页。

[86] 陆立军、周国红、徐亚萍:《科技型中小企业创新的制度原因及其启
示——以浙江省绍兴市为例》,载于《科学学与科学技术管理》2002 年第 6 期,第
33～36 页。

[87] 陆立军、周国红:《科技型中小企业与区域经济增长的实证研究——以浙
江省为例》,载于《科学学与科学技术管理》2003 年第 24 期。

[88] 陆立军、周国红:《浙江省科技型中小企业发展现状及问题探讨》,载于
《研究与发展管理》2001 年第 13 期。

[89] 陆立军:《科技型中小企业与区域产业竞争力:基于 1162 家科技型中小
企业问卷调查及案例分析》,中国经济出版社 2002 年版。

[90] 陆立军:《浙江省科技型中小企业发展研究》,载于《中国软科学》2001
年第 7 期。

[91] 罗明雄、唐颖、刘勇:《互联网金融》,中国财政经济出版社 2013 年版。

[92] 罗纳德·麦金农:《经济发展中的货币与资本》,上海人民出版社 1997
年版。

[93] 罗亚非、洪荧:《科技型中小企业界定问题研究》,载于《统计研究》

2005 年第 5 期。

[94] 罗正英：《中小企业集群信贷融资：优势、条件与对策》，载于《财贸经济》2010 年第 2 期。

[95] 罗正英：《中小企业信贷资源占有能力提升的战略重点》，载于《中国工业经济》2004 年第 4 期。

[96] 马骏：《东兴证券第一届中小市值企业投资论坛》，2012 年 4 月 26 日。

[97]《美国中小企业概况［EB/OL］》，美中国际合作交流会，http://www.usachina.org/case/jz0704.htm。

[98] 孟艳：《中小企业信用担保行业发展及财政支持探讨》，载于《经济纵横》2013 年第 16 期。

[99] 莫易娴：《P2P 网络借贷国内外理论与实践研究文献综述》，载于《金融理论与实践》2011 年第 12 期。

[100] 聂伟柱：《金融互联网化的支付冲击波：渠道革命只是开始》，载于《第一财经日报》2012 年 7 月 6 日。

[101] 钱康宁、蒋健蓉：《多层次资本市场的转板机制》，载于《中国金融》2013 年第 4 期。

[102] 秦德智、姚超：《政府行为对科技型中小企业成长的影响分析》，载于《企业经济》2008 年第 4 期，第 14 页。

[103] 秦颖、徐光、宁颖梅：《政府在科技型中小企业发展中的角色定位比较研究》，载于《山东理工大学学报（社会科学版）》2003 年第 2 期。

[104] 尚增健：《渐进式技术创新：科技型中小企业的成长路径——成长型中小企业成长机理的个案分析》，载于《管理世界》2002 年第 6 期。

[105] 邵彦铭：《我国小微企业网络融资研究》，载于《中国经济导刊》2013 年第 7 期。

[106] 沈迪、李太后：《美国中小企业融资经验及对我国的启示》，载于《经济体制改革》2010 年第 2 期。

[107] 沈文京：《促进科技和金融结合加快战略性新兴产业发展》，载于《中国科技投资》2011 年第 1 期。

[108] 盛佳、柯斌、杨倩主编：《众筹：传统融资模式颠覆与创新》，机械工业出版社 2014 年版。

[109] 盛世豪、王立军：《产业集群促进科技型中小企业成长的机制研究》，载于《科学学与科学技术管理》2004 年第 8 期。

[110] 石金涛等：《培训与开发》，中国人民大学出版社 2013 年版。

[111] 束兰根、原二军：《以体制机制创新构建科技金融服务新体系》，载于《新金融》2012 年第 6 期。

[112] 束兰根：《科技金融融合模式与科技型中小企业发展研究》，载于《新金融》2011 年第 6 期。

[113] 宋晓松：《以色列科技发展的特点及其启示》，载于《商业经济》2009

年第 8 期。

[114] 汤汇浩：《科技金融创新中的风险与政府对策》，载于《科技进步与对策》2012 年第 6 期。

[115] 汤继强：《我国科技型中小企业融资政策研究—基于政府的视角/博士论文》，西南财经大学，2007 年。

[116] 汤继强：《我国科技型中小企业融资政策研究》，中国财政经济出版社 2008 年版。

[117] 汤志江、苗绘、李海申：《高新科技型中小企业发展中的金融支持问题研究》，载于《浙江金融》2010 年第 8 期。

[118] 唐雯、陈爱祖、饶倩：《以科技金融创新破解科技型中小企业融资困境》，载于《科技管理研究》2011 年第 7 期。

[119] 王炳成：《企业生命周期研究评述》，载于《技术经济与管理研究》2011 年第 4 期。

[120] 王国刚：《多层次资本市场体系建设若干问题》，中国社会科学院网站。

[121] 王宏达、赵志强：《天津市科技型中小企业发展实证分析》，载于《现代财经》2003 年第 7 期。

[122] 王宏达：《基于生态位视角的科技型中小企业成长问题研究》，天津大学，2007 年。

[123] 王卉彤：《科技金融机制及其有序演进研究》，经济科学出版社 2013 年版。

[124] 王雷、党兴华：《R&D 经费支出，风险投资与高新技术产业发展——基于典型相关分析的中国数据实证研究》，载于《研究与发展管理》2008 年第 20 期。

[125] 王琦：《基于区域创新体系的科技型中小企业创新进化分析》，载于《经济纵横》2005 年第 10 期。

[126] 王胜清：《浅谈科技型中小企业的融资策略》，载于《财政金融》2009 年第 5 期。

[127] 王松奇、李扬、王国刚：《中国创业投资体系研究》，载于《科技进步与对策》2000 年第 17 期。

[128] 王素义、朱传华：《中小企业信用评价指标的选择与拓展》，载于《生产力研究》2009 年第 11 期。

[129] 王霄、张捷：《银行信贷配给与中小企业贷款》，载于《经济研究》2003 年第 7 期。

[130] 王益、许小松：《风险资本市场的理论与实践》，中国经济出版社 2000 年版。

[131] 王玉荣、李军：《风险投资对中小企业自主创新影响的实证研究——基于中小企业板的经验数据》，载于《山东科技大学学报（社会科学版）》2009 年第 11 期。

[132] 王梓淇：《P2P 网络借贷平台探析》，载于《时代金融》2012 年第 3 期。

［133］魏光兴：《企业生命周期理论综述及简评》，载于《生产力研究》2005年第6期。

［134］吴昊、于伟琳：《创业板科技型中小企业投资分析方法论析》，载于《经济视角》2009年第10期。

［135］奚飞：《美国硅谷银行模式对我国中小科技企业的融资启示》，载于《商业经济》2010年第1期，第73~74页。

［136］夏孝瑾：《美国"小企业创新研究计划"（SBIR）：经验与启示》，载于《科技经济市场》2011年第11期。

［137］肖玉香：《科技型中小企业金融支持制度研究》，载于《求索》2011年第5期。

［138］谢冰、蔡洋萍：《科技型中小企业立体式融资模式创新研究》，载于《财贸研究》2012年第2期。

［139］谢平：《互联网金融模式20年后成形》，在中国金融40人论坛上的演讲，2012年10月24日。

［140］徐敏、蒋学杰、谭睿昊：《科技金融的形成机理及发展路径探析》，载于《长春师范学院学报（人文社会科学版）》2013年第1期。

［141］徐洪水：《金融缺口和交易成本最小化：中小企业融资难题的成因研究与政策路径——理论分析与宁波个案实证研究》，载于《金融研究》2001年第11期。

［142］徐艳梅、范昕：《组织生态变迁研究》，经济科学出版社2013年版。

［143］徐忠、邹传伟：《硬信息和软信息框架下银行内部贷款审批权分配和激励机制设计——对中小企业融资问题的启示》，载于《金融研究》2010年第8期。

［144］许晖、纪春礼、李季等：《基于组织免疫视角的科技型中小企业风险应对机理研究》，载于《管理世界》2011年第2期。

［145］鄢洪平、马怀军：《风险投资解困中小科技企业融资难题》，载于《财政研究》2007年第1期。

［146］杨刚：《科技与金融结合的支撑体系研究》，载于《工业技术经济》2005年第8期。

［147］姚战琪、夏杰长：《促进现代金融服务业与科技进步的融合与互动》，载于《上海金融》2007年第3期。

［148］银监会办公厅：《关于2012年度融资性担保行业发展与监管情况的通报》，载于《融资担保在线》2012年6月28日。

［149］尹丹莉：《当前我国财政扶持中小企业融资的政策分析》，载于《中央财经大学学报》2011年第8期。

［150］游达明、朱桂菊：《区域性科技金融服务平台构建及运行模式研究》，载于《中国科技论坛》2011年第1期。

［151］于海峰、谭楚玲：《欧盟与中国支持中小企业技术创新财税政策的比较研究》，载于《税务研究》2009年第11期。

[152] 余应敏、智海玲：《加拿大扶持中小企业成长的财税政策安排及启示》，载于《财务与会计》2010 年第 3 期。

[153] 余应敏：《科技中小企业财务预测数据的信息含量：基于创新基金立项因素的实证分析》，载于《中央财经大学学报》2008 年第 11 期。

[154] 俞胜法、袁立宏：《国内银行科技金融专营机构的发展现状及问题思考——以杭州银行科技支行为例》，载于《银行家》2013 年第 2 期。

[155] 袁萍：《中小型科技企业创业融资研究》，载于《经济师》2006 年第 2 期。

[156] 约瑟夫·熊彼特：《经济发展理论》，商务印书馆 1990 年版。

[157] 张保国：《中小科技企业融资策略分析》，载于《中国创业投资与高科技》2004 年第 6 期。

[158] 张捷、梁笛：《我国中小企业贷款约束的影响因素分析》，载于《暨南学报（哲学社会科学版）》2004 年第 26 期。

[159] 张捷：《中小企业的关系型借贷与银行组织结构》，载于《经济研究》2002 年第 6 期。

[160] 张明喜、王周飞：《推进科技型中小企业发展的税收政策》，载于《税务研究》2011 年第 6 期。

[161] 张明喜：《促进科技金融发展的财税支持方式研究》，载于《中国物价》2012 年第 12 期。

[162] 张明艳、田卫民：《财政支持科技型中小企业投入方式国际比较研究》，载于《特区经济》2010 年第 8 期。

[163] 张世伟、李学、樊立庄：《养老保险政策的微观模拟》，载于《吉林大学社会科学学报》2005 年第 45 期。

[164] 张世伟、万相昱、樊立庄：《个人所得税制度改革的微观模拟》，载于《吉林大学社会科学学报》2006 年第 46 期。

[165] 张天理等：《加拿大和巴西科技考察与借鉴》，载于《甘肃农业科技》2007 年第 3 期。

[166] 张小蒂、李风华：《风险资本市场理论及其对我国中小型科技企业发展的启示》，载于《金融研究》2000 年第 8 期。

[167] 张瑜等：《俄罗斯创业投资与中小企业》，载于《中国创业投资与高科技》2005 年第 8 期。

[168] 张正平、胡夏露：《P2P 网络借贷：国际发展与中国实践》，载于《北京工商大学学报（社会科学版）》2013 年第 2 期。

[169] 章卫民、劳剑东、李湛：《科技型中小企业成长阶段分析及划分标准》，载于《科学学与科学技术管理》2008 年第 29 期。

[170] 章卫民、劳剑东、殷林森等：《上海科技型中小企业政策支持现状调查》，载于《科技进步与对策》2009 年第 26 期。

[171] 章卫民、劳剑东、李湛：《我国科技型中小企业的政策支持体系及阶段

性特征》，载于《上海经济研究》2007 年第 12 期。

［172］赵昌文、阙紫康、杨安华：《创新型企业的金融解决方案：2011 中国科技金融案例研究报告》，清华大学出版社 2012 年版。

［173］赵昌文、陈春发、唐英凯：《科技金融》，科学出版社 2009 年版。

［174］赵昌文：《创新型企业的金融解决方案：2011 中国科技金融案例研究报告》，清华大学出版社 2012 年版。

［175］赵海娟：《缓解中小企业融资难　不妨学学俄罗斯——访中国社会科学院俄罗斯东欧中亚研究所研究员李福川》，载于《中国经济时报》2011 年 10 月 20 日。

［176］中共天津市委金融（综合经济）工委课题组：《关于加快解决天津市科技型中小企业融资难问题的调查报告》，载于《华北金融》2006 年第 1 期。

［177］中国知识产权报：《贵州：专利质押融资为中小企业撑起一片天》，机械工业联合会机经网，http://www. mei. net. cn/xghy/201304/491550. html. 2013 - 04 - 22。

［178］《中国中小企业平均寿命仅 2. 5 年［EB/OL］》，中国资本报道网，http://www. esame. cn/NewsView. aspx? id = 8637. 2012 - 11 - 6。

［179］仲玲：《科技型中小企业融资的理论与实证研究》，吉林大学 2006 年。

［180］周国红、陆立军：《科技型中小企业成长环境评价指标体系的构建》，载于《数量经济技术经济研究》2002 年第 2 期。

［181］周国红、陆立军：《科技型中小企业创新绩效的行为因素研究》，载于《数量经济技术经济研究》2001 年第 9 期。

［182］周再清、钟翼、欧阳国良：《供应链上中小企业信用评价模型的构建及实证研究》，载于《上海金融》2010 年第 1 期。

［183］周中胜、王愫：《企业家能力，信用评级与中小企业信贷融资可获性——基于江浙地区中小企业问卷调查的经验研究》，载于《财贸经济》2010 年第 31 期。

［184］朱珺、蔡珉：《我国民间金融的发展现状及规范化管理——以 P2P 网络借贷平台为例》，载于《中国市场》2013 年第 18 期。

［185］朱瑞琪、刘素辉：《科技金融工作模式研究》，载于《经济研究导刊》2012 年第 25 期。

［186］Batra G, Mahmood S. Direct Support to Private Firms: Evidence on Effectiveness [J]. World Bank policy research working paper, 2003 (3170).

［187］Benfratello L, Schiantarelli F, Sembenelli A. Banks and Innovation: Microeconometric Evidence on Italian Firms [J]. Journal of Financial Economics, 2008 (90).

［188］Berger A N, Frame W S. Small Business Credit Scoring and Credit Availability* [J]. Journal of Small Business Management, 2007 (45).

［189］Berger A N, Udell G F. A more Complete Conceptual Framework for SME Finance [J]. Journal of Banking & Finance, 2006 (30).

［190］Camerer C F, Fehr E. When Does "Economic Man" Dominate Social Behavior? [J]. Science, 2006 (311).

［191］Camerer C F, Ho T H, Chong J K. A Cognitive Hierarchy Model of Games ［J］. The Quarterly Journal of Economics, 2004 (119).

［192］Camerer C. Behavioral Game Theory: Experiments in Strategic Interaction ［M］. Princeton University Press, 2003.

［193］Canepa A, Stoneman P. Financial Constraints to Innovation in TheUK: Evidence from CIS2 and CIS3 ［J］. Oxford Economic Papers, 2008 (60).

［194］European Commission, SME User Guide Serves ［J］. OfficialJournal of the European Union: L 124, p. 36, 20 May 2003.

［195］Gorodnichenko Y, Schnitzer M. Financial Constraints and Innovation: Why poor countries don't catch up ［R］. National Bureau of Economic Research, 2010.

［196］Gurusamy S. Financial Services and System ［M］. Tata McGraw-Hill Education Private Limited, 2009.

［197］Hicks J. A Theory of Economic History ［M］. Oxford: Clarendon Press. 1969.

［198］Keuschniggchristian. Venture Capital BackedGrowth ［J］. Journal of Economic Growth, 2004 (9).

［199］King R. Levine R. Finance. Entrepreneurship and Growth: Theory and Evidence ［J］. Journal of Monetary Economics, 1993 (3).

［200］Orcutt G H. A New Type of Socio-economic System ［J］. The Review of Economics and Statistics, 1957 (39).

［201］Oya Pinar Ardic, Nataliya Mylenko and Valentina Saltane. Small and Medium Enterprises: A Cross-country Analysis with a New Data Set ［R］. Policy Research Working Paper 5538, January 2011.

［202］Rogers B W, Palfrey T R, Camerer C F. Heterogeneous Quantal Response Equilibrium and Cognitive Hierarchies ［J］. Journal of Economic Theory, 2009 (144).

［203］Saint-Paul G. Technological Choice, Financial Markets and Economic Development ［J］. European Economic Review, 1992 (36).

［204］Samuel Kortum, Josh Lerner. Does Venture Capital Spur Innovation? ［J］. NBER Working Paper, 1998.

［205］Silicon Valley Venture Capital Survey-First Quarter 2013. ［EB/OL］. Fenwick & West LLP: http://www. fenwick. com/publications/Pages/Silicon-Valley-Venture-Survey-First-Quarter － 2013. aspx. 2013 － 4 － 23.

［206］Stulz R M. Finance, Financial Structure, Corporate Finance and Economic Growth ［J］. International Review of Finance, 2000 (1).